Realsicherheiten des türkischen Mobiliarsachenrechts

Studien zum vergleichenden und internationalen Recht -
Comparative and International Law Studies

Herausgeber: Bernd von Hoffmann†, Erik Jayme
und Heinz-Peter Mansel

Band 188

PL ACADEMIC RESEARCH

Elvan Er

Realsicherheiten des türkischen Mobiliarsachenrechts

Eine Darstellung des geltenden türkischen Rechts unter vergleichender Berücksichtigung des deutschen und schweizerischen Kreditsicherungsrechts

PL ACADEMIC RESEARCH

Bibliografische Information der Deutschen Nationalbibliothek
Die Deutsche Nationalbibliothek verzeichnet diese Publikation in der Deutschen Nationalbibliografie; detaillierte bibliografische Daten sind im Internet über http://dnb.d-nb.de abrufbar.

Zugl.: Köln, Univ., Diss., 2012

Gedruckt auf alterungsbeständigem,
säurefreiem Papier.

D D 38
ISSN 0930-4746
ISBN 978-3-631-62988-8 (Print)
E-ISBN 978-3-653-04216-0 (E-Book)
DOI 10.3726/ 978-3-653-04216-0

PL Academic Research ist ein Imprint der Peter Lang GmbH.

Peter Lang – Frankfurt am Main · Bern · Bruxelles · New York ·
Oxford · Warszawa · Wien

Dieses Buch erscheint in einer Herausgeberreihe bei PL Academic Research und wurde vor Erscheinen peer reviewed.

www.peterlang.com

Meiner Familie

Vorwort

Die vorliegende Arbeit wurde im Wintersemester 2011/2012 von der Rechtswissenschaftlichen Fakultät der Universität zu Köln als Dissertation angenommen. Rechtsprechung und Literatur konnten bis März 2012 berücksichtigt werden. Die Disputation fand im Dezember 2012 statt.

Mein ganz besonderer Dank gilt meinem hochgeschätzten Doktorvater Herrn Prof. Dr. Heinz-Peter Mansel. Er hat nicht nur das Thema der Dissertation angeregt, sondern mir stets sehr wertvolle Hinweise gegeben und mich in jeglicher Hinsicht gefördert. Für eine fachlich und persönlich sehr bereichernde Promotionszeit möchte ich mich nicht zuletzt an dieser Stelle herzlich bedanken.

Auch Herrn Prof. Dr. Hilmar Krüger danke ich sehr für sein immerwährendes Interesse an der Entstehung meiner Arbeit sowie das zügig erstellte Zweitgutachten.

Ebenso bedanke ich mich bei der Dr. Wilhelm Westhaus-Stiftung für ein Forschungsstipendium, das mir die Recherchearbeiten zum türkischen Recht an der Dokuz Eylül Universität in Izmir ermöglicht hat.

Herrn Prof. Dr. Oruç Hami Şener von der Rechtswissenschaftlichen Fakultät der Dokuz Eylül Universität danke ich vielmals für sein vorbehaltsloses Interesse und seine hilfreichen Hinweise bei meiner Literaturrecherche in Izmir.

Großer Dank gebührt Herrn Martin Steuber, LL.M. für das geduldige Begleiten meines Promotionsvorhabens und die mühevolle Arbeit des Korrekturlesens.

Mein größter Dank gilt meinen Eltern und meiner Schwester, die mich stets in meinen Vorhaben nachdrücklich ermutigt und selbstlos unterstützt haben. Ohne sie wäre die vorliegende Arbeit nicht möglich gewesen. Ihnen ist diese Arbeit gewidmet.

Bonn, im November 2013 Elvan Er

Inhaltsübersicht

Inhaltsverzeichnis

Abkürzungsverzeichnis

ABlEG	Amtsblatt der Europäischen Gemeinschaften
ABD	Ankara Baro Dergisi (Zeitschrift der Rechtsanwaltskammer Ankara)
Abs.	Absatz
AcP	Archiv für civilistische Praxis
a.F.	alte Fassung
AGB	Allgemeine Geschäftsbedingungen
AJP	Aktuelle Juristische Praxis
AktG	Aktiengesetz
Am. Bankr. L. J.	American Bankruptcy Law Journal
Anh.	Anhang
Art.	Artikel
AS	Amtliche Sammlung
AÜHFD	Ankara Üniversitesi Hukuk Fakültesi Dergisi (Zeitschrift der Rechtswissenschaftlichen Fakultät der Universität Ankara)
BasK	Basler Kommentar
BATIDER	Banka ve Ticaret Hukuku Dergisi (Zeitschrift für Bank- und Handelsrecht)
BB	Der Betriebs-Berater
BBl.	(Schweizerisches) Bundesblatt
Bd.	Band
BGB	Bürgerliches Gesetzbuch
BGBl.	Bundesgesetzblatt
BGE	Entscheidungen des Schweizerischen Bundesgerichts
BGH	Bundesgerichtshof
BGHZ	Entscheidungen des Bundesgerichts in Zivilsachen
BK	Berner Kommentar
BT-Drs.	Bundestagsdrucksache
Bull.	Bulletin
C.	Cilt (Band)
DB	Der Betrieb
DCFR	Draft Common Frame of Reference

DJT	Deutscher Juristentag
E.	Esas (Rechtssache)
EBRD	European Bank of Reconstruction and Devolpment
EGBGB	Einführungsgesetz zum Bürgerlichen Gesetzbuch
EigVV	Verordnung des Bundesgerichts betreffend die Eintragung der Eigentumsvorbehalte
ESR	Europäisches (Mobiliar-) Sicherungsrecht
EU	Europäische Union
EuGH	Europäischer Gerichtshof
EUInsVO	Europäische Insolvenzverordnung
f./ff.	folgend(e)/fortfolgend(e)
Fn.	Fußnote
FS	Festschrift
GÜHFD	Gazi Üniversitesi Hukuk Fakültesi Dergisi (Zeitschrift der Rechtswissenschaftlichen Fakultät der Gazi Universität)
HGB	Handelsgesetzbuch
İBD	İzmir Baro Dergisi (Zeitschrift der Rechtsanwaltskammer İzmir)
i.d.F.	in der Fassung vom
IPRG	Bundesgesetz über das Internationale Privatrecht
IPRax	Praxis des Internationalen Privat- und Verfahrensrechts
İÜHFM	İstanbul Üniversitesi Hukuk Fakültesi Mecmuası (Journal der Rechtswissenschftlichen Fakultät der İstanbul Universität)
HD	Hukuk Dairesi (Zivilsenat)
h.L./h.M.	herrschende Lehre/herrschende Meinung
Hrsg.	Herausgeber
InsO	Insolvenzordnung
IPRrax	Praxis des Internationalen Privat- und Verfahrensrechts
i.V.m.	in Verbindung mit
JuS	Juristische Schulung, Zeitschrift für Studium und Ausbildung
JZ	JuristenZeitung
K.	Karar (Entscheidung)
lit.	litera
MAA	Mecelle Ahkâm-ı Adliyye
MDR	Monatsschrift für Deutsches Recht
MHAD	İstanbul Üniversitesi Mukayeseli Hukuk Araştırmaları Dergisi (Zeitschrift für vergleichende Rechtswissenschaften der İstanbul Universität)

MHB	Milletlerarası Hukuk ve Milletlerarası Özel Hukuk Bülteni (Zeitschrift für Internationales Recht und Internationales Privatrecht)
Minn. L. Rev.	Minnesota Law Review
MK	Münchener Kommentar
Mot.	Motive zu dem Entwurf eines Bürgerlichen Gesetzbuches für das Deutsche Reich
m.w.N.	mit weiteren Nachweisen
N	Nummer, Note
n.F.	neue Fassung
NJW	Neue Juristische Wochenschrift
NJW-RR	NJW-Rechtsprechungsreport
Nr.	Nummer
OGB	(türkisches) Obligationsgesetzbuch
OLG	Oberlandesgericht
OR	Schweizerisches Obligationenrecht
Prot.	Protokolle der Kommission für die zweite Lesung des Entwurfs des Bürgerlichen Gesetzbuches
RabelsZ	Rabels Zeitschrift für ausländisches und internationales Privatrecht
REPRAX	Zeitschrift zur Rechtsetzung und Praxis im Gesellschafts- und Handelsregisterrecht
ResG	Resmî Gazete (Amtblatt)
ResG-Nr.	Resmî Gazete-Nr. (Amtsblatt-Nr.)
RG	Reichsgericht
RGBl.	Reichsgesetzblatt
RGZ	Amtliche Sammlung von Entscheidungen des Reichsgerichts in Zivilsachen
Rn./Rz.	Randnummer/Randziffer
Rs.	Rechtssache
S.	Seite
SchKG	Bundesgesetz über Schuldbetreibung und Konkurs
SJ	La semaine judiciaire
SJZ	Schweizerische Juristen-Zeitung
Slg.	Sammlung
SR	Systematische Sammlung des Bundesrechts
THGB	Türkisches Handelsgesetzbuch

TIPRG	Türkisches Gesetz über das internationale Privatrecht und Zivilverfahrensrecht
TNotG	Türkisches Notariatsgesetz
TZGB	Türkisches Zivilgesetzbuch
TZVG	Türkisches Zwangsvollstreckungs- und Insolvenzgesetz
TStVG	Türkisches Straßenverkehrsgesetz
UCC	Uniform Commercial Code
ULR	Uniform Law Review
UNCITRAL	United Nations Commission on International Trade Law
UNIDROIT	Institut International pour l'Unification du Droit Privé
UntPfG	Unternehmenspfandrecht-Gesetz
vgl.	vergleiche
VO	Verordnung
Vorb.	Vorbemerkung
WiGBl.	Gesetzblatt der Verwaltung des Vereinigten Wirtschaftsgebietes
WM	Wertpapier-Mitteilungen, Teil IV der Zeitschrift für Wirtschafts- und Bankenrecht
Yarg.	Yargıtay (Kassationshof)
YD	Yargıtay Dergisi (Zeitschrift des Kassationshofs)
YHGK	Yargıtay Hukuk Genel Kurulu (Großer Zivilsenat)
YKD	Yargıtay Kararları Dergisi (Entscheidungssammlung des Kassationshofs)
ZBJV	Zeitschrift des Bernischen Juristenvereins
ZEuP	Zeitschrift für Europäisches Privatrecht
Zf.	Ziffer
ZfRV	Zeitschrift für Rechtsvergleichung bzw. (seit 1990) Zeitschrift für Rechtsvergleichung, Internationales Privatrecht und Europarecht
ZGB	Zivilgesetzbuch
ZIP	Zeitschrift für Wirtschaftsrecht
ZK	Zürcher Kommentar
ZPO	Zivilprozessordnung
ZR	Blätter für Züricher Rechtsprechung
ZSR	Zeitschrift für Schweizerisches Recht
ZStR	Zeitschrift für Schweizerisches Strafrecht
ZVglRWiss.	Zeitschrift für Vergleichende Rechtswissenschaften

Einleitung

„Das Mobiliarsicherungsrecht ist auf allen Ebenen in Bewegung.“[1] Diese Aussage ist bezeichnend für die langjährigen Diskussionen und Entwicklungen in diesem Rechtsbereich. Ein modernes und praxistaugliches Kreditsicherungsrecht ist das Ziel jeder Rechtsordnung – unabhängig davon, ob sie dem kontinentaleuropäischen oder angelsächsischen Rechtskreis zuzuordnen ist, ob sie europäisches oder internationales Recht betrifft. Denn Kreditgewährungen sind ein unverzichtbarer Bestandteil des globalen Wirtschaftsmarktes. Zuverlässige Sicherungsmittel ermöglichen diese erst, so dass ein in sich ausgewogenes Kreditsicherungsrecht die Voraussetzung hierfür ist. Die herausgehobene Bedeutung der Kreditsicherung zeigt sich auch unter Berücksichtigung der Erkenntnisse der Finanzkrise, in der intransparente Finanzierungsinstrumente Risiken verschleiert und somit eindeutige Zuständigkeits- und Verantwortlichkeitsstrukturen innerhalb der Rechtsbeziehungen unmöglich gemacht haben. Der durch die Mobiliarsicherheiten gebotene Vorteil liegt darin, dass der Kreditgeber eine Sicherheit in Form eines konkreten Vermögensgegenstandes erhält und nicht nur auf eine „abstrakte“ Haftungsmasse beschränkt ist.

Die vorliegende Arbeit untersucht die Realsicherheiten des Mobiliarsachenrechts des deutschen, schweizerischen und türkischen Rechts. Eine wesentliche Besonderheit der zu vergleichenden Rechtsordnungen liegt unter anderem darin, dass die Türkei das schweizerische Zivilrecht im Jahre 1926 inhaltsgleich übernommen hat. Aber gerade in den letzten Jahren haben sich zahlreiche Reformen des türkischen Privat- und Wirtschaftsrechts vollzogen. Insgesamt dokumentieren die Gesetzesreformen in der Türkei eine im Vergleich zur ursprünglichen Rezeption zügigere Rechtsentwicklung. Diese ist auch für das „Vorbild“ Schweiz und den dort bestehenden Reformbedarf aufschlussreich. Die Rolle der Türkei als wichtiger Wirtschaftspartner mit beachtlichen Wachstumsraten zeigt sich auch in den Außenhandelsbeziehungen zu den EU-Ländern, die nahezu 48 % der türkischen Exporte erhalten; Deutschland – der wichtigste Handelspartner der Türkei – ist für einen 10-prozentigen Anteil an dem türkischen Gesamtvolumen

1 *Kieninger*, WM 2005, 2353, 2357; vgl. auch *Kieninger*, AcP 208 (2008), 182, 183.

der Im- und Exporte verantwortlich.[2] Die zunehmenden Handelsbeziehungen der Türkei zu Europa und insbesondere zu Deutschland lassen weitere wirtschaftliche und rechtsgestalterische Annäherungen erwarten. Die Entwicklungen des nationalen schweizerischen Rechts als Mutterrechtsordnung des türkischen Zivilrechts sind ebenfalls zu berücksichtigen. Hintergrund ist auch, dass dieser Staat traditionell einen unilateralen Ansatz verfolgt, sich im Zuge der Globalisierung aber selbst weiter öffnet. Hierbei ist die schweizerische Entwicklung für Deutschland, das mit einem Anteil von ca. 34 % den schweizerischen Import führt, nicht zuletzt wegen des effizienten Kapitalmarktes der Schweiz interessant.[3] Aufgrund der unterschiedlichen Investitionsmöglichkeiten und Branchenentwicklungen, die zu einem immer stärkeren Austausch der Wirtschaftsgüter führen, ist ein Vergleich der Rechtsordnungen der Wirtschaftspartner sinnvoll. Die Wirtschaftsgüter sind als konkrete sachliche Vermögensgegenstände einerseits zu finanzieren, gleichzeitig aber auch als Sicherungsgegenstände zu verwenden.

In diesen Fällen von grenzüberschreitendem Wirtschaftsgüterautausch ist insbesondere darauf zu achten, ob ein nach einer nationalen Rechtsordnung wirksam vereinbartes Sicherungsrecht auch nach Verbringung in eine fremde Rechtsordnung weiterhin gültig bleibt. Nach dem hier zu beachtenden Grundsatz der *lex rei sitae*[4], der nahezu weltweit anerkannt ist[5], unterliegen die Rechte an einer Sache

2 Diese Angaben beziehen sich auf den Zeitraum Januar bis September 2011: <https://www.gtai.de/GTAI/Navigation/DE/Trade/maerkte,did=344036.html> (zuletzt abgerufen am 25.03.2012).

3 Ebenfalls auf den Zeitraum Januar bis September 2011 bezogen: <https://www.gtai.de/GTAI/Navigation/DE/Trade/maerkte,did=343626.html> (zuletzt abgerufen am 25.03.2012).

4 Vgl. *Kren-Kostkiewicz*, IPR, Rz. 443 ff.; MK-*Wendehorst*, Art. 43 EGBGB, Rn. 3 f.; vgl. Staudinger/*Stoll*, IntSachenR, Rn. 315 ff.; Soergel/*Lüderitz* Art. 38 Anh. II, Rn. 45 ff.; *Kegel/Schurig* § 19, S. 765 ff.; NK-BGB/*von Plehwe*, Art. 43 EGBGB, Rn. 14 ff.; *Kreuzer*, RabelsZ 2001, 383, 439 ff.; *Wagner*, IPRax 1998, 429, 434 ff.; *Siehr*, ZVglRWiss 2005, 145 ff.; vgl. BT-Drucks. 14/343 S.15.

5 MK-*Wendehorst*, Art. 43 EGBGB, Rn. 3; *Hoffmann/Thorn*, § 12, Rn. 8; *Graham-Siegenthaler*, Kreditsicherungsrechte, S. 10; *Kren-Kostkiewicz*, IPR, Rz. 1715; *Kegel/Schurig*, § 2, S. 138, § 19, S. 765 ff.; *Brinkmann*, S. 323; *Tekinalp*, S. § 22, S. 317; *Nomer*, Devletler, S. 292; normiert für das deutsche Recht in Art. 43 Abs. 1 EGBGB, das schweizerische Recht in 100 IPRG (Bundesgesetz über das Internationale Privatrecht, SR 291, vom 18. Dezember 1987) und das türkische Recht in Art. 21 TIPRG (Türkisches Gesetz über das Internationale Privatrecht und das Zivilverfahrensrecht: *Milletlerarasi Özel Huku ve Usul Hukuku Hakkında Kanun*, Gesetzes-Nr. 5718 vom 21.11.2007, ResG Nr. 26728 vom 12.12.2007).

dem Recht des Staates, in dem sich die Sache befindet. Bei einer Veränderung des Lageorts in einen anderen Staat gilt, dass die Rechte nicht im Widerspruch zu der Rechtsordnung dieses Staates ausgeübt werden können.[6] Der Grundsatz der *lex rei sitae* bewirkt damit bei jeder Veränderung des Lageorts in eine ausländische Rechtsordnung einen Statutenwechsel.[7] Dies kann zur Folge haben, dass bei voneinander abweichenden Wirksamkeitsvoraussetzungen der einzelnen nationalen Rechtsordnungen diese zu Problemen der Anerkennung des jeweils vereinbarten Sicherungsrechts in grenzüberschreitenden Sachverhalten führen können.[8] Obgleich eine kollisionsrechtliche Untersuchung der Mobiliarsicherheiten in den jeweils zu vergleichenden Rechtsordnungen den Rahmen der vorliegenden Untersuchung überschreiten würde, ist diese Problematik im Hinblick auf etwaige Reformbedürfnisse zu beachten. Denn neben den Entwicklungen innerhalb der nationalen Rechtsordnungen sind auf europäischer und internationaler Ebene Vereinheitlichungsbemühungen zu beobachten, um Rechtsunsicherheiten im internationalen Wirtschaftsverkehr auszuräumen bzw. zu vermeiden. Auch dem wachsenden Bedürfnis nach zeitgemäßen Kreditsicherungsmitteln soll damit gerecht werden. Das Bedürfnis nach einer „zügigen Verfügbarkeit" entsprechender Sicherungsinstitute muss dabei in Ausgleich mit ihrer Belastbarkeit im Rechtsverkehr gebracht werden. Die hier verfolgten Lösungsansätze sind auch für die nationalen Rechtsordnungen wichtig, so dass diese im Kontext zu berücksichtigen sind.

Ziel der Untersuchung ist eine umfassende Darstellung der bestehenden Realsicherheiten im geltenden türkischen Mobiliarsachenrecht unter der vergleichenden Berücksichtigung des deutschen sowie schweizerischen Mobiliarsicherheitenrechts. Die Ergebnisse des Vergleichs dienen dazu, die verbreitet bestehenden Sicherungsbedürfnisse zu definieren und auch Lösungsvorschläge für praxisgerechte Sicherungsmittel zu erarbeiten.

---

6 Vgl. Art. 43 Abs. 2 EGBGB; Art. 100 Abs. 2 IPRG; Art. 21 Abs. 1 TIPRG.

7 MK-*Wendehorst*, Art. 43 EGBGB, Rn. 119 ff., 139 ff., 147 ff.; NK-BGB/*von Plehwe*, Art. 43 EGBGB, Rn. 26 ff.; *Kegel/Schurig* § 19, S. 771 ff.; *Hoffmann/Thorn*, § 12, Rn. 28 ff.; *Brinkmann*, S. 324; *Kren-Kostkiewicz*, IPR, Rz. 1729 ff.; ZK-IPRG/*Heini*, Art. 100, Rz. 11; *Siehr*, IPR, S. 192 ff.; *Graham-Siegenthaler*, Kreditsicherungsrechte, S. 9 ff.; *Tekinalp*, S. § 22, S. 317 ff.; *Nomer*, Devletler, S. 220, 292 ff.; vgl. *Çelikel/Nomer*, S. 171 ff.; 178 ff.

8 *Brinkmann*, S. 322 ff.; *Hübner*, ZIP 1980, S. 825, 828 ff., 832; vgl. MK-*Wendehorst*, Art. 43 EGBGB, Rn. 147 ff.; vgl. rechtsvergleichende Arbeiten zu diesem Themenbereich: *Graham-Siegenthaler*, Kreditsicherungsrechte (2005); *Lipsky* (2011); *Swienty* (2011); *Rakob* (2001); *Rott* (2000); *Röver* (1999).

A. Gang der Darstellung

Die Untersuchung verfolgt dabei die folgende Herangehensweise: Einleitend werden die grundlegenden Fachbegriffe der Bearbeitung geklärt. Daran anschließend erfolgt ein kurzer Überblick zu den historischen Grundlagen, um die Ursprünge der gegenwärtigen Regelungen verständlicher zu machen. Im Anschluss folgt ein Überblick über die einzelnen mobiliarsachenrechtlichen Sicherungsinstitute, jeweils nach dem deutschen, schweizerischen und türkischen Recht. Im Einzelnen handelt es sich hierbei um das Pfandrecht, die Sicherungsübereignung sowie um den Eigentumsvorbehalt. Diese werden in der weiteren Bearbeitung umfassend und unter Berücksichtigung der für sie charakteristischen Prinzipien bis hin zu ihrer Bewährung in der Zwangsvollstreckung bzw. Insolvenz dargestellt. Der Vergleich zeigt auf, welche Sicherungsbedürfnisse bestehen und wie diesen rechtlich begegnet wird. In einem abschließenden Teil werden die im Vergleich entwickelten wirtschaftlichen Nutzungsmöglichkeiten gegenübergestellt, um ihre gegebenenfalls vorhandene Reformbedürftigkeit zu überprüfen. Mögliche Lösungsansätze spiegeln sich auch im Bereich des internationalen und europäischen Rechts wider, so dass diese ebenfalls im Überblick dargestellt werden. Daran anschließend werden diskutierte Reformvorschläge vorgestellt. Die abschließende vergleichende Zusammenfassung verdeutlicht mit Blick auf den europäischen Rechtsraum, auf welchem Stand sich das Mobiliarkreditsicherungsrecht befindet und welche Herausforderungen noch zu lösen sind.

B. Begriffe

Im Nachfolgenden sollen kurz die in der Untersuchung verwendeten Begrifflichkeiten für die weitere einheitliche Verwendung definiert werden.

I. Kredit und Kreditsicherheiten

Der Begriff des Kredits wird in der Regel mit dem des Geldkredits – z.B. mit einem Darlehen – assoziiert. Aber auch eine Vorleistung der einen Vertragspartei kann einen Kredit darstellen. Die Vorleistung kann z.B. die Aushändigung einer Ware (Warenkredit) oder einer Dienstleistung (Dienstleistungskredit) beinhalten.[9] Man

9 *Bülow*, Rn. 7; *Ganter*, Bankrechts-Handbuch, § 90, Rn. 3 f.; *Prütting*, Rn. 615 a.

kann den Begriff des Kredits also als eine Handlung beschreiben, die im Vertrauen auf die Gegenleistung des anderen Vertragsteils vorgenommen wird. Jedoch sind mit diesem Vertrauen insbesondere wirtschaftliche Risiken verbunden. Um diese zu minimieren, wird der Kredit mit sog. Kreditsicherheiten verbunden.

Der Begriff der Kreditsicherheit ist gesetzlich nicht definiert. Als Kreditsicherheiten werden solche Rechtsgeschäfte bezeichnet, die eine Art Hilfsgeschäft zu einem Hauptgeschäft darstellen.[10] Solange das Hauptgeschäft, das die Kreditgewährung beinhaltet, vereinbarungsgemäß erfüllt wird, bleibt das Hilfsgeschäft ohne weitere Bedeutung. Für den Fall der nicht vereinbarungsgemäßen Abwicklung, z.B. im Falle der Zahlungsunfähigkeit oder Zahlungsunwilligkeit des Schuldners, kann der Gläubiger sich seiner Rechte aus dem Hilfsgeschäft bedienen.[11]

Je nach Art des Kredits bieten sich unterschiedliche Kreditsicherheiten an, so dass es eine Vielzahl an verschiedenen Kreditsicherungsinstituten gibt, wobei sich der Umfang der jeweiligen Kreditsicherheit regelmäßig nach der Höhe des Kredits richtet.[12]

II. Personal- und Realsicherheiten

Kreditsicherheiten können je nach Sicherungsgegenstand differenziert werden in Personal- und Realsicherheiten.

Bei der Personalsicherheit – z.B. bei einer Bürgschaft oder Forderungsgarantie – haftet neben dem eigentlichen Schuldner eine weitere Person, also ein anderer Vermögensträger, dessen regelmäßig gesamtes Vermögen als Haftungsmasse für den Kredit dienen kann. In diesen Fallkonstellationen sind somit mindestens drei Personen beteiligt, die in unterschiedlichen Rechtsverhältnissen zueinander stehen: Die rechtliche Beziehung zwischen Schuldner und Gläubiger wird als Valutaverhältnis bezeichnet. Ein Dritter erklärt sich dem Schuldner gegenüber bereit, für die Verbindlichkeit einzustehen. Zwischen diesen beiden – Schuldner und Drittem – besteht das Deckungsverhältnis. Der Dritte verpflichtet sich somit im Außenverhältnis gegenüber dem Gläubiger.[13]

Bei den Personalsicherheiten erlangt der Gläubiger gegenüber dem Sicherungsgeber eine nur relativ geschützte Rechtsposition. Er erwirbt „lediglich“ einen weiteren

---

10 *Bülow*, Rn. 1; *Ganter*, Bankrechts-Handbuch, § 90, Rn. 2; *Prütting*, Rn. 615 b; *Weber*, S. 8.

11 *Bülow*, Rn. 1; *Ganter*, Bankrechts-Handbuch, § 90, Rn. 2, *Weber*, S. 10.

12 *Bülow*, Rn. 8; vgl. *Prütting*, Rn. 616.

13 *Bülow*, Rn. 11; *Ganter*, Bankrechts-Handbuch, § 90, Rn. 54; *Lwowski/Scholz*, Rn. 6.

schuldrechtlichen Anspruch, dessen Durchsetzbarkeit zunächst ungewiss bzw. von der Person des Interzessionärs abhängig ist.[14]

Dagegen bietet die Realsicherheit dem Gläubiger ein dingliches Recht an einem konkreten Vermögensgegenstand des Schuldners oder eines anderen Sicherungsgebers. Hierdurch erhält der Gläubiger ein absolut geschütztes Recht.[15] Realsicherheiten können sowohl an beweglichen Sachen, an Rechten als auch an unbeweglichen Sachen bestellt werden.[16] Die an beweglichen Sachen bestehenden Realsicherheiten werden auch als Mobiliarsicherheiten bezeichnet.

III. Mobiliarsicherheiten

Der Begriff der Mobiliarsicherheiten ist wie der Begriff der Kreditsicherheiten gesetzlich nicht definiert und wird in der Literatur und Rechtsprechung als Sammelbegriff für Sicherungsrechte an beweglichen Sachen und teilweise auch an Forderungen verwendet.[17] Im Rahmen der weiteren Bearbeitung wird ein enger Begriff der Mobiliarsicherheiten zugrunde gelegt, der sich auf Sicherungsrechte an beweglichen Sachen, mithin auf die sog. Sachsicherheiten – in Abgrenzung zu den sog. Rechtssicherheiten[18] – bezieht.

C. Historische Grundlagen der Mobiliarsicherheiten

Die folgende Kurzdarstellung zu den historischen Grundlagen der Sicherungsinstitute hat zum Ziel, die Entwicklung der gegenwärtigen Regelungen darzulegen und dadurch das Verständnis der angewandten Prinzipien zu erleichtern. Hierbei

---

14 *Weber*, S. 10; vgl. *Ganter*, Bankrechts-Handbuch, § 90, Rn. 55, mit der Annahme, auf Grundlage von § 232 BGB könne man davon ausgehen, dass der Gesetzgeber Realsicherheiten vorziehe.

15 *Bülow*, Rn. 13; *Ganter*, Bankrechts-Handbuch, § 90, Rn. 22 ff.; *Lwowski/Scholz*, Rn. 15, 91 f., 478 ff.

16 Die einzelnen Rechtsverhältnisse zwischen den Beteiligten werden in der weiteren Bearbeitung näher dargestellt.

17 Vgl. *Graham-Siegenthaler*, Kreditsicherungsrechte, S. 7; vgl. *Otte*, FS Jayme, 643, 643.

18 Der Begriff der „Sachsicherheiten" wird oft synonym mit dem Begriff der „Realsicherheiten" verwendet. Zu den „Rechtssicherheiten" gehört z.B. die Sicherungsabtretung, da Gegenstand dieses Sicherungsgeschäfts eine Forderung, damit ein Recht und nicht ein körperlicher beweglicher Gegenstand ist. *Bülow*, Rn. 13.

erfolgt eine gemeinsame Darstellung für das deutsche und schweizerische Recht, deren historische Grundlagen dem Römischen Recht entspringen. Etwaige unterschiedliche Entwicklungen auf dem Wege zur Normierung im BGB und Schweizerischen Zivilgesetzbuch (ZGB) werden gesondert dargestellt. Die ursprünglichen Grundlagen des türkischen Rechts vor der Rezeption des ZGB werden ebenfalls separat beschrieben.

I. Im deutschen und schweizerischen Recht

Bei der Betrachtung des deutschen und schweizerischen Mobiliarkreditsicherungsrechts sind sowohl das römische als auch das germanische Recht sowie das gemeine Recht und schließlich die Entwicklungen in Deutschland und in der Schweiz ab dem 19. Jahrhundert zu berücksichtigen.

1. Im römischen, germanischen und gemeinen Recht

Im alten römischen Recht diente als Mobiliarsicherheit die *fiducia cum creditore contracta* (Sicherungsübereignung). Dem Gläubiger wurde zu Sicherungszwekken ein Gegenstand übertragen und dieser verpflichtete sich dazu, bei Forderungserfüllung die Sache zurück zu übertragen.[19] Konnte die gesicherte Forderung nicht beglichen werden, verblieb das Eigentum beim Gläubiger. Dies änderte sich mit der Entwicklung der grundsätzlich als vereinbart geltenden Verkaufsabrede. Infolge dessen musste der Gläubiger den Sicherungsgegenstand im Sicherungsfall durch Verkauf verwerten und einen möglichen Überschuss herausgeben.[20] Bei der *fiducia cum creditore contracta* war auch die Vereinbarung eines Besitzkonstituts (*constitutum possessorium*) möglich.[21]

Als weiteres Sicherungsmittel wurde das *pignus*[22] (Pfand) vereinbart, durch das der Gläubiger zur Sicherung seiner Forderung ein Befriedigungsrecht an dem Sicherungsgegenstand für den Fall der Nichterfüllung erhielt.[23] Voraussetzung für die Begründung des *pignus* war die Übertragung der tatsächlichen Sachherrschaft am Sicherungsgegenstand, so dass es als Besitzpfand (sog. Faustpfand) ausgestaltet war. Später galt aber auch die Vereinbarung eines Besitzkonstituts als

19 *Hromadka*, S. 13 f.; *Kaser/Knütel*, § 24, Rn. 8, § 31, Rn. 7 ff.
20 *Kaser/Knütel*, § 31, Rn. 11.
21 *Kaser/Knütel*, § 31, Rn. 8.
22 Abgeleitet von *pugnus* (Faust).
23 *Kaser/Knütel*, § 31, Rn. 14, 31.

ausreichend.[24] Der Besitz am Pfandgegenstand diente in erster Linie den Interessen des Pfandgläubigers.[25] Dieser konnte seine Rechte mit einer dinglichen Pfandklage geltend machen.[26]

Daneben gab es als weiteres Sicherungsmittel die *hypotheca,* die mit Abschluss eines Pfandvertrages begründet wurde und als besitzloses Pfandrecht vereinbart werden konnte.[27] Während die *hypoteca* als Konsensualvertrag durch die bloße Einigung (*consensu*) der Beteiligten zustande kam, erforderte das *pignus* als Realvertrag noch eine Besitzübertragung am Pfandgegenstand.[28]

Ferner wurden zu Sicherungszwecken Vereinbarungen vorgenommen, nach denen die Kaufsache bis zur vollständigen Bezahlung des Kaufpreises als vermietet (*locatio conductio*) oder überlassen (*commodatum, precarium*) galt, was faktisch der Vereinbarung eines Eigentumsvorbehalts entspricht.[29]

Jedoch wurden im Vergleich zu den Mobiliarsicherheiten die Personalsicherheiten, wie bspw. die Bürgschaft, bevorzugt. Dies ist vermutlich auf die Risiken, die zu Lasten des Kreditgebers durch die besitzlosen Pfandrechte und Sicherungsübereignungen hervorgerufen wurden, zurückzuführen.[30] Die Vereinbarung eines *pignus* diente als zusätzlicher Schutz vor etwaigen Vermögensminderungen des Schuldners.[31] Durch die Rezeption des römischen Rechts wurde das *pignus* während des Mittelalters im gesamten europäischen Rechtsraum verbreitet. Im germanischen Recht trat der Publizitätsgedanke verstärkt in den Vordergrund, mit dem Ziel die Verpfändungen auch für Dritte allgemein erkennbar zu machen.[32] Die Besitzübergabe war daneben auch wesentlich für die Wahrung der Gläubigerrechte.[33] Das Faustpfand entwickelte sich damit zur bevorzugten Realsicherheit.[34]

---

24 *Hromadka*, S. 18.

25 *Hromadka*, S. 20 ff.

26 *Kaser/Knütel*, § 31, Rn. 39 f.

27 *Hromadka*, S. 19; *Kaser/Knütel*, § 31, Rn. 14; Staudinger/*Wiegand*, Vorbem. zu § § 1204 ff., Rn. 3; *Wolff/Raiser*, S. 518 f.

28 *Altorfer*, S. 7 f.; *Hromadka*, ZSR 1970 I, 117, 124.

29 *Kaser/Knütel*, § 24, Rn. 13, auch als Besitzpfandrecht bezeichnet, siehe § 31, Rn. 15; Staudinger/*Honsell* (13. Bearbeitung, 1995), § 455, Rn. 1: Kein Eigentumsvorbehalt im römischen Recht, da Eigentum erst mit der Kaufpreiszahlung überging (mit Verweis auf *Justinian*, Institutionen 2, 1, 41).

30 *Hromadka*, ZSR 1970 I, 117, 126; *Wiegand*, Mobiliarsicherheiten, S. 80.

31 *Hromadka*, ZSR 1970 I, 117, 127.

32 *Hromadka*, S. 31 ff., vgl. *Hirsch*, S. 50 ff.

33 *Altorfer*, S. 12 f.; *Hromadka*, S. 32.

34 *Wiegand*, Mobiliarsicherheiten, S. 80.

Schließlich wurde im 18. Jahrhundert mit der Industrialisierung und den damit wachsenden wirtschaftlichen Kreditbedürfnissen die Mobiliarhypothek immer mehr als untaugliches Sicherungsmittel angesehen, das die Interessen der Erwerber von mit Sicherheitsrechten belasteten Gegenständen gefährdete.[35] Das sog. Faustpfandprinzip, wonach zwingend die Besitzübertragung bei der Begründung des Pfandrechts erforderlich war, gewann zunehmend an Bedeutung, so dass es als wesentliches Prinzip in den Kodifikationen des 19. Jahrhunderts zugrunde gelegt wurde.[36]

2. In Deutschland ab dem 19. Jahrhundert

Zu Beginn des 19. Jahrhunderts wurden in Deutschland das Faustpfand und die Mobiliarhypothek gleichermaßen genutzt. Aber auch hier entstand mit dem gesteigerten Kreditbedürfnis ein zunehmendes Interesse an der Publizität der bestehenden Sicherheitsrechte. Als Folge dessen wurden Mobiliarhypotheken kaum genutzt.[37] Stattdessen wurden verstärkt Sicherungsübereignungen vereinbart.[38] Obwohl das RG[39] schon im Jahre 1885 die Sicherungsübereignung mittels Besitzkonstituts als zulässig erklärte, war die Zulässigkeit der Sicherungsübereignung – insbesondere in der Form der Sicherungsübereignung mittels Besitzkonstituts – nach Inkrafttreten des BGB am 1. Januar 1900[40] noch sehr umstritten, da sie teils als Gesetzesumgehung kritisiert wurde.[41] Heute wird die Zulässigkeit dieses Sicherungsmittels teilweise als ein Ergebnis der Rechtsfortbildung bzw. als Gewohnheitsrecht angesehen.[42] Dem wird aber insofern widersprochen, als der Gesetzgeber von Anfang an bewusst auf ein ausdrückliches Verbot der Sicherungsübereignung durch Besitzkonstitut – trotz einer Entscheidung für das Faustpfandprinzip und der damit verbundenen Umgehungsgefahr – verzichtet hatte.[43] Die mit der Übergabe des Sicherungsgegenstandes

---

35 *Hromadka*, S. 50; *Wolff/Raiser*, S. 521.

36 *Altorfer*, S. 18; BK-*Zobl/Thurnherr*, Syst. Teil, N 94.

37 Staudinger/*Wiegand*, Vorbem. §§ 1204 ff., Rn. 6; *Hromdaka*, S. 56.

38 *Hromadka*, ZSR 1970 I, 117, 149.

39 RGZ 13, 200, 201.

40 Durch Art. 1 EGBGB (RGBl. 1896 I S. 195).

41 Vgl. Verhandlungen des 31. DJT (1912) „Empfehlen sich gesetzliche Maßnahmen in Bezug auf die Sicherungsübereignung?", Gutachter: *Salinger* (Bd. I, S. 409); *Hromadka*, ZSR 1970 I, 117, 149; vgl. *Reich*, AcP 169 (1969) 247, 251 ff.; vgl. *Wiegand*, Kreditsicherung, 283, 306.

42 Vgl. *Baur/Stürner*, § 56, Rn. 4, § 57, Rn. 1; *Reinicke/Tiedtke*, Rn. 448.

43 Vgl. Prot. Bd. III, S. 201; vgl. Mot. Bd. I, S. 345; *Mugdan*, Bd. III, S. 627. Lediglich die Anerkennung der Sicherungsübereignung beruhe auf richterlicher Rechtsfortbildung,

erwirkte Publizität ist danach als eine wünschenswerte Folge anzusehen, primär besteht aber der Zweck der Übergabe darin, den Übertragungswillen des Eigentümers nach außen zu manifestieren.[44]

Auch die Vereinbarung eines Eigentumsvorbehalts wurde – trotz der zunächst vernachlässigten Berücksichtigung[45] – anerkannt und im BGB als zulässiges Sicherungsmittel zum Schutz des Verkäufers zugelassen.[46] So finden sich als im BGB normierte Mobiliarsicherheiten das Faustpfandrecht als Regelform, aber auch der Eigentumsvorbehalt. Die Sicherungsübereignung wurde nicht ausdrücklich geregelt, aber eben auch nicht für unzulässig erklärt.[47]

3. In der Schweiz ab dem 19. Jahrhundert

In der Schweiz vollzog sich Anfang des 19. Jahrhunderts eine ähnliche Entwicklung, wobei die Begründung von Mobiliarhypotheken verstärkt von formalen Publizitätsakten und somit von sog. Fahrnisverschreibungen abhängig gemacht wurde.[48] Mit Erlass des Obligationsrechts im Jahre 1881 wurden das strenge Faustpfandprinzip und die somit grundsätzlich zwingend erforderliche Besitzübertragung in Art. 210 OR a.F. normiert. Nur ausnahmsweise und in ganz wenigen Fällen wurden besitzlose Sicherungsinstitute zugelassen. Dadurch wurden in der Praxis wieder verstärkt die Institute des Eigentumsvorbehalts und der Sicherungsübereignung genutzt, was im Widerspruch zum strengen Faustpfandprinzip stand. Hierdurch entstand ein Bedürfnis nach einer klarstellenden gesetzlichen Regelung.[49]

Von den Befürwortern der Fahrnisverschreibung wurde gerügt, dass das strenge Faustpfandprinzip insbesondere für den wirtschaftlich Schwächeren nachteilhaft sei.[50] Demgegenüber machte die Gegenansicht geltend, dass durch die Vereinbarung von Mobiliarhypotheken nicht existente Vermögensverhältnisse vorgegeben würden, wodurch eine zutreffende Beurteilung der Kreditwürdigkeit verhindert

Staudinger/*Wiegand*, Anhang zu §§ 929–931, Rn. 54; *Gaul*, AcP 168 (1968), 351, 357 ff.; MK/*Oechsler*, Anh §§ 929–936, Rn. 3.

44 Staudinger/*Wiegand*, § 929, Rn. 56.

45 *Serick*, Bd. I, § 1 II 1, S. 5.

46 Vgl. Prot. Bd. II, S. 81.

47 Vgl. *Schubert*, S. 82.

48 *Altorfer*, S. 25 ff.; BK-*Zobl/Thurnherr*, Syst. Teil, N 99.

49 *Haffter*, S. 7 ff.; *Wiegand*, Mobiliarsicherheiten, S. 84.

50 BK-*Zobl/Thurnherr*, Syst. Teil, N 107.

werde. Nach dieser Ansicht war das Faustpfandprinzip als ein *„Postulat des öffentlichen Kredits"* zu betrachten und somit strikt zu befolgen.[51]

Um eine klare Rechtslage herbeizuführen, wurde mit Erlass des ZGB am 10. Dezember 1907[52] zum Zwecke des Drittgläubiger- und Schuldnerschutzes[53] das Faustpfand als Regelform der Mobiliarsicherheiten normiert, das nur ausnahmsweise[54] eine Abweichung vom Erfordernis der Besitzübertragung zulässt. Daneben wurde auch der Eigentumsvorbehalt geregelt, bei dem die Publizität durch einen Registereintrag gewahrt werden soll.[55] Die Umgehung der Faustpfandvorschriften wurde dagegen ausdrücklich verboten.[56]

4. Weitere Entwicklungen in Deutschland und der Schweiz

Die rechtliche Gestaltung und die damit verbundene wirtschaftliche Bedeutung der Mobiliarsicherheiten war auch weiterhin Gegenstand von langjährigen Diskussionen zur Reform des Kreditsicherungsrechts.[57] Da sich das Maß der gewährten Sicherheit gerade in der Vermögensvollstreckung bzw. im Konkursverfahren zeigte, wurden in Deutschland die Reformfragen vor

---

51 Vgl. *Hromadka*, ZSR 1970 I, 117, 152 mit Verweis auf den „Bericht der ständeratähnlichen Commission über den Entwurf eines schweizerischen Obligationen- und Handelsrechtes" vom 31.05.1880, BBl. 1880 III 165.

52 Schweizerisches Zivilgesetzbuch vom 10.12.1907, in Kraft getreten am 01.01.1912, SR 210, AS 24 233.

53 BK-*Zobl/Thurnherr*, Syst. Teil, N 107, 133 ff., 141; *Hromadka*, ZSR 1970 I, 117, 152, 154.

54 Ausnahme im ZGB: Viehpfandrecht nach Art. 885 ZGB, BK-*Zobl/Thurnherr*, Syst. Teil, N 106.

55 BK-*Zobl/Thurnherr*, Syst. Teil, N 137.

56 BK-*Zobl/Thurnherr*, Syst. Teil, N 141.

57 DJT 1880, 1912, 1921, 1955, 1976: 15. DJT (1880), Gutachten zur Frage „Ob und unter welchen Voraussetzungen das *constitutum possessorium* mit der Wirkung der Besitzübertragung für bewegliche Sachen auszustatten ist", Gutachter: *Exner, Behrend* und *Leonhard* (Bd. 1, S. 1 ff., 72 ff. 91 ff.); 31. DJT (1912), Gutachten zur Frage „Empfehlen sich gesetzliche Maßnahmen in Bezug auf die Sicherungsübereignung?", Gutachter: *Salinger* (Bd. I, S. 409 ff.); 32. DJT (1921): „Empfiehlt sich die Einführung einer Mobiliarhypothek?", Berichterstatter: *Seiler* (Bd. I, S. 185 ff.); 41. DJT (1955): „Gesetzliche Regelungen der Sicherungsübereignung und des Eigentumsvorbehalts?", Berichtersatter: *H. Westermann* (Bd. II, Teil F); 51. DJT (1976): „Empfehlen sich gesetzliche Maßnahmen zur Reform der Kreditsicherung?", Gutachter: *Drobnig*, Gutachten F.

allem unter diesen Gesichtspunkten aufgeworfen. Aber auch das Problem der Publizität spielte weiterhin eine Rolle.[58]

Ebenso wurde in der Schweiz eine Reform der Mobiliarsicherheiten und damit eine Wiedereinführung der Mobiliarhypothek in Betracht gezogen.[59] Es wurden und werden neue Formen von Sicherungsmitteln diskutiert, die das Faustpfandprinzip in Frage stellen.[60] Nach der geltenden Rechtslage ist das Faustpfandprinzip im schweizerischen Recht aber nach wie vor das maßgebliche Kriterium für die Zulässigkeit und Wirksamkeit der Vereinbarung von Mobiliarsicherheiten.

II. Im türkischen Recht

Für eine Einordnung der historischen Grundlagen des türkischen Rechts ist zunächst eine Darstellung der Kodifizierungsentwicklung während des Osmanischen Reiches bis hin zum Erlass der Mecelle erforderlich. Im Anschluss daran werden die in der Mecelle geregelten Mobiliarsicherheiten kurz skizziert.

1. Allgemeine Rechtsentwicklungen im Osmanischen Reich bis zum Erlass der Mecelle

Die historischen Grundlagen des türkischen Rechts gehen im ersten Jahrtausend sowie in der Gründungszeit des Osmanischen Reiches im Jahre 1299 auf die Rechtslehre einer sunnitischen und zwar der hanefitischen[61] Rechtsschule zurück, deren Auslegungen und Interpretationen durch das sog. *Kanun* (= Gesetz) Süleyman des Großen im 16. Jahrhundert zusammengefasst und ergänzt wurden.[62] Im 19. Jahrhundert begann die sog. Tanzimat[63]-Periode, die erhebliche Reformen im Osmanischen Reich bewirkte. Mit der im Jahre 1839 verkündeten Hatt-ı Şerif von Gülhane, der türkischen Magna Charta, sollte eine Systematisierung des Rechts

---

58 *Drobnig*, Gutachten F, S. 56 ff.; vgl. *Melsheimer*; NJW 1976, 2004, 2010; *Reich*, JZ 1976, 463, 463; *Weber*, NJW 1976, 1601, 1602 f.

59 BK-*Zobl/Thurnherr*, Syst. Teil, N 146; *Altorfer*, S. 211 ff. Eine Einführung einer Mobiliarhypothek für Motorfahrzeuge wurde vom Bundesrat 1950 und 1960 abgelehnt, vgl. BBl. 1960 I 550.

60 Statt vieler *Berger*, ZBJV 2002, 197 ff.; *Foëx*, ZSR 2007 II, 287 ff.; *Walter*, FS Rey, 141 ff.; BK-*Zobl/Thurnherr*, Syst. Teil, N 146 m.w.N.

61 Die am weitesten verbreitete und somit vorherrschende der vier sunnitischen Rechtsschulen.

62 Üçok/Mumcu/Bozkurt, S. 187; *Karadeniz*, S. 185 f.

63 *Tanzīmāt* = Anordnungen, Neuordnung.

nach europäischem Vorbild verfolgt werden. Bereits zu dieser Zeit wurde die Rezeption europäischen Rechts in Betracht gezogen, die sich aber für das Zivilrecht nicht durchsetzen konnte.[64] Stattdessen trat im Jahre 1876 die unter der Federführung von Ahmed Cevdet Paşa[65] erarbeitete Mecelle (Ahkâm-ı Adliyye) (MAA), die *„Sammlung der Rechtsvorschriften“*[66], verbindlich für das gesamte Osmanische Reich in Kraft.[67] Dieses Gesetzeswerk stellt den ersten und einzigen Versuch der Kodifikation der vermögensrechtlichen Bestimmungen der hanefitischen Rechtsschule unter Berücksichtigung des bestehenden Gewohnheitsrechts dar.[68] Da die Mecelle keine neuen Regelungen, sondern eine Zusammenfassung der bis zu ihrem Erlass vorherrschenden Rechtsregelungen enthält, gilt sie als eine Art *„Leitfaden des alten türkischen Rechts“*[69]. Sie besteht aus 16 Büchern und insgesamt 1851 Artikeln, die sowohl materiell-rechtliche als auch prozessrechtliche Bestimmungen enthalten. Nur etwa 300 Regelungen lassen sich mit europäischen Rechtbegriffen wiedergeben.[70] Charakteristisch für die Mecelle ist, dass die Vorschriften kasuistisch beschrieben sind, indem bestimmten Rechtsfiguren Merkmale zugeordnet werden.[71]

2. In der Mecelle enthaltene Mobiliarsicherheiten

Als Grundmodell der Mobiliarsicherheiten ist das *rehin*[72], das Pfandrecht, in der Mecelle ausführlich in einem eigenen Buch (fünftes Buch, Art. 706 – 761 MAA) dargestellt.[73] Auch hier ist nach Art. 706 Satz 2, 722 MAA die Wirksamkeit des Pfandrechts von der Übergabe des Pfandgegenstandes an den Pfandnehmer oder an einen ihm nahe stehenden Dritten abhängig. Nach Art. 707 MAA ist für die Begründung des Pfandrechts *„im Gegenzug“* einer Forderung der übereinstimmende

64 *Saymen*, S. 5; *Karadeniz*, S. 188.

65 Vgl. *Karadeniz*, S. 188.

66 *Krüger*, FS Kegel, 43, 44.

67 *Karadeniz*, S. 188.

68 *Krüger*, FS Kegel, 43, 44.

69 *Karadeniz*, S. 189. Der Begriff des *„alten türkischen Rechts“* wird im Rahmen der weiteren Bearbeitung übernommen, soweit das türkische Recht vor Inkrafttreten des TZGB am 04.10.1926 gemeint ist.

70 *Saymen*, S. 5.

71 *Karadeniz*, S. 189.

72 Vgl. *Bergsträsser/Schacht*, S. 55 ff.

73 Bei der Untersuchung der Regelungen wurde die Mecelle in Form von *Ural/Özcan*, Sadeleştirilmiş Mecelle (= Vereinfachte Mecelle), zugrunde gelegt. Soweit erforderlich, erfolgt eine möglichst wortwörtliche Übersetzung.

Wille der Beteiligten hierzu erforderlich. In der Gesamtschau mit den Regelungen der Art. 729 ff. MAA ist erkennbar, dass mit „*im Gegenzug*“ eine Überlassung des Pfandgegenstandes bis zur Begleichung der Forderung gemeint ist. Entscheidend ist nach Art. 708 MAA, dass sich dem Pfandgegenstand ein Wert zuordnen lässt. In den Art. 729 ff. MAA sind die Rechtsfolgen des Pfandes dargestellt. So ist es nach Art. 750 MAA nicht gestattet, dass der Pfandnehmer ohne die Zustimmung des Pfandgebers den Pfandgegenstand für sich nutzbar macht. Wird aber die fällige Forderung nicht beglichen, ordnet der Richter (*hakim*) dem Verpfänder den Verkauf des Pfandgegenstandes zum Ausgleich der Forderung an. Weigert sich dieser, verkauft der Richter den Pfandgegenstand und begleicht dann die ausstehende Forderung (Art. 758 MAA).

Als eine besondere Form[74] des *rehin* werden das in Art. 118 MAA geregelte *bey'i bi'l-vefâ'*[75] und das in Art. 119 MAA geregelte *bey-bil-istiğlâl*[76] bezeichnet, die auch Ähnlichkeiten zu einer Sicherungsübereignung aufweisen.[77]

In Art. 118 MAA wird ein Rechtsgeschäft beschrieben, bei dem ein Kaufgeschäft zu einem bestimmten Kaufpreis unter der Bedingung erfolgt, dass die Sache zurückzugeben ist, wenn der Verkäufer den Kaufpreis zurückzahlt. Der Käufer darf die Sache nutzen und der Kaufvertrag von beiden Seiten aufgelöst bzw. gekündigt werden (*feshetmeye muktedir*), so dass der Kaufvertrag unwirksam wird. Da der Käufer den Kaufgegenstand nicht verkaufen darf, gelten für ihn die Regelungen eines Pfandtreuhänders.

Das hier beschriebene Rechtsgeschäft stellt somit eine Art Kauf-auf-Rückkauf-Geschäft dar, das auf einem gegenseitigen Vertrauensverhältnis der Parteien beruht.[78] Die hiernach gestattete Nutzung stellte einen Vorteil zum *rehin* dar. Denn die Verschuldung bei einem anderen unter der Bedingung einer Nutzungsgewährung für den Gläubiger – zusätzlich zu der zurückzuzahlenden Forderung – wurde als Zinssatz angesehen, dessen Erhebung verboten war.[79] Daher war eine Nutzung des Pfandgegenstandes nur unter einer ausdrücklichen Gestattung möglich, da die Verpfändung lediglich der Forderungssicherung dienen sollte.[80]

---

74 Vgl. Yarg., 14. HD 10.04.1980, E. 1980/1482, K. 1980/2038; *Ansay*, S. 176, *Aydın*, S. 361.

75 *vefa* = Vertrauen.

76 *istiğlâl* = Niessbrauch, Nutzung; als Rechtsbegriff: Verpfändung einer Liegenschaft für eine Schuld, so *Karadeniz*, S. 191 (Fn. 464).

77 Ausführlich *Karadeniz*, S. 189 ff.

78 *Karadeniz*, S. 191, 192.

79 Vgl. *Karadeniz*, S. 197 (Fn. 473).

80 *Aydın*, S. 361.

Das in Art. 118 MAA beschriebene Rechtsgeschäft sollte hierüber hinweghelfen, um einen verzinsten Kredit gewähren zu können.[81] Der Kreditgeber und gleichzeitig Sicherungsnehmer gewährt dem Kreditnehmer und Sicherungsgeber einen Kredit, wobei die Höhe des Kredits dem Kaufpreis entspricht, der dem Kreditnehmer und Sicherungsgeber für den Kaufgegenstand gezahlt wird. Dieser stellt somit auch den Sicherungsgegenstand dar. Der Kauf-auf-Rückkauf wird gekündigt, wenn der Kreditnehmer den Kredit zurückzahlen und somit den Sicherungsgegenstand zurückkaufen kann. Der Kaufpreis kann hierbei höher als der zunächst vereinbarte Preis sein, so dass vom Kreditnehmer faktisch ein Zins bezahlt wird.[82] Art. 119 MAA erweitert[83] die Regelung des Art. 118 MAA dahingehend, dass der Käufer den Verkaufsgegenstand mietet und somit in seinem Besitz behält. Bei dieser Vereinbarung sollte dem Kreditgeber die Mietzahlung als Zins für den Kredit gezahlt werden.[84]

Es wird angenommen, dass zwar bei beiden Geschäften der Kaufcharakter im Vordergrund stand, jedoch durch die pfandrechtlichen Merkmale diese nach und nach als Sicherungsgeschäfte genutzt wurden.[85] Das in Art. 118 MAA geregelte Rechtsgeschäft wäre danach vergleichbar mit einer fiduziarischen Sicherungsübereignung, bei der eine weitere Verfügung des Sicherungsnehmers nicht gestattet wäre, während das in Art. 119 MAA geregelte Rechtsgeschäft einer Sicherungsübereignung mittels Besitzkonstituts entspräche.[86]

Ferner ist in der Mecelle ein Rechtsgeschäft beschrieben, dass dem Eigentumsvorbehalt entspricht und somit auch als ein weiteres Sicherungsmittel klassifiziert werden kann. Dies lässt sich teils aus Art. 186 ff. MAA, wo der bedingte Kauf beschrieben ist, und Art. 245 MAA, der einen Ratenkauf als zulässig erklärt, ableiten. Aber auch Art. 313 MAA weist hierauf hin. Hiernach ist der Verkauf nicht als erfolgt anzusehen (*hıyar-ı nakd*), wenn der Kaufpreis nicht bis zum vereinbarten Zeitpunkt gezahlt wurde und infolgedessen der Verkauf keine Wirksamkeit erlangt. Diese Regelungen erinnern in ihrer Gesamtschau an die Vereinbarung eines Eigentumsvorbehalts. Das eigentliche Ziel dieses Verkaufsgeschäftes ist der Eigentumserwerb. Dies lässt sich der Regelung des Art. 369 MAA entneh-

---

81 *Aydın*, S. 361; *Karadeniz*, S. 198 (Fn. 472), der die Bezeichnung *„nachgeformtes Rechtsgeschäft"* von *Rabel* (ZStR 28, 1908, 372 ff.) übernimmt.

82 In Anlehnung an Beschreibung bei *Karadeniz*, der die Begriffe „Darlehensnehmer" und „Darlehensgeber" verwendet, S. 198.

83 *Ansay*, S. 177 (nur bei Immobilien); *Aydın*, S. 362; *Karadeniz*, S. 191, 197 (vermutlich nur bei Immobilien praktiziert).

84 *Karadeniz*, S. 198 (Fn. 474).

85 *Karadeniz*, S. 196.

86 *Karadeniz*, S. 199.

men, wonach die Hauptbestimmung des vereinbarten Verkaufs im Eigentumserwerb liegt. Hiernach erhält der Käufer das Eigentum an der Verkaufsware und der Verkäufer das Eigentum an der Gegenleistung. Die Regelungen der Art. 245 und 313 MAA dienen daneben zur Sicherung der Kaufpreiszahlung.

Zusammenfassend ist festzuhalten, dass auch im alten türkischen Recht das übliche Sicherungsmittel als Faustpfandrecht ausgestaltet war. In der Praxis wurden aber auch weitere gesetzlich kodifizierte Rechtsgeschäftstypen genutzt, um etwaige Sicherungsbedürfnisse abzudecken.

3. Inkrafttreten des Türkischen Zivilgesetzbuches

Die Mecelle trat am 4. Oktober 1926 nach Art. 43 i.V.m. Art. 48 des Gesetzes Nr. 864 vom 29. Mai 1926 über das Inkrafttreten und die Form der Anwendung des Zivilgesetzbuches außer Kraft (Art. 43: *„[...] mecelle mülgadır.“*, Art. 48: *„İşbu kanun 4 teşrinievvel 1926 tarihinden itibaren mer'idir.“*[87]). An dessen Stelle trat am 4. Oktober 1926 das Türkische Zivilgesetzbuch (TZGB)[88], das durch eine Rezeption des schweizerischen ZGB erarbeitet wurde. In der amtlichen Begründung des Regierungsentwurfs wurde hierbei für die Wahl des schweizerischen ZGB angegeben, dass es sich um das *„neuste [und] vollkommenste“*[89] der derzeitigen Zivilgesetzbücher handele.[90] Die Schweiz beinhalte deutsche, französische und italienische Bevölkerungsbestandteile, die einer unterschiedlichen Geschichte und Tradition zugehörig sind. Ein solches Gesetz könne – so die amtliche Begründung – erst recht in der Türkei angewandt werden.[91] Welche Gründe hierüber hinaus für die Rezeption des schweizerischen Rechts ausschlaggebend waren, wird in der Literatur insbesondere unter dem Gesichtspunkt der Qualitäts- und Autoritätsfrage, aber auch unter praktischen Aspekten wie einer zeitnahen Übersetzbarkeit[92] lebhaft diskutiert.[93]

---

87 *Kanunu Medeninin Sureti Mer'iyet Şekli Tatbiki Hakkında Kanunu (Mülga)*, vom 29.05.1926, Gesetzes-Nr.: 864, ResG-Nr. 402 vom 19.06.1926.

88 *Türk Medenî Kanunu*, Gesetzes-Nr. 743 vom 17.02.1926, ResG Nr. 339 vom 04.04.1926 (TZGB a.F.).

89 Übersetzung durch *Bandak*, S. 75, in Anlehnung an *Pritsch*, ZVglRWiss 1957, 125, 142, wobei *„eksiksiz“* auch mit *„mangelfreiste“* übersetzt werden kann.

90 <www.belgenet.com/yasa/medenikanun/gerekce_1926.html> (zuletzt abgerufen am 25.03.2012).

91 <www.belgenet.com/yasa/medenikanun/gerekce_1926.html> (zuletzt abgerufen am 25.03.2012); vgl. *Pritsch*, ZVglRWiss 1957, 125, 142 f.

92 *Pritsch*, ZVglRWiss 1957, 125, 144 ff.

93 Vgl. bei *Bandak*, S. 76 ff. mit weiteren Nachweisen.

Unabhängig von den verschiedenen Gründen, die wohl in unterschiedlichem Maße für die Entscheidung bestimmend waren[94], ist festzuhalten, dass mit dem Erlass des TZGB im Jahre 1926 für die Türkei eine neue Rechtsepoche begann.[95]

Eine Darstellung der mit der Rezeption verbundenen weiteren Entwicklungen und Umsetzung in der Praxis würde weit über den Rahmen dieser Bearbeitung hinausgehen. An dieser Stelle darf noch darauf verwiesen werden, dass in der jüngeren Historie der Türkei im Jahre 2002 eine Reform des TZGB[96] vorgenommen wurde, deren zahlreiche Änderungen eine Modernisierung und Annäherung an die europäischen Rechtsordnungen bewirkten.[97] Änderungen erfolgten auch im Bereich der Mobiliarsicherheiten, die für die Praxis von größerer Bedeutung sind.[98]

III. Zwischenergebnis

Trotz der unterschiedlichen Ursprünge des deutschen und schweizerischen Rechts einerseits und des alten türkischen Rechts andererseits wurden ähnliche – und damit vergleichbare – Sicherungsmittel verwendet. Neben dem Pfandrecht existierten in beiden Rechtssystemen auch die Sicherungsübereignung und der Eigentumsvorbehalt. Welche wesentlichen Merkmale dieser Sicherungsinstitute bis in die Gegenwart aufrechterhalten worden sind und welche von diesen aufgegeben wurden, soll im Rahmen der weiteren Bearbeitung untersucht werden. Hierbei soll auch ein besonderes Augenmerk auf die jüngsten Entwicklungen im Bereich der Mobiliarsicherheiten gerichtet werden.

D. Realsicherheiten des Mobiliarsachenrechts nach geltendem Recht im Überblick

Nach den historischen Grundlagen soll ein Überblick über die jeweiligen Mobiliarsicherheiten im Rahmen des geltenden Rechts vermittelt werden. Hierdurch können die Sicherungsinstitute im deutschen, schweizerischen und türkischen

---

94 *Bandak*, S. 81 f.

95 *Hirsch*, ZSR 1976, 223, 224 f., 231 f.; *Zweigert/Kötz*, S. 176; *Bandak*, S. 82; vgl. auch Örücü, unter 6.1, 6.4.; *Nussbaumer/Barut*, Law in Transition 2009 (Spring), 60, 61.

96 *Türk Medenî Kanunu*, angenommen am 22.11.2001, Gesetzes-Nr. 4721, ResG-Nr. 24607 vom 08.12.2001, in Kraft seit dem 01.01.2002 (TZGB).

97 Vgl. *Bandak*, S. 107 ff.

98 Diese werden im Einzelnen im Rahmen der weiteren Bearbeitung eingehend erörtert.

Recht gegenübergestellt und in der weiteren Bearbeitung detailliert untersucht werden.

I. Nach der deutschen Rechtsordnung

In der deutschen Rechtsordnung kommt neben dem im Sachenrecht geregelten Pfandrecht (§§ 1204 ff. BGB) der Sicherungsübereignung (§ 930 BGB) und dem Eigentumsvorbehalt (vgl. § 449 BGB) eine bedeutende Funktion als Sicherungsinstitut zu.

Mit dem Pfandrecht im Sinne der §§ 1204 ff. BGB erwirbt der Gläubiger ein Verwertungsrecht an dem Pfandgegenstand für den Fall, dass sein Primäranspruch nicht erfüllt werden kann. Wesentlich ist hierbei, dass der Schuldner den Besitz an dem Sicherungsgut verliert und dieser grundsätzlich dem Gläubiger übertragen wird.

Das Rechtsinstitut der Sicherungsübereignung mittels Besitzkonstituts gemäß § 930 BGB hat dagegen den Vorteil, dass der Schuldner dem Gläubiger das Sicherungsgut zwar übereignet, den Besitz hieran aber behalten und das Sicherungsgut daher weiterhin wirtschaftlich nutzen kann.[99] Dieses Sicherungsmittel, das auch als nicht-akzessorisches besitzloses Pfandrecht[100] verstanden wird, war früher sehr umstritten, wurde dann aber allgemein als Ergebnis richterlicher Rechtsfortbildung anerkannt und zunehmend als Gewohnheitsrecht betrachtet.[101]

Mit der Vereinbarung eines Eigentumsvorbehalts im Sinne des § 449 BGB wird schuldrechtlich ein unbedingter Kaufvertrag geschlossen, mit dem sich der Verkäufer zu einer Besitzüberlassung und einer aufschiebend bedingten Übereignung des Vertragsgegenstandes verpflichtet. Sachenrechtlich wird die Übergabe des Gegenstandes an den Käufer und die dingliche Einigung über den Eigentumsübergang, die jedoch durch die vollständige Kaufpreiszahlung aufschiebend bedingt wird, vereinbart. Zur Sicherung der Kaufpreiszahlung behält sich der Verkäufer somit vor, die Eigentumsübertragung später vorzunehmen.[102] Durch den Eigentumsvorbehalt wird der Verkäufer bei Nichtzahlung des Kaufpreises vor dem Verlust seines Eigentums an dem Verkaufsgegenstand geschützt.[103] Statt des Eigentums erhält der Käufer bereits ein Anwartschaftsrecht, das mit der vollständigen Erfüllung des Kaufpreises zum Eigentumsrecht erstarkt. Der Käufer erwirbt aber

---

99 Palandt/*Bassenge*, § 930, Rn. 9, 13 ff.; vgl. *Prütting*, Rn. 410.

100 Vgl. Palandt/*Bassenge*, § 930, Rn. 13; *Prütting*, Rn. 409.

101 Vgl. RGZ 13, 200, 201 f.; Staudinger/*Wiegand*, Anh. zu § § 929 ff., Rn. 52 ff.; *Baur/Stürner*, § 56, Rn. 4, § 57, Rn. 1.

102 Palandt/*Weidenkaff*, § 449, Rn. 1; *Bülow*, Rn. 721.

103 *Wilhelm*, Rn. 2375.

auch bereits vorher ein Besitz- und Nutzungsrecht an der Sache.[104] Im Einzelnen können verschiedene Arten wie z.B. der einfache, verlängerte, nachgeschaltete oder weitergeleitete Eigentumsvorbehalt unterschieden und vereinbart werden.[105]

II. Nach der schweizerischen Rechtsordnung

Das schweizerische Recht kennt für die Kreditsicherung ebenfalls die Institute des Pfandrechts, der Sicherungsübereignung und des Eigentumsvorbehalts.

Bei dem Pfandrecht gemäß §§ 884 ff. ZGB gilt im schweizerischen Recht das strikte Faustpfandprinzip[106], so dass gemäß Art. 884 Abs. 1 ZGB Fahrnis grundsätzlich nur verpfändet werden kann, indem der Pfandgläubiger den Besitz an der Pfandsache erwirbt. Neben dem Pfandrecht ist auch die Sicherungsübereignung ein von der schweizerischen Rechtsprechung inzwischen anerkanntes Sicherungsmittel. Auch hier ist es für die Sicherungsübereignung erforderlich, dass das Sicherungsgut dem Sicherungsnehmer von einem Sicherungsgeber zur physischen Aufbewahrung übergeben wird.[107]

Als weiteres Sicherungsmittel kennt die schweizerische Rechtsordnung den Eigentumsvorbehalt nach Art. 715 Abs. 1 ZGB. Der Eigentumsvorbehalt muss nach Art. 4 der Verordnung des Bundesgerichts betreffend die Eintragung der Eigentumsvorbehalte (EigVV)[108] schriftlich vereinbart oder genehmigt werden. Es wird in ein öffentliches Register am Wohnort des Erwerbers eingetragen, um die Konkursfestigkeit des Eigentumsvorbehalts zu bewirken.[109]

III. Nach der türkischen Rechtsordnung

Wie bereits dargelegt, wurde das schweizerische ZGB am 4. Oktober 1926 für das türkische Zivilrecht weitgehend übernommen. Dieser formalen Rezeption mussten noch Anpassungen an die Verhältnisse der Türkei folgen, damit eine tatsächliche

---

104 Palandt/*Weidenkaff*, § 449, Rn. 1; *Baur/Stürner*, § 59, Rn. 1.

105 Palandt/*Weidenkaff*, § 449, Rn. 3, 16–20.

106 *Graham-Siegenthaler*, Kreditsicherungsrechte, S. 13 ff.; vgl. Ausführungen zu Art. 210 OR a.F. unter C. I. 3.

107 BK-*Zobl/Thurnherr*, Syst. Teil, N 1300; *Graham-Siegenthaler*, Prinzipien des Sachenrechts, S. 93, 99.

108 Verordnung vom 19.12.1910 betreffend die Eintragung der Eigentumsvorbehalte, in Kraft getreten am 01.01.1912, SR 211.413.1, AS 27 215.

109 *Graham-Siegenthaler*, Prinzipien des Sachenrechts, S. 93, 100.

und praxisgerechte Anwendung dort möglich wurde.[110] Teilweise wurden später erfolgende Reformen der Schweiz auch in der Türkei umgesetzt. Diese Adaption erfolgte aber nicht in sämtlichen Bereichen, insbesondere im Familien- und Erbrecht sowie im Sachenrecht entwickelte sich das türkische Recht abweichend vom schweizerischen Recht.[111]

Entsprechend der schweizerischen und deutschen Rechtssystematik differenziert auch das türkische Recht zwischen Personal- und Realsicherheiten im Bereich des Kreditsicherungsrechts. Zu den Realsicherheiten (*nesnel teminatlar*) des Mobiliarsachenrechts gehört auch hier das in Art. 939 ff. TZGB geregelte Pfandrecht.

Das Institut der Sicherungsübereignung ist im türkischen Recht dagegen nicht geregelt und derzeit in Theorie und Praxis für die Form der Sicherungsübereignung durch Besitzkonstitut umstritten.[112] Ferner existiert auch im türkischen Recht das Institut des Eigentumsvorbehalts im Sinne des Art. 764 TZGB, für dessen Wirksamkeit eine Beurkundung und Eintragung in einem notariell geführten Register erforderlich ist.[113]

IV. Zwischenergebnis

Der Überblick zu den Realsicherheiten des Mobiliarsachenrechts nach den geltenden Rechtsordnungen zeigt, dass in den zu vergleichenden Rechtsordnungen von der Bezeichnung her die gleichen Sicherungsinstitute vertreten sind. Inwiefern diese inhaltlich gleichen Regelungen folgen oder sich unterscheiden, wird im Einzelnen detailliert untersucht werden.

---

110 Vgl. *Zajtay*, AcP 170 (1970), 250, 257.

111 *Gören-Atasay*, ZSR 1976, 265, 267; *Rumpf*, Leitfaden, S. 21 f.

112 Vgl. *Karadeniz*, S. 1 ff.; *Rumpf*, Leitfaden, S. 94.

113 *Rumpf*, Leitfaden, S. 96.

1. Teil: Das Pfandrecht an beweglichen Sachen

A. Nach der deutschen Rechtsordnung

Das Pfandrecht ist im Wesentlichen im Achten Abschnitt des Dritten Buches des BGB mit dem Titel „Pfandrecht an beweglichen Sachen und an Rechten“ (§§ 1204–1296 BGB) geregelt. Die Vorschriften unterscheiden zwischen dem Pfandrecht an beweglichen Sachen (§§ 1204–1259 BGB) und dem Pfandrecht an Rechten (§§ 1273–1296 BGB).

Das Pfandrecht an beweglichen Sachen kann je nach Begründungsakt in drei verschiedene Arten differenziert werden: Das vertraglich begründete Pfandrecht gemäß den §§ 1204–1256 BGB, das gesetzliche Pfandrecht im Sinne des § 1257 BGB, wonach die Vorschriften über das durch Rechtsgeschäft bestellte Pfandrecht auf das gesetzliche Pfandrecht Anwendung finden, sowie das Pfändungspfandrecht nach den Vorschriften der §§ 803 ff. ZPO. Die drei Pfandrechtsarten werden also je nach ihrer Begründungsart bezeichnet. Das vertragliche und gesetzliche Pfandrecht sind von Beginn des Vertragsverhältnisses an darauf ausgerichtet, eine Sicherung des Gläubigers zu bezwecken. Dagegen begründet das Pfändungspfandrecht erst im Rahmen der Zwangsvollstreckung einen prozessualen Anspruch auf Erlöszuteilung und –auszahlung nach einer bestimmten Rangordnung[114], so dass es nicht als klassisches Kreditsicherungsmittel einzuordnen ist. Deshalb wird das Pfändungspfandrecht im Rahmen dieser Bearbeitung lediglich der Vollständigkeit halber kurz skizziert.

I. Pfandrechtsprinzipien

Zunächst sollen die wesentlichen Prinzipien des Pfandrechts dargestellt werden. Hierbei erfolgt ein Bezug zu den Regelungen des vertraglichen Pfandrechts. Dies erklärt sich vor folgendem Hintergrund: Nach der deutschen Rechtsordnung finden die Vorschriften des vertraglichen Pfandrechts weitgehend auch für das gesetzliche Pfandrecht (vgl. § 1257 BGB) Anwendung.

---

114 Vgl. Zöller/*Stöber*, § 804, Rn. 2.

1. Faustpfandprinzip

Ein wesentliches Merkmal des Pfandrechts ist die Aufgabe des unmittelbaren Besitzes an der Pfandsache durch den Verpfänder und dessen Übertragung auf den Pfandgläubiger. Dies ergibt sich bereits aus der Regelung des § 1205 BGB. Nach § 1205 Abs. 1 BGB ist es erforderlich, dass der Pfandgegenstand dem Pfandgläubiger übergeben bzw. dass eine Einigung über die Pfandbestellung vorgenommen wird, wenn der Gläubiger bereits im Besitz der Pfandsache ist. Durch den unmittelbaren Besitz an der Sache soll die veränderte dinglich-rechtliche Zuordnung auch nach außen hin deutlich werden. Hierdurch wird das Publizitätsprinzip des Sachenrechts konkretisiert.[115] Durch das strenge Befolgen des Publizitätsprinzips sollen Verfügungen zu Lasten des Pfandgläubigers verhindert und eine Verwertung erleichtert werden. Nur ausnahmsweise ist ein Abweichen hiervon zulässig. Die Publizitätswirkung wird dann in der Regel durch andere Mittel als den Besitz gewährleistet, so zum Beispiel durch Eintragung in ein besonderes Verzeichnis. Diese werden in einem gesonderten Abschnitt erläutert.[116]

2. Akzessorietätsprinzip

Gemäß § 1252 BGB erlischt das Pfandrecht mit der Forderung, für die es besteht. Das Pfandrecht ist somit ein akzessorisches Sicherungsmittel. Das Entstehen, Fortbestehen und Erlöschen des Pfandrechts ist abhängig von der zu sichernden Forderung. Wird die Forderung teilweise erfüllt (vgl. § 362 BGB), so erlischt auch das Pfandrecht insoweit. Damit ist gewährleistet, dass der Pfandgläubiger auf eine Sicherheit nur in dem Maße zurückgreifen kann, soweit eine zu sichernde Forderung und damit ein Kredit besteht.[117]

Aus dem gleichen Grund kann an einer nicht bestehenden Forderung kein wirksames Pfandrecht bestellt werden. Sofern keine entsprechende Forderung existiert, besteht auch kein Kreditsicherungsbedürfnis. Ein Pfandrecht kann daher auch nicht zur Sicherung einer Naturalobligation (z.B. aus Spiel oder Wette gemäß § 762 BGB) bestellt werden, da hier keine Verbindlichkeit und somit auch keine durchsetzbare Forderung besteht.[118] Dagegen kann eine verjährte Forderung durch die Bestellung eines Pfandrechts gesichert werden, da eine einklagbare Forderung existiert. Dass dieser die Einrede der Verjährung entgegengehalten werden kann,

---

115 *Baur/Stürner*, § 4, Rn. 9, § 55, Rn. 6.

116 Siehe in diesem Teil unter A. III.

117 BGHZ 23, 293, 299; vgl. *Mincke*, S. 29 ff., 201 f.

118 Staudinger/*Wiegand*, § 1204 Rn. 16.

hindert die Pfandrechtsbestellung jedoch nicht.[119] Bei einer Pfandrechtsbestellung für eine künftige oder bedingte Forderung gemäß § 1204 Abs. 2 BGB erlischt das Pfandrecht, wenn sich zeigt, dass die künftige Forderung nicht mehr zur Entstehung gelangt.[120]

Gemäß § 1250 Abs. 1 BGB geht das Pfandrecht als Ausdruck der Akzessorietät kraft Gesetzes mit der Übertragung der Forderung auf den neuen Gläubiger über. § 1250 Abs. 2 BGB bestimmt sogar, dass ein Ausschluss des Pfandrechts bei der Forderungsabtretung das Pfandrecht erlöschen lässt.

Für den Übergang des Pfandrechts ist indes nicht die Übergabe der Pfandsache erforderlich. Ein Widerspruch zum Faustpfandprinzip besteht hier nicht. Es handelt sich um einen Übergang des Pfandrechts kraft Gesetzes. Zudem wird das Faustpfandprinzip berücksichtigt, indem der neue Pfandgläubiger gemäß § 1251 Abs. 1 BGB von dem bisherigen Pfandgläubiger die Herausgabe des Pfandes verlangen kann. Erst mit der Erlangung des Besitzes tritt der neue Pfandgläubiger gemäß § 1251 Abs. 2 BGB anstelle des früheren Pfandgläubigers und übernimmt dessen Verpflichtungen gegenüber dem Verpfänder.

Der Umfang des Pfandrechts erstreckt sich gemäß § 1210 BGB als akzessorisches Sicherungsmittel auch auf jegliche Nebenforderungen wie Zinsen und Vertragsstrafen.

3. Spezialitätsprinzip

Nach dem Grundsatz der Spezialität ist die bewegliche Sache, an der das Pfandrecht bestellt werden soll, hinreichend zu bestimmen. Ein *„Generalpfandrecht“* am gesamten beweglichen Vermögen des Schuldners ist gesetzlich nicht vorgesehen.[121] Möglich ist jedoch eine zusammenfassende Bezeichnung mehrerer Gegenstände[122] oder auch die Bestellung eines Gesamtpfandrechts im Sinne des § 1222 BGB. Bei einem Gesamtpfandrecht haften mehrere einzelne Sachen desselben oder verschiedener Eigentümer für eine einzige Forderung. Alle Gegenstände haften in ihrem jeweiligen Bestand kraft Akzessorietät für die gesicherte Forderung.[123] Ebenfalls möglich ist die Sicherung einer künftigen oder bedingten Forderung gemäß § 1204 Abs. 2 BGB, sofern auch diese hinreichend bestimmt

119 *Weber*, S. 147.
120 Vgl. RGZ 145, 328, 336.
121 BGH NJW-RR 1994, 1537, 1537; Palandt/*Ellenberger*, Überbl. v. § 90 Rn. 5; *Weber*, S. 161.
122 *Baur/Stürner*, § 55, Rn. 5.
123 *Bülow*, Rn. 475.

ist.[124] Ausreichend ist, dass das Sicherungsgut von allen anderen Gegenständen des Sicherungsgebers oder eines Dritten deutlich unterschieden werden kann.[125]

4. Prioritätsprinzip

Bestehen mehrere beschränkte dingliche Rechte an derselben beweglichen Sache, so gilt der Grundsatz der Priorität, der für das Pfandrecht in § 1209 BGB normiert ist. Gemäß § 1209 BGB ist auch im Falle der Pfandrechtsbestellung für eine künftige oder bedingte Forderung hinsichtlich des Ranges des Pfandrechts die Zeit der Bestellung maßgeblich. Somit richtet sich die Entstehung des Pfandrechts nach dem Zeitpunkt der Bestellung und nicht nach dem der Forderungsentstehung.[126] Der prioritätsältere Pfandgläubiger hat damit das vorrangige Recht, sich aus dem Erlös zu befriedigen. Sofern aus dem Erlös etwas übrig bleibt, kann auch der prioritätsjüngere Pfandgläubiger bis zu seiner Forderungshöhe hierauf zugreifen.[127]

II. Das vertragliche Pfandrecht

1. Allgemeines

Der Begriff des Pfandrechts an beweglichen Sachen ist in § 1204 BGB legaldefiniert. Hiernach kann *„eine bewegliche Sache [...] zur Sicherung einer Forderung in der Weise belastet werden, dass der Gläubiger berechtigt ist, Befriedigung aus der Sache zu suchen“.*

Der Pfandgläubiger erwirbt ein dinglich beschränktes Recht an einer fremden beweglichen Sache, das ihn berechtigt, sich wegen einer Forderung durch Verwertung des Pfandgegenstandes zu befriedigen. Der Verpfänder ist nicht zur Zahlung der Schuld, aber zur Duldung der Pfandverwertung zum Zwecke der Forderungsbefriedigung verpflichtet.[128] Das Verwertungsrecht des Pfandgläubigers beinhaltet gleichzeitig ein Vorzugsrecht sowohl in der Zwangsvollstreckung (§ 805 ZPO) als auch im Insolvenzverfahren in Form eines Absonderungsrechts (§ 50 InsO).[129]

---

124 Palandt/*Bassenge*, § 1204, Rn. 11; Staudinger/*Wiegand*, § 1204, Rn. 24; *Weber*, S. 147.
125 BGH NJW 2000, 2898, 2898.
126 *Baur/Stürner*, § 55, Rn. 7.
127 *Bülow*, Rn. 478.
128 MK-*Damrau*, § 1204, Rn. 1; Palandt/*Bassenge*, § 1204, Rn. 1.
129 *Baur/Stürner*, § 55, Rn. 1.

2. Begründung des vertraglichen Pfandrechts

Gemäß § 1205 Abs. 1 S. 1 BGB ist die Einigung über die Pfandrechtsbestellung und die Übergabe der Pfandsache erforderlich, damit das Pfandrecht entsteht.

a) Beteiligte

An der Pfandrechtsbestellung sind der Gläubiger der persönlichen Forderung und der Verpfänder beteiligt. Gläubiger der Forderung und Pfandgläubiger sind stets identisch, da das Pfandrecht – wie bereits angemerkt – akzessorisch im Entstehen und Fortbestehen zur sichernden Forderung ist. Somit handelt es sich bei dem Forderungsgläubiger und dem Sicherungsnehmer stets um ein und dieselbe Person.

Der Schuldner kann identisch mit dem Sicherungsgeber sein. Die Person des Schuldners und die des Sicherungsgebers (Verpfänders) können aber auch unterschiedlich sein. Auch die Person des Verpfänders und die des Eigentümers (z.B. im Fall des gutgläubigen Pfandrechtserwerbs) können auseinanderfallen, so dass dem Pfandgläubiger auf der anderen Seite des Rechtsgeschäfts drei Personen gegenüberstehen können: der Schuldner, der Verpfänder und der Eigentümer der verpfändeten Sache.[130]

b) Pfandgegenstand

Pfändungsgegenstand können gemäß § 1204 BGB bewegliche Sachen sowie gemäß § 1258 Abs. 1 BGB der Anteil eines Miteigentümers an einer Sache sein. Vom Pfandrecht erfasst sind auch die wesentlichen Bestandteile einer Sache im Sinne des § 93 BGB. An diesen kann aber kein selbstständiges Pfandrecht bestellt werden. Möglich ist die Bestellung eines selbstständigen Pfandrechts an Zubehör im Sinne des § 97 BGB sowie an unwesentlichen Bestandteilen und an sog. Scheinbestandteilen[131] gemäß § 95 BGB. Auch an einem unpfändbaren Gegenstand im Sinne des § 811 ZPO kann ein Pfandrecht bestellt werden, wobei dann eine Nichtigkeit der Pfandrechtsbestellung nach § 138 BGB vorliegen kann.[132]

c) Entstehung des Pfandrechts

Gemäß § 1205 BGB erfolgt die Bestellung eines Pfandrechts durch Einigung über die Pfandrechtsbestellung und Übergabe des Pfandgegenstandes. Neben der Übergabe im Sinne des § 929 S. 1 BGB ist die Zulässigkeit von Übergabesurrogaten,

---

130 Vgl. *Wunderlich*, S. 1 ff., 20 ff., 103 ff.

131 Vgl. Palandt/*Ellenberger*, § 95, Rn. 1.

132 Palandt/*Bassenge*, § 1204, Rn. 5; MK-*Damrau*, §1204, Rn. 3.

die eine Pfandrechtsbestellung ermöglichen, in den § 1205 ff. BGB geregelt. Von der erforderlichen dinglichen Einigung ist der schuldrechtliche Vertrag, mit dem sich jemand zur Bestellung eines Pfandrechts verpflichtet, zu unterscheiden.

aa) Schuldrechtliche Vereinbarung

Der schuldrechtliche Vertrag, der die Verpflichtung zur Bestellung eines Pfandrechts enthält, wird unterschiedlich bezeichnet. Begriffe wie Verpfändungsvertrag, Sicherungsvereinbarung oder Sicherungsvertrag werden hier synonym verwendet.[133] Dieser im Regelfall geschlossene schuldrechtliche Vertrag, dessen Inhalt sich auf die Verpflichtung zur Pfandrechtsbestellung beschränkt[134], ist entsprechend dem Abstraktionsprinzip der deutschen Zivilrechtssystematik unabhängig von der dinglichen Pfandrechtsbestellung.[135] Folge dessen ist, dass bei einer unwirksamen Sicherungsabrede die Pfandrechtsbestellung weiterhin wirksam sein kann. Trotz der getrennten Betrachtung der beiden Rechtsgeschäfte werden die Sicherungsabrede und die dingliche Pfandrechtsbestellung in der Regel gleichzeitig vorgenommen.[136]

bb) Dingliche Pfandrechtsbestellung

Gemäß § 1205 Abs. 1 Satz 1 BGB ist es zur Bestellung des Pfandrechts erforderlich, dass der Eigentümer die Sache dem Gläubiger übergibt und beide darüber einig sind, dass dem Gläubiger das Pfandrecht zustehen soll. Bei der Einigung über die Pfandrechtsbestellung handelt es sich um den dinglichen Pfandvertrag als abstrakten Verfügungsvertrag, der von dem schuldrechtlichen Sicherungsvertrag – wie gerade angemerkt – zu unterscheiden ist.

cc) Übergabe des Pfandgegenstandes

(1) Regelfall

Im Regelfall erfolgt die Übergabe im Sinne des § 929 Satz 1 BGB durch die Verschaffung des unmittelbaren Besitzes gemäß § 854 BGB. Die Übergabe des Pfandgegenstandes dient der Offenkundigkeit der Verpfändung.[137] Da durch die Besitzübertragung in erster Linie die Publizität bewirkt werden soll, sind nicht

133 Vgl. MK-*Damrau*, § 1205, Rn. 6.
134 *Bülow*, Rn. 482.
135 MK-*Damrau*, § 1205, Rn. 2.
136 Staudinger/*Wiegand*, Vorb. 1204 ff., Rn. 21.
137 *Bülow*, Rn. 485.

alle Übergabesurrogate der Eigentumsverschaffung auch für die Pfandrechtsbestellung tauglich.

(2) Schlichte Einigung

Befindet sich der Pfandrechtsgläubiger bereits im Besitz der Sache, ist die schlichte Einigung für eine wirksame Pfandrechtsbestellung gemäß § 1205 Abs. 1 Satz 2 BGB ausreichend (*brevi manu traditio*). Der Pfandrechtsgläubiger und der Verpfänder müssen sich darüber einig sein, dass dem besitzenden Gläubiger nunmehr ein Pfandrecht an dem Gegenstand zustehen soll.

(3) Besitzmittlung durch einen Dritten

Gemäß § 1205 Abs. 2 BGB kann die Übergabe einer im mittelbaren Besitz des Verpfänders befindlichen Sache ersetzt werden, indem der Verpfänder den mittelbaren Besitz auf den Pfandgläubiger überträgt und die Verpfändung dem unmittelbaren Besitzer anzeigt. Die Übertragung des mittelbaren Besitzes erfolgt nach § 870 BGB, indem der Anspruch auf Herausgabe der Sache an den Pfandrechtsgläubiger abgetreten wird.[138] Hierbei sind die Vorgaben, die auch bei einer entsprechenden Eigentumsübertragung gelten, zu beachten. Bei einer Übergabe im Sinne des §§ 929 Satz 1, 931 BGB durch Aufgabe des mittelbaren Besitzes des Veräußerers und Begründung des mittelbaren Besitzes des Erwerbers ist maßgeblich, dass der Veräußerer den mittelbaren Besitz vollständig verliert. Eine weitere Voraussetzung ist, dass der Erwerber in einer Besitzkette seinen mittelbaren Besitz anhand eines konkreten Besitzmittlungsverhältnisses auf den unmittelbaren Besitzer zurückführen kann.[139] Dieses Erfordernis bezieht sich nicht nur auf die Übertragung des mittelbaren Besitzes bei einer Übereignung. Vielmehr handelt es sich hierbei um eine allgemeine Voraussetzung, die bei jeder Besitzübertragung zu beachten ist. Diese Vorgaben gelten daher auch für die Übertragung des mittelbaren Besitzes im Sinne des § 1205 Abs. 2 BGB. Somit ist auch bei der Pfandbestellung nach § 1205 Abs. 2 BGB wesentlich, dass der Verpfänder den mittelbaren Besitz vollständig verliert und der Pfandnehmer seinen mittelbaren Besitz auf ein konkretes Besitzmittlungsverhältnis mit dem unmittelbaren Besitzer stützen kann.

Die Anzeige der Pfandrechtsbestellung an den unmittelbaren Besitzer ist zwingend erforderlich, wobei eine bestimmte Form nicht zu beachten ist.[140] Sie kann

138 Palandt/*Bassenge*, § 1205, Rn. 8.

139 Vgl. BGH NJW-RR 2010, S. 983 ff., Urteil vom 22.02.2010–II ZR 286/07 (Leitsatz).

140 *Westermann/Gursky/Eickmann*, § 127, Rn. 12.

auch konkludent erfolgen; wesentlich ist, dass der Verpfänder bzw. der Eigentümer den unmittelbaren Besitzer darüber in Kenntnis setzt, dass die Verfügungsmacht über die Pfandsache nunmehr dem Pfandgläubiger zusteht.[141] Diese Anzeigepflicht ist auf das Publizitätsprinzip zurückzuführen. Zweck ist es auch hier, dass Verfügungen zu Lasten des Pfandgläubigers verhindert werden. Der Besitzmittler soll die Sache nicht an den Verpfänder, sondern an den Pfandgläubiger herausgeben.

(4) Einräumung des Mitbesitzes

Gemäß § 1206 BGB kann anstelle der Übergabe der Sache ein qualifizierter gesamthänderischer Mitbesitz eingeräumt werden, wenn sich die Sache unter dem Mitverschluss des Gläubigers befindet. Mitverschluss liegt vor, wenn Gläubiger und Verpfänder nur gemeinsam Zugang zur Pfandsache haben sollen.[142]

Falls sich die Sache im Besitz eines Dritten befindet, kann die Herausgabe an den Eigentümer und an den Gläubiger nur gemeinschaftlich erfolgen. In einem solchen Fall kann ein qualifizierter mittelbarer Besitz hergestellt werden, indem eine schuldrechtliche Vereinbarung zwischen dem Dritten und dem Verpfänder geschlossen wird, wonach der Dritte als Pfandhalter die Pfandsache treuhänderisch zu verwahren hat und nur an beide (Verpfänder und Gläubiger) gemeinsam herausgeben darf.[143] Maßgeblich ist, dass der Pfandhalter im unmittelbaren Besitz der Pfandsache ist, wobei eine Vereinbarung, die lediglich zwischen dem Verpfänder und dem Gläubiger vorgenommen wird, nicht ausreichend ist.[144]

(5) Besitzkonstitut

Eine Pfandrechtsbestellung durch Besitzkonstitut im Sinne des § 868 BGB, wonach der Gläubiger mittelbarer Besitzer der Pfandsache und der Verpfänder unmittelbarer Besitzer wird, ist nicht möglich. Dies wäre eine Umgehung des Publizitätsprinzips, da nach außen hin die Rechtsstellung des Verpfänders und Pfandgläubigers nicht deutlich werden und somit die Verkehrssicherheit beeinträchtigen würde. Diese Begrenzung, die sich aus dem Sicherungsinstitut des Pfandrechts ergibt, weitet die Praxis – wie noch dargestellt werden wird – dennoch durch das Institut der Sicherungsübereignung aus.[145]

---

141 BGH NJW-RR 1990, 485, 486; *Westermann/Gursky/Eickmann*, § 127, Rn. 12 ff.; *Schmidt*, AcP 134 (1934), 129, 149.

142 BGH NJW, 1114, 1115; *Baur/Stürner*, § 55, Rn. 17; *Schmidt*, AcP 134 (1931), 1, 11 ff.

143 *Westermann/Gursky/Eickmann*, § 127, Rn. 15 f.

144 Vgl. RGZ 66, 258, 261.

145 *Weber*, S. 143.

3. Gutgläubigkeit

a) Gutgläubiger Ersterwerb

Ein Pfandrecht kann auch durch die Verpfändung eines Nichtberechtigten begründet werden. Ist der Verpfänder nicht Eigentümer einer Sache, finden gemäß § 1207 BGB auf diese Verpfändung die Vorschriften des gutgläubigen Eigentumserwerbs nach §§ 932, 934, 935 BGB Anwendung. Mangels rechtlicher Möglichkeit einer Pfandrechtsbestellung durch Vereinbarung eines Besitzkonstituts fehlt ein Verweis auf § 933 BGB.

Die eigentumsrechtliche Position des berechtigten Eigentümers ändert sich durch die Verpfändung des Nichtberechtigten nicht. Entsprechend den Gutglaubensvorschriften wird die Sache jedoch mit einem Pfandrecht belastet. Voraussetzung ist aber, dass der Pfandgläubiger bis zum abschließenden Bestellungsakt, also gegebenenfalls bis zur Anzeige im Sinne des § 1205 Abs. 2 BGB, gutgläubig ist.[146] Verpfändet ein Kaufmann im Betriebe seines Handelsgewerbes eine ihm nicht gehörende bewegliche Sache, so ist gemäß § 366 Abs. 1 HGB der gute Glaube an die Verfügungsbefugnis des Verpfänders ausreichend. Die anwendbaren Regeln betreffen nur die Wirksamkeit der Verpfändung, nicht die der Forderungsentstehung. Besteht die Forderung nicht, kann auch von einem Nichtberechtigten kein Pfandrecht bestellt werden.[147]

b) Gutgläubiger Zweiterwerb

Kontrovers wird die Frage diskutiert, ob ein gutgläubiger Zweiterwerb möglich ist, wenn das Pfandrecht nicht besteht. Das Nichtbestehen des Pfandrechts kann darauf beruhen, dass die gesicherte Forderung z.B. nicht entstanden bzw. nicht wirksam übertragen worden ist oder die Pfandrechtsbestellung nicht wirksam erfolgte.

Zum Teil wird die Ansicht vertreten, dass in diesen Fallkonstellationen ein gutgläubiger Erwerb möglich sei, da der Besitz an der Pfandsache eine ausreichende Rechtsscheinposition für die Berechtigung eines Schein-Pfandgläubigers darstelle.[148] Dies wird jedoch von der h.M.[149] abgelehnt und dementsprechend ein gutgläubiger Erwerb verneint, da ein Vertrauenstatbestand fehle. Dieser Ansicht ist zu folgen:

---

146 *Weber*, S. 144.

147 Palandt/*Bassenge*, § 1207, Rn. 3; *Wilhelm*, Rn. 1858.

148 Vgl. *Heck*, § 105 IV., S. 105 f.

149 Vgl. MK-*Damrau*, § 1250, Rn. 3 m.w.N.; auch *Baur/Stürner*, § 55, Rn. 32; *Westermann/Gursky/Eickmann*, § 127, Rn. 20 f.; *Wilhelm*, Rn. 1859; *Canaris*, NJW 1986, 1488, 1488 f.; *Flume*, AcP 161 (1962), 385, 395.

Nach den Grundsätzen des gutgläubigen Erwerbs vom Nichtberechtigten ist richtigerweise eine Verfügung des Nichtberechtigten über eine Rechtsposition erforderlich, für die auch ein Rechtsschein besteht.[150] Hier besteht jedoch kein Rechtsschein zugunsten eines Pfandrechts. Zwar finden gemäß § 1227 BGB auf die Ansprüche des Pfandgläubigers die Regeln für die Ansprüche aus dem Eigentum Anwendung. Doch wird durch § 1227 BGB i.V.m. der Vermutungsregel des § 1006 BGB *keine* ausreichende Rechtsscheinposition für das Bestehen eines Pfandrechts begründet. Gemäß § 1006 BGB begründet der Besitz eine Vermutung für das Eigentum des Besitzenden, jedoch keine Vermutung für weitere Behauptungen des Besitzers wie z.B. über ein angeblich bestehendes Pfandrecht.[151]

Die Übertragung des Pfandrechts erfolgt eben nicht durch Besitzübergabe, sondern durch Übertragung der zur sichernden Forderung, der das Pfandrecht kraft Gesetzes gemäß § 1250 BGB folgt. Die Besitzübergabe ist somit für die Übertragung des Pfandrechts nicht erforderlich, so dass es selbst bei einer bestehenden Forderung an einer Rechtsscheingrundlage für einen gutgläubigen Erwerb des Pfandrechts fehlt.[152]

Zudem gibt es im Gegensatz zum Hypothekenrecht für das Pfandrecht keine entsprechende Regelung wie in § 1138 BGB, mit der eine Rechtsscheinwirkung für das Bestehen einer Forderung vorgesehen ist. Daraus lässt sich ableiten, dass vom Gesetzgeber grundsätzlich ein gutgläubiger Erwerb von Forderungen nicht beabsichtigt ist.[153] Stattdessen hat dieser mit § 1207 BGB eine Vorschrift geschaffen, die zwar den Schutz des guten Glaubens für die Bestellung des Pfandrechts, aber nicht für die Übertragung des Pfandrechts durch einen Nichtberechtigten ermöglicht.

4. Inhalt des Pfandrechts

Durch die Pfandrechtsbestellung erwirbt der Pfandgläubiger das Recht, sich aus der Pfandsache zu befriedigen, wenn sein Primäranspruch aus der zur sichernden Forderung nicht erfüllt werden kann. Bei dem Pfandrecht handelt es sich somit um ein dingliches Verwertungsrecht.[154]

---

150 *Wilhelm*, Rn. 927.

151 *Wilhelm*, Rn. 1859.

152 *Baur/Stürner*, § 55, Rn. 32; *Wilhelm*, Rn. 1859.

153 *Baur/Stürner*, § 55, Rn. 32.

154 *Weber*, S. 140.

a) Rechte und Pflichten des Gläubigers

Gegen Beeinträchtigungen seines Pfandrechts kann der Pfandgläubiger gemäß § 1227 BGB wie ein Eigentümer vorgehen. Er kann entsprechend den Regeln der §§ 985 ff. BGB Ansprüche auf Herausgabe, Schadensersatz, Nutzungsersatz oder auch Abwehr- und Beseitigungsansprüche aus § 1004 BGB geltend machen.[155]

Mit der Begründung des Pfandrechts entsteht kraft Gesetzes eine schuldrechtliche Beziehung zwischen dem Verpfänder und dem Pfandgläubiger mit dem Regelgehalt der gesetzlichen Pfandvorschriften z.B. gemäß den §§ 1215–1219 BGB. Beispielhaft ist die Verwahrungspflicht nach § 1215 BGB als mitunter wichtigste Pflicht des Pfandgläubigers zu nennen. Die Vorschriften der Verwahrung im Sinne der §§ 688 ff. BGB gelten allerdings nur eingeschränkt, da bei der Verpfändung eine andere Interessenlage besteht. Hier erfolgt die Verwahrung vor allem im Sicherungs- und Verwertungsinteresse des Pfandgläubigers. Konsequenterweise ist § 690 BGB, wonach der Verwahrer bei einer unentgeltlichen Aufbewahrung nur für diejenige Sorgfalt einzustehen hat, welche er in eigenen Angelegenheiten anzuwenden pflegt, nicht einschlägig. Stattdessen haftet der Pfandgläubiger für Vorsatz und jede Art von Fahrlässigkeit.[156] Wesentlich ist auch die Rückgabepflicht des Verpfänders nach § 1223 BGB, wenn das Pfandrecht erlischt und damit das Besitzrecht des Verpfänders entfällt.

b) Rechte und Pflichten des Schuldners bzw. Verpfänders

Die Rechtsstellung des Schuldners ändert sich durch die Pfandrechtsbestellung nicht. Seine Leistungspflicht besteht fort. Durch das Pfandrecht an dem Pfandgegenstand besteht aber die Pflicht zur Duldung der Pfandverwertung zum Zwecke der Forderungsbefriedigung.[157]

Der Verpfänder kann gemäß § 1211 Abs. 1 Satz 1 BGB gegenüber dem Pfandgläubiger die dem persönlichen Schuldner gegen die Forderung sowie die nach § 770 BGB einem Bürgen zustehenden Einreden der Anfechtbarkeit und Aufrechenbarkeit geltend machen.

Dem Schuldner, der auch gleichzeitig Eigentümer der Pfandsache ist, steht das sog. *beneficium excussionis realis* zu. Dieses berechtigt ihn dazu, den Gläubiger ausnahmsweise auf die Verwertung des Pfandrechts zu verweisen, wenn der Gläubiger gegen ihn einen Titel erwirkt hat und die Zwangsvollstreckung betreibt.

---

155 *Wolff/Raiser*, S 687 f.

156 Palandt/*Bassenge*, § 1215, Rn. 1; *Weber*, S. 149.

157 Palandt/*Bassenge*, § 1204, Rn. 1.

Der Schuldner kann dann gemäß §§ 777, 766 ZPO der Zwangsvollstreckung widersprechen, wenn die Forderung durch den Wert der Pfandsache gedeckt ist.[158]

5. Erlöschen

Als Ausdruck der Akzessorietät erlischt das Pfandrecht gemäß § 1252 BGB mit der Forderung, für die es besteht. Besteht keine Forderung, so existiert auch kein Pfandrecht.

Trotz Fortbestehen der Forderung kann das Pfandrecht erlöschen, wenn die Pfandsache gemäß § 1253 BGB dem Verpfänder zurückgegeben wird. Diese Rechtsfolge erklärt sich vor dem Faustpfandprinzip, wonach erst mit Übertragung des Besitzes eine wirksame Pfandrechtsbestellung erfolgen kann.[159] Eine Rückübertragung des Besitzes führt somit zum Erlöschen des Pfandrechts. Ein Hinweis auf das Faustpfandprinzip findet sich auch in § 1253 Abs. 1 Satz 2 BGB, wonach ein Vorbehalt zum Fortbestehen des Pfandrechts trotz Rückgabe des Pfandes unwirksam ist. Gerade ein solcher Vorbehalt würde ein Pfandrecht durch Besitzkonstitut ermöglichen, was nicht zulässig ist.

Ferner erlischt das Pfandrecht gemäß § 1255 BGB, wenn der Pfandgläubiger eine Aufhebung des Pfandrechts erklärt. Sofern das Pfandrecht mit dem Recht eines Dritten belastet ist, bedarf es gemäß § 1255 Abs. 2 BGB der Zustimmung des Dritten.

Ein weiterer Grund für das Erlöschen des Pfandrechts liegt gemäß § 1256 Abs. 1 BGB vor, wenn das Pfandrecht und das Eigentum in derselben Person zusammentreffen. Somit gibt es kein der Eigentümerhypothek oder Eigentümergrundschuld entsprechendes *„Eigentümerpfandrecht"*.[160] Hierfür besteht grundsätzlich kein wirtschaftliches Bedürfnis wie z.B. bei der Hypothek, die gemäß § 1163 Abs. 1 Satz 2 BGB zur Eigentümergrundschuld wird, um den Rang gegenüber anderen Belastungen zu wahren.[161] Im Gegensatz zum Vertragspfandrecht bestehen bei der Eigentümergrundschuld in der Praxis oftmals mehrfache Belastungen von hohem wirtschaftlichem Wert, so dass die Rangwahrung für den Eigentümer wirtschaftlich bedeutend sein kann.

---

158 Staudinger/*Wiegand*, § 1228, Rn. 13; *Weber*, S. 145; *Wunderlich*, S. 107 f.

159 *Bülow*, Rn. 534.

160 BGH NJW 1958, 1282, 1284; *Baur/Stürner*, § 55, Rn. 33.

161 *Bülow*, Rn. 531.

Gemäß § 1256 Abs. 1 Satz 2 und Abs. 2 BGB können sog. unechte Eigentümerpfandrechte[162] entstehen. Nach § 1256 Abs. 1 Satz 2 BGB erlischt das Pfandrecht nicht, solange die gesicherte Forderung, mit dem Recht eines Dritten belastet ist. Mit dieser Regelung soll vermieden werden, dass durch das Erlöschen die Rechte des Dritten beeinträchtigt werden.[163]

Gemäß § 1256 Abs. 2 BGB gilt das Pfandrecht als nicht erloschen, soweit der Eigentümer ein rechtliches Interesse an dem Fortbestehen des Pfandrechts hat. Dies kann bspw. der Fall sein, wenn nachrangige Rechte vorrücken würden, der Eigentümer aber die Forderung mit dem vorrangigen Pfandrecht übertragen möchte.[164] Das rechtliche Interesse ist im Einzelfall zu überprüfen.

Nach Erlöschen des Pfandrechts ist der Pfandgläubiger gemäß § 1223 BGB verpflichtet, die Pfandsache dem Verpfänder zurückzugeben. Das Herausgaberecht steht auch dem Eigentümer, der nicht Verpfänder ist, nach § 985 BGB zu.[165] Mit Erlöschen des Pfandrechts endet auch das Recht zum Besitz des Pfandgläubigers. Eine Rückgabe liegt vor, wenn dem Verpfänder der Alleinbesitz verschafft bzw. bei Mitverschluss ihm der Schlüssel zurückgegeben wird.[166]

6. Verwertung

Gemäß § 1228 BGB ist der Pfandgläubiger bei Fälligkeit der Forderung berechtigt, den Pfandgegenstand zu verkaufen. Die Fälligkeit, die als Pfandreife bezeichnet wird, kann sich gemäß § 1228 Abs. 2 Satz 1 BGB auch lediglich auf einen Teil der Forderung beziehen und dennoch zum Verkauf berechtigen.

Der Subsidiaritätsgrundsatz im Kreditsicherungsverhältnis gebietet, den Schuldner zunächst zur Leistung aufzufordern. Erst bei Ausbleiben der Leistung ist der Vollzug des Sicherungsrechts zulässig. Denn Ziel und Zweck des Sicherungsverhältnisses ist es, die ausgebliebene Leistung des Schuldners zu ersetzen.[167] Deshalb ist vor dem Pfandverkauf zunächst gemäß § 1234 Abs. 1 BGB eine Verkaufsandrohung an den Eigentümer erforderlich. Der Eigentümer hat so die Möglichkeit, Maßnahmen zu ergreifen, um die geschuldete Leistung noch zu erbringen und die Pfandverwertung zu verhindern. Erst wenn der Eigentümer nichts

---

162 *Bülow*, Rn. 550 f.

163 MK-*Damrau*, § 1256, Rn. 3; vgl. auch *Bülow*, Rn. 551.

164 Palandt/*Bassenge*, § 1256, Rn. 2, Staudinger/*Wiegand*, § 1256, Rn. 6.

165 *Baur/Stürner*, § 55, Rn. 35.

166 Palandt/*Bassenge*, § 1253, Rn. 2.

167 *Bülow*, Rn. 72.

veranlasst, tritt das Kreditsicherungsverhältnis in die Verwertungsphase ein.[168] Die Verwertung folgt gemäß den §§ 1221 bis 1249 BGB. Hierbei können vier Verwertungsformen unterschieden werden: Der Verkauf des Pfandes kann

- gemäß den §§ 1233 Abs. 1, 1234 bis 1244 BGB durch den Pfandgläubiger,
- gemäß den §§ 1233 Abs. 2 BGB, 814 bis 827 ZPO durch den Gerichtsvollzieher,
- gemäß § 1245 BGB nach besonderer Parteivereinbarung oder
- gemäß § 1246 BGB nach billigem Ermessen erfolgen.

a) Pfandverkauf durch den Pfandgläubiger

In der Regel erfolgt der Pfandverkauf durch den Pfandgläubiger. Hierbei wird die Pfandsache gemäß den §§ 1220, 1233 Abs. 1, 1234 bis 1244 BGB in einer öffentlichen und somit für jedermann zugänglichen Versteigerung verkauft. Unter bestimmten Voraussetzungen ist auch ein freihändiger Verkauf gemäß § 1235 Abs. 2 BGB oder § 1240 Abs. 2 BGB durch dazu befugte Personen wie öffentlich ermächtigte Handelsmäkler oder Versteigerer möglich. Durch die Versteigerung soll – insbesondere zugunsten des Verpfänders – ein möglichst hoher Erlöswert erzielt werden.[169] Die in den §§ 1228 ff. BGB geregelten Rechtmäßigkeitsvoraussetzungen sind zu beachten.[170]

b) Pfandverkauf durch den Gerichtsvollzieher

Bei einer Verwertung durch einen Gerichtsvollzieher muss der Pfandgläubiger gemäß § 1233 Abs. 2 BGB gegen den Pfandeigentümer Klage auf Duldung des Pfandverkaufs erheben und einen Titel erwirken. Dann kann der Pfandgläubiger einen Gerichtsvollzieher mit dem Verkauf der Pfandsache nach den Vorschriften der §§ 814 ff. ZPO beauftragen. Es besteht ferner die Möglichkeit, einen Zahlungstitel wegen der gesicherten Forderung zu erwirken, um dann in die Pfandsache gemäß § 803 ZPO zu vollstrecken.

---

168 *Bülow*, Rn. 79, 569.

169 *Bülow*, Rn. 575.

170 Vgl. im Einzelnen: *Bülow*, Rn. 575, 579. Sind die Rechtmäßigkeitsvoraussetzungen nicht eingehalten, ist ein gutgläubiger Erwerb möglich. Besteht das Pfandrecht nicht, muss die Gutgläubigkeit sich sowohl auf die Einhaltung der Rechtmäßigkeitsvoraussetzungen als auch auf das Bestehen des Pfandrechts beziehen, BGHZ 119, 75, 89 f.

c) *Abweichende Vereinbarungen der Parteien*

Gemäß § 1245 BGB ist eine abweichende Vereinbarung der Parteien über die Art des Pfandverkaufs möglich, um besonderen Interessen der Parteien gerecht zu werden.[171] Die frei vornehmbare Abänderung des gesetzlichen Grundfalls bezieht sich auf Vorschriften des Pfandverkaufs durch eine öffentliche Versteigerung (§§ 1234 bis 1240 BGB). Zum Schutz des Pfandeigentümers sind gemäß § 1245 Abs. 2 BGB die Vorschriften der §§ 1235, 1237 Satz 1, 1240 BGB erst nach Pfandreife dispositiv, um nicht in einer „Notlage" vor der Pfandreife bestimmte Rechte leichtfertig aufzugeben.[172] Sollten Rechte von Dritten an dem Pfandgegenstand bestehen, ist gemäß § 1245 Abs. 1 Satz 2 und 3 BGB deren Zustimmung einzuholen.

Nicht zulässig ist die Vereinbarung einer Verfallsklausel, wonach das Eigentum bei Fälligkeit dem Pfandgläubiger zufallen soll (*lex commissoria*). Eine solche Vereinbarung ist gemäß § 1229 BGB nichtig, um den sich in einer „Notlage" befindlichen Schuldner zu schützen.[173]

d) *Gerichtliche Entscheidung nach billigem Ermessen*

Entspricht eine Abweichung von den Vorschriften der §§ 1234 bis 1240 BGB nach billigem Ermessen den Interessen der Parteien, kann auf Verlangen dieser gemäß § 1246 BGB durch gerichtliche Entscheidung eine andersartige Regelung erzwungen werden.

e) *Rechtsfolgen der Verwertung*

Mit der Veräußerung geht gemäß § 1242 BGB das Eigentum an der Pfandsache auf den Ersteher über. Gleichzeitig erlöschen nach § 1242 Abs. 2 BGB alle Pfandrechte an der Sache.

§ 1247 BGB regelt zum einen die dingliche Rechtslage am Verwertungserlös und zum anderen das Erlöschen der gesicherten Forderung. Maßgeblich hierfür ist, ob und inwieweit der Erlös dem Pfandgläubiger gebührt. Dies richtet sich danach, ob der Erlös die Forderung übersteigt und dem Pfandgläubiger Rechte Dritter an der Sache vorgehen:[174]

---

171 *Bülow*, Rn. 588.

172 *Bülow*, Rn. 589.

173 Vgl. *Bülow*, Rn. 589.

174 Jauernig/*Berger*, § 1247, Rn. 1 f.

Sofern kein vorrangiges Recht besteht und der Erlös nicht den Wert der Forderung übersteigt, gebührt der Erlös dem Pfandgläubiger allein. Übersteigt der Erlös dagegen die Forderung, erwirbt der Pfandgläubiger gemäß § 1247 Satz 2 BGB Miteigentum am Erlös. Erhält der Pfandgläubiger den ihm zustehenden Anteil, erwirbt der Verpfänder das Alleineigentum am restlichen Erlös.

Für den Fall, dass ein vorrangiges Recht besteht und der Erlös gerade dazu ausreicht, um das vorrangige Recht zu befriedigen, gebührt dem Pfandgläubiger nichts aus dem Erlös und sein Pfandrecht erlischt.[175]. In diesem Fall hat § 1247 Satz 2 BGB zur Folge, dass der ehemalige Pfandeigentümer Alleineigentümer des Erlöses wird, an dem sich das vorrangige Pfandrecht fortsetzt.[176] Übersteigt dagegen der Erlös das vorrangige Recht, so gebührt dem Pfandgläubiger der Mehrerlös bis zur Höhe seiner Forderung. Er erlangt Miteigentum am Gesamterlös.[177]

Soweit der Erlös dem Pfandgläubiger gebührt, gilt die Forderung als von dem Verpfänder erfüllt und geht somit gemäß § 1247 Satz 1 BGB unter. Ist der Eigentümer auch Schuldner, so erlischt die Forderung. Anderenfalls erwirbt der Eigentümer die Forderung nach herrschender Meinung analog § 1225 BGB.[178] Eine direkte Anwendung des § 1225 BGB ist für die freiwillige Befriedigung durch den Verpfänder, nicht für die Befriedigung in der Verwertungsphase, vorgesehen.[179]

7. Zwangsvollstreckung

a) Durch Gläubiger des Verpfänders

Der Pfandnehmer hat gemäß § 805 ZPO einen Anspruch auf vorzugsweise Befriedigung, wenn sich die Pfandsache ausnahmsweise im Besitz des Eigentümers oder eines Dritten befindet und gegen diesen die Zwangsvollstreckung betrieben wird. Hiernach kann ein Dritter, der sich nicht im Besitz der Sache befindet, der Pfändung einer Sache auf Grund eines Pfand- oder Vorzugsrechts nicht widersprechen; er kann jedoch seinen Anspruch auf vorzugsweise Befriedigung aus dem Erlös im Wege der Klage geltend machen, ohne Rücksicht darauf, ob seine Forderung fällig

175 Palandt/*Bassenge*, § 1247, Rn. 2.

176 Vgl. RG 119, 265; 269; Jauernig/*Berger*, § 1247, Rn. 4.

177 Palandt/*Bassenge*, § 1247, Rn. 2.

178 Palandt/*Bassenge*, § 1225, Rn. 4; *Bülow,* Rn. 517, 603.

179 *Weber*, S. 154.

ist. Der Pfandgläubiger erwirbt auf diesem Weg das Recht auf eine vorrangige Befriedigung aus dem Vollstreckungserlös.[180]

b) Durch Gläubiger des Pfandgläubigers

Wird im Rahmen einer Zwangsvollstreckung in das Vermögen des Pfandgläubigers der Pfandgegenstand gepfändet, steht dem Verpfänder das Recht der Drittwiderspruchsklage nach § 771 ZPO zu. Ziel dieser Klage ist es, die nach h.M.[181] eingetretene öffentlich-rechtliche Verstrickung zu beseitigen und somit einen Rechtsverlust durch die Zwangsvollstreckung zu verhindern.[182]

8. Insolvenz

a) Insolvenz des Verpfänders

In der Insolvenz des Verpfänders gehört die Pfandsache gemäß § 35 Abs. 1 InsO in dessen Insolvenzmasse. Der Pfandgläubiger hat kein Aussonderungsrecht nach § 47 InsO, da ihm lediglich ein Verwertungsrecht am Pfandgegenstand zusteht. Jedoch ist er gemäß § 50 Abs. 1 InsO nach Maßgabe der §§ 166 bis 173 InsO für Hauptforderung, Zinsen und Kosten zur abgesonderten Befriedigung aus dem Pfandgegenstand berechtigt. Da der Insolvenzverwalter nicht im Besitz des Pfandgegenstandes sein wird, kann gemäß § 173 Abs. 1 InsO der Pfandgläubiger die Verwertung betreiben. Der Pfandgläubiger kann aber auch nach § 52 InsO auf sein Absonderungsrecht verzichten. Hierdurch wird eine doppelte Befriedigungschance des Pfandgläubigers zu Lasten der weiteren Gläubiger verhindert.[183] Der Pfandgläubiger wird hiervon Gebrauch machen, wenn er von der anteilsmäßigen Befriedigung aus der Insolvenzmasse einen höheren Erlös erwartet.

b) Insolvenz des Pfandgläubigers

Nach § 35 Abs. 1 InsO erfasst das Insolvenzverfahren das gesamte Vermögen, das dem Schuldner zur Zeit der Eröffnung des Verfahrens gehört und das er während des Verfahrens erlangt (Insolvenzmasse). Befindet sich ein Gegenstand im Besitz des Insolvenzschuldners, kann ein Aussonderungsrecht geltend gemacht werden. Nach § 47 Satz 2 InsO richtet sich die Aussonderung eines Gegenstandes nach den

---

180 *Kindl*, in: *Kindl/Meller-Hannich/Wolf*, § 805, Rn. 2.
181 Vgl. statt vieler Zöller/*Herget*, § 771 ZPO, Rn. 1, 14.
182 *Handke*, in: *Kindl/Meller-Hannich/Wolf*, § 771, Rn. 1.
183 MK-InsO/*Ganter*, § 52 InsO, Rn. 2.

Gesetzen, die außerhalb des Insolvenzverfahrens gelten, so dass sich das Aussonderungsrecht nach materiellem Recht richtet. Jedoch kann der Verpfänder in der Insolvenz des Pfandgläubigers kein Herausgaberecht nach § 985 BGB geltend machen, da dem Pfandnehmer bzw. der Insolvenzverwaltung ein Besitzrecht aufgrund der Verpfändung zusteht. Daher hat der Verpfänder kein Aussonderungsrecht nach § 47 InsO und schuldet weiterhin die Erfüllung der Forderung, die durch das Pfandrecht gesichert werden soll.

III. Besitzlose (Register-) Pfandrechte

Ausnahmsweise kann vom Faustpfandprinzip abgewichen werden, so dass eine Besitzübergabe entbehrlich ist. Diese Ausnahmen sind ausdrücklich und in der Regel spezialgesetzlich geregelt. In einigen Fällen sieht das Gesetz statt einer Besitzübertragung ausnahmsweise eine Eintragung des Pfandrechts in ein öffentliches Register vor, um die Anforderungen des Publizitätsprinzips zu erfüllen. Ein solches sog. Registerpfandrecht ist im Gesetz über Rechte an Luftfahrzeugen (LuftFzG)[184] vorgesehen. Durch Eintragung in das Register[185] kann ein Vertragspfandrecht für Luftfahrzeuge, die in der Luftfahrzeugrolle eingetragen sind, bestellt werden. Entsprechendes gilt auch für die Schiffe und Schiffsbauwerke, die im Seeschiffs- oder Binnenschiffsregister einzutragen sind. Für diese können gemäß §§ 8, 24 ff. des Gesetzes über Rechte an eingetragenen Schiffen und Schiffsbauwerken (SchiffsrechteG)[186] anstelle eines Pfandrechts Schiffshypotheken bestellt werden. Auch hier erfolgt eine Eintragung im Schiffs- bzw. Binnenschiffsregister. Ein solches Eintragungserfordernis dient – wie die Grundbuchseintragungen bei Immobilien – dem Ziel, klare und sichere Rechtsverhältnisse zu schaffen.[187] Als Registerpfandrecht wird auch das Pfandrecht am Inventar eines Pächters nach dem Pachtkreditgesetz (PachtKreditG)[188] verstanden, das die Niederlegung eines schriftlichen Verpfändungsvertrages beim Amtsgericht fordert.[189] Das für Hochseekabel

---

184 LuftFzgG vom 26.02.1959, BGBl. I, 57.

185 Register für Pfandrechte an Luftfahrzeugen geführt beim AG Braunschweig, MK/*Damrau*, Vorb. zu § 1204, Rn. 8.

186 SchiffsrechteG vom 15. 11.1940, RGBl. I, 1499.

187 BGHZ NJW 1958, 457, 457.

188 PachtKredG vom 05.08.1951, BGBl. I, 494.

189 BGH NJW 1970, 2212, 2213.

vorgesehene Registerpfandrecht nach dem Kabelpfandgesetz existiert nicht mehr, da das Gesetz am 01.01.1995 aufgehoben worden ist.[190]

Bei diesen spezialgesetzlich geregelten Pfandrechten wird auf die sonst erforderliche Besitzübertragung im Sinne des § 1205 BGB verzichtet, da die Publizität durch andere Mittel – Registereintrag oder Niederlegung eines schriftlichen Vertrages – gewahrt wird.

IV. Gesetzliches Pfandrecht

1. Allgemeines

Gesetzliche Pfandrechte sind dort vorgesehen, wo einem der Vertragsparteien eine Vorleistungspflicht obliegt. Diese Vorleistung stellt einen Kredit dar, den es zu sichern gilt.[191] Das Entstehen des gesetzlichen Pfandrechts beruht auf dem zugrundeliegenden Schuldverhältnis. Es kann vertraglich zwar nicht vereinbart, aber ausgeschlossen werden.[192] Die praktische Bedeutung des gesetzlichen Pfandrechts zeigt sich an der Möglichkeit der Verwertung und beim Zugriff anderer Gläubiger auf das Pfand sowohl im Wege der Einzelzwangsvollstreckung als auch im Insolvenzfall.[193]

Zu unterscheiden sind auch hier Besitzpfandrechte und besitzlose Pfandrechte, die in den Herrschaftsbereich des Gläubigers eingebracht worden sind.
Folgende gesetzliche Pfandrechte sind beispielshaft zu nennen:

- das Pfandrecht des Pächters an dem in seinen Besitz befindlichen Inventar gemäß § 583 BGB,
- das Werkunternehmerpfandrecht an dem vom Unternehmer hergestellten oder ausgebesserten beweglichen Sachen gemäß § 647 BGB,
- das Pfandrecht des Lieferanten an den herzustellenden beweglichen Sachen gemäß § 651 BGB sowie
- das Pfandrecht des Kommissionärs am Kommissionsgut gemäß §§ 397, 398 HGB.

---

190 Kabelpfandgesetz vom 31.03.1925, RGBl. I, 37, durch das Postneuordnungsgesetz vom 14.09.1994 aufgehoben, BGBl. I, 2325.

191 *Bülow*, Rn. 7, 553.

192 *Bülow*, Rn. 553.

193 *Baur/Stürner*, § 55, Rn. 37.

Besitzlose Pfandrechte sind z.B.

- das Pfandrecht des Berechtigten an hinterlegten Sachen gemäß § 233 BGB,
- das Pfandrecht des Vermieters an eingebrachten Sachen des Mieters gemäß §§ 562, 578 BGB,
- das Pfandrecht des Gastwirts an eingebrachten Sachen des Gastes gemäß § 704 BGB oder
- das Pfandrecht des Spediteurs gemäß § 464 HGB.

Weitere gesetzliche Pfandrechte sind spezialgesetzlich geregelt z.B. im

- Gesetz zur Sicherung der Düngemittel- und Saatgutversorgung vom 19. Januar 1949[194] oder im
- Gesetz betreffend die Privatrechtsverhältnisse der Binnenschiffe vom 15. Juni 1895[195].

Das Entstehen des gesetzlichen Pfandrechts richtet sich nach den Voraussetzungen der Sondervorschrift, die das gesetzliche Pfandrecht vorsieht. Gemäß § 1257 BGB sind die Vorschriften über das durch Rechtsgeschäft bestellte Pfandrecht auf ein kraft Gesetzes entstandenes Pfandrecht anwendbar. Unter Berücksichtigung der Besonderheiten in den jeweiligen Sondervorschriften gelten für das gesetzliche Pfandrecht unter anderem die Vorschriften des vertraglichen Pfandrechts über die Akzessorietät, die Verwertung, das Erlöschen und die Übertragung.[196]

2. Gutgläubiger Erwerb eines gesetzlichen Pfandrechts

Umstritten ist, ob auch eine Anwendung des § 1207 BGB auf das gesetzliche Pfandrecht und somit ein gutgläubiger Erwerb möglich ist.

Während die Rechtsprechung[197] und Teile der Literatur[198] in erster Linie mit dem Wortlaut der § 1257 BGB (ein *entstandenes* Pfandrecht) argumentierend, einen gutgläubigen Erwerb eines gesetzlichen Pfandrechts ablehnen, ist eine andere Ansicht[199] in der Literatur der Meinung, dass dem Wortlaut keine weitere Bedeutung zuzumessen sei. Dieser Ansicht nach sei vielmehr die für das

194 DüngMSaatG, WiGBl. S. 8, BGBl. I 1951, 476.

195 BinSchG, RGBl. 1898, 868.

196 *Bülow*, Rn. 557.

197 BGHZ 119, 75, 89; BGHZ 34, 122, 124 f., 127; BGHZ 34, 153, 153 ff.

198 Palandt/*Bassege*, § 1257, Rn. 2; *Bülow*, Rn. 560.

199 MK-*Damrau*, § 1257, Rn. 3; Staudinger/*Wiegand*, § 1257, Rn. 14; *Baur/Stürner*, § 55, Rn. 40; *Wieling*, § 15 III 2 b; vgl. *Kunig*, JR 1976, 12, 15 f.

Pfandrecht typische Sachübergabe entscheidend, so dass hier eine Unterscheidung zwischen Besitzpfandrechten und besitzlosen Pfandrechten (Einbringungspfandrechten) vorzunehmen sei.[200] Das Pfandrecht eines Werkunternehmers gemäß § 647 BGB unterscheide sich nicht vom gesetzlichen Pfandrecht im Sinne des § 366 Abs. 3 HGB, das hinsichtlich des Schutzes des guten Glaubens einem vertraglichen Pfandrecht gleichgestellt wird.

Dem ist allerdings entgegenzuhalten, dass der Gesetzgeber in § 366 Abs. 3 HGB gerade ausdrücklich eine Ausnahmevorschrift regelt, die er in anderen Fallkonstellationen eben nicht vorgesehen hat. Die hier geschaffene Spezialvorschrift kann nicht verallgemeinert werden.

Warum dem Wortlaut des § 1207 BGB keine weitere Bedeutung zugemessen werden solle, ist so auch nicht nachvollziehbar. Eine vergleichbare Situation zum gutgläubigen Erwerb eines vertraglichen Pfandrechts besteht nicht, da dort eine Entstehung kraft Rechtsscheins geschützt wird.[201] Bei einem gesetzlichen Pfandrecht ordnet dagegen das Gesetz die Entstehung des Pfandrechts selbst an. Nur dort, wo das Gesetz ausdrücklich eine entsprechende Regel in der Sondervorschrift zu dem jeweiligen gesetzlichen Pfandrecht einen Gutglaubensschutz vorsieht, ist dieser zu gewähren. Anderenfalls ist dem Schutz des Eigentümers Vorrang vor dem Schutz des Gläubigers einzuräumen. Zudem besteht jederzeit die Möglichkeit, ein Pfandrecht vertraglich zu vereinbaren, um eventuelle Risiken auszuschließen.

V. Exkurs: Das Pfändungspfandrecht

Das Pfändungspfandrecht im Sinne des § 804 Abs. 1 ZPO kommt durch die Pfändung, dem staatlichen Vollstreckungsakt in das bewegliche Vermögen (§ 803 Abs. 1 Satz 1 ZPO) zustande.[202] Durch das Pfändungspfandrecht hat der Gläubiger dieselbe Stellung wie ein Gläubiger eines vertraglichen Pfandrechts (§ 804 Abs. 2 ZPO).

Soweit keine Sonderbestimmungen des Zwangsvollstreckungsrechts für das Pfändungspfandrecht bestehen, finden die Regelungen des Vertragspfandrechts des BGB Anwendung. Somit gilt z.B. der Grundsatz der Akzessorietät für das Pfändungspfandrecht gleichermaßen. Die Regeln über die Verwertung sind ähnlich,

---

200 *Baur/Stürner*, § 55, Rn. 36; MK-*Damrau*, § 1257, Rn. 3.

201 *Bülow*, Rn. 559.

202 *Baur/Stürner*, § 55, Rn. 45.

aber für das Pfändungspfandrecht gesondert in der ZPO normiert. Besonderheiten gelten z.B. für die Beauftragung des Gerichtsvollziehers, der im Rahmen der Zwangsvollstreckung hier als staatliches Vollstreckungsorgan tätig wird.[203]

Umstritten ist die Rechtsnatur des Pfändungspfandrechts. Zum einen wird die rein privatrechtliche Auffassung[204] vertreten, nach der das Pfändungspfandrecht sich lediglich durch die Begründungsart von den (privatrechtlichen) vertraglichen und gesetzlichen Pfandrechten unterscheidet. Nach der öffentlich-rechtlichen Theorie[205] dagegen sei das Pfändungspfandrecht rein öffentlich-rechtlicher Natur, bei dem es unabhängig vom Vorliegen anderer Voraussetzungen nur auf die wirksame Beschlagnahme ankäme. Die vermittelnde Ansicht der gemischt öffentlichrechtlich-privatrechtlichen Theorie[206] vertritt dagegen die Meinung, dass sowohl die wesentlichen privatrechtlichen Voraussetzungen für die Begründung eines Pfandrechts – insbesondere das Bestehen einer Forderung – als auch die öffentlich-rechtlichen Vorschriften für eine wirksame Verstrickung vorliegen müssen, damit das Pfändungspfandrecht wirksam entstehen kann. Dieser Ansicht ist zu folgen. Denn sie beachtet die öffentlich-rechtlichen Grundlagen der Zwangsvollstreckung und qualifiziert das Pfändungspfandrecht als materielles Recht, so dass die sachliche Verbindung von Verfahrensrecht und materiellem Recht – wie auch durch den Verweis in § 804 Abs. 2 ZPO vorgesehen – hergestellt wird.[207]

B. Nach der schweizerischen Rechtsordnung

Das Fahrnispfandrecht ist im Vierten Teil des ZGB – im Sachenrecht – in den Art. 884 bis 918 ZGB, die den 23. Titel des ZGB bilden, geregelt. Dieser Titel ist in vier Abschnitte wie folgt unterteilt:

- Erster Abschnitt:
  Faustpfand und Retentionsrecht (Art. 884–889 ZGB)
- Zweiter Abschnitt:
  Das Pfandrecht an Forderungen und anderen Rechten (Art. 899–906 ZGB)

---

203 *Baur/Stürner*, § 55, Rn. 47.

204 Statt vieler: *Pesch*, JR 1993, 358, 358; *Marotzke*, NJW 1978, 133, 136.

205 Statt vieler: *Lüke*, JZ 1957, 239, 240.

206 Ausführliche Darstellung des Meinungsstreits bei BGHZ 119, 75, 82 ff., statt vieler Musielak/*Becker*, § 804, Rn. 4; *Baur/Stürner*, § 55, Rn. 47.

207 Musielak/*Becker*, § 804, Rn. 4.

- Dritter Abschnitt:
  Das Versatzpfand (Art. 907–915 ZGB)
- Vierter Abschnitt:
  Die Pfandbriefe (Art. 916–918 ZGB)

Bereits aus dieser gesetzlichen Systematik ergibt sich, dass das Fahrnispfand sich nicht nur auf das in Art. 713 ZGB legaldefinierte Fahrniseigentum („*die ihrer Natur nach beweglichen Sachen sowie die Naturkräfte, die der rechtlichen Herrschaft unterworfen werden können und nicht zu den Grundstücken gehören*") bezieht, sondern auch auf Forderungen und Rechte. Einen einleitenden Teil, der für alle Pfandarten gilt – wie im Abschnitt zum Grundpfandrecht (Art. 793 ff. ZGB) – gibt es für das Fahrnispfandrecht jedoch nicht. Stattdessen gelten die Regelungen für das Faustpfandrecht auch für die übrigen Institute (vgl. Art. 899 Abs. 2 ZGB).[208]

Für den Vergleich zum Pfandrecht an beweglichen Sachen nach der deutschen Rechtsordnung ist somit der erste Abschnitt zum Fahrnispfandrecht „Faustpfand und Retentionsrecht (Art. 884–889 ZGB)" relevant. Hierbei können grundsätzlich drei Arten unterschieden werden:

- das Faustpfand (Art. 884–894 ZGB),
- das Retentionsrecht (Art. 895–898 ZGB) sowie
- die ausnahmsweise zulässige Fahrnisverschreibung (einzige im ZGB geregelte Ausnahme ist die Viehverschreibung gemäß Art. 885 ZGB).

Die besonderen Regelungen zum Versatzpfand nach den Art. 907 bis 915 ZGB beinhalten Vorschriften für gewerblich betriebene Pfandleihhäuser.[209]

I. Pfandrechtsprinzipien

Bestimmte Prinzipien des Fahrnispfandrechts sowie des Sachenrechts im Allgemeinen sind bei der rechtlichen Bewertung der Pfandrechte stets zu berücksichtigen.

1. Faustpfandprinzip

Nach dem Faustpfandprinzip ist für eine wirksame Bestellung eines Pfandrechts der Besitz am Pfandgegenstand auf den Pfandgläubiger zu übertragen. Dieses Prinzip ist in Art. 884 Abs. 1 und Abs. 3 ZGB verankert. Das Faustpfandprinzip

208 ZK-*Oftinger/Bär*, Syst. Teil, N 25 ff.

209 *Tuor/Schnyder/Schmid/Rumo-Jungo*, S. 1047.

stellt eine Konkretisierung des Publizitätsprinzips dar.[210] Es verdeutlicht zugleich die Anwendung des Traditionsprinzips im Mobiliarsachenrecht.[211] Das Publizitätsprinzip beruht zum einen auf den Gedanken, dass dingliche Rechte als absolute Rechte gegenüber jedermann Wirkung entfalten (*erga-omnes*-Wirkung). Daher muss gewährleistet sein, dass nach außen hin für jedermann erkennbar ist, welche dinglichen Rechte bestehen und wem sie zustehen.[212] Denn für die Sicherheit im Rechtsverkehr ist es erforderlich, dass die an Sachen bestehenden Rechtspositionen offengelegt werden.[213]

Diese Publizität wird bei beweglichen Sachen grundsätzlich durch den unmittelbaren Besitz, also die tatsächliche Sachherrschaft über eine Sache, bewirkt.[214] Gemäß Art. 930 Abs. 1 ZGB wird vermutet, dass der Besitzer einer Sache deren Eigentümer ist. Dem Besitz kommt als Publizitätsmittel somit eine erhebliche Funktion zu. Teil dessen ist auch eine negative Publizitätswirkung, denn aus dem Besitz an einer Sache soll folgen, dass dingliche Rechte eines anderen an dieser Sache nicht bestehen.[215]

Das Pfandrecht ist im ZGB daher als Besitzpfand ausgestaltet.[216] Somit erfordert das Faustpfandprinzip stets den Besitz oder gesamthänderischen Mitbesitz des Pfandgläubigers am Pfandgegenstand.[217] Durch die Besitzübertragung wird das dingliche Recht nach außen hin deutlich und es wird verhindert, dass der Pfandschuldner sich mit Sachen umgibt, die nicht mehr wirtschaftlich seinem Vermögen zuzuordnen sind. Gleichzeitig kann der Pfandgläubiger so Verfügungen zu seinen Lasten verhindern.[218]

Nur in wenigen Fällen sind Ausnahmen zum Faustpfandprinzip zulässig: Bei einem besitzlosen Pfandrecht an beweglichen Sachen, einer Mobiliarhypothek, behält der Verpfänder den Besitz am Pfandgegenstand. Die Bestellung eines

---

210 BK-*Zobl/Thurnherr*, Syst. Teil, N 272 ff., 283; Art. 884 N 5 ff., 57.

211 BGE 89 II 314, 317 ff.; BK-*Meier-Hayoz*, Syst. Teil, N 70.

212 BasK-*Bauer*, Art. 884, N 8; *Tuor/Schnyder/Schmid/Rumo-Jungo*, S. 806 ff.; *Rey*, N 272, 296; *Graham-Siegenthaler*, Prinzipien des Sachenrechts, S. 93, 96.

213 *Graham-Siegenthaler*, Prinzipien des Sachenrechts, S. 93, 96.

214 *Tuor/Schnyder/Schmid/Rumo-Jungo*, S. 735 f., 774 ff.

215 Vgl. BGE 99 II 34, 37

216 BasK-*Bauer*, Vor Art. 884–894, N 21.

217 BK-*Zobl/Thurnherr*, Syst. Teil, N 284 ff.; *Baur/Stürner*, § 64, Rn. 120; *Graham-Siegenthaler*, Kreditsicherungsrechte, S. 18.

218 *Tuor/Schnyder/Schmid/Rumo-Jungo*, S. 1053.

besitzlosen Pfandrechts ist gemäß Art. 884 ZGB nur ausnahmsweise aufgrund einer gesetzlichen Grundlage möglich. Diese werden gesondert dargestellt.[219]

2. Akzessorietätsprinzip

Das Akzessorietätsprinzip ist für das Fahrnispfandrecht in Art. 889 Abs. 1 ZGB verankert. Hiernach hat der Pfandgläubiger nach Erlöschen der Forderung dem Verpfänder die Pfandsache zurückzugeben. Dies wird auch durch die Regelung des Art. 114 Abs. 1 OR deutlich, wonach das Pfandrecht erlischt, wenn die zu sichernde Forderung untergeht. Auch Art. 170 Abs. 1 OR regelt den Grundsatz der Akzessorietät ausdrücklich, wonach bei einer Abtretung der Forderung das Pfandrecht auf den neuen Gläubiger übergeht.

Die Abhängigkeit des Pfandrechts von der zur sichernden Forderung setzt voraus, dass die Forderung bestimmt oder zumindest bestimmbar ist.[220] Das Akzessorietätsprinzip ist somit verknüpft mit dem Spezialitätsprinzip. Hierbei ist auch die Sicherung zukünftiger Forderungen möglich.

3. Spezialitätsprinzip

Das Spezialitätsprinzip sieht vor, dass dingliche Rechte nur an einzelnen individualisierten Sachen begründet werden können.[221] Dieses Prinzip liegt allen Verfügungsgeschäften zugrunde. Es muss deutlich sein, auf welchen Gegenstand sich die Verfügung bezieht.[222]

Das Spezialitätsprinzip ist für die Begründung von Grundpfandrechten in Art. 796 Abs. 1 und Art. 797 Abs. 1 ZGB verankert. Eine entsprechende Regelung für das Fahrnispfandrecht besteht nicht. Da es sich bei der Pfandrechtsbestellung ebenfalls um ein Verfügungsgeschäft handelt und gesetzlich regelmäßig eine Übertragung des Besitzes am Pfandgegenstand vorgesehen ist, findet auch hier das Spezialitätsprinzip Anwendung. Damit ist eine Individualisierung des Pfandgegenstandes erforderlich.[223]

Der Pfandgegenstand muss hinreichend bestimmt oder bestimmbar sein. Ein Pfandrecht an Sachgesamtheiten (z.B. Warenlager, Bibliothek, Inventar) und an Rechtsgesamtheiten (z.B. Vermögen, Unternehmen) ist damit grundsätzlich

219 Siehe in diesem Teil unter B. III.

220 *Wiegand*, Mobiliarsicherheiten, S. 112.

221 BK-*Meier-Hayoz*, Syst. Teil, N 75.

222 *Tuor/Schnyder/Schmid/Rumo-Jungo*, S. 595.

223 ZK-*Oftinger/Bär*, Art. 884, Rn. 18.

ausgeschlossen.[224] Der Verpfänder kann sich zwar zur Verpfändung einer Sachgesamtheit oder einer Rechtsgesamtheit verpflichten. Die Begründung des Pfandrechts erfolgt aber erst dann wirksam, wenn die erforderlichen Voraussetzungen – insbesondere die für die Publizitätswirkung – für jeden einzelnen Gegenstand aus der Gesamtheit vorliegen.[225] Eine Sachgesamtheit kann demnach verpfändet werden, wenn für die einzelnen Gegenstände die Voraussetzungen für die Entstehung des Pfandrechts jeweils selbst vorliegen.[226]

4. Prioritätsprinzip

Das Prioritätsprinzip gilt auch im schweizerischen Recht und ist hier für das Pfandrecht in Art. 893 ZGB normiert. Hiernach werden die Gläubiger ihrem Range nach befriedigt, wenn mehrere Pfandrechte an der gleichen Sache bestehen (§ 893 Abs. 1 ZGB). Der Rang der Pfandrechte wird durch die Zeit ihrer Errichtung bestimmt (§ 893 Abs. 2 ZGB). Das Prioritätsprinzip bildet den Verfügungs- und Sukzessionsschutz des Pfandgläubigers, indem jede Verfügung, die nach der Bestellung des Pfandrechts vorgenommen wurde, dem Pfandrecht im Range nachsteht, unabhängig davon, ob es sich um eine Verfügung über das Eigentum oder für die Errichtung von dinglichen Rechten handelt.[227]

II. Das vertragliche Pfandrecht

1. Allgemeines

Das Fahrnispfandrecht ist nicht legaldefiniert. Die herrschende Meinung beschreibt das Pfandrecht als ein der Sache anhaftendes dingliches Sicherungs- und Verwertungsrecht.[228] Der Begriff des Fahrnispfands ist im Wesentlichen durch zwei Merkmale gekennzeichnet: zum einen durch die Sicherung einer Forderung und zum anderen durch die Befugnis, sich bei Nichterfüllung aus dem Erlös der Pfandsache zu befriedigen.[229] Eine abweichende Regel, wonach bei Nichtbefriedigung das Eigentum auf den Pfandgläubiger übergehen soll, ist gemäß Art. 894

224 BasK-*Bauer*, Vor Art. 884–894, N 22.
225 BK-*Zobl/Thurnherr*, Syst. Teil, N 259; *Wiegand*, Mobiliarsicherheiten, S. 110.
226 *Tuor/Schnyder/Schmid/Rumo-Jungo*, S. 1057.
227 BK-*Zobl/Thurnherr*, Syst. Teil, N 304.
228 BK-*Zobl/Thurnherr*, Syst. Teil, N 148 f.; vgl. Staudinger/*Wiegand*, Vorb. zu § 1204 ff., Rn. 14, 16.
229 *Tuor/Schnyder/Schmid/Rumo-Jungo*, S. 1049.

ZGB nicht zulässig, um eine *„wucherähnliche Ausbeutung"* des Verpfänders zu verhindern.[230]

2. Begründung des vertraglichen Pfandrechts

Gemäß Art. 884 ZGB kann Fahrnis nur dadurch verpfändet werden, dass dem Pfandgläubiger der Besitz an der Pfandsache übertragen wird, es sei denn, dass das Gesetz ausdrücklich etwas anderes vorschreibt.

a) Beteiligte

Das Fahrnispfand wird grundsätzlich zur Sicherung einer persönlichen Schuld bestellt, so dass die beteiligten Parteien als Verpfänder und Pfandgläubiger bezeichnet werden. Entsprechend dem deutschen Recht kann an der Pfandrechtsbestellung auch ein Dritter beteiligt sein. Ein Drittpfandrecht wird z.B. begründet, wenn ein Dritter für eine vom Schuldner zu erfüllende Forderung eine bewegliche Sache aus seinem Eigentum als Pfandsache zur Verfügung stellt. Möglich ist es auch, dass der Verpfänder ein anderer ist als der Pfandeigentümer, wenn neben diesem ein Dritter über die Sache verfügen kann.[231]

b) Pfandgegenstand

Pfandgegenstand kann Fahrnis im Sinne von Art. 884 Abs. 1 ZGB sein (*„einzelne bewegliche körperliche, selbstständige und verwertbare Sachen"*). Erfasst sind aber auch Rechte (dingliche Anwartschaftsrechte) und Miteigentumsanteile an Sachen. Auch Inhaberwertpapiere werden nach den Regeln für bewegliche Sachen verpfändet (Art. 901 ZGB).[232] Wesentlich ist die Verwertbarkeit der Gegenstände[233] und die Beachtung des Spezialitätsprinzips[234], wonach der Pfandgegenstand hinreichend zu bestimmen oder zumindest bestimmbar ist.

c) Entstehung des Pfandrechts

Die Regelungen des Art. 884 und des Art. 890 ZGB beziehen sich auf das für die Begründung des Pfandrechts erforderliche Verfügungsgeschäft. Nach dem

230 *Tuor/Schnyder/Schmid/Rumo-Jungo*, S. 1049.

231 *Tuor/Schnyder/Schmid/Rumo-Jungo*, S. 1054.

232 BGE 81 II 339, 340 f.

233 BK-*Zobl/Thurnherr*, Art. 884, N 143; *Graham-Siegenthaler*, Kreditsicherungsrechte, S. 16.

234 BK-*Zobl/Thurnherr*, Art. 884, N 72.

Kausalitätsprinzip, das in der Systematik des schweizerischen Zivilrechts besteht, ist für jedes Verfügungsgeschäft das Bestehen eines wirksamen Verpflichtungsgeschäfts erforderlich.[235]

aa) Obligatorisches Grundgeschäft

Dem Pfandrecht liegt eine vertragliche Vereinbarung zwischen dem Verpfänder und dem Pfandgläubiger zugrunde. Dieser Pfandvertrag ist der Erwerbsgrund mit der Verpflichtung, das dingliche Recht zu verschaffen. Diesem Erwerbsgrund muss der Erwerbsakt, die Pfandbestellung, folgen. Damit ist im Gegensatz zum Abstraktionsprinzip des deutschen Zivilrechts die Wirksamkeit eines sachenrechtlichen Verfügungsgeschäfts – die Pfandbestellung – abhängig von dem ihm zugrunde liegenden Kausalgeschäft – dem Pfandvertrag.[236] Dieses Verpflichtungsgeschäft (obligatorisches Grundgeschäft, *causa*) ist der *„kausale Faktor"* des rechtsgeschäftlichen Eigentumserwerbs und begründet die Pflicht zur Vornahme der Besitzübertragung als Verfügungsakt.[237] Daraus folgt, dass es keine wirksame Verfügung ohne ein gültiges Verpflichtungsgeschäft geben kann.[238] Das Kausalitätsprinzip ist für das Immobiliarsachenrecht in Art. 974 Abs. 2 ZGB ausdrücklich normiert. Obwohl es im Mobiliarsachenrecht nicht gleichermaßen ausdrücklich geregelt ist, gilt auch hier das Kausalitätsprinzip, das vom Bundesgericht in ständiger Rechtsprechung bestätigt wird.[239]

Das für die Pfandbestellung obligatorische Verpflichtungsgeschäft ist gesetzlich nicht geregelt. Lediglich in Art. 900 Abs. 1 und 3 ZGB findet sich ein Hinweis. Hiernach bedarf es bei einer Forderungsverpfändung, für die keine Urkunde oder nur ein Schuldschein besteht, der schriftlichen Abfassung des Pfandvertrages und gegebenenfalls der Übergabe des Schuldscheins. Aus dieser Sondervorschrift lässt sich ableiten, dass grundsätzlich bei der Vereinbarung des Pfandvertrages, des obligatorischen Grundgeschäfts, die Einhaltung der Schriftform nicht erforderlich ist.

---

235 BK-*Zobl/Thurnherr*, Art. 884, N 327; *Tuor/Schnyder/Schmid/Rumo-Jungo*, S. 809 f., 906 f.; *Rey*, N 347; *Kieninger*, in: *Lwowski/Fischer/Langenbucher*, Recht der Kreditsicherung, § 18, Rn. 87.

236 BK-*Zobl/Thurnherr*, Art. 884, N 328; *Tuor/Schnyder/Schmid/Rumo-Jungo*, S. 809 f., 906 f.; *Rey*, N 347.

237 BK-*Zobl/Thurnherr*, Art. 884, N 328; *Graham-Siegenthaler*, Prinzipien des Sachenrechts, S. 93, 98; *Rey*, N 348.

238 *Rey*, N 356.

239 Vgl. BGE 55 II 302, 306 ff.; *Rey*, N 360 ff.

Gegenstand des Pfandvertrages ist die Verpflichtung des Verpfänders gegenüber dem Gläubiger, zur Sicherung einer Forderung ein Pfandrecht zu bestellen.[240] Die wesentlichen Vertragsbestandteile (*essentialia negotii*) sind zwar gesetzlich nicht ausdrücklich aufgeführt, doch entsteht mit Abschluss der Pfandbestellung (nach erfolgter Einigung und Übergabe) unabhängig vom Parteiwillen ein gesetzliches Schuldverhältnis. Aus diesem Pfandvertrag hat der Pfandnehmer gegenüber dem Pfandgeber einen obligatorischen Anspruch auf Übertragung des Pfandbesitzes.[241] Die wesentlichen Pflichten, die sich hieraus ergeben, sind im ZGB geregelt. Bspw. regelt Art. 889 ZGB die Rückgabepflicht, Art. 890 ZGB die Haftung des Pfandgläubigers bei Wertminderungen oder Untergang der Pfandsache.

bb) Dingliches Verfügungsgeschäft

Die in Art. 884 Abs. 1 ZGB vorgesehene Übertragung des Besitzes am Pfandgegenstand auf den Pfandgläubiger stellt den dinglichen Akt, die Pfandbestellung, dar.[242] Solange sich der Pfandgegenstand noch in der ausschließlichen Gewalt des Verpfänders befindet, kann gemäß Art. 884 Abs. 3 ZGB kein Pfandrecht wirksam begründet werden.

Aufgrund des bereits beschriebenen Kausalitätsprinzips ist die dingliche Pfandbestellung in ihrer Wirksamkeit abhängig von dem kausalen Pfandvertrag. Ist dieser unwirksam, so ist die Pfandbestellung rückgängig zu machen.[243]

cc) Übergabe des Pfandgegenstandes

(1) Regelfall

Die nach Art. 884 ZGB erforderliche Besitzübertragung des Pfandgegenstandes stellt das Verfügungsgeschäft, den Vollzug des Pfandvertrages und damit die eigentliche Pfandbestellung[244] dar. Durch die Formulierung des Art. 884 ZGB (*„nur dadurch“*) hat der Gesetzgeber zum Ausdruck gebracht, dass es sich hierbei um eine unerlässliche Voraussetzung handelt und somit die Vereinbarung einer Mobiliarhypothek grundsätzlich verboten ist.[245]

---

240 *Wiegand*, Mobiliarsicherheiten, S. 116: Es handelt sich hierbei um einen unvollkommenen zweiseitigen Vertrag, denn der Leistung des Verpfänders steht keine synallagmatische Gegenleisung des Gläubigers gegenüber.

241 BasK-*Bauer*, Art. 884, N 13.

242 BasK-*Bauer*, Art. 884, N 14.

243 ZK-*Oftinger/Bär*, Art. 884, N 110 ff.

244 BasK-*Bauer*, Art. 884, N 14.

245 BasK-*Bauer*, Art. 884, N 5.

Nach herrschender Meinung ist das Verfügungsgeschäft als ein Rechtsgeschäft zu verstehen, das aus einer rechtsgeschäftlichen Einigung und einer realen Übergabe des Pfandgegenstandes besteht. Für die Wirksamkeit der Einigung gelten damit die Regelungen des Obligationsrechts.[246]

Das Verfügungsgeschäft erfolgt durch die Übertragung des Pfandgegenstandes bzw. durch taugliche Übergabesurrogate. Im Regelfall übergibt der Verpfänder den unmittelbaren Besitz an der Pfandsache auf den Pfandgläubiger, so dass dieser den unmittelbaren Pfandbesitz erhält. Maßgeblich ist hierbei, dass der Verpfänder keine ausschließliche Gewalt mehr über die Sache hat (Art. 884 Abs. 3 ZGB).[247] Dies entspricht der eigentlichen Tradition im Sinne des Art. 922 Abs. 1 1. Halbsatz ZGB.

Nach Art. 922 Abs. 1 2. Halbsatz ZGB kann der Besitz im Sinne einer uneigentlichen Tradition übertragen werden, indem der Verpfänder dem Pfandgläubiger die Mittel übergibt, die dem Pfandgläubiger die Gewalt über die Sache verschaffen. Diese Form der Übertragung wird vor allem bei der Begründung von Raumgewahrsam bzw. Mitverschluss verwendet.[248]

(2) Schlichte Einigung

Obwohl das ZGB die Übertragungsform der *brevi manu traditio* nicht ausdrücklich erwähnt, ist auch diese Art der Übertragung für die Begründung eines Pfandrechts ausreichend. Voraussetzung ist, dass der Pfandgläubiger sich bereits im Besitz der Pfandsache befindet. Entscheidend ist hierbei, dass der bisherige Besitz des Pfandgläubigers den strengen Anforderungen des Pfandbesitzes im Sinne des Art. 844 Abs. 3 ZGB genügt.[249] Der Verpfänder darf also nicht die ausschließliche Gewalt über den Pfandgegenstand haben. Der Verpfänder und der Pfandgläubiger müssen die Besitzwandlung vereinbaren. Diese Vereinbarung muss beinhalten, dass dem bisherigen Besitzer nunmehr Pfandbesitz zustehen soll.[250]

(3) Besitzanweisung

Die Besitzübertragung für die Begründung des Pfandrechts kann auch durch eine Besitzanweisung im Sinne des Art. 924 ZGB erfolgen, sofern sich der Pfandgegenstand im unmittelbaren Besitz eines Dritten befindet. Hierfür ist eine

---

246 *Wiegand*, Mobiliarsicherheiten, S. 119.

247 BK-*Zobl/Thurnherr*, Art. 884, N 676.

248 Vgl. BGE vom 01.11.2000, 5C. 172/2000 dargestellt bei *Wiegand*, Rechtsprechungschronik 2000/2001, S. 175 ff.; BK-*Zobl Thurnherr*, Art. 884, N 678.

249 BK-*Zobl/ Thurnherr*, Art. 884, N 681.

250 BK-*Zobl/Thurnherr*, Art. 884, N 682; ZK-*Oftinger/Bär*, Art. 884, N 252.

rechtsgeschäftliche Vereinbarung zwischen dem Pfandgläubiger und dem Verpfänder über die Übertragung des Pfandbesitzes und eine Anzeige an den besitzenden Dritten erforderlich.[251] Diese Form der Besitzübertragung ist für die Pfandrechtsbestellung von erheblicher Relevanz, wenn bspw. die bei einer Bank im offenen Depot liegenden Wertpapiere oder in einem fremden Raum gelagerten Waren verpfändet werden können.[252]

(4) Besitzmittlung durch einen Dritten

Für die Begründung eines Pfandrechts ist auch die Aushändigung der Pfandsache an einen Dritten, der sie für den Pfandgläubiger besitzt, zulässig; auch die Übergabe durch einen Dritten auf Veranlassung des Verpfänders stellt eine ausreichende Form der Übergabe dar.[253]

(5) Besitzkonstitut

Eine Pfandrechtsbestellung durch die Vereinbarung eines Besitzkonstituts ist auch im schweizerischen Recht ausgeschlossen. In Art. 717 ZGB ist ausdrücklich geregelt, dass die Vereinbarung eines Besitzkonstituts zur Umgehung der Regelungen des Faustpfands unwirksam ist. Auch in Art. 884 Abs. 3 ZGB ist ausdrücklich normiert, dass das Pfandrecht nicht begründet ist, solange der Verpfänder die ausschließliche Gewalt über die Pfandsache behält. Das Besitzkonstitut als zulässige Übertragungsform würde dem Faustpfandprinzip zuwiderlaufen.[254]

3. Gutgläubigkeit

a) Gutgläubiger Ersterwerb

Auch im schweizerischen Recht ist nach dem Prinzip des öffentlichen Glaubens ein gutgläubiger Erwerb des Pfandrechts möglich. Gemäß Art. 884 Abs. 2 ZGB darf der gutgläubige Dritte den Besitzer von Fahrnis als verfügungsberechtigt ansehen, es sei denn, dass die Sache dem früheren Besitzer abhanden gekommen ist. Demnach bezieht sich der gute Glaube konkret auf die Verfügungsbefugnis, also auf die Berechtigung, die Sache dinglich zu belasten oder zu übertragen.[255]

---

251 BK-*Zobl/Thurnherr*, Art. 884, N 684.

252 BK-*Zobl/Thurnherr*, Art. 884, N 685.

253 ZK-*Oftinger/Bär*, Art. 884, N 229; *Tuor/Schnyder/Schmid/Rumo-Jungo*, S. 1054.

254 BK-*Zobl/Thurnherr*, Art. 884, N 716.

255 BasK-*Bauer*, Art. 884, N 130; BK-*Zobl/Thurnherr*, Art. 884, N 792 f.

Gutgläubigkeit liegt vor, wenn trotz Bestehen eines Rechtsmangels das Unrechtsbewusstsein fehlt und nicht vorwerfbar ist.[256] Der gute Glaube wird gemäß Art. 3, 930 Abs. 1 ZGB zunächst vermutet, gegebenenfalls ist die Vermutung zu widerlegen.

Ein gutgläubiger Erwerb ist nur dann möglich, wenn die Sache dem Verpfänder oder einem Rechtsvorgänger vorher anvertraut, also willentlich zu einem obligatorischen oder beschränkt dinglichen Recht übertragen wurde (Art. 933 ZGB).[257]

b) Gutgläubiger Zweiterwerb

Ein gutgläubiger Zweiterwerb des Pfandrechts wird wie im deutschen Recht aufgrund einer fehlenden gesetzlichen Grundlage und eines fehlenden Vertrauenstatbestandes von der herrschenden Meinung abgelehnt.[258]

4. Inhalt des Pfandrechts

a) Rechte und Pflichten des Gläubigers

Die spezifischen Rechtsfolgen eines Pfandrechts sind in den Art. 891 bis 893 ZGB geregelt, aber auch die Art. 886 ff. ZGB und Regeln außerhalb des Sachenrechts (z.B. Art. 114 oder 170 OR) enthalten Vorschriften, die das Pfandrecht betreffen.[259]

Gemäß Art. 891 Abs. 1 ZGB hat der Gläubiger im Falle der Nichtbefriedigung seines Primäranspruches ein Verwertungsrecht aus der Pfandsache, das gemäß Art. 891 Abs. 2 ZGB dem Gläubiger auch Sicherheit für die Vertrags- und Verzugszinsen sowie für die Betreibungskosten bietet. Denn nach dem Prinzip der Unteilbarkeit der Pfandhaftung erstreckt sich das Fahrnispfand auf die gesamte Forderung. Dies bedeutet, dass eine Teilerfüllung der Forderung den Pfandgläubiger noch nicht zur Herausgabe der Pfandsache verpflichtet (Art. 889 Abs. 2 ZGB), aber auch, dass sich das Fahrnispfand auf die Sicherung der ausstehenden Zinsen erstreckt (Art. 892 Abs. 2 ZGB).

Art. 893 ZGB bezieht sich auf den Rang des Pfandrechts, das sich – wie dargestellt – nach dem Prioritätsprinzip richtet.

---

256 Vgl. BGE 99 II 131, 147.

257 BK-*Zobl/Thurnherr*, Art. 884, N 784. 786. Bei unfreiwillig abhanden gekommenen Sachen ist ein Erwerb mit der Verwirkung der Fahrnisklage des Berechtigten nach fünf Jahren gemäß Art. 934 ZGB möglich.

258 BK-*Zobl/Thurnherr*, Art. 884, N 907; entsprechend den Darstellungen zum deutschen Recht, vgl. in diesem Teil unter A. II. 3. b).

259 BasK-*Bauer*, Art. 884, N 100.

Die wesentlichen Pflichten des Pfandgläubigers, die sich aus dem obligatorischen Kausalgeschäft ergeben, sind die Rückgabepflicht nach Art. 889 ZGB sowie die Haftung bei Wertminderungen oder Untergang der Pfandsache nach Art. 890 ZGB.

b) Rechte und Pflichten des Schuldners bzw. Verpfänders

Die Rechte und Pflichten des Schuldners bzw. des Verpfänders sind im ZGB nicht ausdrücklich geregelt. Sie ergeben sich spiegelbildlich aus den Rechten und Pflichten des Gläubigers. Da die Verwertung des Pfandrechts sich nach den Vorschriften des SchKG[260] richtet, finden sich dort Regelungen, die die Rechte und Pflichten des Schuldners bzw. Verpfänders bei der Verwertung benennen.

5. Untergang

Der Untergang des Pfandrechts ist in den Art. 888–890 ZGB geregelt. Als Gründe für den Untergang des Pfandrechts nennt das ZGB

- den Verlust des Pfandbesitzes als außerordentlichen Grund für den nachträglichen Untergang des Pfandrechts in Art. 888 ZGB,
- den ordentlichen Untergangsgrund der Forderungstilgung in Art. 889 ZGB.[261]

Zu beachten ist, dass nach Art. 888 Abs. 2 ZGB das Pfandrecht bei der Rückgabe an den Verpfänder ausnahmsweise dann nicht erlischt, wenn es mit Willen des Pfandnehmers in dessen Besitz gelangt. Dann tritt eine vorübergehende Unwirksamkeit des Pfandrechts ein. Diese Ausnahme ist allerdings eng auszulegen, um mögliche Umgehungen des Faustpfandprinzips zu vermeiden.[262] Denn nach Auffassung des Bundesgerichts, richtet sich die weitere Wirksamkeit des Pfandrechts primär nach dem Besitz an der Pfandsache und nicht nach dem Willen des Pfandnehmers.[263]

6. Verwertung

Gemäß Art. 891 ZGB hat der Gläubiger im Falle der Nichtbefriedigung ein Recht darauf, sich aus dem Erlös bezahlt zu machen. Auch im schweizerischen Recht ist eine Vereinbarung, wonach das Eigentum im Verwertungsfall dem Pfandgläubiger zufällt, nach Art. 894 ZGB unwirksam.

260 Bundesgesetz vom 11.04.1889 über Schuldbetreibung und Konkurs (SchKG), in Kraft getreten am 01.01.1892, SR 281.1, AS 11 529.

261 BasK-*Bauer*, Art. 888, N 1.

262 BGE 99 II 34, 38; BasK-*Bauer*, Art. 888, N 17.

263 BGE 99 II 34, 38.

Die Verwertung des Pfandgegenstands kann der Pfandgläubiger nach den Regeln zur Betreibung auf Pfandverwertung gemäß den Art. 151 ff. SchKG geltend machen. Die Betreibung auf Pfandverwertung erfasst gemäß Art. 151 i.V.m. Art. 37 Abs. 2 SchKG das Faustpfandrecht im Sinne des Art. 884 ZGB, die Viehverschreibung im Sinne des Art. 885 ZGB, das Retentionsrecht im Sinne des Art. 898 ZGB[264], das Pfandrecht an Forderungen und an anderen Rechten (Art. 889 ff. ZGB), aber auch die Grundpfandrechte im Sinne des Art. 37 Abs. 3 SchKG.

Es handelt sich bei der Pfandverwertung um eine Spezialexekution, bei der im Falle der ungenügenden Pfanddeckung keine Nachpfändung stattfindet. Der Gläubiger erhält lediglich gemäß Art. 158 SchKG einen sog. Pfandausfallschein.[265] Dieser dient dann als Schuldanerkennung im Sinne von Art. 82 SchKG und berechtigt den Gläubiger zur Vollstreckung in das gesamte Vermögen des Schuldners.[266]

a) Verwertung im Wege der öffentlichen Versteigerung

Die Verwertung erfolgt grundsätzlich im Wege der öffentlichen Versteigerung (Art. 156 Abs. 1 i. V. m. Art. 125 ff. SchKG, Art. 229 Abs. 1 OR). Jedoch sind in der Betreibung aus einer Pfandverwertung Besonderheiten zu berücksichtigen. Die Betreibung aus einer Pfandverwertung ist, wie gerade angemerkt, eine Spezialexekution, die sich von der Generalexekution darin unterscheidet, dass es nicht um eine möglichst gleiche Behandlung der Gläubiger geht.[267]

Da das Pfandobjekt bereits feststeht, kann unmittelbar im Anschluss an die Einleitung der Betreibung die Verwertung durchgeführt werden. Bei einer Betreibung auf Pfändung kann der Schuldner sich weigern und mit der Einrede des *beneficium execussionis realis* die Pfandverwertung fordern.[268] Diese kann er mit einer Beschwerde gegen den Zahlungsbefehl geltend machen (Art. 41 Abs. 1 SchKG). Im Übrigen gelten für das Verwertungsverfahren die Grundsätze für die Verwertung der gepfändeten Vermögensgegenstände (Art. 156 Abs. 1 SchKG verweist auf Art. 122–143 b SchKG).

---

264 Vgl. auch Art. 283 Abs. 3, 284 SchKG.

265 *Graham-Siegenthaler*, Kreditsicherungsrechte, S. 19 (Fn. 45).

266 BasK-*Bauer*, Art. 891, N 12.

267 *Kren Kostkiewicz*, Verwertung von Mobiliarsicherheiten, S. 199, 217.

268 *Kren Kostkiewicz*, Verwertung von Mobiliarsicherheiten, S. 199, 217.

b) Private Verwertung

Vertraglich kann auch eine private Verwertung, die von der freihändigen Verwertung[269] zu unterscheiden ist, vereinbart werden.[270] Dieses Recht ergibt sich aus Art. 890 Abs. 2 ZGB, wo die Haftung des Pfandgläubigers für die eigenmächtige Veräußerung des Pfandgegenstandes geregelt ist.[271] Auch die Regelungen des Art. 324 Abs. 1 SchKG setzen die Zulässigkeit einer privaten Verwertung voraus. Bei einer unsorgfältigen Veräußerung haftet der Pfandgläubiger für etwaige Schäden des Verpfänders.[272]

c) Rechtsfolgen der Verwertung

Durch die Verwertung geht das Pfandrecht sogar dann unter, wenn die gesicherte Forderung gänzlich ungedeckt bleibt.[273]

Der Erlös aus der Verwertung dient der Befriedigung des Pfandgläubigers. Je nachdem hat das Betreibungsamt (Art. 157 SchKG) oder bei einer privaten Verwertung der Pfandgläubiger über den Erlös abzurechnen, wobei der Überschuss dem Verpfänder auszuhändigen ist.[274]

7. Zwangsvollstreckung

a) Durch Gläubiger des Verpfänders

Eine Pfändung von Gegenständen, an denen ein Pfandrecht besteht, ist grundsätzlich zulässig, was u.a. in Art. 98 Abs. 4 SchKG zum Ausdruck kommt. Denn diese Norm beinhaltet die Regelung, dass die Besitznahme durch das Betreibungsamt auch dann zulässig ist, wenn ein Dritter ein Pfandrecht daran hat. Nach Art. 95 Abs. 3 SchKG werden Vermögensstücke in letzter Linie gepfändet, auf welche ein Arrest gelegt ist, oder welche vom Schuldner als dritten Personen zugehörig bezeichnet oder von dritten Personen beansprucht werden. Zu diesen gehören auch die Vermögensgegenstände, an denen ein Pfandrecht besteht.[275]

---

269 Diese führt der Betreibungsbeamte anstelle einer Versteigerung gemäß Art. 143 b SchKG durch.

270 BGE 119 II 344, 345; BGE 118 II 112, 114, Besprechung von *Rey*, ZBJV 1994, S. 215, 221 ff.; ZK-*Oftinger/Bär*, Syst. Teil, N 48.

271 BasK-*Bauer*, Art. 891, N 20.

272 Vgl. BGE 118 II 112, 114; BasK-*Bauer*, Art. 891, N 21.

273 Vgl. BGE 106 II 183, 189.

274 BGE 119 II 344, 346; ZK-*Oftinger/Bär*, Art. 891, N 59; BasK-*Bauer*, Art. 891, N 36.

275 BK-*Zobl/Thurnherr*, Syst. Teil, N 699; *Fritzsche/Walderer*, § 23, Rn. 19, § 26, Rn. 1.

Ein dem Pfandgläubiger eingeräumtes Selbstverkaufsrecht kann nach Pfändung nicht mehr geltend gemacht werden, da die Verwertung gepfändeter Gegenstände gemäß Art. 98 Abs. 4, 122 ff. SchKG amtlich erfolgen muss.[276] Hieraus wird eine Ablieferungspflicht des Pfandgläubigers abgeleitet.[277] Dieser kann aber auch von seinem Widerspruchsrecht nach den Regelungen der Art. 106 ff. SchKG Gebrauch machen. Gemäß Art. 106 Abs. 1 SchKG merkt das Betreibungsamt den Anspruch eines Dritten in der Pfändungsurkunde vor. Falls die Pfändungsurkunde schon zugestellt ist und geltend gemacht wird, dass einem Dritten an dem Pfändungsgegenstand das Eigentum, ein Pfandrecht oder ein anderes Recht, das der Pfändung entgegensteht oder im weiteren Verlauf des Vollstreckungsverfahrens zu berücksichtigen ist, zeigt sie den Anspruch den Parteien an. Durch das Widerspruchsverfahren wird die Berücksichtigung des Pfandrechts bei der Verwertung bezweckt.[278] Zu beachten ist ferner auch das in Art. 126 SchKG normierte Deckungsprinzip, wonach der Verwertungserlös den Betrag im Range vorgehender pfandgesicherter Forderungen übersteigen muss.[279]

b) Durch Gläubiger des Pfandgläubigers

In der Zwangsvollstreckung gegen den Pfandgläubiger kann der Verpfänder als Eigentümer der Pfandsache Widerspruch nach Art. 106 SchKG erheben. Gleichzeitig hat aber der Pfandgläubiger das Recht auf Tilgung der durch das Pfandrecht gesicherten Forderung, so dass ihm weiterhin ein Besitzrecht zusteht. Grundsätzlich kann auch die gesicherte Forderung gepfändet werden. Das akzessorische Pfandrecht ist dann ebenfalls von der Pfändung erfasst.[280]

8. Konkurs

a) Konkurs des Verpfänders

Der verpfändete Gegenstand gehört gemäß Art. 197 SchKG in die Konkursmasse. Art. 198 SchKG konkretisiert, dass Pfandgegenstände unter Vorbehalt des den Pfandgläubigern gesicherten Vorzugsrechts zur Konkursmasse gezogen werden. Der Pfandgläubiger wird nach Art. 232 Zf. 4 SchKG aufgefordert, die Pfandsache

---

276 BGE 116 III 23, 26; BGE 108 III 91, 94; BGE 81 III 57, 58; BK-*Zobl/Thurnherr*, Syst. Teil, N 701.

277 *Kummer*, ZBJV 1966, 1, 19.

278 Vgl. BGE 89 II 192, 196.

279 *Graham-Siegenthaler*, Kreditsicherungsrechte, S. 20.

280 BK-*Zobl/Thurnherr*, Syst. Teil, N 806; vgl. *Reichwein*, SJZ 1950, 321, 323 f.

innerhalb eines Monats dem Konkursamt zur Verfügung zu stellen. Die gesicherten Forderungen werden aus dem Erlös des Pfandgegenstandes gemäß Art. 198, 219 Abs. 1, 232 Zf. 4, 262 Abs. 2 SchKG nach Abzug der Verwertungskosten als erstes bezahlt.[281] Dies bedeutet, dass der Pfandnehmer kein Aussonderungs- oder Absonderungsrecht hat, sondern dazu verpflichtet ist, die Pfandsache der Konkursmasse zur Verfügung zu stellen (sog. Admassierungsprinzip). Der Pfandnehmer kann die Pfandforderung im Rahmen des Konkurses geltend machen.[282] Dagegen ist eine Betreibung auf Pfandverwertung gemäß Art. 206 Abs. 1 SchKG nach Eröffnung des Konkursverfahrens nicht möglich.

b) Konkurs des Pfandgläubigers

Bei einem Konkurs des Pfandgläubigers besitzt der Verpfänder ein Aussonderungsklagerecht nach Art. 242 SchKG, wobei auch hier weiterhin das Recht auf Tilgung der Forderung besteht. Denn das Pfandrecht bleibt bestehen, so dass das Recht auf Tilgung der gesicherten Forderung geltend gemacht werden kann. Die gesicherte Forderung fällt in die Konkursmasse.[283]

III. Besitzlose (Register-) Pfandrechte

Auch im schweizerischen Recht kann eine Verpfändung ohne die sonst erforderliche Besitzübergabe vorgenommen werden, wenn eine gesetzliche Regelung im Sinne des Art. 884 Abs. 1 ZGB vorliegt. Die im ZGB geregelte Ausnahme für das Viehpfandrecht gemäß Art. 885 ZGB ermöglicht zur Sicherung von Forderungen der Geldinstitute und Genossenschaften, die eine entsprechende kantonale Ermächtigung erhalten haben, die Bestellung eines Viehpfandrechts durch Eintragung in ein Verschreibungsprotokoll und Anzeige an das Betreibungsamt. Die Verschreibung ersetzt hier die Besitzübergabe und dient somit als Publizitätsmittel. Dem Protokolleintrag kommt eine konstitutive Funktion zu. Jedoch besitzt der bloße Eintrag selbst lediglich eine negative Rechtskraft. Dies bedeutet, dass bei einem fehlenden Eintrag Dritte davon ausgehen können, dass kein Pfandrecht besteht.[284] Mangels einer ausdrücklichen Regelung (vergleichbar mit Art. 973 Abs. 1 ZGB für das Grundbuch) wird ein unrichtiger Eintrag

281 BGE 116 III 23, 26; BK-*Zobl/Thurnherr*, Syst. Teil, N 712.
282 BK-*Zobl/Thurnherr*, Syst. Teil, N 713.
283 BK-*Zobl/Thurnherr*, Syst. Teil, N 806 f.; vgl. *Reichwein*, SJZ 1950, 321, 323 f.
284 BasK-*Bauer*, Art. 885, N 20.

zugunsten eines gutgläubigen Dritten nicht geschützt. Dies wird auch damit begründet, dass eine vergleichbare Regelung wie für das Faustpfand in Art. 884 Abs. 2 ZGB, das an den Besitz anknüpft, fehlt.[285]

Ferner ist durch einen Registereintrag die Verpfändung von Binnen[286]- und Hochseeschiffen[287] möglich. Dies gilt auch für Luftfahrzeuge.[288] Der konstitutive Registereintrag besitzt sowohl bei Schiffen (Art. 28, 41 SchRG, Art. 37 Abs. SeeschifffahrtsG) als auch bei Luftfahrzeugen (Art. 14 ff. LBG) eine positive und negative Rechtskraft.[289] Eine bloß deklaratorische Wirkung kommt bspw. dem Registereintrag bei Verpfändungen von Eisenbahn- und Schifffahrts- sowie Trolleybusunternehmungen zu.[290]

IV. Das gesetzliche Pfandrecht

1. Allgemein

Der Rechtsgrund eines gesetzlichen Fahrnispfandrechts besteht in einer gesetzlichen Vorschrift, durch die die Vorleistungspflicht des einen Vertragsteils berücksichtigt wird.[291] Der Sinn und Zweck der gesetzlichen Pfandrechte besteht darin, dem Pfandgläubiger wegen seiner Vorleistung, die ein besonderes Sicherungsbedürfnis rechtfertigt, unabhängig vom Einverständnis seines Vertragspartners Sicherheiten

---

285 Vgl. BGE 42 II 578, 581; BK-*Zobl/Thurnherr*, Art. 885, N 77, 83; ZK-*Oftinger/Bär*, Art. 885, N 49 ff.; BasK-*Bauer*, Art. 885, N 20.

286 Art. 38 ff. Bundesgesetzes über das Schiffsregister (SchRG) vom 28.09.1923, SR 747.11, AS 40 62.

287 Art. 2, 10 Bundesgesetz über die Seeschifffahrt unter der Schweizerflagge (SeeschifffahrtsG) vom 23.09.1953, SR 747.30, AS 1956 1305.

288 Art. 28 ff. Bundesgesetz über das Luftfahrzeugbuch (LBG) vom 07.10.1959, SR 748.217.1, AS 1960 1245.

289 BK-*Zobl/Thurnherr*, Syst. Teil, N 371, 380, 384; BasK-*Bauer*, Art. 884, N 80.

290 Art. 1 ff. Bundesgesetz über die Verpfändung und Zwangsliquidation von Eisenbahn- und Schifffahrtsunternehmungen (VZEG) vom 25.09.1917, SR 742.211, AS 34 19; Art. 3 Bundesgesetz über die Trolleybusunternehmungen vom 29.03.1950, SR 744.21, AS 1951 665. Hier besteht auch eine Besonderheit hinsichtlich des Umfangs des Pfandrechts, welches das gesamte bewegliche und unbewegliche Betriebsvermögen in seinem wechselnden Bestand – nicht aber deren Forderungen und Rechte – erfasst (sog. generelle Hypothek), vgl. BK-*Zobl/Thurnherr*, N 419, 425, 430; BasK-*Bauer*, Art. 884, N 80.

291 BK-*Zobl/Thurnherr*, Syst. Teil, N 458; BasK-*Bauer*, Vor Art. 884–894, N 9.

zu bieten.[292] Gesetzliche Pfandrechte entstehen daher grundsätzlich ohne weitere Vereinbarungen und somit *ipso iure*.

Sie sind teils als Besitzpfandrechte (z.B. Art. 895 ZGB), teils als Mobiliarhypotheken (z.B. Art 51 und 53bis SchRG, Art. 47 ff., 51 LBG[293]) ausgestaltet. Bei speziellen gesetzlichen Fahrnispfandrechten ist das Pfandobjekt konkret bestimmt, bei den generellen gesetzlichen Fahrnispfandrechten (z.B. Art. 272 OR Retentionsrecht des Vermieters) ist eine Gesamtheit von Sachen Gegenstand des Fahrnispfandrechts.[294]

Folgende gesetzliche Fahrnispfandrechte sind beispielhaft zu nennen:

- das Retentionsrecht im Sinne der Art. 895 ff. ZGB,
- das an einzelne Vertragstypen knüpfende Retentionsrecht des Vermieters (Art. 268 OR), des Verpächters (Art. 299 c OR), des Kommissionärs (Art. 434 OR), des Frachtführers (Art. 451 OR) oder
- das an haftungsbegründende Vorgänge anknüpfende Retentionsrecht des Grundbesitzers an zugeführten Sachen (Art. 700 Abs. 2 ZGB).

Aufgrund der Vielzahl an unterschiedlichen gesetzlichen Fahrnispfandrechten ist je nach Einzelfall zu untersuchen, inwiefern die Vorschriften der Art. 884 ff. ZGB Anwendung finden.[295]

2. Das Retentionsrecht

a) Inhalt

Das in den Art. 895–898 ZGB geregelte Retentionsrecht ist ein gesetzliches Pfandrecht, das für bestimmte Vertragstypen vorgesehen ist (z.B. Art. 268 OR). Es berechtigt den Gläubiger, eine bewegliche Sache oder Wertpapiere im Sinne des Art. 965 OR, die sich mit Willen des Schuldners in dessen Besitz befinden, zur Befriedigung einer Forderung zurückzubehalten und verwerten zu lassen (Art. 895, 898 ZGB). Ein Retentionsrecht an Sachen Dritter kann wirksam entstehen, wenn der Gläubiger den Schuldner gutgläubig als Eigentümer ansah oder ansehen durfte.

---

292 BK-*Zobl/Thurnherr*, Syst. Teil, N 472.

293 Bei den Pfandrechten nach Art. 51 SchRG und Art. 47 ff. LBG handelt sich um mittelbar gesetzliche Pfandrechte, da der Gläubiger einen Anspruch auf Begründung des Pfandrechts erhält, das erst mit Registereintrag wirksam wird. BK-*Zobl/Thurnherr*, Syst. Teil, N 373, 393.

294 BK-*Zobl/Thurnherr*, Syst. Teil, N 466.

295 BK-*Zobl/Thurnherr*, Syst. Teil, N 460.

Das Retentionsrecht setzt ferner grundsätzlich die Fälligkeit der Forderung sowie Konnexität zwischen der Forderung und der zurückbehaltenen Sache voraus.[296]

b) Gemeinsamkeiten und Unterschiede zum Fahrnispfandrecht

Während das Fahrnispfandrecht vertraglich vereinbart wird, entsteht das Retentionsrecht kraft Gesetzes. Das Retentionsrecht kann gemäß Art. 896 ZGB vertraglich ausgeschlossen, nicht aber begründet werden.

Die Wirkung des Retentionsrechts ist gemäß Art. 898 ZGB an die des Vertragspfandrechts angelehnt. Jedoch ist im Unterscheid zum Vertragspfandrecht der Gläubiger gemäß Art. 895 Abs. 1, 897 Abs. 1 ZGB ab dem Zeitpunkt der Fälligkeit der Forderung oder der Zahlungsunfähigkeit des Schuldners[297] dazu berechtigt, dem Schuldner die Sache aufgrund des Retentionsrecht vorzuenthalten. Beim Vertragspfandrecht ist dies bereits ab dem Zeitpunkt der Pfandbestellung möglich.

Gemäß Art. 888 Abs. 1 ZGB geht das Faustpfandrecht bei einer abhanden gekommenen Pfandsache nicht unter, solange die Wiedererlangung der Sache rechtlich möglich ist. Bezüglich des Retentionsrechts vertrat die frühere herrschende Lehre[298] die Ansicht, dass dieses bei unfreiwilligem Besitzverlust verloren geht. Die neue Lehrmeinung[299] ist aber der Ansicht, dass die gleichen Regelungen wie für das Fahrnispfandrecht gelten. Hiernach geht das Retentionsrecht erst unter, wenn eine Wiedererlangung der Sache auszuschließen ist. Das Bundesgericht[300] weist auf diese beiden unterschiedlichen Meinungen hin, nimmt aber selbst keine Stellung zu den unterschiedlichen Ansätzen.

Auch das Retentionsrecht wird im Wege der Pfandbetreibung (Art. 283 Abs. 2, 151 ff., 37 Abs. 2 SchKG) geltend gemacht. Die Entscheidung über die Geltendmachung obliegt dem Gläubiger. Der Schuldner kann ihn nicht auf das Betreibungsverfahren verweisen (kein *beneficium execussionis realis*).[301] Eine Verwertung des Retentionsrechts durch einen privaten Verkauf ist nicht zulässig, da diese Möglichkeit grundsätzlich einer vertraglichen Vereinbarung bedarf, das Retentionsrecht aber gerade gesetzlich – also ohne

---

296 *Tuor/Schnyder/Schmid/Rumo-Jungo*, S. 1059.

297 Vgl. BGE 115 IV, 207, 212 f.; BasK-*Rampini/Schulin/Vogt*, Art. 895, N 37 f; *Tuor/ Schnyder/Schmid/Rumo-Jungo*, S. 1059 f.

298 Vgl. *Tuor/Schnyder/Schmid/Rumo-Jungo*, S. 1059.

299 ZK-*Oftinger/Bär*, Art. 895, N 177; vgl. BK-*Stark*, Art. 939, N 32.

300 BGE 85 II 580, 586.

301 *Kren Kostkiewicz*, Verwertung von Mobiliarsicherheiten, S. 199, 203.

vertragliche Vereinbarung – entsteht.[302] Der Schuldner kann aber im Vollstreckungsverfahren die Verwertung der zurückbehaltenen Sache gemäß Art. 898 ZGB abwenden, indem er dem Gläubiger Sicherheiten für die Zahlung der Forderung bietet.

V. Exkurs: Das Pfändungspfandrecht

Im Gegensatz zur früheren Lehre und Rechtsprechung gilt nach heute h.L. die Pfändung im schweizerischen Recht als eine vom öffentlichen Recht beherrschte Beschlagnahme von Vermögensgenständen zur Zwangsvollstreckung, die nicht privatrechtlich eingeordnet wird.[303] Durch den Pfändungsakt entstehe kein Pfandrecht, da die Pfändungsgegenstände – im Gegensatz zu den Pfandobjekten – in die Konkursmasse fallen und dem Pfändungsgläubiger kein Vorzugsrecht gewähren (Art. 198 f. SchKG). Damit fehlt ein entscheidendes Merkmal für die Einstufung als Pfandrecht im privatrechtlichen Sinne.[304]

C. Nach der türkischen Rechtsordnung

Im vierten Buch des TZGB ist das Sachenrecht geregelt, das sich aus drei Teilen zusammensetzt:

- Erster Teil: Eigentum (Art. 683–778 TZGB),
- Zweiter Teil: Beschränkte dingliche Rechte (Art. 779–972 TZGB),
- Dritter Teil: Grundbuch und Besitz (Art. 973–1030 TZGB).

Der dritte Abschnitt des ersten Teils enthält in den Art. 762–778 TZGB Regelungen zu den beweglichen Sachen. Im dritten Abschnitt des dritten Teils ist in den Art. 939–972 TZGB das Pfandrecht geregelt.

Die Regeln zum Pfandrecht an beweglichen Sachen unterscheiden im ersten Unterabschnitt (Art. 939–953 ZGB) zwischen dem possessorischem Pfandrecht (Art. 939–949 TZGB) und dem Retentionsrecht (Art. 950–953 TZGB). Im zweiten Unterabschnitt (Art. 954–961 TZGB) ist das Pfandrecht an Forderungen und anderen Rechten geregelt. Der dritte Unterabschnitt (Art. 962–969 TZGB) enthält Regelungen für gewerblich betriebene Pfandleihunternehmen. Im vierten

302 BasK-*Bauer*, Vor Art. 884–894, N 19.
303 BK-*Zobl/Thurnherr*, Syst. Teil, N 493.
304 BK-*Zobl/Thurnherr*, Syst. Teil, N 493.

Unterabschnitt (Art. 970–972 TZGB) ist der Pfandbrief geregelt. Im Vergleich zum Pfandrecht an beweglichen Sachen gemäß dem BGB und ZGB ist somit insbesondere der erste Unterabschnitt (Art. 939–953 ZGB) relevant, da diese Regelungen das Vertragspfandrecht und damit die wesentlichen Prinzipien zum Grundmodell der Sicherungsinstitute im türkischen Recht zum Gegenstand haben. Daneben gibt es noch spezialgesetzliche Pfandrechte, die ebenfalls dargestellt werden.

I. Pfandrechtsprinzipien

Im nachfolgenden Abschnitt werden zunächst die wesentlichen Pfandrechtsprinzipien des TZGB dargestellt.

1. Faustpfandprinzip

Auch im türkischen Recht ist es zur Wahrung der Sicherheit im Rechtsverkehr erforderlich, dass das an einer beweglichen Sache bestehende Pfandrecht für Dritte erkennbar ist.[305] Daher ist die Besitzaufgabe durch den Verpfänder grundsätzlich Voraussetzung für die wirksame Begründung des Pfandrechts.[306] Diese Voraussetzung ist in Art. 939 Abs. 1 TZGB normiert. Hiernach kann an einem beweglichen Gegenstand nur dann ein Pfandrecht begründet werden, wenn der Besitz am Pfandgegenstand auf den Pfandgläubiger übertragen wird, es sei denn, es besteht eine gesetzliche Ausnahme. Nach Art. 939 Abs. 3 TZGB gelangt das Pfandrecht aber nicht zur Wirksamkeit, wenn der Verpfänder noch die ausschließliche Sachgewalt über den Pfandgegenstand innehat. Daraus wird abgeleitet, dass auch die Besitzverschaffung an einen treuhänderischen Dritten ausreichend für die Begründung des Pfandrechts ist, da auch in diesem Fall die Besitzaufgabe des Verpfänders bejaht werden kann.[307] Art. 943 Abs. 2 TZGB ergänzt die Vorschrift dahingehend, dass das Pfandrecht schwebend unwirksam ist, soweit die bewegliche Sache mit Zustimmung des Gläubigers tatsächlich in die alleinige Sachherrschaft des Verpfänders gelangt.

Der Sinn und Zweck des Faustpfandprinzips (*teslim ilkesi*) besteht darin, den gutgläubigen Dritten zu schützen und gleichzeitig den Schuldner daran zu hindern, tatsächliche und rechtlich relevante Verfügungen über den Pfandgegenstand

305 *Oğuzman/Seliçi/Oktay-Özdemir*, S. 809.

306 *Köprülü/Kaneti*, S. 466.

307 *Cansel*, S. 20; *Davran*, S. 82.

vorzunehmen.[308] Der Pfandgläubiger soll insgesamt geschützt werden, indem Verfügungen zu seinen Lasten vermieden werden.[309]

Zusätzlich soll die Regelung des Art. 766 Abs. 1 Satz 2 TZGB das Faustpfandprinzip sicherstellen. Bei Art. 766 TZGB handelt es sich um eine Regelung zum Eigentumserwerb.[310] Nach Art. 766 Abs. 1 Satz 1 TZGB ist eine besitzlose Eigentumsübertragung (*hükmen teslim*) möglich, indem der Veräußerer gestützt auf ein kausales Rechtsgeschäft weiterhin den Besitz an der Sache behält. Nach Art. 766 Abs. 1 Satz 2 TZGB ist aber eine solche Eigentumsübertragung nicht wirksam, wenn das Rechtsgeschäft zur Schädigung Dritter oder zur Umgehung der Pfandrechtsvorschriften dienen soll. Dies bedeutet, dass bei dinglichen Sicherheiten, die eine pfandrechtsähnliche Wirkung haben, bei denen aber auf eine Besitzübertragung verzichtet wird, stets die Regelung des Art. 766 Abs. 1Satz 2 TZGB zu berücksichtigen ist. Diese Vorschrift bestätigt zum einen die Regelung des Art. 939 Abs. 3 TZGB, so dass zur Begründung eines Pfandrechts grundsätzlich immer eine Besitzübertragung erfolgen muss. Zum anderen verbietet die Vorschrift auch solche Sicherungsgeschäfte, die die Umgehung der Pfandrechtsvorschriften bezwecken sollen.

Abweichend vom Faustpfandprinzip gibt es auch sog. nicht-possessorische Pfandrechte, bei denen ausnahmsweise die Vornahme einer Besitzübertragung entbehrlich ist. Diese sind bspw. in Art. 940 und 950 TZGB, aber auch in Spezialgesetzen geregelt und werden in einem gesonderten Abschnitt dargestellt.[311]

2. Akzessorietätsprinzip

Für das Pfandrecht an Immobilien (*ipotek*) ist das Akzessorietätsprinzip (*fer'îlik ilkesi, alacağa bağlılık ilkesi*) in Art. 881 Abs. 1 TZGB verankert. Hiernach kann eine bereits bestehende Forderung oder eine noch nicht bestehende Forderung, deren Entstehung jedoch gewiss oder wahrscheinlich ist, durch ein Pfandrecht gesichert werden. Mit dieser Vorschrift wird zum Ausdruck gebracht, dass das Grundpfandrecht vom Bestehen der zu sichernden Forderung abhängig ist. Zwar fehlt es an dieser ausdrücklichen Regelung für das Pfandrecht an beweglichen

308 *Davran*, S. 81.

309 *Köprülü/Kaneti*, S. 466; *Serozan*, Taşınır Eşya Hukuku, S. 274.

310 Einordnung im TZGB: 4. Buch, 1. Teil, 3. Abschnitt: Bewegliches Eigentum, Art. 762 ff. TZGB.

311 Siehe in diesem Teil unter C. III.

Sachen. Da aber das Ziel eines Pfandrechts eben die Sicherung einer Forderung ist, geht man davon aus, dass die Regelung des Art. 881 Abs. 1 TZGB für das Pfandrecht an beweglichen Sachen ebenfalls gilt und damit auch dieses akzessorisch zu der zur sichernden Forderung ist.[312] Hierbei ist auch insbesondere die in Art. 944 Abs. 1 TZGB enthaltene Reglung zu beachten. Denn hiernach entsteht die Rückgabepflicht des Gläubigers, wenn das Pfandrecht durch die Tilgung der Forderung oder aus einem anderen Grund untergeht. Dies bedeutet, dass die Forderungstilgung einen von mehreren Beendigungsgründen darstellt, aber auch, dass das Pfandrecht nur besteht, solange die zu sichernde Forderung noch nicht beglichen wurde.

Aber auch in weiteren gesetzlichen Regelungen kommt die Akzessorietät des Pfandrechts zu der gesicherten Forderung zum Ausdruck. Nach Art. 168 des Türkischen Gesetzes über das Obligationenrecht[313] (OGB) bzw. Art. 189 Abs. 1 OGB n.F.[314] geht das Pfandrecht bei einer Übertragung der Forderung mit auf den neuen Forderungsinhaber über. Das Pfandrecht selbst kann nicht unabhängig von der Forderung übertragen werden. Dies wird auch in, Art. 109 OGB (Art. 127 OGB n.F.) deutlich, wonach ein Dritter, der schuldbefreiend die Forderung erfüllt, Inhaber des Pfandrechts wird. Auch bei einer Schuldübernahme bleibt das an die Forderung gebundene Pfandrecht weiterhin an der beweglichen Sache bestehen. Ist die Pfandsache hierbei im Eigentum eines Dritten, muss sich dieser mit der Schuldübernahme einverstanden erklären. Anderenfalls endet das Pfandrecht nach Art. 176 Abs. 2 OGB (Art. 198 Abs. 2 OGB n.F., wonach die Einverständniserklärung nunmehr schriftlich zu erfolgen hat). Hiernach ist ein Dritter, der zur Sicherung einer Schuld ein Pfandrecht an seinem Eigentum bestellt hat, nur dann weiterhin in der Verantwortung, wenn er der Schuldübernahme zugestimmt hat. Erlischt die Forderung, so erlischt auch das Pfandrecht.[315]

---

312 *Serozan*, Taşınır Eşya Hukuku, S. 86; *Oğuzman/Seliçi/Oktay-Özdemir*, S. 808; *Cansel*, S. 27.

313 *Borçlar Kanunu*, Gesetzes-Nr. 818, angenommen am 22.04.1926, ResG-Nr. 359 vom 29.04.1926, in Kraft seit 04.10.1926.

314 Das neue Gesetz über das Obligationenrecht (OGB n.F.), *Türk Borçlar Kanunu*, Gesetzes-Nr. 6098, angenommen am 11.01.2011, ResG-Nr. 27836 vom 04.02.2011, soll am 01.07.2012 in Kraft treten, siehe dazu auch im 4. Teil, C. III. 1.

315 *Oğuzman/Seliçi/Oktay-Özdemir*, S. 808.

All diese Regeln verdeutlichen die Akzessorietät zwischen Pfandrecht und Forderung.[316] Damit ist das Pfandrecht in seinem Bestehen und Umfang vollständig von der gesicherten Forderung abhängig.

3. Spezialitätsprinzip

Das Spezialitätsprinzip (*belirlik ilkesi*) gilt auch im türkischen Recht und bezieht sich ebenfalls zum einen auf den Pfandgegenstand und zum anderen auf die zu sichernde Forderung. Der Pfandgegenstand muss konkretisiert sein. Das gesamte Vermögen einer Person oder ein Teil davon kann nicht mit einem einzigen Pfändungsakt verpfändet werden, vielmehr muss die Begründung des Pfandrechts für die Gegenstände einzeln erfolgen.[317] Gesamtbestände können nach den Regeln zur Übertragung der einzelnen Gegenstände verpfändet werden.[318] Für jeden Gegenstand muss das Pfandrecht gesondert bestellt werden.[319]

Aufgrund der analogen Anwendung des Art. 881 TZGB geht man davon aus, dass auch zukünftige Forderungen durch ein Pfandrecht gesichert werden können. Hierbei stützt man sich insbesondere auf die schweizerische Rechtsprechung und Literatur.[320] Wesentlich ist, dass die jeweilige Forderung hinreichend bestimmbar ist.[321] Eine Einschränkung wird hier vorgenommen, wenn sämtliche zukünftige Forderungen durch ein Pfandrecht gesichert werden sollen. Eine solche Vereinbarung kommt einer Aufgabe der persönlichen Handlungsfreiheit gleich und ist daher nicht mit dem Persönlichkeitsschutz nach Art. 23 TZGB vereinbar. Gemäß Art. 23 Abs. 1 TZGB kann die Rechts- und Handlungsfähigkeit – auch nicht teilweise – aufgegeben werden. Nach Art. 23 Abs. 2 TZGB darf niemand seine Freiheiten aufgeben oder sie in rechtlicher oder sittenwidriger Hinsicht einschränken. Eine Sicherung aller Verbindlichkeiten eines Schuldners wird dabei als eine erhebliche Beeinträchtigung der wirtschaftlichen Freiheit des Schuldners gesehen, der durch eine solche Vereinbarung wirtschaftlich über

---

316 *Cansel*, S. 26 f.

317 *Cansel*, S. 20 f.

318 *Davran*, S. 90 f.

319 *Oğuzman/Seliçi/Oktay-Özdemir*, S. 772; *Cansel*, S. 60.

320 Vgl. *Oğuzman/Seliçi/Oktay-Özdemir*, S. 808; *Cansel*, S. 22; vgl. BGE 34 II 772, 777; BGE 51 II 273, 276, 277.

321 Yarg., 19. HD, 06.03.1997, E. 1997/76, K. 1997/2254; Yarg., 19. HD, 31.05.2001, E. 2001/2667, K. 2001/4198: Zwar muss der Betrag der gesicherten Forderung nicht konkret benannt werden, es ist aber nicht unüblich, dass ein Höchstbetrag festgelegt wird, der im Rahmen des Konkurses berücksichtigt wird.

Gebühr abhängig werden würde. Denn zum Zeitpunkt der Vereinbarung können die zukünftigen Forderungen nicht in ihrem tatsächlichen Umfang ausreichend bestimmt werden. Diese können – entgegen der Annahme des Schuldners – um ein Vielfaches belastender sein, so dass er sich durch eine solche Vereinbarung in die wirtschaftliche Abhängigkeit des Gläubigers begeben würde.[322] Eine solche Vereinbarung ist damit nach Art. 23 TZGB unwirksam.

Nach Art. 851 TZGB ist es bei Grundpfandrechten sogar erforderlich, dass der Wert der zu sichernden Forderung kenntlich gemacht wird. Von einer analogen Anwendung dieser Regelung für das Fahrnispfandrecht wird abgesehen. Vielmehr ist es hier ausreichend, dass der Pfandgegenstand verwertbar ist, ihm also ein geldmäßiger Wert zugeordnet werden kann.[323]

Das Spezialitätsprinzip betrifft ebenfalls den Umfang des Pfandrechts, denn nach Art. 947 Abs. 1 TZGB erfasst das Pfandrecht auch das Zubehör. Nach Abs. 2 dieser Vorschrift müssen die natürlichen Früchte des Pfandgegenstandes, die nicht mehr Bestandteil der Pfandsache sind, an den Eigentümer herausgegeben werden. Zum Zeitpunkt der Verwertung sind gemäß Art. 947 Abs. 3 TZGB auch die natürlichen Früchte (*doğal semereler*), die noch als Bestandteil des Pfandgegenstandes anzusehen sind, vom Pfandrecht umfasst.[324]

4. Prioritätsprinzip

Die Reihenfolge der Verwertung von mehreren Pfandrechten an einem Gegenstand wird durch die Bestimmungen des Art. 948 TZGB und das darin enthaltene Prioritätsprinzip (*öncelik ilkesi*) geregelt. Hiernach richtet sich die Reihenfolge der Verwertung von mehreren Pfandrechten nach dem Zeitpunkt der Begründung des Pfandrechts. Bei der Begründung eines Pfandrechts zur Sicherung einer zukünftigen Forderung ist nicht der Zeitpunkt der Forderungsentstehung, sondern der der Besitzübertragung an dem Pfandgegenstand entscheidend.[325] Für die Verwertung des Pfandgegenstandes ist auch das sog. Abhängigkeitsprinzip (*talilik ilkesi*) zu beachten. Hiernach darf die Verwertung erst erfolgen, wenn die zu sichernde Forderung nicht erfüllt wird.[326]

---

322 *Cansel*, S. 22.

323 *Cansel*, S. 21 f.

324 Die sog. zivilen Früchte (*medeni semereler*), also die Nutzungen aus einem Rechtsgeschäft wie Mietzinsen o.ä., sind dagegen in der Vorschrift nicht erwähnt und somit nicht Gegenstand des Pfandrechts.

325 *Oğuzman/Seliçi/Oktay-Özdemir*, S. 769, 776; *Cansel*, S. 28 f.

326 *Cansel*, S. 27.

II. Das vertragliche Pfandrecht nach Art. 939 TZGB

1. Allgemeines

Im türkischen Recht ist der Begriff des Pfandrechts nicht legaldefiniert. Wesentlich für die Beschreibung des vertraglichen Pfandrechts ist, dass durch dieses Recht an einem beweglichen Gegenstand eine ausstehende Forderung gesichert werden soll. Für den Fall der Nichterfüllung besteht ein Verwertungsrecht an der Pfandsache. Die Realsierung des Verwertungsrechts wird vor allem durch die Besitzübertragung des Pfandrechts ermöglicht.[327]

2. Begründung

Gemäß Art. 939 Abs. 1 TZGB ist für die Begründung eines vertraglichen Pfandrechts grundsätzlich die Besitzübertragung am Pfandgegenstand erforderlich. Daneben müssen das vertragliche und dingliche Rechtsgeschäft wirksam zustandekommen.

a) Beteiligte

Beteiligte bei der Begründung des Pfandrechts sind der Verpfänder (Schuldner bzw. Eigentümer des Pfandgegenstandes) sowie der Pfandnehmer, der immer identisch mit dem Gläubiger ist. Entsprechend der Vorschrift des Art. 881 Abs. 2 TZGB kann der Verpfänder auch ein anderer als der Schuldner sein.[328]

b) Pfandgegenstand

Als Pfandgegenstand kommen alle beweglichen Gegenstände[329] im Sinne des Art. 763 TZGB in Betracht. Insofern gibt es keinerlei Unterschiede zum deutschen oder schweizerischen Recht.

c) Entstehung des Pfandrechts

In Art. 939 TZGB wird für die Entstehung des Pfandrechts ausdrücklich auf die Besitzübertragung des Pfandgegenstandes an den Pfandnehmer abgestellt („*...ancak zilyetliğin alacaklıya devri suretiyle...*" = „*...nur in Gestalt der*

327 *Oğuzman/Seliçi/Oktay-Özdemir*, S. 804.
328 *Oğuzman/Seliçi/Oktay-Özdemir*, S. 776; *Cansel*, S. 44, 146.
329 *Oğuzman/Seliçi/Oktay-Özdemir*, S. 8, 804.

Übertragung des Besitzes auf den Gläubiger... "). Diese und weitere Voraussetzungen werden im Folgenden näher dargestellt.

aa) Verpflichtungsgeschäft

Zwar wird in Art. 939 TZGB nicht ausdrücklich das Erfordernis einer Sicherungsabrede festgelegt, diese ist aber Voraussetzung für die Besitzübertragung, die nach Art. 939 TZGB unverzichtbar ist. Diese Vereinbarung der Parteien kennzeichnet das Vertragspfandrecht, das im Gegensatz zu einem gesetzlichen Pfandrecht – zum Beispiel dem Retentionsrecht – gerade durch die übereinstimmenden willentlichen Erklärungen der Parteien zustande kommt.[330] Die Sicherungsabrede als Verpflichtungsgeschäft stellt den Rechtsgrund für die Pfandbestellung dar.[331]

(1) Abstraktions- oder Kausalitätsprinzip

Umstritten ist hierbei, ob eine Unwirksamkeit der Sicherungsabrede auch eine Unwirksamkeit der Verfügung bewirkt, mithin das Abstraktions- oder das Kausalitätsprinzip gilt.

Während für den dinglichen Rechtserwerb an Immobilien aus Art. 1024 f. TZGB ausdrücklich hervorgeht, dass für den Registereintrag des zu erwerbenden Rechts ein wirksamer rechtlicher Grund – also ein wirksames Kausalgeschäft – vorliegen muss[332], fehlt es an einer solchen ausdrücklichen Regelung für Mobilien. Weder die Regelung in Art. 763 TZGB zum Eigentumserwerb, noch die in Art. 939 TZGB zur Begründung des Pfandrechts enthalten einen solchen Hinweis.[333]

Da diese Frage auch im schweizerischen Recht diskutiert wird, werden in der Lehre zum türkischen Recht die dort angeführten Ansichten ebenfalls vertreten. Während das schweizerische Bundesgericht und eine Vielzahl der Ansichten in der Lehre[334] das Kausalitätsprinzip befürworten, wird zunehmend[335] das Abstraktionsprinzip als gültig angesehen.

330 *Cansel*, S. 41 f.; *Ergüne*, S. 101.

331 *Ergüne*, S. 101 f.

332 Andernfalls gilt der Eintrag nach Art. 1024 Abs. 2 TZGB als unrichtig.

333 *Ergüne*, S. 124.

334 *Bertan*, S. 941 f.; *Cansel*, S. 29 ff.; *Eren*, S. 172 ff.; *Nomer*, Borçlar, Rn. 141; *Reisoğlu*, Borçlar, S. 274; *Tandoğan*, S. 95 ff.; *Tekinay/Akman/Burcuoğlu/Altop*, S. 734; vgl. *Nomer*, Borçlar, Rn. 141.

335 *Arslanlı*, S. 69 ff.; *Ergüne*, S. 123 ff.; *Hatemi/Serozan/Arpacı*, S. 311 ff.; *Köprülü/Kaneti*, S. 480 f.; *Serozan*, Taşınır Eşya Hukuku, S. 82 f.; *Oğuzman/Seliçi/Oktay-Özdemir*, S. 592; *Öz*, MHAD 1989 – 1990, 105 ff.; *Serozan*, FS Çağa, 400 ff.

Die Ansicht, die das Kausalitätsprinzip befürwortet, ist der Meinung, dass der Eigentumserwerb bei Mobilien und Immobilien gleich zu behandeln und nur durch das Kausalitätsprinzip ein angemessener Schutz des Gläubigers gewährleistet sei.[336]

Die Gegenansicht erklärt, dass die Regelungen zum Bereicherungsrecht kaum Anwendung fänden, wenn eine Unwirksamkeit des Verpflichtungsgeschäfts auch die Unwirksamkeit des Verfügungsgeschäfts zur Folge hätte. Dann hätte der Veräußerer einen dinglichen Herausgabeanspruch, ohne dass auf das Bereicherungsrecht (Art. 61 ff. OGB bzw. Art. 49 ff. OGB n.F.) zurückzugreifen wäre. Problematisch sei hierbei, dass der dingliche Herausgabeanspruch keiner Verjährung unterliegt, wodurch eine stetige Rechtsunsicherheit aufrecht erhalten werde.[337] Ferner wird geltend gemacht, dass bei Anwendung des Kausalitätsprinzips die Regelungen zum Gutglaubensschutz leerlaufen würden. Damit wäre es entbehrlich, zwischen Verpflichtungs- und Verfügungsgeschäft zu unterscheiden. Dies würde jedoch bei der Rückabwicklung der Rechtsgeschäfte zu Schwierigkeiten führen.[338] Obwohl die Ansichten zu unterschiedlichen Ergebnissen hinsichtlich der Verjährungsfristen führen, hat der Kassationshof bisher keine Stellungnahme zu dieser schon klassischen Diskussion in der türkischen Lehre abgegeben.

(2) Inhalt

Bei der Pfandabrede vereinbaren die Beteiligten, dass dem Gläubiger und Pfandnehmer zur Sicherung einer Forderung ein Pfandrecht zustehen und ihm der Besitz an der Pfandsache übertragen werden soll. Soweit die Beteiligten sich nicht über diese wesentlichen Bestandteile einig sind, kann die Sicherungsabrede nicht gültig sein.[339] Verpfänder und Pfandnehmer müssen vereinbaren, dass zur Sicherung der Gläubigerforderung der Besitz am Pfandgegenstand dem Pfandnehmer bzw. einem treuhänderischen Dritten übertragen wird. Aufgrund der Sicherungsabrede kann der Gläubiger die Bestellung eines Pfandrechts an der Pfandsache verlangen. Es handelt sich hierbei um ein Verpflichtungsgeschäft, bei dem die allgemeinen Wirksamkeitsregelungen der Art. 18–20 OGB bzw. Art. 19, 26 f. OGB n.F.[340] Anwendung finden.

---

336 *Eren*, S. 176; *Reisoğlu*, Borçlar, S. 274 f.

337 *Ergüne*, S. 125; *Oğuzman/Seliçi/Oktay-Özdemir*, S. 592.

338 *Serozan*, Taşınır Eşya Hukuku, S. 82; *Köprülü/Kaneti*, S. 481.

339 *Ergüne*, S. 108.

340 Regelungen zur Unwirksamkeit wegen eines Scheingeschäfts, wegen Verstoßes gegen die gesetzliche Ordnung oder wegen Sittenwidrigkeit.

Nicht erforderlich ist, dass die Eigenschaften des Pfandgegenstandes und der Forderung im Einzelnen Bestandteil der Abrede sind. Wesentlich ist nur, dass dem Pfandgegenstand ein Wert zugeordnet werden kann und die Besitzübertragung vorzunehmen ist. Zu beachten ist, dass nicht die gesamten Forderungen des Gläubigers – einschließlich der zukünftigen – durch ein Pfandrecht gesichert werden können. Dem steht Art. 23 TZGB entgegen.[341]

bb) Verfügungsgeschäft

Wie in Art. 939 Abs. 1 TZGB ausdrücklich gefordert, ist für die Begründung des Pfandrechts die Besitzübertragung erforderlich. Die dingliche Verfügung über den Pfandgegenstand ist zwingend vorgeschrieben. Sie setzt sich wie bei der Eigentumsübertragung nach Art. 763 TZGB aus zwei Stufen zusammen: die dingliche Einigung sowie die aufgrund der übereinstimmenden Willenserklärungen vorgenommene Besitzübertragung der Pfandsache auf den Gläubiger oder einen Dritten. Auch das Erfordernis des dinglichen Vertrags ist nicht ausdrücklich in Art. 939 TZGB genannt. Aus diesem muss hervorgehen, dass die Parteien übereinstimmenden Willens ein Pfandrecht zugunsten des Pfandnehmers und Gläubigers begründen wollen und diesem auch die Pfandsache übergeben wird. Ohne diese Vereinbarung wäre nicht deutlich, welcher rechtliche Erfolg durch die Besitzübertragung herbeigeführt werden soll.[342]

cc) Übergabe des Pfandgegenstandes

(1) Regelfall

Das Erfordernis der Besitzübertragung aus Art. 939 Abs. 1 TZGB wird zusätzlich durch Art. 939 Abs. 3 TZGB dahingehend ergänzt, dass das Pfandrecht nicht wirksam entsteht, solange der Verpfänder im Besitz des Pfandgegenstandes ist. Der Verpfänder muss damit seinen ausschließlichen Besitz vollständig aufgeben.[343] Die Besitzübertragung nach Art. 977 TZGB sieht vor, dass der Gegenstand selbst oder ein Mittel, das die tatsächliche Sachherrschaft über die Pfandsache ermöglicht, auf den Erwerber übertragen wird.

---

341 Siehe in diesem Teil unter C. I. 3.

342 *Ergüne*, S. 122 f.

343 Yarg. 19. HD, 20.09.2001, E. 2001/ 4182, K. 2001/5754, Leitsatz: *„Mit Ausnahme der gesetzlich vorgesehenen Fälle kann eine bewegliche Sache nur durch Besitzübertragung verpfändet werden (...).“*

Haben der Verpfänder und der Pfandnehmer einen gemeinschaftlichen Besitz vereinbart, ist dies ebenfalls für die Begründung des Pfandrechts ausreichend. Wesentlich ist, dass nicht der Verpfänder allein die ausschließliche Sachgewalt über den Pfandgegenstand hat.[344] Dies wäre nicht der Fall, wenn Verpfänder und Pfandnehmer unabhängig voneinander und einzeln die tatsächliche Gewalt über den Gegenstand ausüben können („*müşterek zilyetlik kurulması*" = „die Begründung von Mitbesitz"), so dass kein wirksames Pfandrecht im Sinne des Art. 939 TZGB begründet werden kann.[345]

(2) Schlichte Einigung

Obwohl nicht im TZGB ausdrücklich geregelt, ist eine schlichte Einigung über die Besitzübertragung möglich, wenn der Pfandnehmer bereits im Besitz der Pfandsache ist.[346] Die Ablehnung einer solchen Möglichkeit der Besitzübertragung würde zu einer unnötigen und umständlichen Vorgehensweise des Hin- und Herübereignens führen. In einem solchen Fall ist es ausreichend, dass die Beteiligten sich über die Begründung des Pfandrechts einigen, so dass der bisher unmittelbar Besitzende Pfandnehmer und der mittelbare Besitzer Verpfänder wird.[347]

(3) Besitzmittlung durch einen Dritten

Besitzt ein Dritter aufgrund eines bestimmten Rechtsverhältnisses die Pfandsache, kann der Verpfänder eine Besitzübertragung im Sinne der Art. 939, 979 Abs. 2 TZGB vornehmen, indem er den Dritten anweist, nunmehr für den Pfandnehmer zu besitzen (*zilyetliğin havalesi*).[348]

(4) Aushändigung bzw. Übergabe an einen Dritten

Es ist nicht zwingend erforderlich, dass der Pfandnehmer den unmittelbaren Besitz des Pfandgegenstandes erlangt. Vielmehr ist es ausreichend, dass der Pfandgegenstand einem Dritten übertragen wird.[349] Die dingliche Vereinbarung über die

344 *Oğuzman/Seliçi/Oktay-Özdemir*, S. 818.

345 *Köprülü/Kaneti*, S. 485; *Oğuzman/Seliçi/Oktay-Özdemir*, S. 818.

346 *Oğuzman/Seliçi/Oktay-Özdemir*, S. 818; *Cansel*, S. 109; *Ergüne*, S. 142.

347 *Köprülü/Kaneti*, S. 483 f.; *Cansel*, S. 109; *Ergüne*, S. 142.

348 *Ergüne*, S. 145.

349 Yarg., 19. HD., 02.03.2000, E. 2000/802, K. 2000/1571: im konkreten Fall konnte der Kläger nicht beweisen, dass der Treuhänder, an den der Besitz am Pfandgegenstand im Einklang mit den gesetzlichen Pfandrechtsregelungen übertragen worden war, dem Verpfänder den Besitz an der Pfandsache überlassen hat, so dass ein Vorzugsrecht des Pfandgläubigers besteht; YHGK, 13.11.1996, E. 1996/19-609, K. 1996/764, Leitsatz:

Bestellung des Pfandrechts erfolgt wiederum zwischen dem Verpfänder und dem Pfandnehmer. Wesentlich ist, dass der Verpfänder die ausschließliche tatsächliche Sachherrschaft über den Pfandgegenstand verliert. Der Verpfänder darf nicht ohne die Zustimmung des Pfandgläubigers über den Pfandgegenstand verfügen können.[350] Hierbei kann auch vereinbart werden, dass der Dritte stellvertretend für den Pfandgläubiger und Verpfänder besitzt und den Besitz beiden gemeinsam zurückübertragen kann. Es kann aber auch vereinbart werden, dass der Besitz ohne eine Zustimmung des Verpfänders an den Pfandgläubiger herausgegeben werden kann.[351] Dem Eigentümer gegenüber ist der Dritte Inhaber eines abgeleiteten Besitzes, dem Pfandnehmer gegenüber ist er Fremdbesitzer.[352]

Diese Möglichkeit der Besitzübertragung wird oft in der Praxis der Banken genutzt.[353] Hierbei wird in der Rechtsprechung nicht differenziert, ob die Übertragung des unmittelbaren Besitzes vom Pfandgläubiger auf einen Dritten, seinen Bevollmächtigten, oder von Anfang an der unmittelbare Besitz vom Verpfänder auf einen Dritten, einen Pfandhalter bzw. Treuhänder, übertragen wird.[354] In der Literatur wird hierbei gerügt, dass die Rechtsprechung nicht berücksichtige, dass die Person des Dritten nicht in einem ausschließlichen Vertrauensverhältnis zum Verpfänder stehen oder gar an dessen Anweisungen gebunden sein dürfe. Denn dann wäre eine Wirksamkeit des Pfandrechts nach Art. 939 Abs. 3 TZGB zu verneinen.[355] Dem ist zuzustimmen, da ansonsten eine tatsächliche Sachherrschaft des Verpfänders nicht zuverlässig auszuschließen ist. Dies wird aber in der Rechtsprechung des Kassationshofes so nicht beurteilt. Vielmehr wird darauf abgestellt, dass es

---

„Es ist nicht gesetzeswidrig, wenn das Pfandrecht im Namen des Pfandgläubigers mit einem Treuhänder vereinbart wird.“; *Cansel*, S. 110 f.; *Ergüne*, S. 148.

350 *Oğuzman/Seliçi/Oktay-Özdemir*, S. 819; *Ergüne*, S. 150.

351 *Köprülü/Kaneti*, S. 486; *Cansel*, S. 101; *Ergüne*, S. 148 (Fn. 165).

352 *Oğuzman/Seliçi/Oktay-Özdemir*, S. 819; *Ergüne*, S. 149.

353 *Ergüne*, S. 151; *Er*, YD 1998, C. 24, S. 285 ff.

354 So *Ergüne*, S. 151 (Fn. 171) mit Verweis auf die Yarg. 19. HD, 16.02.1999, E. 1999/494, K. 1999/792 (*„Der unmittelbare Besitz am Pfandgegenstand kann statt auf den Pfandgläubiger an einen Dritten (Treuhänder) übertragen werden, der den Besitz dem Pfandgläubiger mittelt.“*); Yarg. 19. HD, 09.10.1997, E. 1997/5941, K. 1997/8302 (*„Der Besitz am Pfandgegenstand ist auf den Treuhänder des Verpfänders übertragen worden. Somit ist das Pfandrecht gemäß Art. 853 TZGB a.F. wirksam begründet worden. Denn es ist nach Art. 853 TZGB a.F. nicht erforderlich, dass der Pfandgläubiger den unmittelbaren Besitz am Pfandgegenstand erhält. Der Pfandgläubiger kann unmittelbarer oder mittelbarer Besitzer des Pfandgegenstandes sein.“*).

355 *Köprülü/Kaneti*, S. 486; *Davran*, S. 82 f.; *Öğüz*, FS Oğuzman, 693, 707; *Ergüne*, S. 152.

der Realität entspräche, dass ein besitzabhängiges Pfandrecht nicht den Anforderungen an die Bedürfnisse der Praxis genügen könne. Deswegen sei zwingend zu akzeptieren, dass der Besitz auch stellvertretungsweise übertragen werden kann. So sei auch eine Besitzübertragung nach Art. 891 TZGB a.F. (entspricht Art. 978 TZGB) an einen Stellvertreter möglich. Dies sei auch bei der Begründung des Pfandrechts zulässig. Ob weitere Anforderungen an die Person des Dritten zu stellen sind, wird nicht erörtert.[356] Der Kassationshof führt stattdessen aus, dass bei einer solchen Begründung eines Pfandrechts die Rückgabe der gegenständlichen Pfandsache, eines Kraftfahrzeugs, in Form der Rückgabe der Schlüssel an den Verpfänder durch den Treuhänder das Pfandrecht nicht erlöschen lasse. Die Tatsache, dass die Treueabrede mit einer Person vereinbart wird, die dem Verpfänder nahe steht, bedeute nicht, dass der Gläubiger von vornhinein eine Besitzübertragung des Pfandgegenstandes an den Schuldner zustimme.[357] Wie in dieser Entscheidung beziehen sich die vom Kassationshof entschiedenen Rechtsstreitigkeiten auf die Pfandvereinbarung zwischen einer Bank und einem Kreditnehmer, der sein Kraftfahrzeug als Pfandgegenstand an die Bank verpfändet. Die Folgen dieser zugunsten der Banken entschiedenen und kritisierten Rechtsprechung werden im Folgenden noch ausführlich dargestellt.[358] Festzuhalten ist an dieser Stelle aber bereits, dass die Besitzübertragung an einen Stellvertreter bzw. an einen Treuhänder nicht zu einer Unwirksamkeit nach Art. 939 Abs. 3 TZGB führt und diese Regelung in der Praxis genutzt wird, um die Restriktion der zwingend vorzunehmenden Besitzübertragung i.S.d. Art 939 Abs. 1 TZGB zu dehnen.

(5) Besitzkonstitut

Die für die Begründung des Pfandrechts erforderliche Besitzeinräumung kann nicht durch die Vereinbarung eines Besitzkonstituts (*hükmen teslim*) erfolgen. Dem steht die Regelung des Art. 939 Abs. 3 TZGB entgegen, wonach das Pfandrecht nicht entsteht, solange die Pfandsache sich noch im unmittelbaren Besitz des Pfandgläubigers befindet. Durch die Vereinbarung eines Besitzkonstituts würde aber genau dies dem Verpfänder ermöglicht werden.

Die Vereinbarung eines Rechtsgeschäfts, das den Rechtsgrund für einen weiteren unmittelbaren Besitz des Verpfänders darstellt (z.B. Miete, Leihe etc.) ist nach Art. 766 Abs. 1 Satz 2 TZGB unwirksam. Denn nach dieser Vorschrift würde eine solche Vereinbarung eine Umgehung der zwingend einzuhaltenden

---

356 *Kuntalp*, Sempozyum 1997, S. 3, 16; *Ergüne*, S. 152 ff.

357 YHGK, 13.11.1996, E. 1996/19-609, K. 1996/764.

358 Siehe in diesem Teil unter C. III. 2.

Pfandrechtsvorschriften darstellen (Faustpfandprinzip). Gemäß Art. 766Abs. 2 TZGB beurteilt der Richter, ob eine solche Umgehungsabsicht verfolgt wurde oder nicht. Hierbei sind die Vorschriften der Art. 3 und 4 TZGB zu berücksichtigen.[359]

3. Gutgläubigkeit

a) Gutgläubiger Ersterwerb

Fehlt dem Verpfänder die Verfügungsbefugnis, ist ein gutgläubiger Erwerb des Pfandrechts nach Art. 939 Abs. 2 Satz 1 TZGB möglich. Diese Vorschrift stellt eine Spezialregelung zum gutgläubigen Erwerb nach Art. 988 TZGB dar.[360] Dies wird auch mit der amtlichen Gesetzesbegründung zu Art. 939 Abs. 2 TZGB bestätigt, wonach es sich hierbei um eine Parallelvorschrift zum gutgläubigen Erwerb von dinglichen Rechten vom nicht verfügungsberechtigten Besitzer, mithin zu Art. 988 TZGB, handelt.[361] Voraussetzung für den gutgläubigen Erwerb nach Art. 939 Abs. 2 Satz 1 TZGB ist es, dass der nicht verfügungsberechtigte Verpfänder mit Willen des Berechtigten den Besitz der Pfandsache erlangt hat.[362]

Die Gutgläubigkeit des Pfandnehmers im Sinne des Art. 3 TZGB muss zum Zeitpunkt der Übertragung der Pfandsache vorliegen. Erfährt der zunächst Gutgläubige zu einem späteren Zeitpunkt, dass die Verfügungsberechtigung fehlte, so ist dies nicht schädlich.[363]

---

359 Nach Art. 3 TZGB ist in den Fällen, in denen das Gesetz eine Rechtsfolge für den Gutgläubigen vorsieht, entscheidend, dass die Gutgläubigkeit gegeben ist (Absatz 1). Eine Gutgläubigkeit kann aber dann nicht angenommen werden, wenn derjenige, der sich auf die Gutgläubigkeit beruft, die ihm zumutbare erforderliche Sorgfalt im Rechtsverkehr außer Acht gelassen hat (Absatz 2). Nach Art. 4 TZGB entscheidet der Richter nach Recht und Billigkeit, wenn das Gesetz ein Ermessen oder eine Würdigung der Umstände oder der wichtigen Gründe vorsieht. Hieraus ergibt sich ein umfassendes Würdigungsrecht der Gesamtumstände des zuständigen Richter bei der Beurteilung, ob ein arglistiges Vorgehen beabsichtigt war.

360 *Oğuzman/Seliçi/Oktay-Özdemir*, S. 810.

361 ZGB Türkei, Amtliche Begründung hrsg. vom Senatspräsidenten Tahir Alp, Art. 939, abrufbar unter <http://www.tuerkei-recht.de/downloads/zgb-alp-amtl-begr.pdf> (zuletzt abgerufen am 25.03.2012).

362 Ausnahme: Ein unfreiwilliger Verlust von Geld oder Wertpapieren hindert nicht einen gutgläubigen Erwerb nach Art. 990 TZGB.

363 *Oğuzman/Seliçi/Oktay-Özdemir*, S. 811.

b) *Gutgläubiger Zweiterwerb*

Die Regelung des Art. 939 Abs. 2 TZGB entspricht § 932 BGB bzw. Art. 933 ZGB. Durch diese Vorschriften wird der Erwerb eines dinglichen Rechtes vom Besitzer geschützt, da für den Besitzer die Eigentumsvermutung gilt. Hiervon ist aber nicht der gutgläubige Erwerb eines nicht bestehenden Pfandrechts erfasst, da die Übertragung eines bestehenden Pfandrechts nicht zwingend die Übertragung des Pfandgegenstandes, sondern die Übertragung der zu sichernden Forderung voraussetzt. Ein gutgläubiger Zweiterwerb eines nicht bestehenden Pfandrechts ist damit auch im türkischen Recht nicht möglich.

4. Inhalt des Pfandrechts

a) *Rechte und Pflichten des Gläubigers*

Gemäß Art. 946 TZGB hat der Pfandgläubiger bei Fälligkeit und Nichtbegleichung der Forderung das Recht, die Pfandsache zu verwerten und den daraus erzielten Erlös einzubehalten. Die Regelungen zur Verwertung des Pfandrechts sind in den Art. 45, 145–153 des Türkischen Zwangsvollstreckungs- und Insolvenzgesetzes (TZVG[364]) geregelt. Die Verwertung kann damit durch ein Zwangsvollstreckungsverfahren oder auch durch einen privaten Verkauf des Pfandgegenstandes erfolgen.[365]

Der Pfandgläubiger kann zudem die Rechte aus Besitz geltend machen. Somit steht ihm ein Herausgabeanspruch aus Art. 982 Abs. 1 TZGB zu, wonach derjenige, der dem Besitzer den Besitz entzieht, die Sache zurückgeben muss, auch wenn er behauptet, dass ihm ein vorrangiges Recht an der Sache zustehe.

Die Hauptverpflichtung des Gläubigers besteht in der Rückgabe des Pfandgegenstandes, wenn die zu sichernde Forderung beglichen worden ist. Diese Pflicht wird in Art. 944 TZGB geregelt. Gemäß Art. 944 Abs. 1 TZGB hat der Pfandnehmer die Pfandsache dem Berechtigten zurückzugeben, wenn die zu sichernde Forderung erfüllt oder das Pfandrecht aus einem anderen Grund beendet wird.

---

364 *İcra ve İflas Kanunu*, Gesetzes-Nr. 2004, angenommen am 09.06.1932, ResG-Nr. 2128 vom 19.06.1932. Der türkische Begriff *„iflas"* wird vorliegend mit Insolvenz übersetzt, da Begriffe wie „Konkurs", „Vergleich" und „Gesamtvollstreckung" in Deutschland mit Inkrafttreten der Insolvenzordnung am 01.01.1999 durch den Begriff „Insolvenz" ersetzt wurden, vgl. *Kıygı*, S. 197. Soweit ausschließlich Ausführungen zum schweizerischen Recht vorgenommen werden, wird die dort verwendete Bezeichnung „Konkurs" beibehalten.

365 *Köprülü/Kaneti*, S. 463; *Cansel*, S. 237; *Oktay-Özdemir*, FS Çelikel, 657, 673.

Art. 944 Abs. 2 TZGB ergänzt diese Regelung dahingehend, dass der Pfandgläubiger solange die gesamte Forderung nicht beglichen ist, die Pfandsache weder ganz noch anteilig zurückgeben muss. Der Pfandgläubiger hat ein Retentionsrecht im Sinne der Art. 950 ff. TZGB bis der Verpfänder ihm bestehende Aufwendungen ersetzt.

Nach den Regeln von Treu und Glauben im Sinne des Art. 2 TZGB ist der Pfandgläubiger dazu verpflichtet, die Pfandsache aufzubewahren und Schaden davor abzuwenden. Diese Verwahrungspflicht ist vergleichbar mit der im Sinne des Art. 465 TZGB. Zu beachten ist hier jedoch der Sinn und Zweck der Verwahrung, der primär zugunsten des Pfandgläubigers bzw. zur Sicherung dessen Forderung erfolgt. Daher kann der Pfandgläubiger auch einen Dritten mit der Verwahrung beauftragen. Kommt der Pfandgläubiger diesen Pflichten nicht nach und verursacht damit schuldhaft einen Schaden an der Pfandsache, ist er gemäß Art. 945 Abs. 1 TZGB dazu verpflichtet, diesen Schaden zu ersetzen.[366]

Nach Art. 947 Abs. 2 TZGB ist der Pfandgläubiger grundsätzlich dazu verpflichtet, die Früchte der Pfandsache, die zu selbstständigen Bestandteilen werden, dem Verpfänder herauszugeben, wenn die Parteien nicht Abweichendes vereinbart haben. Möglich ist auch eine Vereinbarung darüber, dass die Früchte der Pfandsache als Zinsen der zu sichernden Forderungen einbehalten werden können.[367]

Nach Art. 942 TZGB darf der Pfandgläubiger nur mit einem Einverständnis des Verpfänders den Pfandgegenstand verpfänden (Nachpfand). Darüber hinaus besitzt er keinerlei Verfügungsberechtigung über die Pfandsache. Sollte der Pfandgläubiger entgegen der fehlenden Verfügungsbefugnis die Pfandsache an eine andere Person übergeben oder verpfänden, haftet er gemäß Art. 945 Abs. 2 TZGB für alle entstandenen Schäden. In der Lehre wird diese Regelung dahingehend verstanden, dass der Pfandgläubiger unabhängig von einem Verschulden zum Schadensersatz verpflichtet ist.[368]

b) Rechte und Pflichten des Schuldners bzw. Verpfänders

Die Rechte und Pflichten des Schuldners sind spiegelbildlich zu denen des Gläubigers. Als primäre Pflicht kann hier die Pflicht des Schuldners zur Übertragung des Besitzes an der Pfandsache benannt werden. Wesentlich sind auch das Herausgaberecht des Schuldners bei Beendigung des Pfandrechts nach Art. 944

366 *Oğuzman/Seliçi/Oktay-Özdemir*, S. 821.

367 *Köprülü/Kaneti*, S. 495.

368 *Gürsoy/Eren/Cansel*, S. 1108.

Abs. 1 TZGB sowie ein gegebenenfalls anfallender verschuldensunabhängiger Schadensersatzanspruch nach Art. 945 Abs. 2 TZGB.

5. Untergang

Aufgrund des Akzessorietätsverhältnisses geht das Pfandrecht mit Erlöschen der Forderung unter. Dies kann bspw. durch Leistung, Erlass oder Verrechnung der Forderung erfolgen.[369] Hierbei ist es unerheblich, dass der Pfandgegenstand nach Untergang der Forderung weiterhin im Besitz des Pfandgläubigers bleibt. Sobald das Pfandrecht durch Erfüllung der Forderung untergeht, kann der Verpfänder sein Herausgaberecht nach Art. 944 Abs. 1 TZGB geltend machen.[370]

Ferner ist in Art. 943 Abs. 1 TZGB ausdrücklich geregelt, dass das Pfandrecht endet, wenn der Pfandgläubiger den Besitz an der Pfandsache verliert und es aus dem Besitz eines Dritten nicht zurückerhalten kann. Solange sich die Pfandsache aber mit Zustimmung[371] des Pfandgläubigers im tatsächlichen Alleinbesitz des Verpfänders befindet, ist das Pfandrecht nach Art. 943 Abs. 2 TZGB schwebend unwirksam.[372] Dies hat zur Folge, dass keine Verwertung des Pfandrechts erfolgen kann. Die Rangfolge des Pfandrechts bleibt davon aber unberührt.[373]

Unabhängig vom Weiterbestehen der Forderung geht das Pfandrecht unter, wenn der Pfandgläubiger durch einseitige Willenserklärung auf sein Pfandrecht verzichtet. Möglich ist auch das Erlöschen des Pfandrechts durch Untergang der Pfandsache.[374]

Das Pfandrecht kann auch durch Fristablauf erlöschen, wenn es für eine bestimmte Frist vereinbart worden ist. Eine solche Vereinbarung bietet sich an, wenn ein Dritter für den Schuldner einen Gegenstand aus seinem Vermögen als Pfandgegenstand zur Verfügung stellt. Das Pfandrecht erlischt sinngemäß auch, wenn der Pfandgegenstand verwertet wird.[375]

Grundsätzlich können Verpfänder und Pfandgläubiger nicht identisch sein, so dass das Pfandrecht auch erlischt, wenn der Verpfänder – z.B. durch Erbschaft – Inhaber des Pfandrechts wird. Nur ausnahmsweise wird dies akzeptiert, wenn ein

369 *Oğuzman/Seliçi/Oktay-Özdemir*, S. 823.

370 *Eskiocak*, S. 172.

371 Ansonsten besteht ein Herausgaberecht nach Art. 982 ff. TZGB, Art. 989 TZGB.

372 Ausdrücklich: YHGK, 10.02.1999, E. 1999/11-43, K. 1999/67; *Cansel*, S. 212 f.

373 *Oğuzman/Seliçi/Oktay-Özdemir*, S. 823.

374 *Oğuzman/Seliçi/Oktay-Özdemir*, S. 823.

375 *Oğuzman/Seliçi/Oktay-Özdemir*, S. 823.

bevorstehender Schaden – z.B. ein drohender Verlust einer günstigen Rangfolge – nicht auf andere Weise abgewendet werden kann.[376]

Das Pfandrecht erlischt auch dann, wenn ein Dritter gutgläubig das Eigentum an dem Pfandgegenstand erwirbt, ohne dass ihm das Pfandrecht bekannt ist.[377] Für den Fall, dass Schuldner und Verpfänder nicht identisch sind, geht das Pfandrecht auch dann unter, wenn der Schuldner seine Schuld auf eine weitere Person überträgt, ohne dass der Verpfänder damit einverstanden ist.[378]

6. Verwertung

Ein wesentliches Merkmal des Pfandrechts ist das Verwertungsrecht an der Pfandsache. Weitere Rechte an der Pfandsache – wie z.B. ein Nutzungsrecht – hat der Pfandgläubiger nicht.

Der Verwertungsfall tritt dann ein, wenn der Verpfänder die zu sichernde Forderung nicht vereinbarungsgemäß erfüllen kann. Der Pfandgläubiger kann dann durch einen Antrag bei der Betreibungsbehörde den Verkauf des Pfandgegenstandes und dadurch die Begleichung der gesicherten Forderung verlangen.[379]

Die Verwertung des Pfandgegenstandes richtet sich nach den Art. 145–153 TZVG, wobei hier zwischen den Regeln für das Fahrnispfandrecht und das Grundpfandrecht zu unterscheiden ist. Die Spezialregeln für die Verwertung des Fahrnispfandrechts durch eine Vollstreckung aus einem Urteil oder einer Urkunde (*ilamlı takip*) richten sich nach Art. 150 lit. h TZVG, die für die Verwertung durch ein Mahn- und Vollstreckungsverfahren (*ilamsız takip*) nach den Art. 145–147 TZVG.[380]

Eine davon abweichende Verwertungsart ist zwar im Gesetz nicht ausdrücklich geregelt, aber in der Lehre – auch mit Verweis auf die schweizerische Rechtsprechung – in Form der Privatverwertung (*özel olarak paraya çevirme*

376 *Köprülü/Kaneti*, S. 499.

377 Vgl. Yarg., 11. HD, 10.10.1995, E. 1995/4108, K. 1995/7350, wo das Vorliegen einer Gutgläubigkeit verneint wurde, da es sich bei dem Kläger (dem Dritten) und dem Verpfänder um Tochtergesellschaften mit den gleichen Vertretern handelte, so dass das Bestehen des Pfandrechts an der streitgegenständlichen Ware als bekannt vorausgesetzt wurde.

378 *Eskiocak*, S. 172.

379 *Üstündağ*, S. 313.

380 Die Spezialregeln für die Grundpfandverwertung durch eine Vollstreckung aus einem Urteil oder einer Urkunde richtet sich nach den Art. 149 und 150 lit. ı TZVG.

yetkisi) anerkannt.[381] Die Beteiligten können danach vereinbaren, dass die Verwertung durch einen Privatverkauf erfolgen soll.

Nach Fälligkeit der Schuld kann der Verpfänder dem Pfandnehmer auch die Pfandsache erfüllungshalber überlassen. Dies ist allerdings erst nach Fälligkeit möglich. Denn gemäß Art. 949 TZGB ist eine Vereinbarung, wonach bei Nichterfüllung das Eigentum an der Pfandsache dem Pfandgläubiger zufällt, unwirksam. Dies entspricht dem auch im deutschen und schweizerischen Recht bestehenden Verbot der Verfallsvereinbarung (Verbot der *lex commissoria*). Durch eine solche Regelung soll – auch im türkischen Pfandrecht – ein Ausnutzen der „Notsituation" des Verpfänders vermieden werden. Dieser geht zum Zeitpunkt der Pfandvereinbarung davon aus, dass die Schuld beglichen wird und rechnet demnach nicht mit einem Verlust des Eigentums an der Pfandsache.[382]

7. Zwangsvollstreckung

a) Durch Gläubiger des Verpfänders

Bei einer Zwangsvollstreckung gegen den Verpfänder durch dessen Gläubiger ist Art. 85 Abs. 2 Satz 1 TZVG zu beachten. Nach dieser Vorschrift muss der Schuldner bzw. ein Dritter, der sich im Besitz des Pfändungsgegenstandes befindet, dem Zwangsvollstreckungsbeamten erklären, ob daran ein Pfandrecht (oder ein anderes dingliches Recht) eines Dritten besteht, und beantragen, diese Erklärung im Pfändungsprotokoll zu dokumentieren. Diese Pfändungsgegenstände werden gemäß Art. 85 Abs. 2 Satz 2 TZVG im Rahmen der Zwangsvollstreckung zum Schluss berücksichtigt.

Gemäß Art. 97 Abs. 1 TZVG kann ein Dritter, der ein stärkeres Recht an dem Pfändungsgegenstand geltend macht, eine Herausgabeklage (*istihak davası*) beim Vollstreckungsgericht (*icra mahkemesi*) erheben. Nach Art. 97 Abs. 3 TZVG erhält der Beklagte im Falle des Unterliegens des Dritten die Sicherheitsleistung, die der Dritte gemäß Art. 36 TZVG hinterlegen muss.[383]

Befindet sich der Pfandgegenstand in der Zwangsvollstreckung, kann der Pfandnehmer sich nicht auf eine Vereinbarung über einen Privatverkauf für den

381 *Cansel*, S. 235; *Davran*, S. 78; *Hatemi/Serozan/Arpacı*, S. 358; *Serozan*, Taşınır Eşya Hukuku, S. 349.

382 *Oğuzman/Seliçi/Oktay-Özdemir*, S. 821.

383 *Rumpf*, Einführung, § 34, Rn. 40.

Verwertungsfall berufen. In diesem Fall erfolgt die Verwertung über die zuständige Zwangsvollstreckungsbehörde.[384]

b) Durch Gläubiger des Pfandnehmers

Bei einer Zwangsvollstreckung gegen den Pfandnehmer kann sich der Verpfänder gemäß Art. 85 Abs. 2 TZVG auf sein Eigentumsrecht an der Pfandsache berufen und ebenfalls ein Herausgaberecht nach Art. 97 Abs. 1 TZVG geltend machen.

8. Insolvenz

a) Insolvenz des Verpfänders

Das Insolvenzverfahren wird gemäß Art. 165 Abs. 1 TZVG mit Erlass des Insolvenzbeschlusses eröffnet. Dieser Beschluss wird nach Art. 166 TZVG bekannt gegeben, hierbei erfolgt eine Mitteilung an das Handelsregister, die Zoll- und Postbehörden, die Handels- und Industriekammern, aber auch an die sonstigen beteiligten Einrichtungen.

Mit Eröffnung des Insolvenzverfahrens fällt das gesamte pfändbare Vermögen des Insolventen gemäß Art. 184 TZVG in die Insolvenzmasse.[385] Die Rangfolge der im Insolvenzverfahren zu befriedigenden Forderungen richtet sich nach Art. 206 TZVG. Nach Abs. 1 dieser Vorschrift sind jedoch bestehende Pfandrechte an den Vermögensgegenständen vorab zu befriedigen.[386] Nach Art. 185 Abs. 1, 248 Satz 2 TZVG werden die Gegenstände, an denen ein Pfandrecht besteht, sobald wie möglich verwertet, so dass nach Abzug der Verwahrungs- und Verkaufskosten der Anteil des Gläubigers ausgehändigt werden kann.

Ist aber zu erwarten, dass eine Verwertung des Pfandgegenstandes nicht die Begleichung der Sicherungsforderung ermöglicht, kann der Pfandgläubiger den Pfandgegenstand vorübergehend dem Vollstreckungsvermögen des Verpfänders nach Art. 185 Abs. 2 TZVG entziehen.

Auch in der Insolvenz kann sich der Pfandnehmer nicht auf eine Vereinbarung über einen Privatverkauf berufen. Vielmehr erfolgt in diesem Fall die Verwertung im Insolvenzverfahren durch den Insolvenzverwalter.[387] Dem steht nicht entgegen, dass sich der Gegenstand im Besitz von Dritten – z.B. im Besitz des Pfandnehmers

384 *Gürdoğan*, S. 20.

385 *Rumpf*, Einführung, § 36, Rn. 14; *Rumpf/Yılmaz*, Hb. Insolvenzrecht in Europa, TR, Rn. 271.

386 *Kuru*, İİK 1983, S. 624.

387 *Gürdoğan*, S. 20.

– befindet. Hierbei ist wesentlich, dass der Verbleib des Gegenstandes bekannt ist. Die Pfändung kann dem Dritten angezeigt werden, woraufhin dieser Einwendungen erheben kann, um die Pfändung abzuwenden.[388]

b) Insolvenz des Pfandnehmers

Das Pfandrecht des Pfandnehmers ist ein Recht im Sinne des Art. 184 TZVG und fällt somit ebenfalls in die Insolvenzmasse. Es kann aber erst dann verwertet werden, wenn der Verpfänder die Sicherungsforderung nicht vereinbarungsgemäß erfüllen kann. Besteht ein Herausgaberecht des Verpfänders – weil z.B. das Pfandrecht erloschen ist – kann er eine Herausgabeklage nach Art. 228 TZVG geltend machen.

III. Besitzlose Registerpfandrechte

Nur ausnahmsweise wird eine Abweichung vom Faustpfandprinzip und damit von der erforderlichen Besitzübertragung zugelassen. Die im TZGB hierzu geregelten Ausnahmen finden sich in Art. 940 TZGB. Daneben gibt es noch weitere spezialgesetzliche Ausnahmen.

1. Registerpfandrecht nach Art. 940 Abs. 1 TZGB

Nach Art. 940 Abs. 1 TZGB ist die Verpfändung von Tieren ohne eine Besitzübertragung – entsprechend der Regelung im schweizerischen Recht gemäß Art. 885 ZGB – möglich. Hiernach kann zugunsten von Instituten und Genossenschaften, die eine Genehmigung zur Vereinbarung von Forderungssicherheiten besitzen, auch ohne die sonst erforderliche Besitzübertragung ein Pfandrecht an Tieren bestellt werden, indem das Pfandrecht in ein bei der Vollstreckungsbehörde geführtes Register eingetragen wird. Damit wird die für die Publizität genutzte Besitzübertragung durch den Registereintrag ersetzt. Ziel und Zweck dieser Regelung ist, dass der für den Erwerb benötigte Kredit vereinfacht zurückgezahlt werden kann, indem die Einkünfte aus der Viehnutzung[389] zur Tilgung eingesetzt werden können.[390]

---

388 *Rumpf*, Einführung, § 34, Rn. 40.

389 In Anlehnung an das rezipierte schweizerische Recht besteht weitgehend Einigkeit darüber, dass der Begriff der *„Tiere"* in Art. 940 Abs. 1 TZGB im Sinne von *„landwirtschaftlich genutzte Tiere"* zu verstehen ist. *Ertaş*, Rn. 2750; *Öğütcü/Doğrusöz*, S. 96; *Reisoğlu*, Menkul İpoteği, S. 12 f.

390 *Ergüne*, S. 16.

Zur Begründung des Pfandrechts ohne Besitzübertragung ist der Registereintrag zwingend erforderlich. Darüber hinaus kommt dem Eintrag jedoch nur eine negative Publizitätswirkung (*olumsuz etki*) zu. Denn ein unrichtiger Eintrag wird nicht geschützt. Zum Erwerb eines dinglichen Rechts ist ein Einblick in das Register nicht zwingend erforderlich, so dass ein vorhandener Eintrag die Gutgläubigkeit nicht beeinträchtigt.[391]

2. Registerpfandrecht an Kraftfahrzeugen nach Art. 940 Abs. 2 TZGB

Eine besonders wichtige Rolle nimmt die Regelung des Art. 940 Abs. 2 TZGB ein, die mit der Reform im Jahre 2002 eingefügt wurde. Die Vorschrift war noch nicht im Entwurf zum TZGB enthalten und wurde im Gesetzgebungsverfahren nachträglich aufgenommen.[392] Hiernach ist zur Sicherung von Forderungen die Begründung eines Pfandrechts an einem Gegenstand, für das die Eintragung in ein Register zwingend vorgeschrieben ist, auch ohne eine Besitzübertragung möglich, indem das Pfandrecht in das jeweilige Register eingetragen wird (Art. 940 Abs. 2 Satz 1 TZGB).

Von dieser Vorschrift werden Produktionsmaschinen[393], aber vor allem auch Kraftfahrzeuge erfasst, die nach Art. 19 des Straßenverkehrsgesetzes (TStVG[394]) registerpflichtig sind. Für diese wurde die Regelung des Art. 940 Abs. 2 TZGB eigens aufgenommen. Denn durch sie kann eine Mobiliarhypothek an einem Kraftfahrzeug bestellt und somit ein wertvoller Sicherungsgegenstand als Kreditunterlage zur Verfügung gestellt werden, ohne dass der Verpfänder selbst auf die Nutzung des Gegenstandes verzichten muss.[395] Die Regelung des Art. 940 Abs. 2 TZGB hat die Begründung eines Pfandrechts an Kraftfahrzeugen[396] somit erheblich

---

391 *Gürsoy/Eren/Cansel*, S. 1115; *Köprülü/Kaneti*, S. 505 f.; *Oğuzman/Seliçi/Oktay-Özdemir*, S. 827; vgl. BasK-*Bauer*, Art. 885, N 19.

392 *Ergüne*, S. 169 (Fn. 226). Die amtliche Begründung zum TZGB enthält keine Erläuterung zu Art. 940 Abs. 2 TZGB.

393 *Ozanoğlu*, GÜHFD 2001, S. 20, 25 (Fn. 23).

394 Karayolları Trafik Kanunu, Gesetzes-Nr.: 2918, angenommen am 13.10.1983, ResG-Nr.: 18195 vom 18.10.1983.

395 Yarg., 19. HD, 19.02.2009, E. 2009/1006, K. 2009/1282.

396 Das Registerpfandrecht an Kraftfahrzeugen (vgl. *Graham-Siegenthaler*, Kreditsicherungsrechte, S. 217 ff.), das seit 1927 auch in der italienischen Rechtsordnung vorgesehen ist, stellt dort die praktisch wichtigste nicht-possessorische Realsicherheit dar, vgl. *Dangel*, Jb. für It. Recht, Bd. 12, S. 17, 29 f. Es handelt sich um ein Sicherungsrecht, das vom Verkäufer von Motorfahrzeugen zur Sicherung seiner Kaufpreisforderung verwendet werden kann. Für die Wirksamkeit dieser Mobiliarhypothek ist

erleichtert.[397] Denn damit ist für die Begründung eines Pfandrechts an Kraftfahrzeugen lediglich eine Eintragung des Pfandrechts in das Straßenverkehrsregister erforderlich, so dass auf eine Besitzübertragung verzichtet werden kann.

a) Rechtslage vor Inkrafttreten des Art. 940 Abs. 2 TZGB

Dies war vor Inkrafttreten des Art. 940 Abs. 2 TZGB in der Praxis besonders problematisch. Bei Kreditgewährungen durch Banken zur Finanzierung eines Kraftfahrzeug-Kaufs wurde regelmäßig ein Pfandrecht am Kraftfahrzeug selbst bestellt. Auch unabhängig von einer möglichen Fahrzeug-Finanzierung handelte es sich regelmäßig um einen der wertvollsten Vermögensgegenstände der Kreditnehmer. In der Vergangenheit wurden durch die Vertragsparteien Konstruktionen gewählt, bei denen der Verpfänder faktisch im Besitz des Kraftfahrzeugs verblieb. Hierbei wurde der Pfandgegenstand mit Zustimmung des Pfandnehmers auf einen Dritten als Treuhänder übertragen. Zudem handelte es sich bei dem Dritten regelmäßig um eine Person, die dem Verpfänder nahe stand. Der Dritte, der dann formell als Treuhänder der Bank angegeben wurde, musste sich dazu verpflichten, die Pfandsache auf Anfordern des Pfandnehmers, also der Bank, herauszugeben. Er überließ dann den Besitz an der Pfandsache dem Verpfänder, damit dieser die Sache weiter verwenden konnte.[398]

Problematisch und fraglich war, ob überhaupt ein Pfandrecht wirksam begründet wurde bzw. ob das Pfandrecht unwirksam wurde, wenn der Dritte die Pfandsache dem Schuldner und Verpfänder überließ. Diese Frage wurde insbesondere praktisch relevant, wenn weitere Gläubiger des Verpfänders im Rahmen der Zwangsvollstreckung versuchten, auf den Pfandgegenstand zuzugreifen. Denn diese widersprachen der Wirksamkeit eines Pfandrechts und der damit verbundenen Rangfolge des Pfandnehmers.[399]

---

eine Registrierung im *Publico Registro Automobilistio* wiksam, wobei das Register eine positive Publizitätswirkung besitzt, *Gravenhorst*, 66 f., 101, 102 (Fn. 26). Auch im französischen Recht (*gage sur véhicule automobile*), Gesetzes-Nr. 34-968 vom 29.12.1934 (*Loi Malingre*), geändert durch Dekret vom 30.09.1953 i.d.F. des Dekrets Nr. 55-655 vom 20.05.1955 und Gesetze vom 02.08.1957 sowie 06.09.1972.

397 Vgl. Yarg., 19. HD, 19.02.2009, E. 2009/1006, K. 2009/1282, wo der Registereintrag im Sinne des Art. 940 Abs. 2 TZGB und auch eine Übertragung des (mittelbaren und unmittelbaren) Besitzes im Sinne des Art. 939 TZGB an den Pfandgläubiger fehlte, so dass eindeutig die Begründung eines wirksamen Pfandrechts ausgeschlossen werden musste. Vgl. auch *Helvacı*, Les Nouveautés, 130, 132 f.; *Tuna*, S. 34.

398 *Er*, YD 1998, C. 24, 285, 289; *Helvacı*, Les Nouveautés, 130, 132.

399 Auch *Öğüz*, FS Oğuzman, 693, 695.

b) Bewertung der alten Rechtslage durch den Kassationshof und die Lehre

Diese Konstruktionen wurden auch vom Kassationshof als wirksam anerkannt. Das Pfandrecht sei nach Art. 853 TZGB a.F. (entspricht Art. 939 TZGB) wirksam begründet worden. Eine Unwirksamkeit nach Art. 857 TZGB a.F. (entspricht Art. 947 TZGB, Beendigung des Pfandrechts wegen Besitzverlust) war – so die Ansicht des Gerichts – nicht anzunehmen:[400]

In seiner Begründung führt der Große Senat des Kassationshofs aus, dass beim Fahrnispfand die Publizität das wichtigste Prinzip und das regelmäßige Mittel hierzu die Besitzübertragung des Pfandgegenstandes sei. Die Begründung eines Pfandrechts sei aber auch dadurch möglich, dass nicht zwingend der Pfandnehmer selbst den unmittelbaren Besitz am Pfandgegenstand erlangt, sondern andere Formen der Besitzübertragung ebenso verwendet werden können. Wesentlich sei, dass der Verpfänder den Pfandgegenstand nicht mehr besitze. So sei es für die Begründung des Pfandrechts auch ausreichend, wenn ein Dritter den unmittelbaren Besitz an der Pfandsache erhalte. Da die gesetzliche Ausgestaltung des Fahrnispfandrechts durch die dort zwingend vorgesehene Übertragung des Besitzes nicht den Anforderungen der Praxis genüge, müsse akzeptiert werden, dass die Übertragung des Besitzes auch an einen Stellvertreter erfolgen könne.[401] Dies leite sich auch aus der Vorschrift des Art. 891 TZGB a.F. (entspricht Art. 978 TZGB) ab, wonach eine Besitzübertragung an einen Stellvertreter die gleiche Wirkung wie die Besitzübertragung an den Vertretenen hat. In einer anderen Entscheidung erklärte der Kassationshof sogar, dass die Publizität des vereinbarten Pfandrechts durch Eintragung in das Verkehrsregister gewahrt sei.[402] Die Besitzüberlassung an den Verpfänder beruhe auf einer wohlwollenden Entscheidung des Pfandnehmers, beinhalte aber keine endgültige Rückgabe an den Verpfänder, wodurch das Pfandrecht erlöschen könnte. Vielmehr handele es sich um eine vorübergehende Besitzüberlassung, was auch durch den fortbestehenden Registereintrag bestätigt werde. Die Wirksamkeit des Pfandrechts werde dadurch lediglich in einen Schwebezustand versetzt.[403] Hierbei wurde argumentiert, dass das Pfandrecht nicht erlischt, soweit ein Herausgaberecht nach Art. 895 TZGB a.F. (Art. 982 TZGB) oder ein Besitzrecht nach Art. 902

---

400 YHGK, 13.11.1996, E. 1996/19-609, K. 1996/764; Yarg., 19. HD, 31.01.1996, E. 1995/10686, K. 1996/756.

401 YHGK, 13.11.1996, E. 1996/19-609, K. 1996/764; Yarg., 19. HD, 31.01.1996, E. 1995/10686, K. 1996/756.

402 YHGK, 10.02.1999, E. 1999/11-43, K. 1999/67, İBD, Jahr 65, April 1999, Nr. 2, S. 72 ff.

403 Yarg. 11. HD, 01.12.1997, E. 1997/7060, K. 1997/8686.

TZGB a.F. (Art. 989 TZGB) besteht. Zur Begründung wurde auch die Regelung des Art. 857 Abs. 2 TZGB a.F. (Art. 943 Abs. 2 TZGB) hinzugezogen, wonach das Pfandrecht im Schwebezustand ist, wenn der Pfandnehmer dem Verpfänder freiwillig den Besitz an der Pfandsache einräumt. Der Gesetzgeber hatte sich somit in den Fällen, in denen der Verpfänder mit Willen des Pfandnehmers die Pfandsache zurück erhielt, bewusst gegen eine endgültige Unwirksamkeit des Pfandrechts entschieden. Das Pfandrecht werde nicht unwirksam, wenn ein Dritter dem Verpfänder die tatsächliche Sachherrschaft über das Kraftfahrzeug (Pfandgegenstand) überlasse.[404] Somit konnte der Pfandnehmer in der Zwangsvollstreckung gegen den Verpfänder durch das wirksam begründete Pfandrecht in der Zwangsvollstreckung erfolgreich ein Vorzugsrecht geltend machen.

An dieser Rechtsprechung des Kassationshofs ist besonders auffällig, dass ausdrücklich auf die Praktikabilität des Pfandrechts und die Entwicklung eines gesteigerten Kreditbedürfnisses abgestellt wird. Im Hinblick auf diese Bedürfnisse erfolgt eine entsprechende Auslegung der gesetzlichen Regelungen, die in der Lehre auch auf Kritik gestoßen ist.[405] Denn Ziel und Zweck des Registereintrags sollte die Publizität sein, damit auch Dritte die Möglichkeit haben, Kenntnis über das Bestehen des Pfandrechts zu erlangen. Problematisch ist aber, dass dem Register nach dem TStVG keine positive Publizitätswirkung zukommt.[406] So wird zwar durch die Entscheidung des Kassationshofs und die neue Regelung gemäß Art. 940 Abs. 2 TZGB der Pfandgläubiger geschützt, Dritte werden aber von dieser Schutzwirkung nicht vollständig erreicht. Daher wird die Einführung eines Registers befürwortet, das von jedermann einsehbar ist und eine positive Publizität bewirkt, die die sonst erforderliche Besitzübertragung ersetzt.[407] Ferner wird auch kritisiert, dass die konkreten Anforderungen an das Registerpfandrecht nach Art. 940 Abs. 2 TZGB nicht deutlich ausgeführt seien. Es wird daher von den Kritikern der Rechtsprechung des Kassationshofes angeregt, diese offenen Fragen in einer gesonderten Verordnung zu regeln.[408] Der Erlass einer entsprechenden Verordnung ist in Art. 940 Abs. 2 Satz 2 TZGB vorgesehen, jedoch ist eine solche noch nicht erarbeitet worden. Die hierzu geführten Diskussionen sollen daher im

404 *Er*, YD 1998, C. 24, 285, 291.

405 *Oğuzman/Seliçi/Oktay Özdemir*, S. 830; *Serozan*, Taşınır Eşya Hukuku, S. 341; Öğüz, FS *Oğuzman*, 693, 720; *Barlas*, FS Tekinalp 2003, 569, 572; vgl. *Kuntalp*, Sempozyum 1997, S. 3, 23 ff.

406 *Serozan*, Taşınır Eşya Hukuku, S. 341.

407 *Serozan*, Taşınır Eşya Hukuku, S. 341; *Oğuzman/Seliçi/Oktay Özdemir*, S. 830.

408 *Oğuzman/Seliçi/Oktay-Özdemir*, S. 830; *Ozanoğlu*, GÜHFD 2001, 20, 33 f.

Rahmen der Reformvorschläge im 4. Teil dieser Untersuchung aufgegriffen und näher dargestellt werden.[409]

Insgesamt kann an dieser Stelle festgehalten werden, dass die Entwicklung des Registerpfandrechts für Kraftfahrzeuge als eine Reaktion auf die veränderten Kredit- und Sicherungsbedürfnisse positiv zu bewerten ist. Für eine rechtlich zuverlässige Anwendung dieses Sicherungsmittels ist jedoch eine Klärung der konkreten Wirksamkeitsanforderungen erforderlich.

3. Kaufmännisches Unternehmenspfandrecht

Eine weitere wichtige Ausnahme zum Faustpfandprinzip stellt das kaufmännische Unternehmenspfandrecht dar, das im Jahre 1971 durch das Unternehmenspfandrechtsgesetz (UntPfG[410]) ermöglicht wurde. Das kaufmännische Unternehmenspfandrecht[411] ist eine Reaktion auf den erhöhten Kreditbedarf der Praxis. Die benötigten Kredite konnten nicht durch die üblichen Fahrnis- oder Grundpfandrechte praxistauglich gesichert werden. Entweder fehlte es an den werthaltigen Immobilien, die zur Sicherung eingesetzt oder an den beweglichen Vermögensgenständen, die durch die Bestellung eines Faustpfandrechts entbehrt werden konnten. Durch das kaufmännische Unternehmenspfandrecht ist es möglich, ein besitzloses Pfand an Gegenständen zu bestellen, die ihrem Wert nach als Kreditunterlage geeignet, aber zur Fortführung eines Unternehmens unverzichtbar sind. Durch das besitzlose Pfandrecht wird damit den Kreditnehmern die Beschaffung eines Kredits erheblich erleichtert.[412]

So regelt Art. 1 UntPfG, dass ein Pfandrecht an einem Unternehmen begründet werden kann, das im Handels- oder Handwerksregister eingetragen ist. Der Begriff des *„kaufmännischen Unternehmens“* (*ticarî işletme*) ist gleichbedeutend

409 Siehe im 4. Teil, C. III. 2.

410 *Ticarî İşletme Rehni Kanunu*, Gesetzes-Nr.: 1447 angenommen am 21.07.1971, ResG-Nr.: 13909 vom 28.07.1971.

411 *Ergüne*, S. 61 (Fn. 15): Nach Vorbild des Unternehmenspfandrechts in Frankreich (Gesetz vom 17.03.1909, Art. 8 ff. und Dekret vom 28.08.1909, jetzt Art. L. 141-1 ff., 142-1 ff., 143-1 ff. Code de commerce), in Belgien und Luxemburg gibt es das *nantissment du fonds de commerce* (oder in England die *floating charge*), durch die Unternehmensaktiven als Ganzes oder in wesentlichen Teilen einheitlich belastet werden können, *Graham-Siegenthaler*, Kreditsicherungsrechte, S. 300, 414, 465.

412 *Erdem*, Bankacılar Dergisi 76 (2011), 42, 49; *Pellumbi*, S. 81.

mit dem Unternehmensbegriff im Sinne des Handels- bzw. Handwerksregisters.[413] Ein kaufmännisches Unternehmenspfandrecht kann nach Art. 2 Abs. 1 UntPfG vereinbart werden zwischen Krediteinrichtungen, die als Kapitalgesellschaften gegründet wurden, Genossenschaften oder anderen Einrichtungen, die Verkaufsgeschäfte unter Kreditgewährung vornehmen, und dem Inhaber eines betrieblichen Unternehmens.

Der Umfang des Unternehmenspfandrechts ist in Art. 3 UntPfG definiert. Hiernach werden auch der Firmenname, gewerbliche Rechte, alle Produktionsmittel und Produkte erfasst. Mit Ausnahme des Firmennamens und der beweglichen Produktionsmittel dürfen einzelne Gegenstände vom Pfandrecht ausgenommen werden.[414]

Nach Art. 4 UntPfG muss der Pfändungsvertrag durch einen Notar aus dem Zuständigkeitsbereich des Handelsregisters beurkundet werden. Hier muss im Einzelnen aufgelistet werden, welche Gegenstände vom Unternehmenspfandrecht erfasst sein sollen. Das Unternehmenspfandrecht ist gemäß Art. 5 UntPfG erst dann wirksam entstanden, wenn es innerhalb von zehn Tagen nach Vereinbarung des Pfändungsvertrages in das Handels- oder Handwerksregister eingetragen wird.[415]

---

413 *Poroy*, S. 48. Während im Türkischen Handelsgesetzbuch (THGB, *Türk Ticaret Kanunu*) an verschiedenen Stellen aufgeführt ist, was zum Begriff des kaufmännischen Unternehmens zu zählen ist, ist in der Handelsregisterverordnung in Art. 14 Abs. 2 der Begriff der Unternehmens negativ definiert, wonach ein Unternehmensbetrieb nicht anzunehmen ist, wenn keine Gewinnerzielungsabsicht oder keine auf Dauer angelegt Tätigkeit vorliegt.

414 Dies ist seit der Änderung des UntPfG vom 23.07.2003 (*Ek madde* 2) möglich. In der Gesetzesbegründung wird angegeben, dass die Verpfändung von einzelnen Gegenständen gerade für kleinere und mittlere Unternehmen die Kreditaufnahme vereinfachen und infolge dessen die Produktionsqualität und – standards steigern wird, um auf dem europäischen Markt wettbewerbsfähig zu sein. Allgemeine Gründe zum Entwurf zur Änderung des UntPfG vom 02.07.2003 unter <www2.tbmm.gov.tr/d22/1/1-0639.pdf> (zuletzt abgerufen am 25.03.2012).

415 Yarg., 19. HD, 26.09.2003, E. 2003/5837, K. 2003/8884; Yarg., 19. HD, 09.06.2003, E. 2003/4054, K. 2003/6072: Im konkreten Fall bestand wegen des fehlenden Eintrags im Register kein wirksam begründetes Pfandrecht und damit kein Vorzugsrecht des Gläubigers.; Yarg., 21. HD, 15.02.2003, E. 2003/7748, K. 2003/10323: Im konkreten Fall führt der Kassationshof aus, dass grundsätzlich zu untersuchen gewesen wäre, ob das kaufmännische Unternehmenspfandrecht in das Register eintragen wurde; hier waren die herausverlangten Gegenstände nicht von der Pfandrechtsvereinbarung erfasst, so dass unabhängig von der Registrierung kein wirksames Pfandrecht an diesen Gegenständen bestand.

Nach Art. 8 UntPfG kann an einem kaufmännischen Unternehmen auch mehrfach ein Pfandrecht begründet werden. Hierbei richtet sich die Verwertungsreihenfolge nach dem Datum des Registereintrags.

Art. 9 UntPfG regelt die Wirkung des vereinbarten Pfandrechts gegenüber Dritten. Nach Abs. 2 dieser Vorschrift sind die Rechte gutgläubiger Dritter vorbehalten, die an den vom Unternehmenspfandrecht erfassten Gegenständen, die sich außerhalb des Registerbezirks befinden, ein Eigentumsrecht oder ein anderes dingliches Recht erwerben. Im Umkehrschluss bedeutet dies, dass dem Registereintrag für Gegenstände, die sich innerhalb des Registerbezirks befinden, eine positive Publizitätswirkung (auch Art. 39 Abs. 1 des Türkischen Handelsgesetzbuches (THGB)[416] bzw. Art. 36 Abs. 3 und 4 TGHB n.F.[417]) zukommt. Außerhalb des Registerbezirks wird die Gutgläubigkeit des Erwerbers nach Art. 9 Abs. 2 UntPfG i.V.m. Art. 3 TZGB geschützt. Hierbei werden vom Anwendungsbereich des Art. 9 Abs. 2 UntPfG Mobilien erfasst, die sich zum Zeitpunkt der Begründung des Pfandrechts innerhalb des Registerbezirks befanden, aber auch solche, die im Nachhinein den Registerbezirk verlassen haben. Denn nach Art. 10 Abs. 2 UntPfG ist es dem Verpfänder unter Zustimmung des Pfandnehmers gestattet, über die Gegenstände zu verfügen.[418]

Jeder vom Unternehmenspfandrecht erfasste Gegenstand kann gemäß Art. 14 Abs. 2 UntPfG einzeln zur Forderungstilgung eingesetzt werden. Die Verwertung des Unternehmenspfandrechts richtet sich gemäß Art. 17 UntPfG nach den im TZVG vorgesehenen Regelungen.

4. Sonstige vertragliche Registerpfandrechte

Um ein weiteres besitzloses Registerpfandrecht handelt es sich bei der Schiffshypothek nach Art. 875–877, 893 ff. THGB (Art. 1014 ff. THGB n.F.) für registerpflichtige Schiffe. Darüber hinaus kann ein besitzloses Pfandrecht durch Registereintrag an abbaufähigen Erzvorkommen nach Art. 39 des Gesetzes zum

416 *Türk Ticaret Kanunu*, Gesetzes-Nr. 6762, angenommen am 29.06.1956, ResG-Nr. 9353 vom 09.07.1956.

417 Das neue Türkisches Handelsgesetzbuch (THGB n.F.), *Türk Ticaret Kanunu*, Gesetzes-Nr. 6102, angenommen am 13.01.2011, ResG-Nr. 27846 vom 14.02.2011, soll am 01.07.2012 bzw. einzelne Bestimmungen später in Kraft treten, siehe dazu auch im 4. Teil, C. III. 1.

418 *Erdem*, Bankacılar Dergisi 76 (2011), 42, 49.

Bergbau (*Maden Kanununu*[419]) begründet werden. Hiernach kann abgebautes Erzvorkommen durch einen Eintrag in das dafür speziell vorgesehene Register besitzlos verpfändet werden. Auch an Luftfahrzeugen kann gemäß Art. 70 des Gesetzes für Türkisches Zivil-Luftrecht (*Türk Sivil Havacılık Kanununu*[420]) ein Pfandrecht durch Registereintrag der notariell beglaubigten Erklärungen des Verpfänders und Gläubigers bestellt werden.

IV. Gesetzliche Pfandrechte

Gesetzliche Pfandrechte entstehen aufgrund von bestimmten gesetzlichen Regelungen, ohne dass es einer vertraglichen Absprache und somit auch keiner Pfandabrede bedarf.

1. Besitzlose Pfandrechte kraft Gesetzes

Die meisten gesetzlichen Pfandrechte sind spezialgesetzlich geregelt und bedürfen weder einer Besitzübertragung noch eines Registereintrags. Zu nennen wäre bspw. das Pfandrecht zur Sicherung von Forderungen der öffentlichen Hand, das aus dem Betrieb von öffentlich zugänglichen Einrichtungen entsteht (z.B. Gewerbesteuern). Dieses gesetzliche Pfandrecht ist in Art. 12 des Gesetzes über das Verfahren bei der Einziehung öffentlicher Abgaben (*Amme Alacaklarının Tahsil Usûlü Hakkında Kanunu*[421]) geregelt. Danach kann an Gegenständen und Waren der Einrichtung ein Pfandrecht zur Sicherung der aus dem Betrieb entstehenden Forderungen begründet werden. Daneben gibt es bspw. das Pfandrecht der „Bank für Landwirtschaft“ (*Ziraat Bankası*) am Eigentum der Landwirte, das Pfandrecht des Instituts für landwirtschaftliche Ausrüstungen sowie das Pfandrecht der Kreditgenossenschaften für Landwirte nach Art. 13 des Gesetzes für Landwirtschaftskreditsgenossenschaften und –vereinigungen (*Tarım Kredi Kooperatifleri ve Birlikleri Kanunu*[422]).

419 *Maden Kanunu*, Gesetzes-Nr. 3213, angenommen am 04.06.1985, ResG-Nr. 18785 vom 15.06.1985.

420 *Türk Sivil Havacılık Kanunu*, Gesetzes-Nr. 2920, angenommen am 14.10.1983, ResG-Nr. 18196 vom 19.10.1983.

421 *Amme Alacaklarının Tahsil Usûlü Hakkında Kanunu*, Gesetzes-Nr. 6183, angenommen am 21.07.1953, ResG-Nr. 8469 vom 28.07.1953.

422 Art. 13, *Tarım Kredi Kooperatifleri ve Birlikleri Kanunu*, Gesetzes-Nr. 1581, angenommen am 18.04.1972, ResG-Nr. 14172, 28.04.1972.

2. Das Retentionsrecht

a) Inhalt

Gemäß Art. 950 Abs. 1 TZGB kann der Gläubiger bewegliche Sachen und Wertpapiere, die sich mit Willen des Schuldners im Besitz des Gläubigers befinden, bis zur Befriedigung seiner Forderung zurückbehalten, wenn die Forderung fällig ist und ihrer Natur nach mit dem Gegenstand der Retention in Zusammenhang steht. Nach Abs. 2 der Vorschrift wird diese Konnexität vermutet, wenn es sich um ein Handelsgeschäft zwischen zwei Kaufleuten handelt. Gemäß Art. 950 Abs. 3 TZGB erwirbt der Gläubiger auch ein Retentionsrecht an Gegenständen, die nicht im Eigentum des Schuldners stehen, soweit der gutgläubige Besitzerwerb geschützt wird (vgl. Art. 939, 763 TZGB).

Das Retentionsrecht beinhaltet nach Art. 953 TZGB das Zurückbehaltungs- und Verwertungsrecht des Gläubigers zur Befriedigung der ausstehenden Forderung. Insofern ist das Retentionsrecht von einem Zurückbehaltungsrecht zu unterscheiden, das lediglich zur Zurückbehaltung eines Gegenstandes berechtigt.

Das Retentionsrechts im TZGB ist gleichermaßen ausgestaltet wie im schweizerischen Recht.

b) Gemeinsamkeiten und Unterschiede zum Faustpfandrecht

Wie auch im schweizerischen Recht erfolgt die Verwertung des Retentionsrechts nach den gleichen Regeln, die für das Pfandrecht an beweglichen Gegenständen gelten. Dies ist ausdrücklich in Art. 953 TZGB vorgesehen. Das Retentionsrecht kann zwar vertraglich ausgeschlossen, aber nicht vertraglich vereinbart werden. Es kann lediglich kraft Gesetzes entstehen.[423] Im Gegensatz zu den Regeln über das Pfandrecht kann der Schuldner die Verwertung des Retentionsrechts durch Bestellung einer Sicherheit nach Art. 953 Abs. 1 TZGB verhindern.

Abweichend vom schweizerischen Recht, wird jedoch die Ansicht vertreten, dass mit der freiwilligen Besitzbeendigung das Retentionsrecht erlischt und nicht wie beim Pfandrecht schwebend unwirksam ist.[424] Darüber hinaus wird angenommen, dass bei einem unfreiwilligen Besitzverlust das Retentionsrecht solange schwebend unwirksam ist, bis der Gläubiger von seinem Recht der Besitzherausgabeklage Gebrauch macht.[425]

---

423 *Davran*, S. 94; *Cansel*, S. 52.

424 *Köprülü/Kaneti*, S. 529; *Oğuzman/Seliçi/Oktay-Özdemir*, S. 837; *Cansel*, S. 53.

425 *Oğuzman/Seliçi/Oktay-Özdemir*, S. 837.

V. Exkurs: Das Pfändungspfandrecht

Im türkischen Recht wird das Pfändungspfandrecht wie im schweizerischen Recht nicht als eine Art des allgemeinen Pfandrechts verstanden, sondern als eigenständiges Institut, da es dem Gläubiger – im Gegensatz zum deutschen Recht – kein Vorzugsrecht gewährt.[426]

D. Vergleichende Zusammenfasssung

I. Allgemeines

Zunächst ist festzuhalten, dass die Regelform des Pfandrechts in den zu vergleichenden Rechtsordnungen sehr ähnlich ausgestaltet ist. Als wesentliche Vorgabe gilt das Faustpfandprinzip, so dass die Begründung eines Pfandrechts mit der Besitzaufgabe des Verpfänders verbunden ist. Auffällig ist aber auch, dass die Intensität, mit der dieses Prinzip verfolgt wird, in den jeweiligen Rechtsordnungen unterschiedlich ausgeprägt ist. Dies hat – wie noch dargestellt wird – maßgebliche Konsequenzen für das unterschiedliche Gesamtsystem der Mobiliarsicherheiten in den drei Ländern. Ein für das Pfandrecht weiteres charakteristisches Merkmal ist die Akzessorietät zu der gesicherten Forderung, die ebenfalls in allen Rechtsordnungen normiert ist (vgl. § 1252 BGB bzw. Art. 889 Abs. 1 ZGB bzw. Art 944 Abs. 1 TZGB).

II. Faustpfandprinzip und Ausnahmen

Im schweizerischen Recht wird das Faustpfandprinzip streng befolgt. Dies kommt an verschiedenen Stellen des ZGB zum Ausdruck. Insbesondere die Regelungen in Art. 884 Abs. 1 und 3 sowie Art. 717 ZGB verdeutlichen, dass eine Umgehung des Faustpfandprinzips und der damit verbundene Verzicht zur Übertragung des unmittelbaren Besitzes durch den Verpfänder rechtlich nicht möglich sein soll. Ausnahmen hierzu sind nur selten, und auch nur bei ausdrücklicher Gestattung im Gesetz – wie folgt – möglich.

Im Fall des Viehpfandrechts sollte den kreditbedürftigen Landwirten eine Kreditsicherheit ermöglicht werden, die nicht einen Verzicht der wertvollsten

426 Vgl. *Deren-Yıldırım*, FS Gaul, 111, 113 f.

Vermögenspositionen erfordert. Die übrigen Mobiliarhypotheken wie z.B. das Schiffspfandrecht sind auf ihre Ähnlichkeit mit Immobilien zurückzuführen, so dass die Besitzübergabe als ersatzbedürftig angesehen worden ist. Diese Ausnahme wird allerdings nur unter dem Vorbehalt zugelassen, dass die Publizität durch ein anderes Mittel als der Besitzübergabe, nämlich einem Registereintrag, gewährleistet wird. Letztlich beschränken sich die Ausnahmen auf Fallkonstellationen, die in der Praxis aber eher nur seltene Fälle betreffen.

Im deutschen Recht sind die Ausnahmen zum besitzabhängigen Pfandrecht eng begrenzt, wobei aber alternative Mobiliarsicherheiten, die auf eine Besitzübertragung verzichten – namentlich die Sicherungsübereignung durch Besitzkonstitut – zur Verfügung stehen.

Auch im türkischen Recht gibt es wie im schweizerischen Recht die im TZGB selbst geregelte Ausnahme des Viehpfandrechts, um auch dort der Vielzahl an Landwirten vergleichsweise einfache Kreditsicherungsmittel zur Verfügung zu stellen. Sicherlich spielt das für Schiffe besitzlos mögliche Pfandrecht für den Seehandel eine wichtige Rolle. Auffällig ist aber, dass im Vergleich zum rezipierten schweizerischen Recht – trotz der gemeinsamen rechtlichen Ausgangslage – im türkischen Recht weitere Ausnahmen zum Faustpfand geregelt sind.

Insbesondere die Einführung eines Registerpfandrechts für registerpflichtige bewegliche Gegenstände im Sinne des Art. 940 Abs. 2 Satz 1 TZGB im Jahre 2002 stellt eine erhebliche Abweichung vom rezipierten schweizerischen Recht dar, das den eigenen türkischen Entwicklungen und Kreditbedürfnissen Rechnung trägt. Der Kassationshof hat die in der Praxis gewählte Vorgehensweise zur Bestellung eines Pfandrechts an einem Kraftfahrzeug zwischen Banken und deren Schuldnern als rechtmäßig anerkannt, obwohl der Verpfänder faktisch im Besitz des Fahrzeugs verbleibt. Das Behalten und zumindest das Wiedererlangen des Besitzes am Pfandgegenstand durch den Verpfänder führt – abgesehen von den zuvor skizzierten Ausnahmen – in den drei Rechtsordnungen zu einer Unwirksamkeit des Pfandrechts.[427] Diese Rechtsfolge gilt aber nicht absolut, wie die Entwicklung in der Türkei zeigt. Der Kassationshof hat dort darüber hinaus gerade im Fall der Verpfändung von Kraftfahrzeugen an Banken die – oft zitierte – Aussage getroffen, dass das besitzabhängige Pfand nicht mehr den Anforderungen der Praxis genüge. Vielmehr sei eine Übertragung des Besitzes auf einen Stellvertreter möglich.[428] Das Besondere an dieser Entscheidung ist, dass

427 Vgl. § 1205 Abs. 1 Satz 1 BGB, Art. 717, 884 Abs. 1 Satz 1, (ausdrücklich) Abs. 3 ZGB, Art. 766 Abs. 1 Satz 2, 939 Abs. 1, Abs. 3 TZGB.

428 YHGK 13.11.1996, E. 1996/19–609, K. 1996/764.

die bestehenden Sicherungsinstitute als nicht praxistauglich und das Faustpfand als nicht mehr zeitgemäß erklärt worden ist. Diese Rechtsprechung hat mit der Regelung des Art. 940 Abs. 2 TZGB sogar eine kurzfristige Gesetzesänderung bei der Reform in Jahr 2002 bewirkt. Obwohl in Art. 940 Abs. 2 TZGB allgemein die Rede von registerpflichtigem Fahrnis ist, dessen Verpfändung mit dieser Regelung durch eine Registereintragung ermöglicht wird, bezieht sich der Normzweck auf den konkreten Fall aus der Praxis bei der Verpfändung von Kraftfahrzeugen. Dies ist ein deutliches Beispiel dafür, dass die Bedürfnisse der Praxis zunächst einen Rechtsprechungswandel und darauf folgend eine Gesetzesänderung bewirken können. Es ist aber auch zu berücksichtigen, dass noch offene Fragen hinsichtlich der einzelnen Voraussetzungen an ein Pfandrecht nach Art. 940 Abs. 2 TZGB bestehen. Diese sollten in einer gesonderten Verordnung geregelt werden. Auf eine solche Verordnung, die die näheren Einzelheiten der Begründung des Pfandrechts regeln soll, wird ohnehin in Art. 940 Abs. 2 Satz 2 TZGB verwiesen.

Ein weiteres Registerpfandrecht im türkischen Recht stellt das kaufmännische Unternehmenspfandrecht dar. Eine vergleichbare Regelung gibt es im deutschen Recht nicht. Im schweizerischen Recht gibt es die nur im weiteren Sinne vergleichbaren Mobiliarhypotheken – wie bereits angemerkt – bei Eisenbahn- und Schifffahrts- sowie Trolleybusunternehmungen. Sowohl in der türkischen als auch in der schweizerischen Rechtsordnung kann damit grundsätzlich eine Realsicherheit an einem Unternehmen bestellt werden. Gleichzeitig ist ein wesentlicher Unterschied in Bezug auf die Unternehmen als Pfandgegenstand festzustellen. Im schweizerischen Recht sind die Eisenbahn- und Schifffahrts- sowie Trolleybusunternehmungen als Unternehmen spezieller Art Gegenstand des Pfandrechts. Im türkischen Recht dagegen kann jeder kaufmännische oder handwerkliche Betrieb verpfändet werden, so dass in der Praxis ein sehr weiter Anwendungsbereich eröffnet ist.

Ein weiterer Unterschied zwischen diesen Sicherungsinstituten besteht darin, dass die im schweizerischen Recht vorgesehenen Kreditsicherungen nicht konstitutiv, sondern nur deklaratorisch durch den Registereintrag zustande kommen. Ferner handelt es sich bei diesen regelmäßig um Generalhypotheken, bei denen der wechselnde Bestand erfasst ist. Dagegen ist beim kaufmännischen Unternehmenspfandrecht im türkischen Recht der Registereintrag konstitutiv. Des Weiteren können mit Ausnahme des Firmennamens Gegenstände aus dem Pfandrecht ausgenommen werden. Daher sind die Vermögenspositionen, die vom Pfandrecht umfasst sind, in den notariell zu beurkundenden Pfandvertrag aufzulisten. Dem Registereintrag kommt für die Betriebsbestandteile, die sich innerhalb des Registerbezirks befinden, eine positive Publizitätswirkung nach Art. 9 Abs. 2 UntPfG zu.

Festzustellen ist, dass die Wirkungen der jeweiligen Registereinträge unterschiedlicher Art sind. Daher wäre zu überlegen, wie die Ausgestaltung eines Registereintrags zu erfolgen hat, um die erwünschte Publizitätsfunktion zu erfüllen.

III. Abstraktions- und Kausalitätsprinzip

Ein weiterer prinzipieller Unterschied zeigt sich zwischen den Rechtsordnungen darin, ob das Verhältnis zwischen der Sicherungsabrede und der Pfandrechtsbestellung abstrakter oder kausaler Natur ist. Im deutschen Zivilrecht gilt das Abstraktionsprinzip, so dass Sicherungsabrede und Pfandbestellung in ihrer Wirksamkeit voneinander unabhängig sind. Dagegen gilt im schweizerischen Recht das Kausalitätsprinzip. Hiernach erfordert das Verfügungsgeschäft ein wirksames Kausalgeschäft. Im türkischen Recht ist es dagegen in der Lehre umstritten, welchem Prinzip zu folgen ist. Der Kassationshof selbst hat sich dazu bisher nicht geäußert. Je nach Befolgen des Abstraktions- bzw. Kausalitätsprinzips ist entweder ein Anspruch auf Herausgabe des Pfandgegenstandes aus Vindikation oder aus ungerechtfertigter Bereicherung gegeben.

IV. Besitzformen

Die zulässigen Besitzformen sind in den zu vergleichenden Rechtsordnungen gleich ausgestaltet. Auffällig ist lediglich, dass in Deutschland ausdrücklich die Form des Mitbesitzes in § 1206 BGB als zulässig geregelt wird. Im schweizerischen und türkischen Recht dagegen ist durch die negative Definition des Art. 884 Abs. 3 ZGB bzw. Art. 939 Abs. 3 TZGB vorgegeben, welche Besitzformen zulässig sind. Nach diesen Regelungen ist die Verpfändung nicht wirksam, solange der Verpfänder die ausschließliche Gewalt über den Pfandgegenstand besitzt. Im Umkehrschluss bedeutet dies, dass die Verpfändung erst dann wirksam ist, wenn der Verpfänder nicht die ausschließliche Gewalt über die Pfandsache ausüben kann. Dies kann auch ein gemeinschaftlicher Mitbesitz – wie in § 1206 BGB – sein.

Eine Pfandbestellung, bei der der Besitz an der Pfandsache durch einen Dritten vermittelt wird, ist in den zu vergleichenden Rechtsordnungen gleichermaßen möglich. Legt man hierbei die Anforderungen an eine Übereignung durch Übertragung des mittelbaren Besitzes zugrunde, ist es nach der Rechtsprechung des BGH erforderlich, dass der Verpfänder den mittelbaren Besitz vollständig verliert und der Pfandgläubiger seinen mittelbaren Besitz auf ein konkretes Besitzmittlungsverhältnis zurückführen können muss. Wesentlich ist somit nicht nur die Aufgabe der ausschließlichen Sachgewalt über die Pfandsache durch den Verpfänder, die bei einem mittelbaren Besitz ohnehin nicht gegeben ist. Vielmehr ist auch maßgeblich, dass der mittelbare Besitz des Pfandgläubigers und das damit verbundene Besitzmittlungsverhältnis an der Pfandsache konkretisiert werden kann.

Im schweizerischen und türkischen Recht wird der Regelungszweck der Art. 884 Abs. 3 ZGB bzw. Art. 939 Abs. 3 TZGB durch Art. 717 ZGB bzw. Art. 766 Abs. 1 Satz 2 TZGB abgesichert. Denn diese regeln ausdrücklich die Unwirksamkeit einer Eigentumsübertragung mittels Besitzkonstituts, wenn dadurch die Umgehung der Pfandrechtvorschriften und damit des Faustpfandprinzips beabsichtigt ist. Dagegen enthält die Regelung in § 930 BGB, die bei der Eigentumsübertragung die Vereinbarung eines mittelbaren Besitzverhältnisses zwischen Veräußerer und Erwerber als Übergabesurrogat zulässt, keinen Zusatz, der sich auf eine mögliche Umgehung der Pfandrechtsvorschriften bezieht. Vielmehr wird der Schutz der Pfandrechtsvorschriften auf das geltende Faustpfandprinzip gestützt. Dieses kommt zwar in der Gesamtschau der pfandrechtlichen Vorschriften im BGB zum Ausdruck. Es wird aber nicht wie im schweizerischen und türkischen Recht, das sich an dieser Stelle ganz an die rezipierte Rechtsordnung hält, ausdrücklich normiert. Hier zeigt sich ein Unterschied in der systematischen Darstellungsweise der einschlägigen Regelungen, die die Zulässigkeit von weiteren Sicherungsinstituten beeinflusst.

Für die Normen, die die vorzunehmende Besitzübertragung gewährleisten sollen, ist es im türkischen Recht in Abweichung zum schweizerischen und auch deutschen Recht auffällig, dass die Art. 939 Abs. 3 TZGB von der Rechtsprechung vor dem Hintergrund des Art. 978 TZGB (Art. 891 TZGB a.F.) ausgelegt wird. Danach ist das Pfandrecht wirksam bergründet, wenn der Besitz am Pfandgegenstand an einen Stellvertreter bzw. an einen Treuhänder übertragen wird. Die Rechtsprechung verzichtet hierbei auf konkrete Voraussetzungen an die Person des Dritten. Somit war in den vom Kassationshof entschiedenen Fällen nicht schädlich, dass der Dritte in einem Näheverhältnis zum Verpfänder stand. Vielmehr war in diesen Fällen trotzdem die ausschließliche Sachherrschaft des Verpfänders im Sinne des Art. 939 Abs. 3 TZGB zu verneinen. Durch eine solche rechtliche Bewertung werden Möglichkeiten eröffnet, in der Praxis von der zwingend vorzunehmenden Besitzübertragung abzuweichen. Für den Fall, der in der Praxis am häufigsten genutzt wurde – die Verpfändung eines Kraftfahrzeugs – hat diese Auslegung sogar zu einer Gesetzesänderung geführt, so dass nunmehr auf eine Besitzübertragung vollständig verzichtet werden kann. Unabhängig von dem konkreten Fall der Fahrzeug-Verpfändung müsste man konsequenterweise für alle Pfandgegenstände eine Besitzübertragung an einen Stellvertreter bzw. Treuhänder als ausreichend erachten. Mangels anderer Rechtsprechungsfälle scheint sich diese Vorgehensweise aber bisher nur auf die Verpfändung von Kraftfahrzeugen beschränkt zu haben, wobei die weitere Entwicklung abzuwarten bleibt. Dieser Sonderfall der Kreditsicherung wurde zwischenzeitlich durch Art. 940 Abs. 2 TZGB neu geregelt.

V. Inhalt und Erlöschen

Inhaltlich ist das Pfandrecht in den drei Rechtsordnungen gleich gestaltet. Dies ist auf die Funktion des Pfandrechts als dingliches Sicherungsrecht zurückzuführen, wobei das Pfandrecht auch gleichzeitig das Grundmodell dieser darstellt. Es gibt dem Gläubiger ein Verwertungsrecht an der Sache für den Fall des Ausbleibens der geschuldeten Leistung, vgl. § 1204 BGB bzw. Art. 891 Abs. 1 ZGB bzw. Art. 946 Abs. 1 TZGB. Das Verwertungsrecht an der Sache wird ihm durch den Besitz daran ermöglicht, wodurch auch gleichzeitig ein Schutz Dritter erreicht wird. Diese werden vor einer Fehleinschätzung der Kreditwürdigkeit des Schuldners geschützt. Der Besitz an der Pfandsache begründet gleichzeitig eine Verwahrungspflicht des Pfandnehmers, aus deren Verletzung gegebenenfalls Rechtsansprüche entstehen können, wie dies in § 1217 BGB bzw. Art. 890 ZGB bzw. Art. 945 TZGB vorgesehen ist.

Ein ebenso charakteristisches Recht wie das Verwertungsrecht des Pfandnehmers ist das Herausgaberecht des Verpfänders, das ebenfalls sämtlichst gleich ausgestaltet ist. Nach § 1223 BGB bzw. Art. 889 Abs. 1 ZGB bzw. Art. 944 Abs. 1 TZGB hat der Verpfänder ein Herausgaberecht, wenn die zu sichernde Forderung erfüllt worden ist und somit der Sicherungszweck und das damit verbundene Besitzrecht des Pfandnehmers hinfällig wird. Mit dieser Regelung ist auch das Erlöschen des Pfandrechts verbunden. Dieses tritt ein, wenn die zu sichernde Forderung getilgt wird, aber auch, wenn der Verpfänder den Besitz an der Pfandsache zurück erhält, vgl. § 1253 BGB, Art. 888 ZGB,Art. 943 Abs. 1 TZGB. Während nach der deutschen Rechtsordnung grundsätzlich mit der Rückgabe der Pfandsache nach § 1253 Abs. 1 Satz 1 BGB das Pfandrecht erlischt und ein Vorbehalt der Fortdauer des Pfandrechts nach § 1253 Abs. 1 Satz BGB unwirksam ist, führt eine willentliche Rückgabe des Besitzes trotz fortbestehendem Besitzrecht des Pfandnehmers lediglich zu einer schwebenden Unwirksamkeit nach Art. 888 Abs. 2 ZGB bzw. Art. 943 Abs. 2 TZGB (Art. 857 Abs. 2 TZGB a.F.). Die schweizerische

Rechtsprechung geht dabei von einer Ausnahme aus, die eng auszulegen ist. Dagegen kann man von einer weiten Auslegung durch den türkischen Kassationshof im Falle der Verpfändung von Kraftfahrzeugen vor der Regelung des Art. 940 Abs. 2 TZGB sprechen. Denn mit Bezug zu dieser Regelung rechtfertigte der Kassationshof die Besitzübertragung des Kraftfahrzeugs an einen Treuhänder, der dann kurze Zeit später den Besitz daran dem Verpfänder überließ. Der Kassationshof bezeichnete dies als eine wohlwollende Entscheidung des Pfandnehmers, die nicht zu einer Unwirksamkeit des Pfandrechts führe. Diese Rechtsprechung, die die gängige Vorgehensweise in der Praxis der Banken als rechtmäßig erklärt, stellt eine deutliche Abweichung von der schweizerischen Rechtsordnung dar. Ansonsten sind die Regeln des rezipierten schweizerischen Rechts beibehalten worden. Diese Abweichung ist indes sehr bezeichnend, denn hierdurch erfolgte eine Ausweitung der Ausnahmeregelungen zum Faustpfandprinzip. Während die sonstigen Mobiliarhypotheken aus der Ähnlichkeit der jeweiligen Pfandgegenstände zu Immobilien herrührte und diese Möglichkeit der Mobiliarhypothek in der Praxis vergleichsweise selten genutzt wird, gibt es nun die gesetzlich geregelte Form einer Mobiliarhypothek für Kraftfahrzeuge, von der eine Vielzahl Verbraucher profitieren können. Die Abweichung vom schweizerischen Recht bezieht sich somit auf eine Erweiterung der sonstigen Pfandgegenstände einer Mobiliarhypothek, aber auch auf den sonst nur engen Anwendungsbereich der Mobiliarhypotheken.

VI. Verwertung

Im deutschen Recht sind die verschiedenen Verwertungsformen im BGB (§§ 1233–1246 BGB) genannt. Im schweizerischen und türkischen Recht sind diese Regelungen überwiegend in der SchKG bzw. im TZVG enthalten. Alle drei Rechtsordnungen haben gemeinsam, dass die Verwertung durch einen Gerichtvollzieher, aber auch durch einen privaten Verkauf erfolgen kann.

Jeweils gilt das Verbot der Verfallsvereinbarung (*lex commissoria*), so dass eine – zumindest anfängliche – Vereinbarung, durch die der Pfandnehmer bei Eintritt des Verwertungsfalls automatisch zum Eigentümer des Pfandgegenstandes wird, nach § 1229 BGB bzw. Art. 894 ZGB bzw. Art. 949 TZGB unwirksam ist. Diese Regel ist ebenfalls für das Pfandrecht charakteristisch. Denn Ziel und Zweck des Pfandrechts ist es, dem Pfandgläubiger eine Sicherheit samt Verwertungsrecht zu leisten, nur auf dieses soll die Sicherheit des Pfandgläubigers beschränkt sein. Hierdurch soll verhindert werden, dass der Schuldner in einer Notsituation voreilig einer Entziehung seines Vermögens zustimmt, weil er davon ausgeht, dass der

Verwertungsfall nicht eintreten wird. Die Regelungen zum Pfandrecht schützen damit den Gläubiger sowie Dritte, aber auch den Schuldner selbst.

VII. Zwangsvollstreckung und Insolvenz

In der Zwangsvollstreckung und in der Insolvenz zeigen die Rechtsordnungen Unterschiede auf.

In der Zwangsvollstreckung durch die Gläubiger des Verpfänders steht dem Pfandgläubiger nach der deutschen Rechtsordnung ein Recht auf vorzugsweise Befriedigung gemäß § 805 ZPO zu. Sowohl im schweizerischen als auch im türkischen Recht werden die mit einem Pfandrecht belasteten Gegenstände im Rahmen der Zwangsvollstreckung gemäß Art. 95 Abs. 3 SchKG bzw. Art. 85 Abs. 2 Satz 1 TZVG zum Schluss berücksichtigt. Nach der schweizerischen Rechtsordnung hat der Pfandgläubiger ein Widerspruchsrecht nach den Art. 106 ff. SchKG, das die Berücksichtigung des Pfandrechts bei der Verwertung bezweckt. Im türkischen Recht ist die Möglichkeit einer Herausgabeklage nach Art. 97 Abs. 1 TZVG vorgesehen, wonach ein Dritter ein an dem Pfändungsgegenstand vorgehendes dingliches Recht geltend machen kann.

Bei einer Zwangsvollstreckung gegen den Pfandgläubiger kann der Verpfänder eine Drittwiderspruchsklage nach § 771 ZPO erheben. Im schweizerischen Recht kann der Verpfänder Widerspruch nach Art. 106 SchKG einlegen. Jedoch ist er weiterhin die Erfüllung der gesicherten Forderung schuldig. Solange diese Forderung aussteht, ist diese und das damit verbundene Pfandrecht Gegenstand der Konkursmasse. Das türkische Recht sieht vor, dass sich der Eigentümer und Verpfänder gemäß Art. 85 Abs. 2 TZVG auf sein Eigentumsrecht berufen und ein Herausgaberecht nach Art. 97 Abs. 1 TZVG geltend machen kann. Das Gericht entscheidet dann darüber, ob die Zwangsvollstreckung in diesen Gegenstand weiter betrieben oder davon abgesehen wird (Art. 97 Abs. 1 Satz 2 TZVG).

In der Insolvenz des Verpfänders kommt dem Pfandgläubiger in der deutschen Rechtsordnung ein Recht auf abgesonderte Befriedigung aus dem Pfandgegenstand nach § 50 Abs. 1 InsO zu. Nach der schweizerischen Rechtsordnung werden die Pfandgegenstände nach Art. 198 SchKG unter Vorbehalt des Vorzugsrechts zugunsten des Pfandgläubigers zur Insolvenzmasse gezogen. Die gesicherten Forderungen des Pfandgläubigers werden aus dem Erlös des Pfandgegenstandes gemäß Art. 198, 219 Abs. 1, 232 Zf. 4, 262 Abs. 2 SchKG nach Abzug der Verwertungskosten als erstes bezahlt. Es gilt hier das Admassierungsprinzip.

Im türkischen Recht sind in der Insolvenz des Verpfänders gemäß Art. 206 Abs. 1 TZVG bestehende Pfandrechte an den Vermögensgegenständen vorab zu befriedigen. Nach Art. 185 Abs. 1, 248 Satz 2 TZVG werden diese Gegenstände alsbald möglich verwertet, so dass nach Abzug der Verwahrungs- und Verkaufskosten der Anteil des Gläubigers ausgehändigt werden kann.

In der Insolvenz des Pfandgläubigers steht dem Verpfänder nach der deutschen Rechtsordnung kein Aussonderungsrecht nach § 47 InsO zu, da der Pfandgläubiger ein Besitzrecht am Pfandgegenstand hat. Dagegen erkennt das schweizerische Recht ein Aussonderungsklagerecht des Pfandgläubigers nach Art. 242 SchKG an, wobei aber die gesicherte Forderung in die Insolvenzmasse fällt. Im türkischen Recht kann der Verpfänder eine Herausgabeklage nach Art. 228 TZVG geltend machen, wenn z.B. das Pfandrecht erloschen ist.

VIII. Gesetzliche Pfandrechte

Bei den gesetzlichen Pfandrechten ist das Retentionsrecht in Art. 895 ZGB bzw. Art. 950 TZGB hervorzuheben, da es eine vergleichbare allgemeine Vorschrift im deutschen Recht nicht gibt. Zwar gibt es das Zurückbehaltungsrecht nach § 273 BGB, das Retentionsrecht ist aber als eine Form des Pfandrechts ein Sicherungsrecht und gewährt damit auch ein Verwertungsrecht. Das Retentionsrecht gibt dem Gläubiger das Recht, einen beweglichen Gegenstand des Schuldners, der sich mit dessen Willen in seinem Besitz befindet, für eine ausstehende Forderung zurückzubehalten, sofern eine Konnexität zwischen der zurückbehaltenen Sache und der Forderung besteht.

Auch gibt es im deutschen Recht gesetzliche Pfandrechte wie z.B. im Falle des Werkunternehmerpfadrechts gemäß § 647 BGB, wo der Gläubiger ein gesetzliches Pfandrecht an einem Gegenstand erhält, das der Schuldner ihm übergeben hat. Jedoch unterscheidet sich das Retentionsrecht darin, dass es nicht nur für speziell geregelte Vertragskonstruktionen gilt, sondern sobald eine Konnexität zwischen der geschuldeten Leistung und dem Gegenstand besteht.

2. Teil: Die Sicherungsübereignung beweglicher Sachen

A. Nach der deutschen Rechtsordnung

Bei der Sicherungsübereignung wird zur Sicherung einer Forderung das Eigentum an einem Gegenstand des Schuldners[429] (Sicherungsgeber) auf den Gläubiger der Forderung (Sicherungsnehmer) übertragen. Wird die gesicherte Forderung vom Sicherungsgeber getilgt, wird der Sicherungsgegenstand auf ihn zurück übertragen, anderenfalls hat der Sicherungsnehmer ein Verwertungsrecht an dem Sicherungsgegenstand. Die Sicherungsübereignung ist in ihrer wirtschaftlichen Funktion dem Pfandrecht ähnlich, bietet aber im Vergleich zu dieser durch die Möglichkeit der Übereignung mittels Besitzkonstituts gemäß § 930 BGB erhebliche Vorteile für den Sicherungsgeber.[430] Auf diesem Wege kann der Sicherungsgeber den Sicherungsgegenstand weiterhin besitzen und insbesondere eigenständig wirtschaftlich nutzen.

I. Prinzipien

Die Sicherungsübereignung richtet sich nach Prinzipien, die teilweise mit denen des Pfandrechts übereinstimmen, teilweise sich aber von diesen unterscheiden.

1. Fiduziarisches Eigentum

Bei der Sicherungsübereignung wird fiduziarisch das Eigentum zu vollem Recht im Sinne des § 903 BGB am Sicherungsgegenstand auf den Sicherungsnehmer übertragen. Eine fiduziarische Vollrechtsübertragung beinhaltet, dass der Sicherungsnehmer in der Ausübung seiner Rechtsmacht über den Sicherungsgegenstand im Innenverhältnis dem Sicherungsgeber gegenüber nach Maßgabe der schuldrechtlichen Sicherungsabrede beschränkt ist.[431] Dies bedeutet, dass der Sicherungsnehmer keinerlei Verfügungen vornehmen darf, die der Sicherungsabrede widersprechen. Dieser kommt jedoch keine dingliche Wirkung zu, so dass

429 Bzw. eines Dritten als Sicherungsgeber.

430 MK-*Oechsler*, Anh. §§ 929–936, Rn. 2.

431 BGH NJW 1954, 191; Palandt/*Bassenge*, § 903, Rn. 33, 37.

eine vom Sicherungsgeber vorgenommene Verfügung grundsätzlich wirksam ist.[432] Der Sicherungsnehmer ist daher faktisch nicht an Verfügungen gehindert, die über die Sicherungsabrede hinausgehen. Die Interessen des Sicherungsgebers werden durch mögliche Schadensersatzansprüche gegen den Sicherungsnehmer berücksichtigt. Daneben wird der Sicherungsgeber nach den Vorschriften der §§ 138, 823 Abs. 2 BGB in Verbindung mit § 266 StGB oder nach § 826 BGB geschützt.[433] Das Sicherungseigentum wird nach der deutschen Rechtsordnung als eine Sonderform des Eigentums behandelt, so dass der treuhänderische Charakter der Sicherungsübereignung sich teilweise auf das Außenverhältnis auswirken kann.[434]

2. Nicht-Akzessorietät

Die Sicherungsübereignung dient der Sicherung einer Forderung. Ob die Sicherungsübereignung akzessorisch zu dieser ist, ist gesetzlich nicht geregelt. In einer BGH-Entscheidung[435] wurde die Akzessorietät einer Sicherungszession bejaht. Mit einer Sicherungszession und einer Sicherungsübereignung werde derselbe Zweck wie bei einer Pfandbestellung verfolgt, so dass auch bei diesen beiden Sicherungsgeschäften eine Akzessorietät anzunehmen sei. Es entspreche dem Willen der Vertragsparteien, dass die Sicherungszession vom Kausalgeschäft abhängig sei. Dies sei unter Berücksichtigung der beiderseitigen wirtschaftlichen Interessen der Vertragsparteien geboten. Diese Entscheidung wurde sowohl hinsichtlich der Sicherungszession als auch der Sicherungsübereignung zu Recht kritisiert.[436] Um eine akzessorische Wirkung annehmen zu können, müsste wenn überhaupt das übertragene Recht vom (Fort-) Bestehen der gesicherten Forderung abhängig sein. Der BGH nimmt aber in seiner Entscheidung eine Abhängigkeit des Rechtsgeschäfts an, das die Übertragung bewirkt, was nicht zutreffend ist.[437] Ob eine Verknüpfung der Wirksamkeit der Abtretung vom Bestehen des gesicherten Rechts

---

432 BGH NJW 1968, 1471, 1471.

433 BGH NJW 1968, 1471, 1471.

434 MK-*Oechsler*, Anh. §§ 929–936, Rn. 1. Nähere Ausführungen hierzu in diesem Teil unter A. II. 7. und 8.

435 BGH NJW 1982, 275, 276.

436 *Jauernig*, NJW 1982, 268 ff.

437 BGH NJW 1982, 275, 276: *„Handelt es sich bei dem Verfügungsgeschäft um eine Sicherungszession, so ist die Annahme, ihre Abhängigkeit von dem Kausalgeschäft sei gewollt, auch von ihrer Funktion und dem beiderseitigen wirtschaftlichen Interesse der Vertragsparteien her geboten.“*

von den Parteien gewollt ist, ist zwar durch Auslegung zu ermitteln, jedoch wird durch eine bedingte Übertragung nicht die Rechtsnatur der Sicherungsabtretung verändert. Aber auch der BGH hat in weiteren Entscheidungen seine Rechtsprechung dahingehend angepasst und entschieden, dass es einen allgemeinen Rechtsgrundsatz, wonach Sicherungsübereignungen stets durch den Sicherungszweck bedingt seien, nicht gäbe.[438] Vielmehr sei es eine Frage der Auslegung, ob der Eigentumsübergang durch das Entstehen der gesicherten Forderung aufschiebend bedingt sein soll.[439] Jedoch finden die Grundsätze der Akzessorietät auf das Sicherungsinstitut der Sicherungsübereignung keine Anwendung. Das Eigentumsrecht des Sicherungsnehmers ist nicht von der zur sichernden Forderung abhängig.[440] Auch eine Übertragung des Sicherungseigentums, die durch ein Erlöschen der gesicherten Forderung auflösend bedingt ist, stellt keine Akzessorietät zwischen der Eigentumsübertragung und der Forderung her, da es an der maßgeblichen Anwendbarkeit des § 401 BGB fehlt.[441] Akzessorietät kann aufgrund der strukturverändernden Wirkung nicht durch Vereinbarung, sondern nur durch eine gesetzliche Vorschrift begründet werden.[442] Trotz Erlöschen oder Nichtbestehen der Forderung bleibt das (Sicherungs-) Eigentum des Sicherungsnehmers bestehen. Der Sicherungsgeber erwirbt lediglich einen Rückübertagungsanspruch aus der Sicherungsabrede.[443]

3. Spezialitäts- und Bestimmtheitsgrundsatz

Nach dem Spezialitäts- und Bestimmtheitsgrundsatz ist der Gegenstand, der zu Sicherungszwecken übereignet werden soll, konkret zu bestimmen, zumindest muss er bestimmbar sein. Die Anforderungen an die Bestimmbarkeit sind erfüllt, wenn zum Zeitpunkt der Vereinbarung allein aus dieser erkennbar wird, ob der fragliche Gegenstand einbezogen ist.[444] Nach der sog. Beobachtungsformel des BGH ist dieser Grundsatz berücksichtigt, *„wenn es aufgrund einfacher*

---

438 BGH NJW 1984, 1184, 1186; BGH NJW 1991, 353, 353 f.

439 BGH NJW 1991, 353, 353.

440 BGH NJW 2000, 957, 958; BGH NJW 1984, 1184, 1186; *Baur/Stürner*, § 57, Rn. 10.; vgl. *K. Schmidt*, FS Serick, 329, 335.

441 MK-*Oechsler*, Anh. §§ 929–936, Rn. 10; *Jauernig*, NJW 1982, 268, 270. Daher ist unwesentlich, ob im Zweifel eine bedingte Sicherungsübereignung anzunehmen ist. *Bülow*, Rn. 1147, 1180; *Jauernig*, NJW 1982, 268, 270.

442 *Jauernig*, NJW 1982, 268, 270.

443 MK-*Oechsler*, Anh. §§ 929–936, Rn. 10.

444 *Paulus*, JuS 1995, 185, 188.

äußerer Abgrenzungskriterien für jeden, der die Parteiabreden kennt, ohne weiteres ersichtlich ist, welche individuell bestimmten Sachen übereignet worden sind.“[445] Die Bestimmung des Sicherungsgegenstandes ist ohne weiteres möglich, wenn ein konkreter Gegenstand zu Sicherungszwecken übereignet wird. Werden dagegen mehrere Gegenstände übereignet, müssen im Zeitpunkt der Einigung die Sicherungsgegenstände so bezeichnet werden, dass durch einfache Abgrenzungskriterien eindeutig feststellbar ist, welche Gegenstände von der Sicherungsübereignung erfasst sind.[446] Die Hinzuziehung von Umständen, die außerhalb der Vereinbarung liegen, ist nicht zulässig.[447] Die Anforderungen des Bestimmtheitsgrundsatzes sind deshalb so hoch, um eine Aufzehrung der Insolvenzmasse durch Übereignungen mittels Scheinbesitzkonstituts zu verhindern.[448] Würde man auf diese verzichten, wäre mangels Bestimmbarkeit des Sicherungsguts eine ausreichende Rechtsklarheit nicht gewährleistet.

a) Raumsicherungsverträge und Warenlager mit festem Bestand

Die Übertragung von Eigentum und Anwartschaftsrechten an sämtlichen in einem bestimmten Raum befindlichen Sachen (Raumsicherungsvertrag) ist möglich, wenn die von der Einigung erfassten Bestände festgelegt und alle Waren zu Sicherungszwecken übereignet werden.[449] Durch die räumliche Abgrenzung wird deutlich, welche Gegenstände von der Vereinbarung erfasst sind.

Bei der Sicherungsübereignung von Warenlagern genügt die Verwendung der „All-Formel“, nach der sämtliche zu übereignenden Gegenstände ein bestimmtes Merkmal aufweisen müssen, um die zu übereignenden Gegenstände hinreichend zu bestimmen. Dadurch wird zum Ausdruck gebracht, dass sich die Übereignung auf alle Waren bezieht, die dieses Merkmal aufweisen.[450]

---

445 BGH NJW 2000, 2898, 2989; BGHZ 73, 253, 254.

446 MK-*Quack*, 4. Auflage, § 929, Rn. 77.

447 BGHZ 28, 16, 19.

448 MK-*Oechsler*, Anh. §§ 929–936, Rn. 5.

449 *Gehrlein*, MDR 2008, 1069, 1070.

450 BGHZ 28, 16, 20; BGHZ 21, 52, 55: Es ist zu beachten, dass nur individuell bestimmte und nicht nur mengen- oder wertmäßig bestimmte Teile von Sachgesamtheiten übertragen werden können, so dass eine Übereignung z. B. von Lagerbeständen eines bestimmten Gewichts oder eines bestimmten Wertes nicht ausreichend ist.

b) Warenlager mit wechselndem Bestand

Die Vorteile der Sicherungsübereignung gegenüber der Verpfändung zeigen sich gerade darin, dass der Sicherungsgeber das Sicherungsgut weiter wirtschaftlich nutzen kann. Dies gilt auch im Falle der Sicherungsübereignung eines Warenlagers. Durch die wirtschaftliche Nutzung können aber auch Veränderungen im Bestand des Warenlagers eintreten. Damit der Sicherungsnehmer durch einen sich verringernden Bestand nicht benachteiligt wird, muss gewährleistet werden, dass auch neu hinzukommende Waren vom Sicherungsgut erfasst werden. Dies ist möglich durch die Vornahme einer antizipierten Einigung gemäß § 929 Satz 1 BGB sowie eines antizipierten Besitzkonstituts, das sich auf künftige Sachen bezieht, die in das Warenlager eingefügt werden. Die zukünftigen Gegenstände müssen dem Bestimmtheitsgrundsatz ebenfalls genügen, indem sie hinreichend konkretisiert werden können.[451] Hierdurch gelangen die Gegenstände automatisch in das Eigentum des Sicherungsnehmers, sobald der Sicherungsgeber sie erwirbt.[452] Das erforderliche Fortbestehen der Einigung und des Besitzmittlungsverhältnisses im Zeitpunkt der Besitzerlangung wird dabei vermutet.[453]

c) Markierungsverträge

Befinden sich die zu übereignenden Gegenstände nicht in einem Raum oder Warenlager, kann die Bestimmtheit durch eine gesonderte Lagerung, eine Markierung oder durch Aufnahme in ein Verzeichnis unter genauer Angabe individueller Merkmale (z. B. Gegenstand, Menge, Stoff) konkret beschrieben werden. Hierdurch wird es ermöglicht, zur Sicherung übereignete und andere Gegenstände gemeinsam zu verwahren, ohne dass es zu einer Verletzung des Bestimmtheits- und Spezialitätsgrundsatzes kommt.[454]

II. Die Sicherungsübereignung im Einzelnen

1. Begründung

Das Sicherungsinstitut der Sicherungsübereignung richtet sich nach den Vorschriften der Eigentumsübertragung gemäß den §§ 929 ff. BGB. Die zugrunde

451 Vgl. BGH NJW 1964, 398, 398 f.; Palandt/*Bassenge*, § 930, Rn. 6.

452 BGHZ 117, 200, Zf. 15; BGHZ 21, 52, 56; Palandt/*Bassenge*, § 930, Rn. 10 f.; *Weber*, S. 168.

453 BGH WM 1977, 218, 218 f.

454 BGH NJW 1992, 1161, 1162.

liegende Sicherungsabrede sowie die zu sichernde Forderung sind abstrakt von der Übereignung zu betrachten.

a) Beteiligte

An der Sicherungsübereignung sind der Sicherungsnehmer, der stets identisch mit dem Gläubiger der Forderung ist, sowie der Sicherungsgeber beteiligt. Dieser kann mit dem Schuldner der Forderung identisch sein, möglich ist aber auch – wie beim Pfandrecht – dass ein Dritter sein Eigentum als Sicherungsgegenstand zur Verfügung stellt.

b) Gegenstand

Gegenstand der Sicherungsübereignung können alle beweglichen Sachen sein. Hiervon sind auch unpfändbare bewegliche Sachen im Sinne des § 811 ZPO erfasst.[455] Wie bereits dargestellt, ist hierbei die Beachtung des Spezialitäts- und Bestimmtheitsgrundsatzes insbesondere für die Sicherungsübereignung mittels Besitzkonstituts wesentlich.

c) Sicherungsabrede

Die der Sicherungsübereignung zugrunde liegende Sicherungsabrede regelt den Inhalt und den Umfang der Sicherungsübereignung, sie stellt damit die Zweckvereinbarung des Sicherungsgeschäfts dar. Der Sicherungsvertrag ist in seiner Wirksamkeit abstrakt von der Sicherungsübereignung und dem Rechtsgeschäft, aus der die zu sichernde Forderung stammt.[456] In der Sicherungsabrede können die Parteien vereinbaren, dass bei Befriedigung der Sicherungsforderung eine Rückübertragungspflicht des Sicherungsnehmers besteht. Eine solche kann durch Auslegung ermittelt werden oder ergibt sich aus § 812 Abs. 1 Satz 2 Alt. 2 BGB.[457] Ferner kann die Sicherungsabrede Regelungen zur Art und Weise der Verwertung enthalten.

d) Sicherungsweise Übertragung und Besitzeinräumung

Die Übertragung des Sicherungsguts wird nach den allgemeinen Vorschriften der Eigentumsübertragung gemäß den §§ 929 ff. BGB vorgenommen. Hierbei kann gemäß § 929 BGB der Besitz am Sicherungsgegenstand dem Sicherungsnehmer

455 *Weber*, S. 166.
456 Vgl. BGH NJW 1994, 2885, 2885.
457 *Weber*, S. 173.

übergeben werden. Wegen der Vorteile gegenüber dem Pfandrecht erfolgt die Sicherungsübereignung in der Regel mittels Besitzkonstituts gemäß § 930 BGB. Über das Besitzkonstitut wird somit ein besitzloses Sicherungsgeschäft ermöglicht.[458] Teilweise[459] wird zur Sicherung der Publizität eine Eintragung in ein Register gefordert, um die Kreditwürdigkeit des Sicherungsgebers besser bewerten zu können. Für die nach § 930 BGB erforderliche Vereinbarung eines Besitzmittlungsverhältnisses gemäß § 868 BGB wird nach heutiger Ansicht die Sicherungsabrede, in der die Vereinbarung über die Sicherungsübereignung vorgenommen wird, als ausreichend angesehen. Hierbei ist maßgeblich, dass nach den Grundsätzen von Treu und Glauben aus dem Verhalten der Parteien die stillschweigende Begründung eines bestimmten Verpflichtungsgrundes als Vertragswille gefolgert werden kann.[460]

Möglich ist auch eine Verknüpfung der Sicherungsübereignung mit der zu sichernden Forderung durch eine gemäß § 158 Abs. 1 BGB aufschiebend oder gemäß § 158 Abs. 2 BGB auflösend bedingte Vereinbarung. Im Zweifel ist jedoch von einer unbedingten Übereignung auszugehen.[461]

2. Gutgläubiger Erwerb

Ein gutgläubiger Erwerb des Sicherungsgutes ist auch bei der Sicherungsübereignung möglich. Gehört eine mittels Besitzkonstituts nach § 930 BGB zu Sicherungszwecken übereignete Sache nicht dem Sicherungsgeber, so erwirbt der Sicherungsnehmer gemäß § 933 BGB das (Sicherungs-) Eigentum, wenn ihm die Sache von dem Veräußerer übergeben wird und er zu dieser Zeit in gutem Glauben im Sinne des § 932 Abs. 2 BGB ist. Die Gutgläubigkeit muss bis zum Herausverlangen des Sicherungsgegenstandes im Zeitpunkt der Verwertung vorliegen.[462] Wenn aber der Sicherungsnehmer entgegen der Sicherungsabrede das Sicherungsgut veräußert, kommt es nicht auf die Gutgläubigkeit des Erwerbers an, da die Verfügungsbeschränkung des Sicherungsnehmers nur im Innenverhältnis zum Sicherungsgeber relevant ist.[463]

---

458 *Bülow*, Rn. 1277.

459 *Dorndorf/Frank*, ZIP 1985, 65, 78 f.

460 BHG NJW 1979, 2308, 2309; *Baur/Stürner*, § 57, Rn. 9.

461 BGH NJW 1991, 353, 354; BGHZ 137, 212, 219.

462 *Menke*, WM 1997, 405, 407.

463 *Bülow*, Rn. 1355.

3. Inhalt

Die Rechte und Pflichten der beteiligten Parteien gehen aus dem Sicherungsvertrag hervor.[464]

a) *Rechte und Pflichten des Sicherungsgebers*

Bei einer Sicherungsübereignung mittels Besitzkonstituts hat der Sicherungsgeber ein Besitzrecht und regelmäßig ein Nutzungsrecht am Sicherungsgut. Wird dem Sicherungsgeber sogar das Recht zur Weiterveräußerung des Sicherungsguts eingeräumt, liegt eine sog. verlängerte Sicherungsübereignung vor. Das Sicherungseigentum setzt sich dann an den daraus entstehenden Forderungen gegen Dritte fort, die an den Sicherungsnehmer abzutreten sind.[465]

Aufgrund der Sicherungsabrede ist der Sicherungsgeber verpflichtet, das Eigentum am Sicherungsgut auf den Sicherungsnehmer zu übertragen. Ferner ist er verpflichtet, den Gegenstand, dessen Besitz bei der Sicherungsübereignung mittels Besitzkonstituts bei ihm verbleibt, ordnungsgemäß zu verwahren und den Sicherungsnehmer über Beeinträchtigungen des Sicherungsgegenstandes zu informieren.[466] Bei Nichttilgung der Forderung zum Zeitpunkt der Fälligkeit ist er zur Herausgabe verpflichtet, damit der Sicherungsgegenstand verwertet werden kann. Diese Pflicht besteht gemäß § 216 Abs. 1 BGB analog auch dann, wenn die Forderung bereits verjährt ist.[467]

b) *Rechte und Pflichten des Sicherungsnehmers*

Der Sicherungsnehmer hat die Rechte eines Eigentümers. Nur im Innenverhältnis zum Sicherungsgeber ist er in seiner Verfügungsbefugnis als Eigentümer insofern beschränkt, als er über den Sicherungsgegenstand nicht in einer den Sicherungszweck vereitelnden Weise verfügen darf.[468] Denn wie bei den anderen Sicherungsmitteln dient die Sicherungsübereignung der Sicherung des Gläubigers und nicht dessen Befriedigung. Verletzt er diese Pflicht, ist er dem Sicherungsgeber gemäß den §§ 280, 281 BGB zum Schadensersatz verpflichtet.

---

464 MK-*Oechsler*, Anh. §§ 929–936, Rn. 25.

465 Soergel/*Henssler*, Anh. § 930 Rn. 59.

466 Regelmäßig wird zusätzlich eine Versicherungspflicht oder für den Fall des Untergangs des Sicherungsgegenstandes eine Ersatzpflicht vereinbart. *Baur/Stürner*, § 57, Rn. 15.

467 BGHZ 70, 96, 99; BGHZ 34, 191, 198.

468 *Weber*, S. 173.

Eine Rückübertragungspflicht des Sicherungsnehmers besteht entweder aus der Sicherungsvereinbarung selbst, wenn diese unter einer auflösenden Bedingung vereinbart wurde, oder die Forderung getilgt wurde, da dann das Sicherungsbedürfnis und -interesse des Sicherungsgebers entfallen.[469] Ferner obliegt ihm die ordnungsgemäße Verwertung des Sicherungsgegenstandes.[470]

4. Wirksamkeit

Beim Inhalt der Sicherungsabrede sind die allgemeinen Grundsätze der Gestaltungsfreiheit zu beachten. Insbesondere ergeben sich hier Beschränkungen durch die Regelungen der §§ 134 BGB (gesetzliches Verbot), 138 BGB (sittenwidriges Rechtsgeschäft), 826 BGB (sittenwidrige vorsätzliche Schädigung) sowie des § 307 BGB (unangemessene Benachteiligung) bei Verwendung von Allgemeinen Geschäftsbedingungen (AGB). In der Praxis haben sich Fallkonstellationen herausgebildet, die regelmäßig als sittenwidrig im Sinne des § 138 BGB bzw. als unangemessene Benachteiligung im Sinne des § 307 BGB einzustufen sind, wenn die Regelung durch AGB erfolgte.[471] Es handelt sich hierbei um die Fallgruppen der sog. Knebelung, der Gläubigergefährdung und der Übersicherung.

a) Knebelung

Wird durch ein Rechtsgeschäft die wirtschaftliche Freiheit des Sicherungsgebers derart beschränkt, dass der Betroffene seine geschäftliche Selbständigkeit verliert, so verstößt das Rechtsgeschäft gegen die guten Sitten im Sinne des § 138 BGB. Das Sittenwidrigkeitselement bezieht sich auf die Freiheitsbeschränkung des Sicherungsgebers.[472] Eine solche sittenwidrige Knebelung ist insbesondere dann anzunehmen, wenn der Sicherungsgeber durch die Sicherungsübereignung in seiner wirtschaftlichen Bewegungsfreiheit und der Freiheit seiner Unternehmensführung einseitig vom Sicherungsnehmer in einem erheblichen Maße abhängig gemacht wird.[473] Maßgeblich ist, dass der Sicherungsgeber gehindert wird, *„in einem seinen Verhältnissen angemessenen Rahmen auch andere Gläubiger zu befriedigen"*.[474] Dies ist bspw. der Fall, wenn der Sicherungsgeber

469 BGH NJW 1998, 671, 672; Palandt/*Bassenge*, § 930, Rn. 28; *Weber*, S. 173.
470 BGH NJW 2000, 352, 353; BGH WM 1962, 673, 674.
471 Palandt/*Ellenberger*, § 138, Rn. 16.
472 MK-*Armbrüster*, § 138 BGB, Rn. 71 ff.
473 Staudinger/*Wiegand*, Anh. zu den §§ 929–931 Rn. 152.
474 BGH NJW 1956, 337, 337.

zur Tilgung anderer Schulden über seine Einnahmen nur mit Zustimmung des Sicherungsnehmers verfügen oder bei anderen Kreditgebern keinen Kredit aufnehmen darf.

Ein absichtliches Vorgehen des Sicherungsnehmers ist nicht erforderlich, vielmehr ist bereits eine aus grober Nachlässigkeit nicht vorgenommene Überprüfung der wirtschaftlichen Situation des Sicherungsgebers ausreichend für eine mögliche Sittenwidrigkeit. In solchen Fällen besteht für die anderen Gläubiger des Sicherungsgebers kaum die Möglichkeit auf Befriedigung ihrer Forderungen, was auf das Ausnutzen der wirtschaftlichen Machtstellung des Sicherungsnehmers zurückzuführen ist. Dieser verbessert so auf Kosten anderer seine Stellung als Gläubiger.[475] Unter solchen Bedingungen könnte der Sicherungsnehmer allein bestimmen, ob der Sicherungsgeber weiterhin wirtschaftlich aktiv bleiben kann oder nicht, so dass eine Einstufung als sittenwidrig im Sinne des § 138 BGB bzw. als unangemessene Benachteiligung im Sinne des § 307 BGB zum Schutz des Rechtsverkehrs geboten erscheint.

b) Gläubigergefährdung

Der Begriff der Gläubigergefährdung bezeichnet die Fälle, in denen der Sicherungsnehmer die ihm zur Verfügung gestellten Sicherheiten aufgrund ihres Umfangs oder ihrer Intransparenz dazu nutzt, um andere Gläubiger in die Irre zu führen.[476] Diese werden im Vertrauen auf die Kreditwürdigkeit des Sicherungsgebers getäuscht und gefährdet.[477] Grundsätzlich werden solche Handlungen durch die Sondervorschriften der Insolvenz- und Gläubigeranfechtung geregelt, um einen hinreichenden Gläubigerschutz gewährleisten zu können. Die Grenze zur Sittenwidrigkeit wird aber überschritten, wenn besondere – zu missbilligende – Merkmale hinzutreten. Dies ist der Fall, wenn auf subjektiver Seite ein Zusammenwirken des Sicherungsgebers und Sicherungsnehmers vorliegt. Ein vorsätzliches Handeln ist nicht zwingend Voraussetzung, vielmehr ist es ausreichend, wenn beiden die Möglichkeit bewusst ist, dass andere Gläubiger geschädigt werden können.[478] Sind dem begünstigten Gläubiger die Umstände bekannt, die den Schluss auf einen bevorstehenden Zusammenbruch des Schuldners nahe legen, so handelt er schon dann sittenwidrig, wenn er sich über diese Erkenntnis mindestens grob fahrlässig hinwegsetzt.[479] Je größer und konkreter

475 OLG Köln ZIP 1985, 1472, 1474, 1476.

476 RGZ 136, 247, 254; BGH NJW 1970, 657, 659.

477 Staudinger/*Wiegand*, Anh. zu den §§ 929–931 Rn. 159.

478 BGHZ 10, 228, 230 f.; BGHZ 20, 43, 50, 52.

479 BGHZ 10, 228, 230 f.; BGHZ 20, 43, 50, 52.

die Gefahr der Insolvenzreife ist, desto sorgfältiger muss der Gläubiger die Auswirkungen des Sicherungsgeschäfts auf das Vermögen des Schuldners prüfen. Unterlässt er die gebotene Prüfung, setzt er sich leichtfertig über die Gefährdung der anderen Gläubiger durch Kredittäuschung hinweg, so dass das Rechtsgeschäft wegen Sittenwidrigkeit unwirksam ist.[480]

c) Übersicherung

Eine Übersicherung liegt bei einem deutlichen Missverhältnis zwischen dem durch die Verwertung voraussichtlich zu erzielenden Wert der Sicherheit (Sicherungswert) und dem Wert der Sicherungsforderung vor. Zu unterscheiden ist zwischen anfänglicher und nachträglicher Übersicherung, die jeweils unterschiedliche Rechtsfolgen bewirkt.

aa) Anfängliche Übersicherung

Eine anfängliche Übersicherung liegt vor, wenn schon zum Zeitpunkt des Vertragsschlusses feststeht, dass im Verwertungsfall ein auffälliges Missverhältnis zwischen dem Wert des Sicherungsguts und dem der Sicherungsforderung bestehen wird.[481] Entscheidend ist hierbei der realisierbare Wert bei ungewissen Marktverhältnissen im Falle einer Insolvenz des Sicherungsgebers. Dieser Wert muss unter Berücksichtigung der Besonderheiten des Einzelfalls – soweit erforderlich unter Hinzuziehung von Sachverständigen – festgestellt werden.[482] Liegen auf objektiver und subjektiver Seite die Voraussetzungen für ein mit den guten Sitten nicht vereinbares Vorgehen vor, ist das Rechtsgeschäft gemäß § 138 BGB nichtig.

Ein auffälliges Missverhältnis wurde z. B. angenommen bei einer Sicherung in 16-facher Höhe der zu sichernden Forderung.[483] Auf subjektiver Seite muss eine verwerfliche Gesinnung festgestellt werden können, um ein sittenwidriges Vorgehen zu bejahen. Eine solche Haltung wird angenommen, wenn der Sicherungsnehmer in sittlich unerträglichem Maße aus eigensüchtigen Gründen rücksichtslos gegenüber den berechtigten Belangen des Sicherungsgebers handelt.[484] Bei der anfänglichen Übersicherung ist jeder Einzelfall auf seine Besonderheiten hin zu überprüfen, um sowohl objektiv als auch subjektiv ein sittenwidriges Handeln annehmen zu können. Die Rechtsprechung wendet hier bewusst keine Richtwerte

480 OLG Köln ZIP 1985, 1472, 1474, 1476.
481 BGH NJW 1998, 2047, 2047.
482 *Gehrlein*, MDR 2008, 1069, 1074.
483 OLG Hamm, WM 2002, 451, 453.
484 BGH WM 1998, 856, Zf. 11.

zu Deckungsgrenzen an, da zum Zeitpunkt des Vertragsschlusses die Entwicklung des Sachwertes nur schwierig und nach unterschiedlichen Kriterien bewertet werden kann. Neben diese Unsicherheiten müssen im Einzelfall Besonderheiten auftreten, die ein deutliches Missverhältnis begründen und so die Nichtigkeit des Rechtsgeschäfts bewirken.[485]

bb) Nachträgliche Übersicherung

Für die Fälle der nachträglichen Übersicherung sieht die Rechtsprechung eine andere Rechtsfolge vor. Eine nachträgliche Übersicherung kann durch Veränderungen der zu sichernden Forderung sowie des zur Verfügung gestellten Sicherungsguts eintreten. Solche Veränderungen können insbesondere bei der Absicherung durch Warenlager mit wechselndem Bestand auftreten. Während die Forderung sukzessive getilgt wird und sich ihr Wert entsprechend reduziert, kann der Wert des Warenlagers und somit des Sicherungsguts insbesondere durch neu hinzukommende Waren zunehmen, so dass ein deutliches Missverhältnis zwischen dem Wert des Sicherungsguts und dem der gesicherten Forderung entstehen kann.

Nach der früheren Rechtsprechung des BGH sollte eine ermessensunabhängige Freigabeklausel mit zahlenmäßig fester Deckungsgrenze und eine feste Bezugsgröße für die Bewertung von revolvierenden Globalsicherheiten fester Vertragsbestandteil sein.[486] Im Folgenden wurden hierzu von mehreren Zivilsenaten unterschiedliche Ansichten vertreten. Daraufhin entschied der Große Senat[487], dass jedem Sicherungsvertrag ein Freigabeanspruch immanent sei, der nicht der Disposition der Parteien unterliege. Dies ergebe sich gemäß § 157 BGB aus der fiduziarischen Rechtsnatur des Sicherungsvertrages. Eine nachträgliche Übersicherung habe daher nicht die Unwirksamkeit des Sicherungsvertrages, sondern einen Freigabeanspruch des Sicherungsgebers gegen den Sicherungsnehmer zur Folge. Hiermit verfolgt der Große Senat eine Verringerung des Gestaltungsrisikos mit Unwirksamkeitsfolgen durch eine klare Festlegung der Voraussetzungen und des Umfangs für einen gesetzlich gebotenen Freigabeanspruch.[488] Das Bestehen des Freigabenanspruchs („ob") ist damit ermessensunabhängig. Der Sicherungsgeber kann sodann bei mehreren Sicherungsgegenständen entscheiden, welche freigegeben werden („wie").

485 MK-*Oechsler*, Anh. §§ 929–936, Rn. 33.
486 BGHZ 109, 240, Zf. 13 ff.
487 BGHZ 137, 212, 219 ff.
488 BGHZ 137, 212, 219 ff.

Der BGH legt als Deckungsgrenze der benötigten Sicherheiten 110 % der zu sichernden Forderung fest.[489] Im Zweifel hat der Sicherungsgeber einen Freistellungsanspruch, wenn der Schätzwert des Sicherungsguts 150 % der zu sichernden Forderung übersteigt. Der Schätzwert richtet sich nach dem Marktpreis. Wenn dieser nicht ermittelbar ist, ist der Herstellungs- und Einkaufspreis zu berücksichtigen. Die Festlegung der Grenze bei 150 % beruht auf der Regelung des § 237 Satz 1 BGB, wonach mit einer beweglichen Sache Sicherheit nur in Höhe von zwei Dritteln des Schätzungswerts geleistet werden kann.[490]

Auf dieser Basis kann der Sicherungsgeber seinen Freigabeanspruch vereinfacht geltend machen. Ohne diese Vermutungsregel wäre der Anspruch praktisch kaum durchsetzbar.[491] Der Sicherungsnehmer hat die Möglichkeit, die Vermutung nach den allgemeinen Beweisregeln zu widerlegen.

Eine solche Regelung der nachträglichen Übersicherung bietet in vielerlei Hinsicht Vorteile, da durch eine vertragsimmanente Freigabeklausel und die Vermutungsregel zugunsten des Sicherungsgebers bereits im Vorfeld der Übersicherung klare Regelungen bestehen, die unabhängig vom Einzelfall Rechtssicherheit gewährleisten.

d) Allgemeine Geschäftsbedingungen

Bei Sicherungsverträgen, die unter Verwendung von AGB zustande kommen, wie es in der Praxis oft der Fall bei Sicherungsgeschäften mit Banken ist, sind die Vorgaben des § 307 BGB zu berücksichtigen. Hiernach sind Bestimmungen in AGB unwirksam, wenn sie den Vertragspartner des Verwenders entgegen den Geboten von Treu und Glauben unangemessen benachteiligen (§ 307 Abs. 1 Satz 1 BGB). Eine unangemessene Benachteiligung liegt insbesondere vor, wenn der Verwender der AGB durch eine einseitige Vertragsgestaltung missbräuchlich eigene Interessen auf Kosten seines Vertragspartners durchzusetzen versucht, ohne von vornherein dessen Belange ausreichend zu berücksichtigen und ihm einen angemessenen

---

489 Wert des Sicherungsguts als Ausgangswert zzgl. 10 % Feststellungs- und Verwertungskosten.

490 Die vom BGH gesetzte Deckungsgrenze in Höhe von 110 % kann von den Parteien höher vereinbart werden. *Casper*, in: *Derleder/Knops/Bamberger*, Hb. dt. und europ. Bankrecht, § 3, Rn. 94.

491 BGHZ 137, 212, 232 f.

Ausgleich zuzugestehen.[492] Sind die als sittenwidrig eingestuften Fälle durch AGB geregelt, greift hier § 307 BGB.[493]

5. Beendigung

Das Sicherungseigentum endet, wenn die gesicherte Forderung erfüllt wird und damit der Sicherungszweck erreicht ist. Die Eigentümerposition des Sicherungsnehmers bedarf in diesem Fall keines weiteren Schutzes. Auf Grundlage des Sicherungsvertrages besteht dann eine Rückübertragungspflicht des Sicherungsnehmers.[494] Bei einer Sicherungsübereignung mittels Besitzkonstituts gemäß § 930 BGB wird bei Erledigung des Sicherungszwecks das Sicherungsgut stillschweigend an den Sicherungsgeber gemäß § 929 Satz 2 BGB zurück übertragen.[495]

6. Verwertung

Ab welchem Zeitpunkt eine Verwertung erfolgen kann, ist grundsätzlich Gegenstand des Sicherungsvertrages. In der Regel wird vereinbart, dass der Sicherungsfall mit Fälligkeit der Forderung oder mit Schuldnerverzug eintritt.[496] Die Regelung über den Verwertungszeitpunkt ist auch durch AGB möglich, wobei die Grenzen des § 307 BGB zu berücksichtigen sind. Eine AGB-Vereinbarung, die für den Eintritt des Sicherungsfalls einen früheren Zeitpunkt als den der Fälligkeit vorsieht, ist unzulässig, um eine Benachteiligung des Sicherungsgebers zu vermeiden.[497] Dies gilt auch für eine Vereinbarung, die eine Verwertung ohne Androhung vorsieht.[498]

Teilweise wird bei fehlenden Vereinbarungen zur Verwertung die Anwendbarkeit der pfandrechtlichen Vorschriften hierzu in Erwägung gezogen. Die Rechtsprechung geht aber nicht von einer grundsätzlichen Anwendbarkeit aller Vorschriften für die Sicherungsübereignung aus.[499] Dies gilt auch für den Fall der

---

492 BGHZ 90, 280, 284; BGHZ 143, 104, 107.

493 Bei einer unwirksam vereinbarten Freigabeklausel greift nach Ansicht des BGH eine vertragsimmanente Freigabeklausel ein. BGH, Großer Senat, Beschluss vom 27.11.1997, BGHZ 137, 212, 221.

494 MK-*Oechsler*, Anh. §§ 929–936, Rn. 47.

495 Vgl. *Reinicke/Tiedtke*, DB 1994, 2173, 2177.

496 MK-*Oechsler*, Anh. §§ 929–936, Rn. 48.

497 *Serick*, Bd. III, § 38 I 2 a, S. 455.

498 Vgl. BGH NJW 1992, 2626, 2627; *Reinicke/Tiedtke*, DB 1994, 2601, 2607.

499 BGH NJW 1994, 864, 865; MK-*Oechsler*, Anh. §§ 929–936, Rn. 49.

fehlenden Vereinbarungen über die Art und Weise der Verwertung. Nach herrschender Ansicht wird eine grundsätzliche Anwendbarkeit der §§ 1233 ff. BGB zum Pfandrecht aufgrund der Unterschiede der beiden Sicherungsinstitute abgelehnt.[500] Dies ist gerade bei den Regelungen über die Verwertung des Pfandrechts sinnvoll, da diese in erster Linie den Schutz des Verpfänders bezwecken sollen. Bei einem fiduziarischen Sicherungsgeschäft, wo der Sicherungsnehmer Eigentum erwirbt, besteht beim Sicherungsgeber nicht das gleiche Schutzbedürfnis wie beim Verpfänder. Denn grundsätzlich soll die treuhänderische Verbindung zwischen Sicherungsgeber und Sicherungsnehmer nur im Innenverhältnis bestehen und nicht – wie beim Pfandrecht – sich im Außenverhältnis auswirken. Insofern ist eine Überprüfung der einzelnen Vorschriften auf eine im Einzelfall mögliche analoge Anwendung vorzuziehen.

Aber auch bei der Verwertung ist der Sicherungsgeber aufgrund der treuhänderischen Rechtsnatur der Sicherungsübereignung verpflichtet, die Interessen des Sicherungsgebers in angemessener und zumutbarer Weise zu berücksichtigen.[501] Teilweise wird aus dieser Pflicht, die auch ein Bemühen um eine möglichst gewinnbringende Verwertung beinhaltet, ein freihändiger Verkauf oder eine öffentliche Versteigerung als bevorzugte Verwertungsart abgeleitet, um einen hohen Erlös erzielen zu können. Bestehende Vereinbarungen zwischen den Parteien sind an § 138 BGB und § 307 BGB zu messen, um eine „Verschleuderung" des Sicherungsguts zu vermeiden.[502]

Eine Vereinbarung darüber, dass der Sicherungsnehmer das Sicherungsgut zu einem bestimmten Preis oder zum Verkehrswert übernimmt (sog. Selbsteintrittsklausel) ist unter Beachtung der Grenzen des § 138 BGB möglich.[503] Die Zulässigkeit einer sog. Verfallsklausel, wonach das Sicherungsgut ohne Veräußerungsversuch dauerhaft im Vermögen des Sicherungsnehmers verbleibt, ist umstritten. Teils wird die Ansicht vertreten, dass eine solche Vereinbarung entsprechend § 1229 BGB nicht zulässig sei, da der Sicherungsgeber zum Zeitpunkt der Vereinbarung – vergleichbar mit dem Verpfänder – nicht vom Eintreten des Sicherungsfalls ausgeht und vor dem automatischen Verlust seines Eigentums geschützt werden soll.[504] Es wird aber auch die Ansicht vertreten, dass das Verbot der Verfallsvereinbarung nicht greift, wenn die Parteien einen realistischen

500 *Serick*, BB 1970, 541, 542.

501 BGH NJW 2000, 352, 352.

502 MK-*Oechsler*, Anh. §§ 929–930, Rn. 49.

503 Vgl. BGH NJW 1980, 226, 227.

504 *Kindl*, in: *Bamberger/Roth*, § 930, Rn. 36; *Reinicke/Tiedtke*, DB 1994, 2601, 2608.

Anrechnungsbetrag vereinbart haben.[505] Dies erscheint sinnvoll, da der Sicherungsnehmer bei einer ausdrücklichen Vereinbarung Einfluss auf eine günstige verwertungsähnliche Anrechnung auf die zu sichernde Forderung hat und somit dessen Interessen ausreichend berücksichtigt werden können. Aber auch die Wirksamkeit einer solchen Vereinbarung ist an § 138 BGB und gegebenenfalls an § 307 BGB zu messen.[506]

Um die Verwertung verwirklichen zu können, muss der Sicherungsnehmer bei einer Sicherungsübereignung mittels Besitzkonstituts zunächst an den Besitz des Sicherungsguts gelangen. Er kann sein Herausgabeverlangen auf § 985 BGB oder auf den Sicherungsvertrag stützen, da mit Eintritt des Sicherungsfalls das Recht zum Besitz des Sicherungsgebers endet.

Der Sicherungsgeber kann nach erfolgreicher Klage gemäß § 883 ZPO die Herausgabe im Zwangsvollstreckungsverfahren erreichen. Er kann aber auch nach erfolgreicher Klage wegen der nicht erfüllten Forderung gemäß §§ 805 ff. ZPO in das Sicherungseigentum vollstrecken. In diesem Fall erwirbt er den Versteigerungserlös entsprechend § 1247 Satz 2 BGB durch dingliche Surrogation. Eine doppelte Inanspruchnahme ist nicht möglich. Hat der Gläubiger einen Vollstreckungstitel gegen den Schuldner und Sicherungsgeber erwirkt, so steht diesem grundsätzlich das Recht des *beneficium excussionis realis* zu, welches aber regelmäßig in der Praxis durch AGB ausgeschlossen wird, um die Vollstreckung in das Vermögen des Schuldners zu erleichtern.[507]

Dem Sicherungsnehmer kommt nach der Verwertung eine Abrechnungspflicht mit gleichzeitiger Pflicht zur Auskehrung des Mehrerlöses entsprechend §§ 666, 667 BGB zu. Die Forderung des Sicherungsnehmers ist anzurechnen, so dass die Schuld getilgt wird.[508] Eine dingliche Surrogation wie beim Pfandrecht gemäß § 1247 Satz 2 BGB tritt nicht ein, da der Sicherungsnehmer zunächst schon Eigentum erworben hat.[509]

505 Vgl. MK-*Oechsler*, §§ 929–930, Rn. 51.

506 MK-*Oechsler*, Anh. §§ 929–930, Rn. 49.

507 *Weber*, S. 179.

508 Soergel/*Henssler*, § 930 Anh., Rn. 75. Bleibt ein Restbertrag offen, ist dieser ungesichert. *Weber*, S. 180.

509 MK-*Oechsler*, Anh. §§ 929–936, Rn. 41, 52.

7. Zwangsvollstreckung

a) Gläubiger des Sicherungsgebers

Da das Sicherungsgut in der Regel beim Sicherungsgeber verbleibt, besteht die Möglichkeit, dass bei einer Zwangsvollstreckung durch Gläubiger des Sicherungsgebers auf das Sicherungsgut zugegriffen wird. Der Gerichtvollzieher muss bei der Zwangsvollstreckung gemäß § 808 ZPO nicht prüfen, ob der Pfändungsgegenstand im Eigentum des Schuldners steht, so dass das (Sicherungs-) Eigentum des Sicherungsnehmers nicht festgestellt werden kann. Dem Sicherungsnehmer steht aber ein Widerspruchsrecht in Gestalt der Drittwiderspruchsklage gemäß § 771 ZPO zu, durch die das Sicherungsgut den Zugriffsmöglichkeiten der übrigen Gläubiger entzogen werden kann.[510] Der Sicherungsnehmer wird in dieser Situation wie ein „vollwertiger" Eigentümer und nicht wie ein besitzloser Pfandgläubiger behandelt. Hierdurch soll der Sicherungsnehmer die Einzelzwangsvollstreckung anderer Gläubiger verhindern, um das Sicherungsgut – auch zur Fortführung des Betriebs des Sicherungsgebers – erhalten zu können.[511] Ist aber die gesicherte Forderung getilgt, kann der Sicherungsnehmer keine Drittwiderspruchsklage erheben, da dies eine unzulässige Ausnutzung seiner nur noch formalen Rechtsposition darstellen würde.[512]

b) Gläubiger des Sicherungsnehmers

Besitzt der Sicherungsnehmer ausnahmsweise das Sicherungsgut, können dessen Gläubiger im Rahmen einer Zwangsvollstreckung gegen diesen gemäß § 808 ZPO faktisch auf das Sicherungsgut zugreifen. Da die Übertragung des Eigentums lediglich treuhänderisch erfolgte, wird in diesem Fall der Sicherungsgeber weiter als Eigentümer angesehen, so dass ihm ebenfalls das Recht der Drittwiderspruchsklage zugesprochen wird.[513] Die formale Eigentümerstellung des Sicherungsnehmers wird zugunsten einer wirtschaftlichen Betrachtungsweise nicht berücksichtigt.[514] Dieses Recht steht dem Sicherungsgeber nur zu, solange der Sicherungsfall nicht eingetreten ist.[515]

---

510 Vgl. BGHZ 118, 201, 206 f.

511 *Weber*, S. 183.

512 BGHZ 100, 95, 105.

513 BGHZ 11, 37, 41; Palandt/*Bassenge*, § 930, Rn. 34.

514 *Weber*, S. 184.

515 BGHZ 72, 141, 146; Palandt/*Bassenge*, § 930, Rn. 34.

Wird die Zwangsvollstreckung doch durchgeführt und ist der Verwertungserlös höher als die Forderung des Gläubigers gegen den Sicherungsnehmer, muss der Mehrerlös an den Sicherungsnehmer herausgegeben werden. Der Sicherungsgeber hat dann gemäß § 812 Abs. 1 Satz 1, Alt. 2 BGB einen Anspruch gegen den Sicherungsnehmer auf Erstattung der Differenz zwischen dem Mehrerlös und der zur sichernden Forderung.[516]

8. Insolvenz

a) Insolvenz des Sicherungsgebers

Im Gegensatz zur Zwangsvollstreckung wird der Sicherungsnehmer bei Insolvenz des Sicherungsgebers nicht wie ein „vollwertiger" Eigentümer behandelt. Ihm steht lediglich ein Absonderungsrecht gemäß § 51 Nr. 1 InsO zu, da bei der Begründung des Sicherungseigentums nicht eine dauerhafte Übertragung in das Vermögen des Sicherungsnehmers vorgesehen ist, zumal der Sicherungsnehmer kein Entgelt hierfür erhält. Durch den Rückfall an den Sicherungsgeber soll verhindert werden, dass der Sicherungsnehmer doppelt begünstigt wird, indem er sowohl das dauerhafte Eigentum am Sicherungsgut erhält und die noch ausstehende Forderung im Rahmen des Insolvenzverfahrens geltend macht. So wird eine Benachteiligung anderer Insolvenzgläubiger vermieden und gleichzeitig das Sicherungsinteresse des Sicherungsnehmers in ausreichendem Maße berücksichtigt.[517]

Nach Verwertung des Sicherungsguts durch den Insolvenzverwalter gemäß §§ 166 ff. InsO wird der erzielte Erlös abzüglich der Verwertungskosten in Höhe der Sicherungsforderung an den Sicherungsnehmer ausgezahlt. Gemäß §§ 168 Abs. 3 Satz 1, 170 Abs. 2 InsO kann der Insolvenzverwalter die Verwertung dem Sicherungsnehmer überlassen.[518]

b) Insolvenz des Sicherungsnehmers

Wird der Sicherungsnehmer insolvent, hat der Sicherungsgeber gewohnheitsrechtlich ein Aussonderungsrecht nach § 47 InsO, wenn er die gesicherte Forderung durch Leistung an den Insolvenzverwalter erfüllt.[519] Denn durch die Tilgung der Forderung wird dem Sicherungsnehmer und seinen Gläubigern ein

---

516 *Weber*, S. 185.

517 *Weber*, S. 185.

518 Ein Absonderungsrecht des Sicherungsnehmers besteht aber nicht, wenn ein Anfechtungsgrund nach §§ 129 ff. InsO vorliegt. BGH NJW 1997, 1063, 1064.

519 Vgl. RGZ 94, 305, 307; *Serick*, Bd. III, § 35 II 2 a, S. 294 (Fn. 86).

Rückgriff auf das Sicherungsgut verwehrt, so dass es erneut dem Vermögen des Sicherungsgebers zuzuordnen ist.

Solange die Forderung nicht befriedigt ist, hat der Insolvenzverwalter ein Besitzrecht und einen Anspruch auf die Tilgung zum vertraglich vereinbarten Zeitpunkt. Wird sie nicht erfüllt, hat der Insolvenzverwalter bei Eintritt des Sicherungsfalls ein Verwertungsrecht, wobei er an den Sicherungsgeber gegebenenfalls den Mehrerlös[520] abführen muss.

B. Nach der schweizerischen Rechtsordnung

Die Sicherungsübereignung ist im schweizerischen Recht gewohnheitsrechtlich anerkannt und damit die Eigentumsübertragung zu Sicherungszwecken grundsätzlich möglich.[521] Zu beachten sind hierbei die Vorschriften des Art. 717 und 884 Abs. 3 ZGB.

Eine Eigentumsübertragung ist gemäß Art. 717 Abs. 1 ZGB Dritten gegenüber unwirksam, wenn die Sache beim Veräußerer verbleibt und damit ihre Benachteiligung oder Umgehung der Bestimmungen über das Faustpfandrecht beabsichtigt worden ist. Nach dem in Art. 884 Abs. 3 ZGB normierten Faustpfandprinzip ist das Pfandrecht nicht begründet, solange der Verpfänder die ausschließliche Gewalt über die Sache behält. Aus diesen beiden Vorschriften wird abgeleitet, dass eine Sicherungsübereignung nur dann wirksam ist, wenn – wie gerade schon angemerkt – nicht eine Umgehung der Pfandrechtvorschriften beabsichtigt ist.[522] Nach Ansicht des Bundesgerichts ist hierbei nicht auf die Vorstellungen der Vertragsparteien abzustellen, sondern nach dem Vertrauensprinzip auf die Sichtweise eines unbeteiligten Dritten, so dass Art. 717 Abs. 1 ZGB objektiv auszulegen ist.[523] Daraus wird abgeleitet, dass – anders als nach der deutschen Rechtsordnung – eine Sicherungsübereignung mittels Besitzkonstituts mit Wirkung gegenüber Dritten nicht möglich sei. Denn objektiv sei eine solche als ein Versuch zur Umgehung des Faustpfandprinzips zu bewerten.[524] Aus diesem Grund ist im schweizerischen Recht eine Sicherungsübereignung nur durch eine unmittelbare Besitzübergabe des Sicherungsguts möglich. Ihre Bedeutung ist daher eher gering, denn der

520 Hierbei handelt es sich um Masseverbindlichkeit im Sinne des § 51 Abs. 1 Nr. 3 InsO.

521 BGE 71 II 99, 100 ff.; BK-*Zobl/Thurnherr*, Syst. Teil, N 1300 ff.

522 *Wiegand*, Fiduziarische Sicherungsgeschäfte, S. 551 (Fn. 6).

523 BGE 39 II 691, 692 f.; BGE 42 II 17, 24 ff.

524 *Wiegand*, Mobiliarsicherheiten, S. 101.

kreditbedürftige Schuldner kann in der Regel zur Fortführung seiner Geschäfte nicht auf sein Mobiliar verzichten. Dagegen ist die Sicherungsübereignung von Wertpapieren und Schuldnerbriefen in der Praxis von größerer Relevanz.[525]

I. Prinzipen

Folgende Prinzipien sind mit ihren Besonderheiten für die Sicherungsübereignung zu berücksichtigen.

1. Fiduziarisches Eigentum

Die Sicherungsübereignung ist auch im schweizerischen Recht als fiduziarisches Sicherungsgeschäft ausgestaltet, wobei es wegen Art. 717 ZGB maßgeblich auf die Besitzübertragung des Sicherungsgegenstandes ankommt, um eine Umgehung der Pfandrechtsvorschriften zu vermeiden. Bei Tilgung der zu sichernden Forderung ist der Sicherungsnehmer verpflichtet, das Sicherungsgut wieder zurück zu übertragen.[526] Problematisch ist auch hier, dass der Sicherungsnehmer faktisch *„mehr kann als er darf"*.[527] Teilweise wird die Ansicht vertreten, dass ein Fall der sog. Simulation im Sinne des Art. 18 OR (Scheingeschäft) vorläge. Die vorgenommene Eigentumsübertragung sei nicht gewollt und daher nichtig.[528] Andererseits wird vom Bundesgericht und in der Literatur die Ansicht vertreten, dass eine von den Parteien ernstlich beabsichtigte fiduziarische Eigentumsübertragung keine Simulation darstelle, sondern der Fiduziar unabhängig vom Rechtsgrund der Eigentumsübertragung volles Eigentum erwerbe.[529] Da das Verbot der Simulation sich nach dem tatsächlichen Parteiwillen richtet und nicht nach der rechtlichen Ausgestaltung des Rechtsgeschäfts, ist dieser Ansicht zu folgen.[530] Solange es dem übereinstimmenden Willen der Parteien entspricht, ein fiduziarisches Sicherungsgeschäft zu vereinbaren, steht dem nichts entgegen. Sollte tatsächlich doch nur

525 *Wiegand*, Mobiliarsicherheiten, S. 101; vgl. z.B. BGE 115 II 349 ff.
526 BK-*Zobl/Thurnherr*, Syst. Teil, N 1443.
527 BGE 119 II, 326, 328; vgl. BGE 71 II 167, 169 f.
528 Vgl. BK-*Zobl/Thurnherr*, Syst. Teil, N 1304 m.w.N.
529 BGE 71 II 99, 100 f; BGE 96 II 79, 93; BGE 109 II 239, 242; ZK-*Oftinger/Bär*, Syst. Teil, N 248; BK-*Zobl*, Syst. Teil N 1303.
530 Vgl. ZK-*Jäggi/Gauch*, Art. 18 OR, N 205.

ein Scheingeschäft und nicht eine Sicherungsübereignung beabsichtigt sein, kann dieses nach Art. 18 OR angefochten werden.[531]

Aufgrund der Sicherungsabrede ist der Sicherungsnehmer dem Sicherungsgeber verpflichtet, Dritten gegenüber von seiner Rechtsmacht nur in einem beschränkten Maße Gebrauch zu machen.[532] Trotzdem stellt das fiduziarische Eigentum keine besondere Art des Eigentums dar. Die Beschränkungen, die sich aus dem fiduziarischen Rechtsgeschäft ergeben, beruhen auf der Sicherungsabrede und sind lediglich obligatorischer Art.[533] Wegen der Typengebundenheit des schweizerischen Sachenrechts kann das Sicherungseigentum nicht nur einzelnen gegenüber mit dinglichen Verfügungsbeschränkungen ausgestaltet werden. Danach bestehen dingliche Rechte entweder gegenüber allen Rechtssubjekten oder überhaupt nicht. Der Sicherungsnehmer erwirbt nach dem Verständnis der Vollrechtstheorie (Theorie des vollen Rechtserwerbs durch den Treuhänder)[534] vom Sicherungsgeber unbeschränktes Eigentum. Im schweizerischen Recht erfolgt keine Differenzierung zwischen Eigentum im Innen- und Außenverhältnis bzw. wirtschaftlichem und juristischem oder formellem und materiellem Eigentum.[535] Dies hat insbesondere Auswirkungen auf die rechtliche Einordnung des Sicherungseigentums in der Zwangsvollstreckung und im Konkurs, was im Weiteren noch dargestellt wird.[536]

2. Nicht-Akzessorietät

Die Akzessorietät der Sicherungsübereignung ist im schweizerischen Recht umstritten. Zum Teil wird zwar die Ansicht vertreten, dass wegen einer sinngemäßen Anwendung der Pfandrechtsvorschriften die Sicherungsübereignung akzessorischer Natur sei[537], jedoch lehnt die überwiegende Ansicht in der Literatur eine Akzessorietät der Sicherungsübereignung ab.[538]

---

531 *Gauch/Schluepp/Schmid/Rey*, OR, N 1029 ff.

532 BGE 119 II, 326, 328.

533 BK-*Zobl/Thurnherr*, Syst. Teil, N 1359.

534 Hiernach ist allein die rechtliche und nicht die wirtschaftliche Zuordnung entscheidend. BGE 106 III 86, 89; BGE 106 I b 145, 150; BGE 96 II 79, 93; BGE 86 II 221, 226 f.; BGE 78 II 445, 451; BGE 43 III 342, 346; BGE 39 II 801, 810; BGE 31 III 105, 109 f.; BK-*Zobl/Thurnherr*, Syst. Teil, N 1360; BK-*Meier-Hayoz*, Vorb. zu Art. 646–654, N 22; BasK-*Bauer*, Vorb. Art. 884–894, N 34; ZK-*Oftinger/Bär*, Syst. Teil, N 240.

535 BK-*Zobl/Thurnherr*, Syst. Teil, N 1360; BK-*Meier-Hayoz*, Vorb. zu Art. 646–654, N 22.

536 Siehe in diesem Teil unter B. II. 7. und 8.

537 ZK-*Oftinger/Bär*, Syst. Teil, N 259.

538 BK-*Zobl/Thurnherr*, Syst. Teil, N 1367 f; BasK-*Bauer*, Vorb. Art. 884–894, N 34.

Die die Akzessorietät bejahende Ansicht geht von einer sinngemäßen Anwendbarkeit der Vorschriften aus, die auch für das Pfandrecht gelten, so dass auch Art. 170 OR, wonach mit der Forderung auch die Vorzugs- und Nebenrechte übertragen werden, auf die Sicherungsübereignung Anwendung finden sollen. Da aber strukturelle Unterschiede zwischen dem Pfandrecht und der Sicherungsübereignung bestehen, ist eine generelle Anwendbarkeit der pfandrechtlichen Vorschriften nicht selbstverständlich. Die Unterschiede begründen gerade das Bestehen der Sicherungsübereignung als weiteres Sicherungsinstitut, so dass nicht von einer absolut gleichen Behandlung der beiden Sicherungsinstitute auszugehen ist. Zu berücksichtigen ist vielmehr auch, dass im schweizerischen Recht aufgrund der Vollrechtstheorie[539] ein strenges Verständnis des Eigentumsbegriffs herrscht. Eine Gleichbehandlung des voll umfassenden Eigentumsrechts mit einem beschränkt dinglichen Recht wie dem Pfandrecht erscheint daher nicht geboten. Die Begründung eines Pfandrechts setzt das Bestehen einer Forderung voraus, zu der es kraft Gesetzes akzessorisch ist. Eine Eigentumsübertragung kann aber unabhängig vom Bestehen einer Forderung vorgenommen werden.[540] Mit der Forderung verbundene Verpflichtungen können sich bei einer entsprechenden Vereinbarung der Parteien aus dem Sicherungsvertrag ergeben. Jedoch können solche bedingenden Vereinbarungen keine Akzessorietät gemäß Art. 170 OR auslösen.

3. Spezialitäts- und Bestimmtheitsgrundsatz

Unter Berücksichtigung des Spezialitäts- und Bestimmtheitsgrundsatzes müssen die zu übereignenden Gegenstände der Sicherungsübereignung bestimmt und individualisiert sein.[541] Möglich ist auch die Sicherungsübereignung von Warenlagern, wenn die ausreichende Bestimmtheit vorliegt.[542] Wird der Bestimmtheitsgrundsatz nicht ausreichend berücksichtigt, ist die Eigentumsübertragung bereits unwirksam, so dass gar keine Sicherungsübereignung begründet werden kann. Da die Sicherungsübereignung mit Wirksamkeit gegenüber Dritten nicht besitzlos erfolgen kann, ergeben sich im schweizerischen Recht diesbezüglich geringere Probleme. Schwierigkeiten können sich bei formularmäßigen Sicherungsabreden ergeben, mit denen sämtliche gegenwärtigen und künftig bei dem Sicherungsgeber liegenden Vermögenswerte

539 Volle dingliche Wirkung gegenüber Dritten und dem Sicherungsgeber. BasK-*Bauer*, Vorb. Art. 884–894, N 33 f.

540 BK-*Zobl/Thurnherr*, Syst.Teil, N 1368.

541 *Tuor/Schnyder/Schmid/Rumo-Jungo*, S. 595.

542 ZK-*Oftinger/Bär*, Art. 884, N 26.

sicherheitshalber übereignet werden sollen. Ob bei solchen Abreden der Spezialitäts- und Bestimmtheitsgrundsatz gewahrt ist, ist auch unter Berücksichtigung der allgemeinen Wirksamkeitsvoraussetzungen zu bewerten, wobei Begrenzungen durch Art. 27 ZGB zu berücksichtigen sind.[543]

II. Die Sicherungsübereignung im Einzelnen

1. Begründung

Die Sicherungsübereignung richtet sich nach den Vorschriften der Eigentumsübertragung, wobei ein obligatorisches Verpflichtungsgeschäft, die Sicherungsabrede, erforderlich ist. Dieses Rechtsgeschäft bildet den Rechtsgrund der Eigentumsübertragung.[544]

a) Beteiligte

Wie im deutschen Recht sind der Sicherungsnehmer, der Gläubiger der Sicherungsforderung, sowie der Sicherungsgeber, der entweder der Schuldner der Forderung oder ein Dritter sein kann, beteiligt.

b) Gegenstand

Gegenstand der Sicherungsübereignung können alle beweglichen Sachen sein, an denen ein Faustpfand bestellt werden kann.[545] Sachgesamtheiten und künftige Sachen können unter Beachtung des Spezialitäts- und Bestimmtheitsgrundsatzes ebenfalls sicherungsweise übereignet werden.[546]

c) Sicherungsabrede

Im Wesentlichen beinhaltet die Sicherungsabrede die Pflicht des Sicherungsgebers zur fiduziarischen Eigentumsübertragung sowie die Pflicht des Sicherungsnehmers den Sicherungsgegenstand vereinbarungsgemäß zu behandeln und ihn zurück zu übertragen, wenn die Forderung erfüllt ist.[547] Aus der Sicherungsabrede ergeben sich somit die Beschränkungen, die dem Sicherungsgeber auferlegt werden,

---

543 Siehe in diesem Teil unter B. II. 4.
544 BGE 119 II 326, 328; BK-*Zobl/Thurnherr*, Syst. Teil, N 1358.
545 BK-*Zobl/Thurnherr*, Syst. Teil, N 1395 ff.
546 BK-*Zobl/Thurnherr*, Syst. Teil, N 1395.
547 *Wiegand*, Mobiliarsicherheiten, S. 102.

sowie die Voraussetzungen für die Rückgabe des Sicherungsguts.[548] Sie regelt somit die schuldrechtlichen Beziehungen zwischen dem Sicherungsgeber und dem Sicherungsnehmer. Die Sicherungsabrede ist nicht im ZGB geregelt, es handelt sich somit um einen sog. Innominatkontrakt, womit Verträge *sui generis* bezeichnet werden.[549] Sie stellt das nach dem Kausalitätsprinzip erforderliche obligatorische Verpflichtungsgeschäft dar.[550]

d) Sicherungsweise Übertragung und Besitzeinräumung

Die Sicherungsübereignung erfolgt durch Einigung der Parteien über die Eigentumsübertragung und Besitzverschaffung gemäß Art. 714 Abs. 1, 922 bis 925 ZGB. Wie bei jeder anderen Eigentumsübertragung kann die Übergabe des Sicherungsguts durch ein Übergabesurrogat mit Ausnahme eines Besitzkonstituts ersetzt werden, da dem das Verbot der Mobiliarhypothek im Sinne des Art. 717 ZGB entgegensteht.[551] Die Unwirksamkeit einer solchen Vereinbarung bezieht sich auf Dritte.[552] Zwischen den Parteien kann eine Sicherungsübereignung mittels Besitzkonstituts wirksam sein, jedoch erhält der Sicherungsnehmer keinerlei Vorzugsstellung.[553] Ebenfalls möglich ist eine Sicherungsübereignung, bei der die Eigentumsübertragung mittels Besitzanweisung gemäß Art. 714 Abs. 1, 924 ZGB erfolgt. In der Praxis wird diese Übertragungsform oft bei Lagerhäusern verwendet, so dass der Sicherungsgeber dem Lagerhalter mitteilt, dass die Waren nunmehr dem Sicherungsgeber zuzuordnen sind.[554]

---

548 BK-*Zobl/Thurnherr*, Syst. Teil, N 1374.

549 *Wiegand*, Mobiliarsicherheiten, S. 102.

550 Es werden zwei Arten der Sicherungsabrede unterschieden: die *reine Sicherungsabrede* und der sog. *Sicherungskauf*. Bei der reinen Sicherungsabrede wird der Sicherungszweck des dinglichen Verfügungsgeschäfts offengelegt, so dass mit Beendigung des Sicherungszwecks eine Rückübertragung vorgesehen ist. Beim Sicherungskauf wird zwischen den Parteien vereinbart, dass der Gläubiger bzw. Sicherungsnehmer einen Gegenstand unter gleichzeitiger Vereinbarung eines Rückkaufsrechts erwirbt, wobei die Begleichung des Kaufpreises durch die Kreditzahlung (z.B. Darlehensvaluta) erfolgt bzw. mit dem Kaufpreis zu verrechnen ist. Der Kauf muss ernsthaft beabsichtigt sein, ansonsten ist das Vorliegen einer Simulation zu überprüfen, vgl. BK-*Zobl/Thurnherr*, Syst. Teil, N 1386; BGE 86 II 221, 227; BGE 78 II 412, 416.

551 BK-*Zobl/Thurnherr*, Syst. Teil, N 1408.

552 ZK-*Haab*, Art. 717, N 51, 62, 66; BGE 56 II 444, 451.

553 BK-*Zobl/Thurnherr*, Syst. Teil, N 1408.

554 ZK-*Oftinger/Bär*, Syst. Teil, N 257.

Die Einräumung von Gesamtbesitz ist für die Begründung einer Sicherungsübereignung ausreichend; wesentlich ist hierbei, dass der Sicherungsgeber nur noch gemeinsam mit dem Sicherungsnehmer über den Gegenstand verfügen kann.[555]

Grundsätzlich erfolgt die Eigentumsübertragung unbedingt, möglich ist nach überwiegender Ansicht auch eine resolutiv bedingte Eigentumsübertragung, so dass z. B. bei Untergang der Sicherungsforderung das Eigentum an den Sicherungsgeber zurückfällt.[556] Ebenfalls möglich ist nach herrschender Ansicht die Vereinbarung einer suspensiv bedingten Sicherungsübereignung, so dass das Eigentum erst bei Eintritt der vereinbarten Bedingung – z. B. Nichtbezahlung der Sicherungsforderung bis zu einem bestimmten Zeitpunkt – auf den Sicherungsnehmer übertragen wird.[557]

2. Gutgläubiger Erwerb

Gemäß den Art. 714 Abs. 2, 933 ZGB kann der Sicherungsnehmer auch gutgläubig das Eigentum am Sicherungsgegenstand erwerben. Es gelten ohne Ausnahme all die für den Eigentumserwerb geltenden Vorschriften. Alle Verfügungen des Sicherungseigentümers sind gegenüber Dritten wirksam, unabhängig von einer Gutgläubigkeit des Dritten.[558] Dies entspricht einer konsequenten Befolgung der Vollrechtstheorie.

3. Inhalt

a) Rechte und Pflichten des Sicherungsgebers

Durch die Eigentumsübertragung verliert der Sicherungsgeber alle dinglichen Rechte am Sicherungsgegenstand.[559] Lediglich bei Erfüllung der Sicherungsforderung steht ihm aus der Sicherungsabrede ein Rückübertragungsanspruch zu.[560]

---

555 BK-*Zobl/Thurnherr*, Syst. Teil, N 1409.

556 BK-*Zobl/Thurnherr*, Syst. Teil, N 1413; ZK-*Oftinger/Bär*, Syst. Teil, N 243; Bedingung darf nicht der Eintritt des Konkursfalls sein, da sonst zwingende Vorschriften des Konkursrechts ausgeschlossen werden würden. BK-*Zobl/Thurnherr*, Syst. Teil, N 1414; vgl. *Wolf*, FS Simonius, 425, 425 f.

557 BK-*Zobl/Thurnherr*, Syst. Teil, N 1417 f.; ZK-*Oftinger/Bär*, Syst. Teil, N 243. Sowohl für die resolutiv bedingte, als auch für die suspensiv bedingte Eigentumsübertragung gilt, dass die für den Eigentumsvorbehalt geltenden Vorschriften nach Art. 715 f. ZGB nicht umgangen werden dürfen.

558 ZK-*Haab*, Art. 714, N 48, 51; BK-*Zobl/Thurnherr*, Syst. Teil, N 1427.

559 BK-*Zobl/Thurnherr*, Syst. Teil, N 1454.

560 Verjährungsfrist von zehn Jahren gemäß Art. 127 OR, BK-*Zobl/Thurnherr*, Syst. Teil, N 1463.

b) Rechte und Pflichten des Sicherungsnehmers

Als Eigentümer kann der Sicherungsgeber frei über den Sicherungsgegenstand verfügen. Aufgrund der Sicherungsabrede ist er dem Sicherungsgeber gegenüber verpflichtet, die dort geregelten Beschränkungen zu beachten und keine zweckgefährdenden Verfügungen vorzunehmen. Gegebenenfalls besteht eine Schadensersatzpflicht gegenüber dem Sicherungsgeber aus Art. 890 Abs. 2 ZGB analog bzw. Art. 97 Abs. 1 OR. Sofern sich nichts anderes aus der Sicherungsabrede ergibt, ist der Sicherungsnehmer mit Untergang der zu sichernden Forderung dazu verpflichtet, das Sicherungsgut analog Art. 889 ZGB zurück zu übertragen. Diese Pflicht ist lediglich obligatorischer Natur und beeinträchtigt nicht den Eigentumserwerb des Sicherungsgebers.[561]

4. Wirksamkeit

Die Wirksamkeit einer Sicherungsübereignung kann durch Art. 27 ZGB begrenzt werden. Nach Abs. 1 dieser Vorschrift kann niemand auf seine Rechts- und Handlungsfähigkeit ganz oder zum Teil verzichten. Gemäß Art. 27 Abs. 2 ZGB kann sich niemand seiner Freiheit entäußern oder sich in ihrem Gebrauch in einem das Recht oder die Sittlichkeit verletzenden Grade beschränken. Die Vereinbarung darf demnach keine die Rechts- und Handlungsfähigkeit ausschließende Wirkung haben, durch die der Sicherungsgeber vom willkürlichen Handeln des Sicherungsgebers abhängig wird. Dies soll insbesondere dadurch verhindert werden, dass erst mit Besitzerlangung des Sicherungsguts das Sicherungseigentum daran entsteht. Diese Vorschrift ist von wesentlicher Bedeutung für Sicherungsübereignungen in Form von Globalverfügungen.[562] Da im schweizerischen Recht Sicherungsübereignungen mittels Besitzkonstituts nicht mit Wirkung gegenüber Dritten zulässig sind, werden Fälle der Übersicherung eher vermieden. Denn der Sicherungsgeber hat einen Einfluss darauf, welche Gegenstände trotz einer vereinbarten Globalverfügung letztlich in den Besitz des Sicherungsnehmers gelangen.

Eine Sicherungsübereignung kann auch wegen Verletzung des Persönlichkeitsrechts als unsittlich gewertet werden, wenn Gegenstände des Sicherungsgebers in dem Maße als Sicherungsgut übertragen werden, dass für diesen zukünftig keine Verdienstmöglichkeiten bestehen.[563] Dies wäre der Fall, wenn die vereinbarte Sicherungsübereignung die wirtschaftliche Stellung des Sicherungsgebers

561 BGE 96 II 79, 93.

562 Für das Pfandrecht: BK-*Zobl/Thurnherr*, Syst. Teil, N 514, Art. 884, N 405, 445.

563 ZK-*Oftinger/Bär*, Syst. Teil, N 247.

vom Sicherungsnehmer abhängig macht und somit eine Knebelung des Sicherungsgebers vorliegt.[564] Solche Vereinbarungen sind per se unwirksam, um eine Ausnutzung der „Notlage" des Sicherungsgebers, die ihm die wirtschaftliche Existenzgrundlage entziehen kann, zu verhindern.

Die Sicherungsübereignung kann auch durch eine Anfechtung gemäß den Art. 285–288 SchKG unwirksam werden, wenn der Sicherungsgeber die Sicherungsübereignung vorgenommen hat, um seine Vermögensgegenstände der Zwangsvollstreckung zu entziehen (sog. paulianische Anfechtungsklage). Gemäß Art. 287 Abs. 1 SchKG sind Rechtshandlungen anfechtbar, die der Schuldner innerhalb des letzten Jahres vor der Pfändung oder Konkurseröffnung vorgenommen hat, obwohl er zum Zeitpunkt der Vornahme bereits überschuldet war. Bei der Rechtshandlung kann es sich nach Art. 287 Abs. 1 Nr. 1 SchKG auch um eine Bestellung einer Sicherheit für bereits bestehende Verbindlichkeiten handeln, zu deren Sicherstellung er vorher nicht verpflichtet war. Nach Art. 288 SchKG sind alle Rechtshandlungen anfechtbar, welche der Schuldner innerhalb der letzten fünf Jahre vor der Pfändung oder Konkurseröffnung in der dem anderen Teil erkennbaren Absicht vorgenommen hat, seine Gläubiger zu benachteiligen oder einzelne Gläubiger zum Nachteil anderer zu begünstigen.

5. Beendigung

Das fiduziarische Sicherungsgeschäft endet, wenn der Sicherungszweck erreicht ist. Dies ist der Fall, wenn die zu sichernde Forderung erfüllt wird, so dass eine obligatorische Verpflichtung zur Rückgabe des Sicherungsgegenstands besteht.[565]

6. Verwertung

Ab welchem Zeitpunkt und auf welche Art eine Verwertung möglich ist, richtet sich nach den Regelungen der Sicherungsabrede. Fehlt es an solchen Regelungen der Parteien, tritt der Verwertungsfall analog Art. 891 ZGB mit Fälligkeit der zu sichernden Forderung ein.[566] Nach Eintritt des Verwertungsfalls kann die Realsierung des Sicherungsrechts nach den Grundsätzen der Privatverwertung erfolgen, ohne dass es hierzu einer besonderen Vereinbarung bedarf. Möglich ist der freihändige Verkauf, die freiwillige Versteigerung oder der Selbsteintritt. Eine Betreibung auf

564 BK-*Zobl/Thurnherr*, Syst. Teil, N 1383; ZK-*Oftinger/Bär*, Syst. Teil, N 247.

565 ZK-*Oftinger/Bär*, Syst. Teil, N 264.

566 BK-*Zobl/Thurnherr*, Syst. Teil, N 1446.

Pfandverwertung ist dagegen ausgeschlossen.[567] Dem Sicherungsnehmer obliegt nach Verwertung eine Abrechnungspflicht, ein etwaiger Verwertungsüberschuss ist dem Sicherungsgeber (bzw. der Konkursmasse) herauszugeben.[568]

Sofern der Sicherungsvertrag keine anderweitige Regelung enthält, darf der Sicherungsnehmer erst zum Zeitpunkt der Fälligkeit der gesicherten Forderung das Sicherungsgut verwerten. Er darf nicht erst in das Gesamtvermögen des Sicherungsgebers, der auch gleichzeitig Forderungsschuldner ist, vollstrecken, denn diesem steht analog die Einrede des *beneficium excussionis realis* zu.[569] Das Sicherungsgut nimmt zum Zeitpunkt der Forderungsfälligkeit die Funktion einer Hinterlegung erfüllungshalber ein, so dass der Gläubiger zunächst eine Verwertung des Sicherungsguts einleiten muss.[570] Auch in der Praxis der schweizerischen Banken wird das *beneficium excussionis realis* für pfandgesicherte Darlehen, Kredite und sinngemäß für fiduziarische Sicherungsgeschäfte in der Regel durch AGB ausgeschlossen, um eine Vollstreckung in das Vermögen des Schuldners zu erleichtern.[571]

Ob das in Art. 894 ZGB geregelte Verbot des Verfallsvertrags analog auch für die Sicherungsübereignung gilt, ist umstritten. In der Literatur wird die Ansicht vertreten, das Verbot des Verfallsvertrages gelte auch für die Sicherungsübereignung.[572] Die bundesgerichtliche Rechtsprechung[573] lehnt diese Ansicht aber ab.

Dagegen wird eingewendet, dass sowohl bei der Sicherungsübereignung als auch beim Pfandrecht der Schuldner gleichermaßen schutzwürdig sei. Bei einer Verfallsvereinbarung würden unbillige Konsequenzen geschaffen. Zudem entspreche eine analoge Anwendung des Art. 894 ZGB für die Sicherungsübereignung der Vollrechtstheorie.[574] Die Rechtsprechung argumentiert, dass durch die Regelung des Art. 894 ZGB derjenige Schuldner geschützt werden soll, der sich beim Abschluss des Pfandvertrages in einer „Notlage" befinde. Er sei in dieser Situation eher dazu bereit, ein unverhältnismäßiges Rechtsgeschäft einzugehen, da er von einer Erfüllung der Sicherungsforderung und somit von einer Vermeidung

567 BK-*Zobl/Thurnherr*, Syst. Teil, N 1488.
568 BK-*Zobl/Thurnherr*, Syst. Teil, N 1489; ZK-*Oftinger/Bär*, Syst. Teil, N 266.
569 BK-*Zobl/Thurnherr*, Syst. Teil, N 1491; ZK-*Oftinger/Bär*, Syst. Teil, N 268.
570 Vgl. BGE 106 III 5, 6 f. (Sicherungszession); BK-*Zobl/Thurnherr*, Syst. Teil, N 1491.
571 BK-*Zobl/Thurnherr*, Syst. Teil, N 1493.
572 Vgl. BK-*Zobl/Thurnherr*, Syst. Teil, N 1490; ZK-*Oftinger/Bär*, Syst. Teil, N 267, Art. 894, N 21 ff.
573 BGE 56 II 444, 449 f.
574 BK-*Zobl/Thurnherr*, Syst. Teil, N 1490.

des Verwertungsfalls ausginge.[575] Nach Abschluss des Vertrages und insbesondere zum Zeitpunkt der Rückzahlung könne es sich für den Schuldner auch als günstig erweisen, dass statt der Rückzahlung ein Verfall vereinbart werde. Damit wäre im Wege einer teleologischen Reduktion eine solche Vereinbarung nicht untersagt. Aber auch die ablehnende Ansicht ist im Ergebnis der Meinung, dass nach Maßgabe des Art. 894 ZGB der Sicherungsgeber einen über dem Wert der Sicherungsforderung liegenden Mehrerlös an den Sicherungsgeber herauszugeben habe. Diese Schlussfolgerung sei zu ziehen, um eine rechtsmissbräuchliche Verwendung der Sicherungsübereignung zu vermeiden.[576] Insofern ist maßgeblich, dass der Anteil des Sicherungswertes, der über den Forderungswert hinausgeht, an den Sicherungsgeber herausgegeben wird. Der Sinn und Zweck der Sicherungsübereignung, nämlich die Sicherung der Forderung, wird so beibehalten, ohne dass es zu einem automatischen Verbleib des Sicherungsguts beim Sicherungsnehmer kommt.

7. Zwangsvollstreckung

a) Durch Gläubiger des Sicherungsgebers

Bei einer Zwangsvollstreckung in das Vermögen des Sicherungsgebers, die durch dessen weitere Gläubiger betrieben wird, ist das Sicherungsgut nicht Gegenstand der Vollstreckung. Denn das durch Sicherungsübereignung gewährte Recht stellt eben kein Pfandrecht im Sinne des SchKG dar.[577] Vielmehr ist der Sicherungsnehmer Eigentümer des Gegenstandes.[578] Dies ist – wie bereits angemerkt – auf die Vollrechtstheorie zurückzuführen, wonach im schweizerischen Recht keine Differenzierung zwischen dem wirtschaftlichen und formalen Eigentumsbegriff erfolgt. Der Sicherungsnehmer verfügt über alle Rechte eines Eigentümers. Er kann sich gegen eine Pfändung des Sicherungsguts durch Gläubiger des Sicherungsgebers wehren, indem er eine Widerspruchsklage gemäß Art. 106 ff. SchKG erhebt, wonach das Betreibungsamt Rechte Dritter wie das Eigentum in der Pfändungsurkunde vormerkt und dieses auch den Parteien mitteilt, wenn die Pfändungsurkunde bereits zugestellt worden ist. Wurde durch die Parteien ein Besitzkonstitut vereinbart und befindet sich das Sicherungsgut somit im Besitz des Sicherungsgebers,

---

575 BGE 56 II 444, 449 f.

576 ZK-*Oftinger/Bär*, Art. 894, N 21, 22.

577 BGE 106 III 5, 6 f.

578 BK-*Zobl/Thurnherr*, Syst. Teil, N 1478.

kann der Sicherungsnehmer sein Eigentumsrecht gegenüber Dritten wegen des Verbots der Mobiliarhypothek gemäß Art. 717, 884 ZGB nicht geltend machen.

Pfändbar ist jedoch der obligatorische Rückübertragungsanspruch des Sicherungsgebers. Dieser Anspruch kann erst dann durchgesetzt werden, wenn die Voraussetzungen der Rückgabepflicht erfüllt sind.[579] Dies wird in der Regel zum Zeitpunkt der Tilgung der Sicherungsforderung sein.

b) Durch Gläubiger des Sicherungsnehmers

Wird in das Vermögen des Sicherungsnehmers vollstreckt, ist das Sicherungsgut hiervon erfasst, da der Sicherungsnehmer vollwertiger Eigentümer des Sicherungsguts ist. Dem Sicherungsgeber steht daher kein Widerspruchsrecht nach Art. 106 f. SchKG zu. Nur wenn dem Sicherungsgeber bspw. mangels eines wirksamen Rechtsgrunds das Eigentumsrecht zusteht, kann er sich auf ein Widerspruchsrecht berufen.[580] Beinhaltet die Sicherungsabrede eine resolutiv bedingte Vereinbarung, ist der Sicherungsgegenstand bei einer Pfändung gemäß Art. 152 Abs. 3 OR mit einer Verfügungsbeschränkung belastet. Denn nach dieser Vorschrift sind Verfügungen, die während der Schwebezeit vorgenommen wurden, bei Bedingungseintritt, insoweit hinfällig, als sie deren Wirkung beeinträchtigen. Dies bedeutet, dass der gepfändete Gegenstand nur mit der belasteten Verfügungsbeschränkung zugunsten des Sicherungsgebers verwertet werden darf. Hierauf kann sich der Sicherungsgeber berufen, um eine Widerspruchsklage zu erheben. Nach Eintritt der Resolutivbedingung kann er einen Herausgabeanspruch gegen den Erwerber geltend machen.[581]

8. Konkurs

a) Konkurs des Sicherungsgebers

Gemäß Art. 197 Abs. 1 SchKG bildet sämtliches pfändbares Vermögen, das dem Schuldner zum Zeitpunkt der Konkurseröffnung gehört, die Konkursmasse, die zur gemeinsamen Befriedigung der Gläubiger dient. Im Konkurs des Sicherungsgebers ist das beim Sicherungsnehmer befindliche Sicherungsgut nicht von der Konkursmasse erfasst, da es nicht im Eigentum des Sicherungsgebers steht.[582] Falls der Wert des Sicherungsgegenstandes höher liegt als der der gesicherten Forderung,

579 *Keller*, S. 73; BK-*Zobl/Thurnherr*, Syst. Teil, N 1484.

580 BK-*Zobl/Thurnherr*, Syst. Teil, N 1473; ZK-*Oftinger/Bär*, Syst. Teil, N 253.

581 BK-*Zobl/Thurnherr*, Syst. Teil, N 1474. Art. 201 SchKG ist eine Spezialregel für Ordrepapiere und daher nicht anwendbar.

582 BK-*Zobl/Thurnherr*, Syst. Teil, N 1478.

kann die Konkursverwaltung gemäß Art. 211 Abs. 2 SchKG die Rückübertragung des Sicherungsgegenstandes bewirken, indem die zu sichernde Forderung getilgt wird. Denn dann kann der Rückübertragungsanspruch geltend gemacht werden.[583] Auch hier ist ein Selbsteintrittsrecht des Sicherungsnehmers als Gläubiger der Sicherungsforderung im Konkurs möglich.[584]

b) Konkurs des Sicherungsnehmers

Gemäß Art. 197 Abs. 1 SchKG gehört das im Eigentum des Sicherungsnehmers stehende Sicherungsgut in dessen Konkursmasse, so dass kein Aussonderungsrecht des Sicherungsgebers gemäß Art. 197, 242 SchKG besteht.[585]

Der Sicherungsgeber kann im Konkursverfahren des Sicherungsnehmers seinen obligatorischen Rückübertagungsanspruch gemäß Art. 211 SchKG zum Verkehrswert in eine Geldforderung umwandeln. Die Geldforderung kann gemäß Art. 213 SchKG mit der noch bestehenden Sicherungsforderung verrechnet werden, so dass dann die die Rückgabe des Sicherungsguts geltend gemacht werden kann.[586]

Dem Sicherungsgeber steht ausnahmsweise ein Aussonderungsrecht zu, wenn die Parteien eine resolutiv bedingte Sicherungsübereignung vereinbart haben. Ein solches Aussonderungsrecht besteht unabhängig davon, ob zum Zeitpunkt der Konkurseröffnung die Bedingung eingetreten ist. Denn auch bei einem Bedingungseintritt nach Konkurseröffnung ist ein Sukzessions- und Zwangsvollstreckungsschutz des Sicherungsgebers nach Art. 152 Abs. 3 OR gegeben.[587]

Gemäß Art. 401 Abs. 3 OR kann der Auftraggeber im Konkurs des Beauftragten, die beweglichen Sachen verlangen, die dieser im eigenen Namen, aber für Rechnung des Auftraggebers zu Eigentum von Dritten erworben hat. Dieses Aussonderungsrecht des Auftraggebers ist nicht auf den Sicherungsgeber zu übertragen.[588] Denn nach dem Wortlaut des Art. 401 Abs. 3 OR müsste der

583 BK-*Zobl/Thurnherr*, Syst. Teil, N 1479, 1481.

584 BGE 119 II 326, 328; BK-*Zobl/Thurnherr*, Syst. Teil, N 1488.

585 Vgl. BGE 72 II 358, 360.; BGE 71 II 99, 103; BGE 43 III 342, 346 f.; BGE 39 II 800, 810 ff.; ZK-*Oftinger/Bär*, Syst. Teil, N 252; *Wiegand*, ZBJV 1980, 542, 565 f.; a.A. ZK-*Jäggi/Gauch*, Art. 18, N 200; als Mangel empfunden: *Wolf*, FS Simonius, 425, 425.

586 BK-*Zobl/Thurnherr*, Syst. Teil, N 1467.

587 *Reichwein*, SJZ 1950, 321, 324 f; *Vollenweider*, S. 184; *Oftinger/Bär*, Syst. Teil N 253; BK-*Zobl/Thurnherr*, Syst. Teil, N 1468.

588 BGE 117 II 429, 430; BGE 39 II 800, 814; ZK-*Oftinger/Bär*, Syst. Teil, N 252; BK-*Zobl/Thurnherr*, Syst. Teil, N 1470; *Vollenweider*, S. 186; *Wiegand*, Mobiliarsicherheiten, S. 103.

Sicherungsnehmer – entsprechend zum Beauftragten – Eigentum von Dritten und nicht vom Sicherungsgeber – entsprechend zum Auftraggeber – erworben haben. Bei der Sicherungsübereignung erwirbt der Sicherungsnehmer aber vom Sicherungsgeber selbst das Eigentum, so dass eine vergleichbare Verbindung unter den Beteiligten zu Recht abgelehnt wird.[589]

III. Zwischenergebnis

Die Regelungen zur Sicherungsübereignung sehen im schweizerischen Recht wenige Ausnahmen vor. Insgesamt wird der Gedanke des Faustpfandprinzips auch bei der Sicherungsübereignung konsequent umgesetzt, so dass Sicherungsübereignungen mittels Besitzkonstituts nicht zugelassen sind. Dies bewirkt, dass Fälle der Übersicherung in einem geringeren Maße als im deutschen Recht vorkommen. Denn nach den schweizerischen Regelungen ist für eine Drittwirksamkeit der Vereinbarung zwingend erforderlich, dass Sicherungsgeber den unmittelbaren Besitz am Sicherungsgut aufgibt, so dass dieser selbst einen Einfluss darauf hat, welche Sicherungsgegenstände tatsächlich übertragen werden. Bei Globalsicherheiten bewirkt Art. 27 ZGB, dass Fälle der Übersicherung vermieden werden. Insbesondere die Befolgung der Vollrechtstheorie, wonach nicht zwischen rechtlichem und materiellem Eigentum unterschieden wird, führt dazu, dass eine einheitliche Regelungsanwendung auf alle Fälle der Sicherungsübereignung erfolgt. Die auftretenden Probleme werden stets nach den gleichen Kriterien bewertet. Es bestehen kaum Sonderfälle, die durch die Rechtsprechung abweichend von den allgemeinen Fällen geregelt werden.

C. Nach der türkischen Rechtsordnung

Die Sicherungsübereignung (*mülkiyetin teminaten devredilmesi, teminaten temlik, inançlı mülkiyet devri*) ist im türkischen Recht nicht ausdrücklich geregelt. Sie ist eine Form der fiduziarischen Rechtsgeschäfte (*inançlı işlemler*). Die Sicherungsübereignung hat sich als ein Sicherungsinstitut *sui generis* durchgesetzt, das in erster Linie dem Sicherungsnehmer und Fiduziar zu Gute kommt.[590] Die

589 Vgl. BGE 117 II 429, 431; BK-*Meier-Hayoz*, Vorbem. zu Art. 646–654, N 23.

590 *Helvacı*, S. 108 ff.; *Kuntalp*, FS Poroy, 263, 282 ff.; *Nomer*, Vefa Hakkı, S. 38; *Oktay-Özdemir*, FS Çelikel, 657 ff.; *Oktay-Özdemir*, Eşya Hukukunda Yaşanan Gelişmeler, 103, 110 f.; *Özsunay*, S. 36 ff.; *Özkaya*, S. 30 ff.; *Serozan*, FS Moroğlu, 987, 1002 ff.

Zulässigkeit dieses Sicherungsinstituts ist zwischenzeitlich von der Rechtsprechung für das Immobilienrecht bestätigt worden.[591]

I. Prinzipien

Folgende Prinzipien sind für die Sicherungsübereignung im türkischen Recht zu berücksichtigen.

1. Fiduziarisches Eigentum

Für die Sicherungsübereignung ist das Prinzip der Fiduziarität das entscheidende Wesensmerkmal. Denn die Parteien vereinbaren, dass dem Sicherungsnehmer vom Sicherungsgeber ein dingliches Recht, nämlich das Eigentumsrecht, für eine bestimmte Dauer sicherungsweise übertragen wird. Da das Eigentumsrecht das stärkste dingliche Recht ist, das zu Sicherungszwecken übertragen werden kann, sind besondere Anforderungen daran geknüpft. Der Sicherungsnehmer ist im Gegenzug dazu verpflichtet, nur im Rahmen der Sicherungsabrede über den Sicherungsgegenstand zu verfügen und bei Erreichung des Sicherungszwecks das Eigentum am Sicherungsgegenstand wieder auf den Sicherungsgeber zurückzuübertragen.[592] Der Kassationshof[593] beschreibt die Sicherungsübereignung daher als ein fiduziarisches Geschäft, bei dem der Sicherungsnehmer für eine bestimmte Zeit oder für einen bestimmten Zweck ein Recht übertragen erhält, dieses nach den Vorgaben des Sicherungsgebers nutzt und es bei Bedingungseintritt zurücküberträgt.

2. Nicht-Akzessorietät

Im Gegensatz zum Pfandrecht ist die fiduziarische Eigentumsübertragung nicht akzessorisch im Sinne des Art. 168 Abs. 1 OGB (Art. 189 Abs. 1 OGB n.F.). Dies

591 Vgl. *Özkaya*, S. 30 ff. mit Verweis auf YHGK, 14.12.1949, E. 1949/243-173, K. 1949/122 (ablehnend), YHGK, 23.05.1990, E. 1990/1-202, K. 1990/315; YHGK, 27.03.1996, E. 1996/1-877, K. 1996/205 (Zulässigkeit bejaht); vgl. auch Yarg., 1. HD, 30.10.2000, E. 2000/12988, K. 2000/13223; Yarg. 1. HD, 21.11.2001, E. 2001/11449, K. 2001/12572; Yarg., 1. HD, 07.05.2003, E. 2003/4766, K. 2003/5501; Yarg., 1. HD, 21.02.2007, E. 2007/989, K. 2007/1712.

592 *Eren*, S. 330; vgl. *Reisoğlu*, Borçlar, S. 113 f.; *Nomer*, Borçlar, Rn. 79.

593 Vgl. *Uygur*, S. 746, 931 ff. mit Verweis auf Yarg., 1. HD, 30.10.2000, E. 2000/12988, K. 2000/13223.

bedeutet, dass bei einer Übertragung der zu sichernden Forderung das Eigentumsrecht am Sicherungsgegenstand diesem nicht automatisch folgt.[594] Schließlich wird dem Sicherungsnehmer mit Wirkung im Außenverhältnis ein Vollrecht übertragen. Der Sicherungsnehmer kann rechtlich wirksam als Eigentümer des Sicherungsgegenstandes handeln. Dieses Recht ist nicht vergleichbar mit einem Pfandrecht, das lediglich ein Nebenrecht darstellt und daher mit der Sicherungsforderung verbunden ist. Es wird aber allgemein davon ausgegangen, dass der Sicherungsnehmer bei Abtretung der Sicherungsforderung dem neuen Gläubiger das Sicherungseigentum übertragen muss, soweit zwischen dem Sicherungsnehmer und Sicherungsgeber keine gegenteilige Abrede besteht. Hierbei handelt es sich aber lediglich um einen schuldrechtlichen Anspruch, der im Innenverhältnis geltend gemacht werden kann.[595]

3. Spezialitäts- und Bestimmtheitsgrundsatz

Bei der Begründung einer Sicherungsübereignung sind auch im türkischen Recht die Anforderungen an den Spezialitäts- und Bestimmtheitsgrundsatz zu wahren. Denn die Sicherungsübereignung ist primär die Übertragung eines Eigentumsrechts, so dass die üblichen Vorgaben zu beachten sind. Daneben ist die zu sichernde Forderung zu konkretisieren. Hierbei kann es sich um eine bestehende, aber auch um eine zukünftige Forderung handeln.[596]

II. Die Sicherungsübereignung im Einzelnen

1. Begründung

Auch im türkischen Recht richtet sich die Begründung der Sicherungsübereignung nach den allgemeinen Vorschriften der Eigentumsübertragung, wobei ein obligatorisches Verpflichtungsgeschäft, die Sicherungsabrede, erforderlich ist.

---

594 *Ergüne*, S. 157 (Fn. 184); *Helvacı*, S. 103.

595 *Oktay-Özdemir*, FS Çelikel, 657, 672 mit Verweis auf BK-*Zobl/Thurnherr*, Syst. Teil, N 1364, 1372.

596 *Engin*, S. 28, 32 f.

a) *Beteiligte*

Der Sicherungsgeber ist in der Regel identisch mit dem Schuldner der zu sichernden Forderung, kann aber neben dem Schuldner auch ein Dritter sein. Der Sicherungsnehmer ist der Gläubiger der zu sichernden Forderung.

b) *Gegenstand*

Gegenstand der Sicherungsübereignung ist das Eigentumsrecht[597] an beweglichen Sachen im Sinne des Art. 763 TZGB.

c) *Sicherungsabrede*

Der Sicherungsabrede kommen zwei Funktionen zu. Zum einen stellt die Sicherungsabrede das Grundgeschäft für die Eigentumsübertragung dar, zum anderen regelt die Sicherungsabrede die Rechte und Pflichten der Beteiligten. Die Sicherungsabrede bei beweglichen Gegenständen ist formfrei.[598]

Der Sicherungsgeber verpflichtet sich dazu, dem Sicherungsnehmer das Eigentum an einem Gegenstand zu übertragen. Die Parteien vereinbaren ferner, dass der Sicherungsnehmer lediglich zu Sicherungszwecken das Eigentum erhält und unter welchen Bedingungen er zur Rückgabe verpflichtet ist. Aus der Sicherungsabrede sollte auch hervorgehen, wie die Verwertung zu erfolgen hat und inwiefern der Sicherungsnehmer das Sicherungsgut verwenden und nutzen darf. Die Rechtsnatur der Sicherungsabrede als Bestandteil eines fiduziarischen Rechtsgeschäfts indiziert die Verpflichtung des Sicherungsgebers mit dem Sicherungsgegenstand pfleglich umzugehen und insbesondere den Gegenstand zurück zu übereignen, wenn der Sicherungszweck erreicht ist.[599]

Das Eigentumsrecht wird zwar fiduziarisch, aber mit Wirkung gegenüber Dritten als Vollrecht übertragen.[600] Somit ist der Sicherungsnehmer verpflichtet, über die Sache nur im festgelegten Rahmen der Sicherungsabrede zu verfügen, jedoch hindert dies nicht die Wirkung der Vollrechtsübertragung im Außenverhältnis.[601] Der Sicherungsnehmer kann vollständig über das Eigentumsrecht verfügen, obwohl er hierzu im Innenverhältnis nicht berechtigt ist. Damit überschreitet das rechtliche Können des Sicherungsnehmers das rechtliche Dürfen.[602] Gerade die

597 *Özsunay*, S. 102 f.; *Özkaya,* S. 66 ff.
598 *Oktay-Özdemir*, FS Çelikel, 657, 674.
599 *Oktay-Özdemir*, FS Çelikel, 657, 662.
600 *Uygur*, S. 747.
601 *Oktay-Özdemir*, FS Çelikel, 657, 663; *Uygur*, S. 746.
602 *Özkaya*, S. 50 f.; *Özmen/Özkaya*, S. 451.

Sicherung durch das vollständige Eigentumsrecht verschafft dem Sicherungsnehmer einen Vorteil gegenüber dem Pfandgläubiger. Denn der Pfandgläubiger kann nur über das begrenzte dingliche Recht des Pfandrechts verfügen, der Sicherungsnehmer dagegen über das vollständige Eigentumsrecht.

d) Sicherungsweise Übertragung und Besitzeinräumung

aa) Allgemein

Die Sicherungsübereignung an beweglichen Sachen erfolgt durch Einigung der Parteien über die Eigentumsübertragung und die erforderliche Übertragung des unmittelbaren Besitzes im Sinne des Art. 763 i.V.m. Art. 977 TZGB bzw. die zulässigen Besitzsurrogate. Die Übertragung kann zudem eine auflösende Bedingung enthalten.[603]

bb) Zulässigkeit einer Sicherungsübereignung mittels Besitzkonstituts nach Art. 766 Abs. 1 Satz 2 TZGB?

Problematisch und umstritten ist die Zulässigkeit einer Sicherungsübereignung durch Besitzkonstitut (*hükmen teslimli teminaten temlik*), die in Anlehnung an die schweizerische Rechtsprechung durch den Kassationshof[604] als Gesetzesumgehung bzw. als Simulation abgelehnt wurde. Hierbei ist jedoch zu berücksichtigen, dass diese Entscheidung zu einem Zeitpunkt erfolgte, als die Sicherungsübereignung an sich als unzulässig angesehen worden ist.[605] Die Sicherungsübereignung mittels Besitzkonstituts abzulehnen, ist jedoch problematisch, weil erst diese Form der Sicherungsübereignung ein alternatives Sicherungsinstitut im Vergleich zum besitzabhängigen Pfandrecht darstellt.[606]

Die Frage der Zulässigkeit wird aber daher vor allem unter dem Gesichtspunkt der Praktikabilität zunehmend diskutiert. Gegenstand der Diskussion ist insbesondere, ob die nach der Reform des TZGB eingeführte Regelung in Art. 766 Abs. 1 Satz 2 TZGB, die die Regelung des Art. 690 TZGB a.F. ablöst,

---

603 *Serozan*, Taşınır Eşya Hukuku, S. 298 ff.

604 *Karadeniz*, S. 225 (Fn. 527) mit Verweis auf Urteil des Kassationshofs vom 15.04.1929, Temyiz Mahkemesi, 4. HD, E. 692, K. 1511, dort zitiert: *„Über die Wirksamkeit der Eigentumsübertragung mittels Besitzkonstituts entscheidet der wirtschaftliche Zweck des Geschäfts. Wenn ein Sicherungszweck erkennbar ist, so ist das Geschäft gemäß Art. 690 TZGB* [a. F.] *unwirksam."*

605 Später wurde die Sicherungsübereignung dann als zulässig anerkannt, siehe in diesem Teil unter C. I. 1.

606 *Eskiocak*, S. 13.

eine Sicherungsübereignung mittels Besitzkonstituts – so die ablehnende Ansicht – ausschließt. Die Regelung des Art. 766 Abs. 1 Satz 2 TZGB lautet:

> *„(Abs. 1) Bleibt der Veräußerer eines beweglichen Gegenstandes infolge eines besonderen Rechtsverhältnisses im Besitz der Sache, geht das Eigentum ohne eine Übertragung des Besitzes über (Satz 1). Wenn jedoch das Rechtsgeschäft vorgenommen worden ist, um Dritten zu schädigen oder die Vorschriften des Pfandrechts zu umgehen, ist die Übertragung des Eigentums unwirksam (Satz 2).*
>
> *(Abs. 2) Ob ein solche Absicht verfolgt wurde oder nicht, würdigt der Richter.“*

In Art. 766 Abs. 1 Satz 1 TZGB ist mit der Formulierung *„ohne eine Übertragung des Besitzes“* ohne eine Übertragung des *unmittelbaren* Besitzes gemeint. Dies lässt sich aus der Gesamtsystematik sowie der Überschrift der Norm, die *„Besitzkonstitut“* lautet, ableiten. Gegenstand der Regelung ist somit, dass bei der Übereignung eines beweglichen Gegenstandes die Übertragung des unmittelbaren Besitzes durch die Vereinbarung eines Besitzkonstituts ersetzt werden kann. Nach Art. 766 Abs. 1 Satz 2 TZGB ist eine Eigentumsübertragung durch Besitzkonstitut nicht wirksam, wenn das Rechtsgeschäft zur Schädigung Dritter oder zur Umgehung der Pfandrechtsvorschriften dienen soll. Gemeint ist hiermit die Umgehung der Regelung in Art. 939 TZGB, die zwingend die Besitzübertragung für die wirksame Begründung eines Pfandrechts vorsieht. Maßgeblich für eine wirksame Vereinbarung eines Pfandrechts ist insbesondere gemäß Art. 939 Abs. 1 und 3 TZGB, dass der Verpfänder die ausschließliche Sachgewalt über die Pfandsache verliert.[607] Eine von den gesetzlichen Vorschriften nicht zugelassene Umgehung dieser Vorschrift läge dann vor, wenn die Parteien einer Pfandrechtsvereinbarung gerade darauf verzichten wollen, dass der Verpfänder den unmittelbaren Besitz an der Pfandsache aufgibt.

Ob eine solche Umgehung bereits dann vorliegt, wenn ein anderes Sicherungsgeschäft als ein Pfandrecht vereinbart wird, ob hieraus gleichzeitig eine Drittschädigungsabsicht resultiert und ob überhaupt eine konkrete Drittschädigungsabsicht nebst einer Umgehungsabsicht vorliegen muss, ist umstritten. Die unterschiedlichen Ansichten werden im Folgenden vorgestellt.

---

607 Vgl. 1. Teil, C. I. 1.

(1) Unzulässigkeit einer besitzlosen Sicherungsübereignung

Teilweise[608] wird die Vorschrift des Art. 766 Abs. 1 Satz 2 TZGB dahingehend verstanden, dass eine sicherungsweise vorgenommene Übereignung, bei der auf die Übertragung des unmittelbaren Besitzes verzichtet wird, per se zu einer Schädigung Dritter im Allgemeinen bzw. der Faustpfandvorschriften (vgl. Art. 939 Abs. 1 und 3 TZGB) im Speziellen führe. Eine solche Vereinbarung wird sogar von Vertretern dieser Ansicht als ein arglistiges Vorgehen bezeichnet, denn dadurch sei gezielt eine Umgehung des Faustpfandprinzips[609] und der damit zwingend einhergehenden Übertragung des unmittelbaren Besitzes nach Art. 939 TZGB beabsichtigt. Hierdurch werde gleichzeitig eine Schädigung Dritter – möglicher Gläubiger im Rahmen eines Zwangsvollstreckungs- oder Insolvenzverfahrens – verfolgt.

Nach dieser Ansicht wäre ein besitzloses Sicherungsinstitut, das vom Gesetz nicht ausdrücklich geregelt ist, und somit auch eine Sicherungsübereignung mittels Besitzkonstituts nach Art. 766 Abs. 1 Satz 2 TZGB stets unwirksam. Aus einer solchen Vereinbarung würde einhergehend eine Drittschädigungsabsicht resultieren, da das Faustpfandprinzip neben dem Pfandrechtsgläubiger auch einen Schutz Dritter vorsieht.[610] Insoweit differenziert diese Ansicht nicht, ob die Vorschrift des Art. 766 Abs. 1 Satz 2 TZGB die Drittschädigungsabsicht als Alternative zur Umgehungsabsicht voraussetzt, sondern sieht sowohl eine Drittschädigungs- als auch Umgehungsabsicht als gegeben an, wenn ein Sicherungsgeschäft ohne Besitzübertagung vereinbart wird, das gesetzlich nicht ausdrücklich geregelt ist. Hierbei differenziert die Ansicht auch nicht danach, ob beide Beteiligte am Rechtsgeschäft eine solche Absicht haben müssen oder ob die Absicht eines Einzelnen ausreichend ist. Vielmehr wird den beteiligten Parteien eine Drittschädigungs- und Umgehungsabsicht unterstellt.

(2) Unzulässigkeit einer besitzlosen Sicherungsübereignung bei nachgewiesener Schädigungs- und/oder Umgehungsabsicht

Die Gegenansicht[611], die die Vereinbarung einer Sicherungsübereignung mittels Besitzkonstituts als grundsätzlich zulässig ansieht, stellt bei ihrer Argumentation

608 *Cansel*, S. 113 ff.; *Davran*, S. 81 (bzgl. Art. 687 TZGB a.F.); *Gürsoy/Eren/Cansel*, S. 1093; *Tekinay/Akman/Burcuoğlu/Altop*, S. 136; *Cimcoz*, ABD 1975, 831, 834 f.; *Ergüne*, S. 157; *Oktay-Özdemir*, FS Çelikel, 657, 661, 672.

609 *Ergüne*, S. 157.

610 Vgl. unter 1. Teil, C. I. 1.

611 *Oğuzman/Seliçi/Oktay-Özdemir*, S. 595; *Serozan*, Taşınır Eşya Hukuku, S. 291 ff.; *Ayanoğlu Moralı*, Teminat, S. 145, bevorzugt die frühere Formulierung.

insbesondere darauf ab, dass eine Drittschädigungs- bzw. Umgehungsabsicht nachweislich vorliegen müsse, um die Unwirksamkeit der Vereinbarung nach Art. 766 Abs. 1 Satz 2 TZGB feststellen zu können.

Hierbei wird teils[612] differenziert, ob eine Drittschädigungs- oder eine Umgehungsabsicht vorliegt:

Eine Drittschädigungsabsicht läge vor, wenn das Ziel der Vereinbarung darin bestünde, die Gläubiger des Veräußernden zu benachteiligen, indem Vermögensgegenstände der Vermögensmasse des Veräußernden entzogen werden, wobei sowohl der Veräußernde als auch der Erwerber gemeinsam diese Absicht gefasst haben müssen.[613] Hier seien auch die allgemeinen Regeln gemäß Art. 97, 99, 228 TZVG einschlägig, wonach der Dritte eine Herausgabeklage geltend machen könne.[614]

Eine Umgehungsabsicht sei anzunehmen, wenn die Pfandrechtsregeln wie z. B. die Besitzübertragung nach Art. 939 TZGB, aber auch eine Eigentumsübertragung vermieden werden sollen. Dann würden die Parteien an Stelle eines Pfandes ein Scheingeschäft vereinbaren. Dies wäre der Fall, wenn der Verpfänder dem Pfandnehmer den Pfandgegenstand zunächst verkaufe, um sie sodann im Rahmen des Scheingeschäfts zu mieten. Die Parteien würden vereinbaren, dass der Verpfänder innerhalb eines festgelegten Zeitraumes den Geldbetrag zurückzuzahlen habe, so dass der Verkaufspreis den Kreditbetrag, die Miete den Kreditzins und die Rückzahlungsfrist die Kreditlaufzeit darstelle.

Ob eine entsprechende Absicht vorliege, sei in beiden Fällen nicht allein deshalb zu unterstellen, weil auf die Übertragung des unmittelbaren Besitzes verzichtet werde. Dies sei vielmehr im Rahmen des richterlichen Ermessens zu beurteilen.[615]

Zwar wird teils[616] darauf abgestellt, dass bei einer Umgehungsabsicht der Regelung in Art. 939 TZGB ebenfalls eine Drittschädigungsabsicht mitenthalten wäre, jedoch wird hier der konkrete Nachweis der Absicht gefordert und diese nicht generell unterstellt, wenn eine Besitzübertragung nicht vorgenommen wird. Es sei nicht realistisch, stets eine Drittschädigungs- und Umgehungsabsicht anzunehmen. Eine zu enge Auslegung der Vorschrift würde im Übrigen verhindern, die Sicherungsübereignung als ein Sicherungsmittel *sui generis* für die Praxis nutzbar

612 *Oğuzman/Seliçi/Oktay-Özdemir*, S. 594.
613 *Oğuzman/Seliçi/Oktay-Özdemir*, S. 595.
614 *Oğuzman/Seliçi/Oktay-Özdemir*, S. 595.
615 *Oğuzman/Seliçi/Oktay-Özdemir*, S. 595.
616 *Serozan*, Taşınır Eşya Hukuku, S. 294.

zu machen. Daher sei nicht abstrakt von einer Drittschädigungs- und Umgehungsabsicht auszugehen, sondern diese konkret nachzuweisen.[617]

Damit stünde die Regelung des Art. 766 Abs. 1 Satz 2 TZGB der Zulässigkeit einer Sicherungsübereignung durch Besitzkonstitut grundsätzlich nicht entgegen. Nach dieser Ansicht wäre damit ein Sicherungsgeschäft ohne die Übertragung des unmittelbaren Besitzes möglich, da nicht von vorhinein bei einer solchen Vereinbarung eine Drittschädigungs- und/oder Umgehungsabsicht unterstellt wird. Vielmehr müsste nach dieser Ansicht im Einzelfall konkret festgestellt werden, dass die beteiligten Parteien eine solche Absicht gemeinsam gefasst haben.

(3) Wortlaut und Systematik des Art. 766 1 Satz 2 TZGB

Um gegebenenfalls eine entsprechende Festlegung zugunsten einer der unterschiedlichen Ansichten finden zu können, ist zunächst der Wortlaut und die Systematik des Art. 766 Abs.1 Satz 2 TZGB zu begutachten.

Nach dem Wortlaut des Art. 766 Abs. 1 Satz 2 TZGB ist – wie bereits angemerkt – eine Eigentumsübertragung mittels Besitzkonstituts jedoch („*ancak*“) dann unwirksam, wenn die Absicht vorliegt, dadurch Dritten zu schaden oder die Faustpfandregelungen zu umgehen. Ob eine solche Absicht vorliegt oder nicht, wird gemäß Art. 766 Abs. 2 TZGB vom Richter beurteilt. Dies bedeutet, dass zunächst die Umgehungsabsicht positiv festgestellt und nachgewiesen werden muss und nicht per se vermutet wird.

Zudem ist auch das Verhältnis der Regelung des Art. 766 Abs. 1 Satz 2 TZGB zu Satz 1 derselben Vorschrift zu berücksichtigen: Nach Art. 766 Abs. 1 Satz 1 TZGB ist eine Eigentumsübertragung mittels Besitzkonstituts, dem ein Rechtsgeschäft zugrunde liegt, wirksam. Es ist davon auszugehen, dass Art. 766 Abs. 1 TZGB in Satz 1 den Regelfall beschreibt. Ausnahmsweise ist nach Satz 2 eine Eigentumsübertragung mittels Besitzkonstituts unwirksam, wenn damit eine Drittschädigungsabsicht verfolgt wird oder eine Umgehung der Pfandrechtsvorschriften verbunden ist. In Art. 766 Abs. 2 TZGB wird sogar festgelegt, dass die Frage nach einem absichtlichen Handeln tatrichterlich gewürdigt werden muss. Diese Regelung enthält damit einen Verweis auf Art. 4 TZGB. Nach dieser Vorschrift entscheidet der Richter nach Recht und Billigkeit, wenn ihm das Gesetz ein Ermessensrecht einräumt oder eine Würdigung der Umstände oder der berechtigten

617 *Serozan*, Taşınır Eşya Hukuku, S. 295 f.

Gründe vorschreibt.[618] Somit hat der erkennende Richter die Fälle des Art. 766 Abs. 2 TZGB unter Berücksichtigung der Vorgaben des Art. 4 TZGB zu entscheiden, ob eine Umgehungs- oder Drittschädigungsabsicht vorliegt, die zur Unwirksamkeit führt.

Daraus ergibt sich die Schlussfolgerung, dass nach diesem Regel-Ausnahme-Verhältnis des Art. 766 Abs. 1 TZGB im Zusammenhang mit der Beweisregelung in Art. 766 Abs. 2 TZGB i. V. m. Art. 4 TZGB eine Unwirksamkeit einer Sicherungsübereignung mittels Besitzkonstituts nicht per se zu vermuten ist. Vielmehr obliegt die Feststellung einer solchen Absicht dem urteilenden Richter im Einzelfall.

Damit führt eine rein isolierte Betrachtung des Gesetzestextes zu der gesetzlichen Vermutung der Zulässigkeit einer Sicherungsübereignung mittels Besitzkonstituts. Die Unwirksamkeit ist vielmehr einzelfallbezogen festzustellen. Nach Betrachtung des Wortlauts und der Systematik des Art. 766 TZGB ist insoweit der Ansicht, die bei einer Sicherungsübereignung mittels Besitzkonstituts nicht stets eine Drittschädigungs- und/oder Umgehungsabsicht annimmt, der Vorzug zu geben.

(4) Art. 717 ZGB sowie Art. 690 TZGB a.F.

Ein anderes Ergebnis könnte aber unter Berücksichtigung der Auslegung des rezipierten Gesetzestextes in Art. 717 ZGB[619] durch die schweizerische Rechtsprechung[620] gefunden werden. Hiernach wäre eine Sicherungsübereignung mittels Besitzkonstituts objektiv immer als ein Versuch zur Umgehung des Faustpfandprinzips zu bewerten und damit gegenüber Dritten unwirksam.[621]

An dieser Stelle ist jedoch ebenfalls zu beachten, dass der rezipierte Gesetzestext mit der Reform des TZGB im Jahre 2002 geändert worden ist. Die Regelung des Art. 690 TZGB a.F. lautete, dass eine Eigentumsübertragung mittels Besitzkonstituts, die die Benachteiligung Dritter oder die Umgehung der

---

618 Der Begriff des *„Ermessens"* (*takdir*) ist im türkischen Recht weit auszulegen und bezieht sich auch auf die Beurteilung von Tatbestandselementen, wobei keine Unterscheidung zwischen den Begriffe *„Ermessen"* und *„Beurteilungsspielraum"* erfolgt. Rumpf, Einführung, § 3, Rn. Rn. 9.

619 Art. 717 ZGB: *„(Abs. 1) Bleibt die Sache infolge eines besonderen Rechtsverhältnisses beim Veräußerer, so ist der Eigentumsübergang Dritten gegenüber unwirksam, wenn damit ihre Benachteiligung oder eine Umgehung der Bestimmungen über das Faustpfand beabsichtigt worden ist. (Abs. 2) Das Gericht entscheidet hierüber nach seinem Ermessen."*

620 BGE 39 II 691, 692 f.; BGE 42 II 17, 24 f; siehe auch in diesem Teil unter B. II. 1 d).

621 *Wiegand*, Mobiliarsicherheiten, S. 101.

Pfandrechtsvorschriften beabsichtigt, Dritten gegenüber unwirksam ist.[622] Auch nach dieser Fassung war vorgesehen, dass das Gericht nach seinem Ermessen hierüber entscheidet. Dieser Gesetzeswortlaut aus dem Jahre 1926 orientiert sich streng an Art. 717 ZGB und sieht als Rechtsfolge eine Unwirksamkeit Dritten gegenüber vor. Somit war vor der Reform die für Dritte nachteilige Eigentumsübertragung mittels Besitzkonstituts nur im Innenverhältnis zwischen Sicherungsgeber und Sicherungsnehmer wirksam. Erst im Außenverhältnis zu Dritten wurde eine Unwirksamkeit angenommen. Damit wurde eine Art des relativen Eigentums (*nispî müliyet*) im Verhältnis zum Sicherungsgeber akzeptiert.[623]

Zwar wird in den amtlichen Begründungen zum neuen Art. 766 TZGB ausgeführt, dass es keine Änderungen der Regelung in Art. 690 TZGB a.F. gäbe. Die Vorschrift sei lediglich zur sprachlichen Vereinfachung neu gefasst worden. Wie im schweizerischen ZGB sei eine Einteilung der Norm in zwei Absätze erfolgt. Die Beibehaltung der Überschrift *„Besitzkonstitut"* sei als zweckmäßig betrachtet worden.[624]

Es ist jedoch festzustellen, dass der Gesetzgeber in der neuen Regelung von der früheren Formulierung abgewichen ist. Nunmehr sieht der Gesetzgeber als Rechtsfolge des Art. 766 Abs. 1 Satz 2 TZGB eine absolute Unwirksamkeit bei Vorliegen einer Umgehungs- oder Drittschädigungsabsicht vor.[625]

Trotz dieser eindeutigen Formulierung wird teilweise auch die Ansicht[626] vertreten, dass diese Änderung nicht zu beachten sei und stattdessen die Regelung des Art. 690 TZGB a.F. insbesondere im Hinblick auf die Fassung der ursprünglichen

622 Art. 690 TZGB a.F.: *„Başkasını izrar veya teminat âhkamını ihlâl kasdıyla bir menkulü temlik eden kimse onu hususî bir sebeple yedinde alıkorsa mülkiyetin intikali üçüncü şahıs hakkında muteber olmaz. Bu kasdın takdiri hâkime müfevvezdir."*

623 *Serozan*, Taşınır Eşya Hukuku, S. 119; vgl. auch *Nomer*, Vefa Hakkı, S. 40.

624 ZGB Türkei, Amtliche Begründung hrsg. vom Senatspräsidenten Tahir Alp, Art. 766 TZGB: *„Yürürlükteki Kanunun 690 ıncı maddesini karşılamaktadır. Hüküm değişikliği yoktur; arılaştırmak suretiyle yeniden kaleme alınmışdır. İsviçre Medeni Kanunun 717 nci maddesine uygum olarak iki fıkra hâline getirilmiştir. Madde başlığının ‚Hükmen teslim' olarak muhafazası uygun görülmüşdür."* Abrufbar unter <http://www.tuerkei-recht.de/downloads/zgb-alp-amtl-begr.pdf> (zuletzt abgerufen am 25.03.2012).

625 So auch *Oğuzman/Seliçi/Oktay-Özdemir*, S. 596 (Fn. 43); *Oktay-Özdemir*, Eşya Hukukunda Yaşanan Gelişmeler, S. 103, 108.

626 *Aybay/Hatemi*, § 17, Rn. S. 57 ff.; auch *Serozan*, Taşınır Eşya Hukuku, S. 119, der auch ein relatives Eigentum annimmt, aber die Zulässigkeit der Sicherungsübereignung durch Besitzkonstitut befürwortet und folglich nicht als Einwand dagegen sieht. Ausführlich zur Bedeutung der relativen Rechte *Serozan*, İÜHFM 1974, S 459 ff.

Quelle in Art. 717 ZGB hineinzulesen sei. Danach wäre ein solches Rechtsgeschäft nur Dritten gegenüber nicht wirksam. Angesichts des tatsächlich anders lautenden Wortlautes ist diese Meinung aber wohl kaum haltbar. In den amtlichen Begründungen heißt es zwar, dass es keine Änderungen gäbe und dass man sich bei der Einteilung in zwei Absätze an die schweizerische Regelung in Art. 717 ZGB orientiert habe. Jedoch fehlt es in der neuen Fassung eindeutig an der Einschränkung, dass die Unwirksamkeit nur gegenüber Dritten gelte. Zudem ist zu berücksichtigen, dass es sich bei der relativen Unwirksamkeit um einen Ausnahmefall im TZGB und OGB handelt. Diese ist nur ausnahmsweise und dann ausdrücklich gesetzlich vorgesehen. Ohne eine ausdrückliche Anordnung im Gesetz kann sie nicht angenommen werden.[627] Ein redaktionelles Versehen kann nicht ohne weiteres vermutet werden.

Nach alledem kann weder der Wortlaut des Art. 690 TZGB a.F. noch die Auslegung des Art. 717 ZGB durch die Rechtsprechung des Bundesgerichts uneingeschränkt auf die Regelung des Art. 766 Abs. 1 Satz 2 ZGB übertragen werden. Daher können die Erwägungen zum Art. 690 TZGB a.F. sowie zum Art. 717 ZGB nicht überzeugend herangezogen werden, um die Vereinbarung einer Sicherungsübereignung mittels Besitzkonstituts als unzulässig zu bewerten.

(5) Ziel und Zweck des Art. 766 Abs. 1 Satz 2 TZGB

Neben dem Wortlaut und der Systematik des Art. 766 Abs. 1 Satz 2 TZGB sowie des Art. 690 TZGB a.F. nebst der rezipierten Vorschrift des Art. 717 ZGB ist insbesondere das mit Art. 766 Abs. 1 Satz 2 TZGB verfolgte Ziel zu beachten, um die Zulässigkeit einer Sicherungsübereignung mittels Besitzkonstituts beurteilen zu können. Mit dieser Vorschrift soll die Umgehung der Pfandrechtsvorschriften und eine Verletzung der Vermögensinteressen von Dritten verhindert werden. Wie bereits dargestellt, soll diese Regelung (neben Art. 939 TZGB) den Schutz des Faustpfandprinzips gewährleisten.[628] Bei der Sicherungsübereignung mittels Besitzkonstituts wird auf die Übertragung des unmittelbaren Besitzes verzichtet. Dies stellt aber gerade bei der Begründung eines Pfandrechts eine wesentliche Voraussetzung dar. Mithin ist es erforderlich, eine Sicherungsübereignung durch Besitzkonstitut für unwirksam zu erklären, wenn sie einer Umgehung der Pfandrechtsvorschriften oder einer Drittschädigung dienen soll.

Dies wäre – wie in den obigen Ausführungen beschrieben – der Fall, wenn als Scheingeschäft ein Mietverhältnis vereinbart wird, auf dessen Grundlage der

627 *Oğuzman/Seliçi/Oktay-Özdemir*, S. 596 (Fn. 43).

628 Siehe im 1. Teil, C. I. 1. mit weiteren Nachweisen.

Verpfänder den unmittelbaren Besitz am Sicherungsgegenstand entgegen den Vorschriften des Art. 939 TZGB behält.[629] Die Mietdauer entspricht dann der Dauer, die der Verpfänder benötigt, um den Kredit zurückzuzahlen, die Mietzinsen stellen einen zusätzlichen Kreditzins dar. Wird der Kredit vollständig zurückgezahlt, wird eine Rückübereignung an den Verpfänder vorgenommen. Wird der Kredit nicht zurückgezahlt, kann der Pfandnehmer ein Verwertungsrecht geltend machen.

Denkbar sind daneben aber auch Fallkonstellationen, in denen eine Sicherungsübereignung durch Besitzkonstitut nicht einer Umgehung der Pfandrechtsvorschriften oder einer Drittschädigung dienen soll, obgleich mehrere Gläubiger des Kreditnehmers vorhanden sind. Dass nicht jede Sicherungsübereignung mittels Besitzkonstituts stets mit einer Umgehung der Pfandrechtsvorschriften einhergeht und statt dessen eine Überprüfung des Einzelfalls vorgenommen werden sollte, lässt sich besonders deutlich am folgenden Beispiel darstellen: Schuldner (S) erwirbt *nach* Gewährung des Kredits durch einen Kreditgeber (K) einen Vermögensgegenstand, den er dann im Folgenden an einen weiteren Gläubiger (SN) sicherungsweise durch Besitzkonstitut übereignet.[630] Die folgende Skizze soll eine solche Fallkonstellation abbilden:

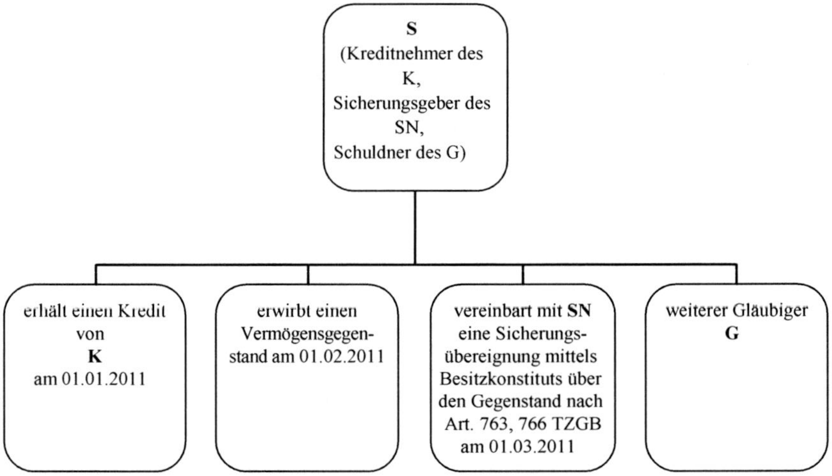

Abb.: Skizze zur Zulässigkeit einer Sicherungsübereignung durch Besitzkonstitut

629 *Oğuzman/Seliçi/Oktay-Özdemir*, S. 595; siehe im 2. Teil, C. II. d), bb), (2).

630 In Anlehnung an einen Beispielsfall von *Herrn Prof. Dr. Oruç Hami Şener*, Dokuz Eylül Universität, (Austausch am 03.03.2011).

(a) Beurteilung der Kreditwürdigkeit durch den Kreditgeber

Ziel und Zweck des Faustpfandprinzips, das durch die Regelung des Art. 766 Abs. 2 Satz 1 TZGB gewährleistet werden soll, ist weiteren Gläubigern zu ermöglichen, aufgrund der Besitzlage des Schuldners auf dessen Vermögen schließen und dessen Kreditwürdigkeit beurteilen zu können (Eigentumsvermutung für im Besitz befindliche Gegenstände nach Art. 985 TZGB). Im skizzierten Fall hat der Kreditgeber dem Schuldner nicht im Vertrauen auf den Besitz am Sicherungsgegenstand den Kredit gewährt, denn zum Zeitpunkt der Kreditgewährung war der Gegenstand nicht im Besitz des Schuldners. Insofern kann keine Täuschung des Kreditgebers (K) hinsichtlich seiner Vermögensverhältnisse zum Zeitpunkt der Kreditgewährung vorliegen.

(b) Umgehung der Pfandrechtsvorschriften

Fraglich wäre, ob dem Schuldner und dem Sicherungsnehmer eine Umgehung der Pfandrechtsvorschriften nach Art. 939 Abs. 1 und 3 TZGB unterstellt werden kann, weil sie statt eines Pfandrechts eine Sicherungsübereignung durch Besitzkonstitut vereinbart haben. Es besteht kein Anlass, ein Scheingeschäft zwischen dem Schuldner und dem Sicherungsnehmer anzunehmen, ohne dass weitere Anhaltspunkte bestehen. Vielmehr ist davon auszugehen, dass tatsächlich ein Sicherungsgeschäft *sui generis* vereinbart werden sollte. Ein solches Sicherungsgeschäft dient nicht der Umgehung der Pfandrechtsvorschriften, da eben kein Pfandrecht, sondern die Übertragung von Eigentum zu Sicherungszwecken vereinbart wird. Das Faustpfandprinzip bezweckt zwar auch die vereinfachte Verwertungsmöglichkeit des Pfandnehmers bei Eintritt des Sicherungsfalles. Wenn aber die Sicherungsübereignung als ein Sicherungsmittel *sui generis* akzeptiert wird, kann hierbei nicht schädlich sein, dass der Sicherungsnehmer im Einvernehmen mit dem Sicherungsgeber auf den Besitz am Sicherungsgegenstand verzichtet und sich so gegebenenfalls die Verwertung des Sicherungsgegenstandes erschwert.

(c) Beurteilung der Kreditwürdigkeit durch weitere Gläubiger

Zu berücksichtigen wäre, wie sich die Sicherungsübereignung durch Besitzkonstitut auf Kreditgeschäfte mit weiteren Gläubigern (G), die nach Vereinbarung der Sicherungsübereignung vorgenommen werden, auswirkt. Vertrauen diese auf den Besitz am Sicherungsgegenstand und schließen dadurch auf das Eigentum an einem Vermögensgegenstand, in das gegebenenfalls vollstreckt werden kann, ist dies nicht zwingend das Ergebnis einer gemeinsamen Drittschädigungs- und/ oder Umgehungsabsicht des Schuldners und des Sicherungsnehmers. Eine solche

Absicht müsste vielmehr gemäß Art. 766 Abs. 1 Satz 2 i. V. m. Art. 4 TZGB vom erkennenden Richter festgestellt werden.

(d) Gläubigerbenachteiligung

Fraglich ist ferner, ob eine absichtliche Drittschädigung oder eine Gesetzesumgehung darin zu sehen ist, dass der Kreditgeber in der Zwangsvollstreckung oder im Konkurs gegen den Schuldner mangels Eigentum nicht auf den Sicherungsgegenstand zugreifen kann.

Hier müsste aber wiederum zunächst die entsprechende Absicht festgestellt werden, so dass im Anschluss daran gegebenenfalls die Rechtsfolge über die Unwirksamkeit der Sicherungsübereignung angeknüpft werden kann. Zudem gewährleisten entsprechende Regelungen im TZVG den Schutz vor Vermögensminderungen zu Lasten der Gläubiger.[631] Ein vorbeugender Schutz der Gläubiger (K und G) durch ein Verbot der Sicherungsübereignung mittels Besitzkonstitut ist nicht umfassend, da auch andere Verfügungsarten vorgenommen werden können, die danach ausgerichtet sind, wertvolle Vermögensgegenstände der Vollstreckungs- und Insolvenzmasse zu entziehen. Solche sollten sinngemäß durch spezifische Vorschriften im TZVG verhindert werden. Ein generelles Verbot der Sicherungsübereignung durch Besitzkonstitut wäre nicht verhältnismäßig, da hierdurch ein wichtiges zusätzliches Sicherungsmittel nicht genutzt werden kann. Vielmehr erscheint es angebracht, die Unwirksamkeit einer konkreten Sicherungsübereignung anzunehmen, wenn die Drittschädigungsabsicht nachgewiesen ist, so dass sogar neben spezifischen Regelungen des TZVG ein Schutz aus Art. 766 Abs. 1 Satz 2 TZGB geboten wird. So besteht ein doppelter Schutz des Gläubigers, den man zu benachteiligen beabsichtigt. Gleichzeitig bestünde aber auch die Möglichkeit zur Vereinbarung eines Sicherungsmittels, das dem Schuldner den Besitz an einem Vermögensgegenstand gestattet, welches er wiederum wirtschaftlich für sich nutzen kann. Im Hinblick auf die Regelung im deutschen Recht, das eine Sicherungsübereignung mittels Besitzkonstituts zulässt, erscheint eine solche Abwägung zwischen dem Sinn und Zweck des Faustpfandprinzips einerseits und dem Interesse des Schuldners andererseits vertretbar.

---

631 *Akipek*, S. 253; *Oğuzman/Seliçi/Oktay-Özdemir*, S. 595, Herausgabeklage nach Art. 97, 99, 228 TZVG, dinglicher Arrest nach Art. 257 ff. TZVG, Anfechtungsklage nach Art. 277 ff. TZVG, dargestellt bei *Pekcanıtez/Atalay/Sungurtekin Özkan/Özekes*, S. 284 ff, S. 693 ff.

(6) Zusammenfassende Gesamtschau und Stellungnahme

In einer Gesamtschau der dargelegten Aspekte stehen zunächst der Wortlaut und die Systematik des Art. 766 Abs. 1 Satz 2 TZGB der schweizerischen Rechtspraxis zur rezipierten Regelung entgegen. Einen Lösungsansatz kann aber der Vergleich der reformierten Regelung in Art. 766 Abs. 1 Satz 2 TZGB im Vergleich mit Art. 690 TZGB a.F. bieten. Nach der jetzt gültigen Gesetzeslage ist bei Vorliegen einer Umgehungs- oder Drittschädigungsabsicht eine absolute Unwirksamkeit des Rechtsgeschäfts ausdrücklich vorgesehen. Da die Rechtsfolge der absoluten Unwirksamkeit für die Beteiligten besonders weitreichend ist, ist es erforderlich, an das Eintreten dieser hohe Anforderungen zu stellen. Dies kann aber nicht erreicht werden, indem grundsätzlich eine Unwirksamkeit der Sicherungsübereignung mittels Besitzkonstituts angenommen wird. Vielmehr ist darauf abzustellen, dass eine unwirksame Vereinbarung erst dann vorliegt, wenn die Umgehungs- bzw. Drittschädigungsabsicht konkret nachgewiesen ist. In einem solchen Fall ist die Rechtsfolge der absoluten Unwirksamkeit zum Schutz des Faustpfandprinzips erforderlich. Grundsätzlich kann aber die Zulässigkeit einer Sicherungsübereignung mittels Besitzkonstituts angenommen werden. Ein solches Ergebnis wäre zum einen im Einklang mit dem Wortlaut des Art. 766 Abs. 1 Satz 2 TZGB i. V. m. Art. 4 TZGB. Zum anderen sind auch die Vorteile zu berücksichtigen, die dieses besitzlose Sicherungsmittel für den Schuldner ermöglicht. Diese stehen den Gläubigerinteressen gegenüber, die einen zusätzlichen Schutz durch die Vorschriften des TZVG genießen. Ein Verbot der Sicherungsübereignung durch Besitzkonstitut ist daher nicht die einzige Möglichkeit, diesen Interessen gerecht zu werden. Auch wenn das schweizerische ZGB als Vorbild für das TZGB dient, sollte nicht allein auf die vorangegangene schweizerische Rechtsprechung zur rezipierten Gesetzesregelung abgestellt werden. Denn dies kann dazu führen, dass die speziellen Bedürfnisse der Praxis ohne weiteres außer Acht gelassen werden. Gerade diesen wurde mit der eigenen Rechtsprechungspraxis des Kassationshofs und der daraus resultierenden Regelung des Art. 940 Abs. 2 TZGB praxisgerecht begegnet. Auch die Regelung eines Unternehmenspfandrechts erfolgte als Reaktion auf ein gesteigertes Kreditbedürfnis der Unternehmer. In diesen zwei Fällen hat sich gezeigt, dass die speziellen Kredit- und Sicherungsbedürfnisse der Praxis bei der Schaffung von neuen Sicherungsinstituten zu berücksichtigen sind. Diese sind daraufhin zu überprüfen, ob sie mit tragenden Prinzipien wie dem Faustpfandprinzip vereinbar sind bzw. ob und inwiefern eine Abweichung von diesen gerechtfertigt ist. Der Kassationshof hat sich bisher nicht zur Auslegung des Art. 766 Abs. 1 Satz 2 TZGB geäußert. Dies lässt vermuten, dass ein Fall zur Entscheidung noch nicht vorlag, weil die Parteien eines Sicherungsgeschäfts diesem Sicherungsmittel aufgrund seiner umstrittenen Zulässigkeit kritisch gegenüberstehen. Die gesetzlichen Vorschriften aber ständen dem grundsätzlich nicht entgegen.

cc) Zwischenergebnis zur Übertragung und Besitzeinräumung

Nach der derzeitigen Rechtslage kann eine Sicherungsübereignung sowohl durch die Übertragung des unmittelbaren Besitzes als auch durch die Vereinbarung eines Besitzkonstituts vereinbart werden. Letzteres ist zwar umstritten, aber nach einer wörtlichen, systematischen und teleologischen Auslegung des Art. 766 Abs. 1 Satz 2 TZGB mit guten Argumenten begründbar.

e) Zwischenergebnis zur Begründung

Die Begründung der Sicherungsübereignung an beweglichen Gegenständen stellt ein fiduziarisches Rechtsgeschäft dar, bei dem der Sicherungsgeber dem Sicherungsnehmer aufgrund einer Sicherungsabrede, die die Rechte und Pflichten im Innenverhältnis festlegt, einen Sicherungsgegenstand überlässt. Die Übertragung des Gegenstandes kann durch die Übertragung des unmittelbaren Besitzes erfolgen. Möglich sind aber auch die – bei einer Eigentumsübertragung – üblichen Besitzsurrogate. Bei einer Vereinbarung einer Sicherungsübereignung mittels Besitzkonstituts sind die Grenzen des Art. 766 Abs. 1 Satz 2 TZGB zu beachten. Diese können bei einer Absicht zur Umgehung der Pfandrechtsvorschriften wie Art. 939 TZGB, durch die das Faustpfandprinzip gewährleistet werden soll, oder einer sonstigen Drittschädigungsabsicht zu einer Unwirksamkeit führen.

2. Gutgläubiger Erwerb

Da die Sicherungsübereignung nach den für die Eigentumsübertragung üblichen Regelungen vorgenommen wird, kann der Sicherungsnehmer gemäß Art. 988 TZGB gutgläubig das Eigentum am Sicherungsgut erlangen, wenn der Sicherungsgeber nicht verfügungsberechtigt ist.

3. Inhalt

a) Rechte und Pflichten des Sicherungsgebers

Der Sicherungsgeber verliert mit der Vornahme der Sicherungsübereignung die Verfügungsberechtigung über den Sicherungsgegenstand. Nur bei einer Sicherungsübereignung unter einer auflösenden Bedingung kann er bei Bedingungseintritt ein Herausgaberecht geltend machen.[632] Dem Sicherungsgeber steht aber ein Schadensersatzanspruch gegen den Sicherungsnehmer nach Art. 96 OGB (Art. 112 OGB n.F.) zu, wenn dieser bei Erreichung des Sicherungszwecks nicht seiner schuldrechtlichen Rückgabepflicht aus dem Innenverhältnis nachkommt.[633]

b) Rechte und Pflichten des Sicherungsnehmers

Nach der Vollrechtstheorie[634] erwirbt der Sicherungsnehmer das ihm übertragene Eigentumsrecht auch mit Wirkung gegenüber Dritten, obwohl nur eine sicherungsweise Übertragung stattgefunden hat.[635] Im Innenverhältnis zum Sicherungsgeber ist er aber dazu verpflichtet, nur insoweit über den Sicherungsgegenstand zu verfügen, als dass es der Sicherungsabrede entspricht.[636] Aus dieser und dem damit verfolgten Zweck ergibt sich die Pflicht, den Sicherungsgegenstand zu verwahren und die Interessen daran auch rechtlich wahrzunehmen. Anderenfalls ist er analog Art. 945 TZGB – wie bei einer Schädigung des Pfandgegenstandes – zum Schadensersatz verpflichtet. Insbesondere ist die Rückgabepflicht des Sicherungsnehmers bei Erfüllung des Sicherungszwecks zu berücksichtigen. Soweit aber keine auflösende Bedingung für die Sicherungsübereignung vereinbart worden ist, fällt das Eigentum nicht *ipso iure* zurück, sondern muss tatsächlich vom Sicherungsnehmer zurück übereignet werden.[637]

4. Wirksamkeit

Die Sicherungsübereignung wurde zunächst oft als Schein- oder Umgehungsgeschäft eingeordnet. Nachdem sie nun als ein Sicherungsgeschäft *sui generis*[638] akzeptiert worden ist, unterliegt sie den allgemeinen Wirksamkeitsvorschriften im Sinne der Art. 23 TZGB, Art. 19, 20 OGB (Art. 26, 27 OGB n.F.). Hierbei sind insbesondere die Regelungen des Art. 19 Abs. 2 OGB (Art. 26 OGB n.F.) und Art. 20 Abs. 1 OGB (Art. 27 Abs. 1 OGB n.F.) zu beachten. Eine Unwirksamkeit ist dann anzunehmen, wenn die sich aus der Vereinbarung ergebenden Verpflichtungen unmöglich, rechts- oder sittenwidrig sind. Eine Sittenwidrigekeit wird dann angenommen, wenn die „Notsituation“

632 *Oktay-Özdemir*, FS Çelikel, 657, 682.
633 *Eren*, S. 332; *Reisoğlu*, Borçlar, S. 114.
634 Vgl. *Özmen/Özkaya*, S. 451.
635 *Oktay-Özdemir*, FS Çelikel, 657, 679.
636 *Oktay-Özdemir*, FS Çelikel, 657, 681.
637 *Oktay-Özdemir*, FS Çelikel, 657, 680.
638 *Oktay-Özdemir*, FS Çelikel, 657, 658, 671; *Özsunay*, S. 121 mit Verweis auf das schweizerische Recht.

des Sicherungsgebers vom Sicherungsnehmer ausgenutzt wird.[639] Wie bereits dargelegt kann auch eine Unwirksamkeit nach Art. 766 Abs. 1 Satz 2 TZGB vorliegen.[640]

5. Beendigung

Die Beendigung der Sicherungsübereignung ergibt sich aus der Sicherungsabrede. Als fiduziarisches Sicherungsgeschäft endet dieses regelmäßig dann, wenn der Sicherungszweck erfüllt wird. Dies ist im Einzelnen an die Sicherungsabrede geknüpft. Die Parteien vereinbaren hier, welche Bedingung bzw. zu welchem Zeitpunkt der Sicherungszweck eintritt und dementsprechend die Rückübertragungspflicht des Sicherungsnehmers entsteht.[641]

6. Verwertung

Die Verwertung des Sicherungseigentums richtet sich nach der Sicherungsabrede. Je nachdem kann sie durch eine Zwangsvollstreckung oder einen privaten Verkauf vorgenommen werden.[642]

Die Rechtsprechung geht davon aus, dass das Verbot der Verfallsvereinbarung analog Art. 949 TZGB auch für die Sicherungsübereignung gilt. Es soll dem Sicherungsnehmer nicht ermöglicht werden, die „Notsituation" des Sicherungsgebers auszunutzen. Vielmehr sind solche Vereinbarungen, die darauf gerichtet sind, durch einen möglichst geringen Gegenwert an das Eigentum des Sicherungsgebers zu gelangen, sittenwidrig und somit nach Art. 19 und 20 OGB (Art. 26 und 27 OGB n.F.) unwirksam.[643] Teilweise beschränkt sich die Ablehnung der Verfallsvereinbarung nur auf die Fälle, in denen die Vereinbarung vor Eintreten der Fälligkeit getroffen wird.[644] Ein die Sicherungsforderung übersteigender Betrag aus der Verwertung ist jedenfalls an den Sicherungsgeber herauszugeben.[645]

---

639 Vgl. Yarg., 1. HD, 21.02.2007, E. 2007/989, K. 2007/1712: Damit eine Notsituation des Kreditnehmers nicht ausgenutzt werden kann, sind fiduziarischen Rechtsgeschäfte an Art. 19 und 20 OGB zu messen.

640 Siehe in diesem Teil II. 1. d) bb).

641 *Oktay-Özdemir*, FS Çelikel, 657, 663.

642 *Oktay-Özdemir*, FS Çelikel, 657, 673; *Özsunay*, S. 141, *Özkaya*, S. 21.

643 Yarg., 1. HD, 21.02.2007, E. 2007/989, K. 2007/1712.

644 Für Immobilien vgl. YHGK, 23.05.1990, E. 1990/1-202, K. 1990/315: *„Mit Art. 788 TZGB* [a.F., entspricht Art. 873 TZGB] *ist eindeutig geregelt, dass jegliche Vereinbarungen, wonach dem Gläubiger für den Fall der Nichttilgung der Schuld das Eigentum an der Immobilie zufällt, unwirksam sind."*

645 *Oktay-Özdemir*, FS Çelikel, 657, 657.

7. Zwangsvollstreckung

a) Durch Gläubiger des Sicherungsgebers

Nach der Vollrechtstheorie kann der Sicherungsnehmer im Außenverhältnis mit Wirkung gegenüber Dritten uneingeschränkt als Eigentümer über den Sicherungsgegenstand verfügen. Dies bedeutet, dass der Sicherungsgegenstand in der Zwangsvollstreckung des Sicherungsgebers nicht zu seinem Vermögen und somit nicht zur Vollstreckungsmasse gehört. Ist aber der Sicherungsnehmer im Besitz des Sicherungsgegenstandes, kann der Sicherungsnehmer als Eigentümer ein Herausgaberecht aufgrund seines Eigentumsrechts nach Art. 96 TZVG geltend machen. Es obliegt dann gemäß Art. 97 a Abs. 1 Satz 4, Abs. 2 TZGV dem Sicherungsnehmer die Vermutung zu widerlegen, dass der beim Schuldner befindliche Gegenstand dessen Vermögen zuzuordnen ist.

b) Durch Gläubiger des Sicherungsnehmers

Der Sicherungsgeber hat – mangels eines Eigentumsrechts – keinen Herausgabeanspruch, wenn der Sicherungsgegenstand beim Sicherungsnehmer gepfändet wird. Bei Vereinbarung einer auflösenden Bedingung kann der Sicherungsnehmer über die Vorschrift des Art. 150 Abs. 3 TZGB sein Eigentum zurückerlangen. Voraussetzung ist hierfür aber, dass die zu sichernde Forderung getilgt wird. Teils wird durch diese Möglichkeit ein Vorteil in der Vereinbarung einer Sicherungsübereignung durch Besitzkonstitut gesehen.[646] Zwar gibt es einige wenige gesetzliche Ausnahmevorschriften, nach denen der Sicherungsgeber die Möglichkeit hat, die Sicherungsgegenstände der Zwangsvollstreckung gegen den Sicherungsnehmer zu entziehen, doch diese sind hier nicht anzuwenden.[647]

---

646 Bei einer Sicherungsübereignung mit Übertragung des unmittelbaren Besitzes nach Art. 988 TZGB würde der Dritte über die Vorschriften des gutgläubigen Erwerbs geschützt werden, so *Serozan*, Taşınır Eşya Hukuku, S. 300.

647 Art. 188 TZGV bei Wertpapieren in der Zwangsvollstreckung gegen Sicherungsnehmer, aber sehr enger Anwendungsbereich, nach Ansicht von *Serozan*, Taşınır Eşya Hukuku, S. 300, können gemäß Art. 393 Abs. 3 OGB (entspr. Art. 401 Abs. 3 OR) im Bereich des Bevollmächtigten und Mandaten Vermögensgegenstände aus der Masse entzogen werden, wenn Schulden bereits beglichen wurden (fiduziarisches Auftragsverhältnis). Wie im schweizerischen Recht (vgl. BGE 117 II 429, 431) ist dies aber mangels eines vergleichbaren Rechtsverhältnisses abzulehnen, denn bei der Sicherungsübereignung erwirbt der Sicherungsnehmer vom Sicherungsgeber selbst und von einem Dritten selbst das Eigentum.

8. Insolvenz

a) Insolvenz des Sicherungsgebers

Mangels eines Eigentumsrechts fällt der Sicherungsgegenstand – wie bei einer Zwangsvollstreckung gegen den Sicherungsgeber – nicht in die Insolvenzmasse[648], so dass die Gläubiger des Sicherungsgebers keinen Zugriff darauf haben. Befindet sich der Sicherungsgegenstand beim Sicherungsgeber, kann der Sicherungsnehmer nach Art. 228 TZGV sein Eigentumsrecht geltend machen.

b) Insolvenz des Sicherungsnehmers

Im Insolvenzverfahren gegen den Sicherungsnehmer steht dem Sicherungsgeber grundsätzlich kein Herausgaberecht zu, da er nicht der Eigentümer des Sicherungsgegenstandes ist. Nur bei einer auflösend bedingten Sicherungsübereignung hat der Sicherungsgeber gemäß Art. 150 Abs. 3 TZGB die Möglichkeit den Sicherungsgegenstand zurück zu erlangen.[649]

D. Vergleichende Zusammenfassung

I. Allgemeines

Bei der Untersuchung der Sicherungsübereignung in den zu vergleichenden Rechtsordnungen lassen sich auf Anhieb relevante Unterschiede feststellen. Der für die Praxis wichtigste Unterschied liegt in der Zulässigkeit der Sicherungsübereignung mittels Besitzkonstituts. Diese wird nach dem deutschen Recht bejaht, nach der schweizerischen verneint, während die Frage im türkischen Recht umstritten ist.[650] Aber auch die Auswirkungen einer Sicherungsübereignung durch Besitzübergabe sind unterschiedlicher Art. Dies macht sich insbesondere im Hinblick auf die Zwangsvollstreckung und Insolvenz bemerkbar. Gerade in diesen Situationen zeigt sich für den Gläubiger, ob sich die Mobiliarsicherheit als zuverlässiges Sicherungsmittel bewährt.

---

648 *Ergüne*, S. 157 (Fn. 184).

649 *Serozan*, Taşınır Eşya Hukuku, S. 300. Dagegen ist ein Vollstreckungsschutz über Art. 393 Abs. 3 OGB abzulehnen, vgl. in diesem Teil unter C. II. 7. b).

650 Siehe in diesem Teil unter D. III.

Einigkeit besteht über die Nicht-Akzessorietät der Sicherungsübereignung, da man das Eigentumsrecht nicht mit einem dinglichen Recht wie dem Pfandrecht gleichstellen möchte.

Im deutschen Recht ist der Bestimmtheits- und Spezialitätsgrundsatz besonders im Rahmen von Sicherungsübereignungen mittels Besitzkonstituts zu beachten, um durch ausreichend bestimmte Sicherungsgegenstände einer „Aushöhlung“ des Schuldnervermögens bzw. der Insolvenzmasse vorzubeugen. Da im schweizerischen Recht konsequent das Faustpfandprinzip auch bei der Vornahme von Sicherungsübereignungen beachtet wird, werden problematische Fallkonstellationen im Hinblick auf den Spezialitäts- und Bestimmtheitsgrundsatz im vornhinein vermieden. Dies gilt auch weitgehend hinsichtlich der Wirksamkeit der vorgenommenen Sicherungsübereignungen. Während sich im deutschen Recht eine differenzierte Rechtsprechung zu Unwirksamkeits- bzw. Übersicherungsfällen gebildet hat, wird im schweizerischen Recht die Unwirksamkeit einer Sicherungsübereignung an den allgemeinen Vorgaben des Art. 27 ZGB gemessen oder nach Art. 285–288 SchKG durch eine Anfechtung im Zwangsvollstreckungs- und Konkursverfahren geltend gemacht. Auch im türkischen Recht wird die Wirksamkeit neben der Vorschrift des Art. 766 Abs. 1 Satz 2 TZGB nach den allgemeinen Regelungen der Art. 23 TZGB, Art. 19, 20 OGB (Art. 26, 27 OGB n.F.) bestimmt.

II. Fiduziarität

Für die fiduziarische Eigentumsübertagung ist kennzeichnend, dass sie auf Grundlage eines Vertrauensverhältnisses vorgenommen wird, wonach der Sicherungsnehmer im Innenverhältnis zum Sicherungsgeber bestimmten Beschränkungen unterliegt, jedoch im Außenverhältnis zu Dritten diese Beschränkungen keine Wirkungen entfalten. Dies bedeutet, dass der Sicherungsnehmer mit Wirkung gegenüber Dritten über den Sicherungsgegenstand verfügen kann, im Innenverhältnis hierzu aber nicht berechtigt ist. Überschreitet der Sicherungsnehmer die ihm im Innenverhältnis auferlegten Beschränkungen, kann der Sicherungsgeber zwar Schadensersatzansprüche geltend machen. Jedoch bleiben die vorgenommenen Verfügungen wirksam. Dieses Verständnis über den Begriff der Fiduziarität liegt den drei zu vergleichenden Rechtsordnungen gemeinsam zugrunde.

Im schweizerischen und auch im türkischen Recht wird dieses Verständnis konsequent umgesetzt. Dies zeigt sich vor allem daran, dass in der Zwangsvollstreckung und in der Insolvenz der Sicherungsgegenstand grundsätzlich ohne Rücksicht auf das bestehende Sicherungsverhältnis als Eigentum des

Sicherungsnehmers behandelt wird. Dies bedeutet, dass die Gläubiger des Sicherungsnehmers auf den Sicherungsgegenstand zugreifen können, während die Gläubiger des Sicherungsgebers diese Möglichkeit nicht haben. Aufgrund der im schweizerischen Recht vertretenen und ins türkische Recht rezipierten Vollrechtstheorie erfolgt keine Unterscheidung des formalen und wirtschaftlichen Eigentumsbegriffes. Lediglich wenn eine resolutiv bedingte Sicherungsübereignung vereinbart worden ist, kann der Sicherungsgeber durch Berufung auf Art. 152 Abs. 3 OR bzw. Art. 150 Abs. 3 OGB (Art. 171 Abs. 3 OGB n.F.) in der Zwangsvollstreckung durch Tilgung der gesicherten Forderung das Sicherungsgut zurückverlangen.

III. Sicherungsübereignung durch Besitzkonstitut

Nach der deutschen Rechtsordnung ist die Vereinbarung von Sicherungsübereignungen durch Besitzkonstitut zulässig und auch in der Praxis üblich. In dieser Form stellt sie eine Alternative zu dem besitzabhängigen Pfandrecht dar.

Die schweizerische Rechtsordnung dagegen lehnt eine solche Sicherungsvereinbarung mit Wirkung gegenüber Dritten als Umgehung der Pfandrechtsvorschriften nach Art. 717 Abs. 1 ZGB ab. Die schweizerische Rechtsprechung begründet dies mit einer objektiven Betrachtungsweise, nach der die Vereinbarung einer Sicherungsübereignung mittels Besitzkonstituts immer eine Umgehung darstelle. Dadurch verzichtet das schweizerische Recht auf eine vereinfachte Form der Mobiliarsicherheit. Hierbei wird die konsequente Befolgung des Faustpfandprinzips primär auf Gründe des Drittschutzes gestützt.

Im türkischen Recht war die gesetzliche Regelung in Art. 690 TZGB a.F. identisch mit der in Art. 717 ZGB. Nach der Reform ist die Regelung dahingehend geändert worden, dass gemäß Art. 766 Abs. 1 Satz 2 TZGB eine generelle Unwirksamkeit anzunehmen ist, wenn eine Eigentumsübertragung mittels Besitzkonstituts vorgenommen wurde, die zur Umgehung der Pfandrechtsvorschriften dient. Eine ausdrückliche Unzulässigkeit ist damit nicht vorgesehen. Nach der hier vertretenen Ansicht wäre eine Sicherungsübereignung durch Besitzkonstitut grundsätzlich möglich. Im konkreten Fall wäre dann entscheidend, ob eine Umgehungs- und Täuschungsabsicht vorliegt, die gemäß Art. 766 Abs. 2 i. V. m. Art. 4 TZGB nach richterlichem Ermessen festgestellt wird.

Dagegen gibt es in der deutschen Rechtsordnung keine Regelung, die Art. 717 ZGB oder Art. 766 Abs. 1 Satz 2 TZGB entspricht. Stattdessen wird für solche Fallkonstellationen die Regelung des § 138 BGB herangezogen.

Die Zulässigkeit einer Sicherungsübereignung durch Besitzkonstitut bietet – wie im deutschen – den Vorteil eines alternativen besitzlosen Sicherungsmittels. Lehnt man diese Form der Möglichkeit der Sicherungsübereignung ab, so werden – wie im schweizerischen Recht – zwar klare Rechtregeln und deren konsequente Umsetzung in der Praxis gewährleistet. Andererseits macht sich in der Praxis aber auch der Bedarf nach einer fehlenden Mobiliarhypothek bemerkbar. Daher wird nach der hier vertretenen Ansicht eine Zulässigkeit der Sicherungsübereignung durch Besitzkonstitut auch im türkischen Recht grundsätzlich befürwortet.

IV. Inhalt und Beendigung

Die inhaltliche Gestaltung der Sicherungsübereignung ist in den zu vergleichenden Rechtsordnungen gleich geregelt. Der Sicherungsgeber hat bei Tilgung der Sicherungsforderung einen obligatorischen Rückübertragungsanspruch gegen den Sicherungsnehmer. Dagegen hat dieser im Außenverhältnis alle Rechte eines Eigentümers. Allerdings ist er dem Sicherungsgeber bei Verletzung seiner Pflichten aus dem Innenverhältnis zum Schadensersatz verpflichtet. Die Beendigung der Sicherungsübereignung tritt ein, wenn der Sicherungszweck erreicht ist.

V. Verwertung

Bezüglich der Verwertung der Sicherungsübereignung werden in den drei Rechtsordnungen weitgehend vergleichbare Ansichten vertreten. Lediglich das Verbot der Verfallsvereinbarung betreffend, gibt es geringfügige Abweichungen. Während im deutschen Recht eine entsprechende Anwendung der Vorschrift für das Pfandrecht abgelehnt wird, wird sie in der schweizerischen Literatur teils befürwortet. Im türkischen Recht wird diese Ansicht sogar von der Rechtsprechung vertreten. Jedoch stimmen die in allen drei Rechtsordnungen vertretenen Rechtsansichten darin überein, dass ein den Wert der Sicherungsforderung übersteigender Erlös an den Sicherungsgeber herausgegeben werden muss.

VI. Zwangsvollstreckung und Insolvenz

Besonders auffällig sind die bestehenden Unterschiede in der Zwangsvollstreckung und der Insolvenz. Denn im deutschen Recht kann sowohl der Sicherungsnehmer als auch der Sicherungsgeber im Rahmen der Zwangsvollstreckung gegen den jeweils anderen Drittwiderspruchsklage erheben. Der Sicherungsnehmer wird als „vollwertiger“ Eigentümer behandelt. Aber auch dem Sicherungsgeber wird in der umgekehrten Situation – in der Zwangsvollstreckung gegen den Sicherungsnehmer – ein die Zwangsvollstreckung abwendendes Recht im Sinne des § 771 ZPO zugesprochen. Dies wird damit begründet, dass die Eigentumsübertragung lediglich fiduziarisch erfolgte.

In der Insolvenz des Sicherungsgebers wird der Sicherungsnehmer nicht als Eigentümer des Sicherungsgegenstandes behandelt. Ihm steht lediglich ein Absonderungsrecht gemäß § 51 Nr. 1 InsO zu. Dagegen hat der Sicherungsgeber in der Insolvenz des Sicherungsnehmers ein gewohnheitsrechtlich anerkanntes Aussonderungsrecht nach § 47 InsO. Der Insolvenzverwalter hat aber bis zur Forderungstilgung ein Besitzrecht am Sicherungsgegenstand. An diesen Regelungen wird deutlich, dass bei der Sicherungsübereignung der Charakter der zweckgebundenen und vorübergehenden Übereignung im Vordergrund steht und von einer gewöhnlichen Eigentumsübertragung im Sinne des § 929 Satz 1 BGB unterschiedlich zu behandeln ist.

Dagegen gilt es, die einmal vorgenommene Eigentumsübertragung im schweizerischen sowie im türkischen Recht sowohl in der Zwangsvollstrekkung als auch in der Insolvenz rigoros zu berücksichtigen. Dass die Übertragung sicherungsweise erfolgte, wird nicht berücksichtigt. Dies wird damit begründet, dass die Sicherungsübereignung eben kein Pfandrecht im Sinne des SchKG bzw. des TZVG darstellt. Vielmehr ist der Sicherungsnehmer Eigentümer des Sicherungsgegenstands, so dass er in der Zwangsvollstreckung gegen den Sicherungsgeber und in dessen Insolvenz seine Eigentümerrechte geltend machen kann. Dementsprechend ist der Sicherungsgegenstand in der Zwangsvollstreckung gegen den Sicherungsnehmer und in dessen Insolvenz seinem Vermögen zuzuordnen. Rechte des Sicherungsnehmers können lediglich berücksichtigt werden, wenn eine resolutiv bedingte Sicherungsübereignung vereinbart wurde oder die Sicherungsforderung getilgt wird.

3. Teil: Der Eigentumsvorbehalt

A. Nach der deutschen Rechtsordnung

Der Eigentumsvorbehalt ist ein weiteres nicht-possessorisches Sicherungsrecht der deutschen Rechtsordnung. Der Begriff des Eigentumsvorbehalts ist in § 449 Abs. 1 BGB legaldefiniert. Hat sich der Verkäufer einer beweglichen Sache das Eigentum bis zur Zahlung des Kaufpreises vorbehalten, so ist gemäß § 449 Abs. 1 BGB im Zweifel anzunehmen, dass das Eigentum unter der aufschiebenden Bedingung vollständiger Zahlung des Kaufpreises übertragen wird. Diese Vorschrift enthält somit die sachenrechtliche Vermutungsregel, dass bei einem Vorbehalt des Eigentums die Eigentumsübertragung unter der aufschiebenden Bedingung der vollständigen Kaufpreiszahlung erfolgt. Durch eine solche Vereinbarung des sog. einfachen Eigentumsvorbehalts wird die Vorleistung des Verkäufers – die Überlassung des Verkaufsgegenstandes trotz der fehlenden (vollständigen) Zahlung des Kaufpreises durch den Käufer – gesichert. Der Käufer kann zwar den Verkaufsgegenstand bereits besitzen und nutzen, jedoch ist er noch nicht Eigentümer. Vielmehr erfolgt die Eigentumsübertragung, wenn die Bedingung der vollständigen Kaufpreiszahlung eintritt. Der Verkäufer hat so die Möglichkeit bei Zahlungsverzug den Verkaufsgegenstand als Eigentümer heraus zu verlangen. Der Eigentumsvorbehalt ist daher eine oft genutzte Sicherungsform für den Lieferantenkredit und im Warenverkehr das am häufigsten verwendete Kreditsicherungsmittel.[651]

Neben dem einfachen Eigentumsvorbehalt gibt es Sonderformen wie den nachträglichen, weitergeleiteten, nachgeschalteten, erweiterten und verlängerten Eigentumsvorbehalt, die sich in der Praxis durchgesetzt haben, aber nicht im Gesetz geregelt sind.

I. Prinzipien

Für den Eigentumsvorbehalt sind insbesondere das Publizitätsprinzip und die Nicht-Akzessorietät näher zu betrachten.

651 MK/*Westermann*, § 449, Rn. 1; Palandt/*Weidenkaff*, § 449, Rn. 2.

1. Publizitätsprinzip

Der Publizitätsgedanke ist bei dem Eigentumsvorbehalt im deutschen Recht weniger ausgeprägt. Der zukünftige Eigentümer ist bereits im Besitz der Sache. Sein Eigentumserwerb ist aber noch abhängig vom Bedingungseintritt. Die Besitzlage lässt somit keine zwingenden Rückschlüsse auf die dingliche Rechtsposition zu. Obwohl bei unbeweglichen Sachen eine bedingte Übereignung unzulässig ist und für Publizitätszwecke ein Grundbuch besteht, hat der Gesetzgeber keinen Anlass gesehen, ähnliche Regelungen für bewegliche Sachen zu schaffen, die der Rechtssicherheit dienen könnten.[652] Dies hat aber – wie noch darzustellen ist – die Praxis nicht daran gehindert, das Kreditsicherungsmittel „Eigentumsvorbehalt" in verschiedenen Formen nutzbar zu machen.

2. Nicht-Akzessorietät

Bei einem Eigentumsvorbehalt handelt es sich um kein Nebenrecht im Sinne des § 401 BGB.[653] Der Vorbehaltsverkäufer kann zwar das ihm vorbehaltene Eigentum übertragen, doch bewirkt die Abtretung der Kaufpreisforderung gegen den Vorbehaltskäufer nicht die Eigentumsübertragung. Hierfür ist eine gesonderte dingliche Einigung und Abtretung des Herausgabeanspruchs erforderlich, der erst bei einem ausgeübten Rücktritt gemäß §§ 346 Abs. 1, 449 Abs. 1 BGB besteht.[654] Dies wird damit begründet, dass es sich bei der Vereinbarung eines Eigentumsvorbehalts nicht um ein traditionelles Sicherungsrecht handelt, sondern um ein durch Rechtsfortbildung akzeptiertes Sicherungsrecht.[655] Damit wird trotz der engen Verbindung des Eigentumsvorbehalts mit der schuldrechtlichen Vereinbarung die Akzessorietät verneint.

II. Der einfache Eigentumsvorbehalt

1. Begründung

a) Beteiligte

§ 449 BGB regelt die Auswirkungen eines einfachen Eigentumsvorbehalts, der zwischen einem Verkäufer und Käufer vereinbart wird. Über den Verweis der §§ 480, 651

652 Vgl. *Füller*, S. 361.

653 BGH NJW 1964, 1788, 1790; Jauernig/*Stürner*, § 401, Rn. 5.

654 BGHZ 176, 86, 91.

655 Vgl. *Wiegand*, Akzessorietät und Spezialität, S. 35, 40.

BGB ist die Anwendung des § 449 BGB und damit die Vereinbarung eines Eigentumsvorbehalts für den Tausch und den Werklieferungsvertrag entsprechend möglich. Da die gesetzliche Regelung sich auf den Kauf bezieht, werden die Beteiligten in der weiteren Bearbeitung als (Vorbehalts-) Verkäufer und (Vorbehalts-) Käufer bezeichnet.

b) Gegenstand

Der Wortlaut des § 449 Abs. 1 BGB bezieht sich ausdrücklich auf bewegliche Gegenstände. Entscheidend ist daneben aber die Vorschrift des § 925 Abs. 2 BGB, wonach eine bedingte Übereignung eines Grundstücks unwirksam ist. Daher ist die Vereinbarung eines Eigentumsvorbehalts bei Immobilien ausgeschlossen. Vom Anwendungsbereich des § 449 BGB sind ebenfalls erfasst unwesentliche Bestandteile (im Umkehrschluss zu den §§ 93–95 BGB), Zubehör (§ 97 BGB) und Inventar (§ 98 BGB) einer Sache. Auch kann für eine Sachgesamtheit (z.B. Warenlager, Inventar, Unternehmen) ein Eigentumsvorbehalt vereinbart werden, wobei sich dieser aufgrund des Spezialitätsgrundsatzes auf jeden einzelnen Gegenstand der Sachgesamtheit beziehen muss.[656]

c) Vereinbarung

Die Begründung des einfachen Eigentumsvorbehalts im Sinne des § 449 BGB erfolgt durch die Vereinbarung der beteiligten Parteien, wonach das Eigentum nur aufschiebend bedingt nach § 158 Abs. 1 BGB übertragen werden soll. Eine Sicherungsabrede wie beim Pfandrecht oder der Sicherungsübereignung gibt es beim Eigentumsvorbehalt nicht, da nicht das Recht eingeräumt wird, sich im Sicherungsfall aus dem Sicherungsgut zu befriedigen. Stattdessen sichert sich der Vorbehaltsverkäufer rechtlich den Anspruch auf Erfüllungsverweigerung und Herausgabe nach Geltendmachung des Rücktrittsrechts gemäß den §§ 346 Abs. 1, 449 Abs. 2, 985 BGB.[657] Dies bedeutet, dass der Verkäufer für den Fall der Nichterfüllung seiner Kaufpreisforderung zum einen die Erfüllung seiner Hauptpflicht, die vollständige Eigentumsübertragung, verweigern und zum anderen den Verkaufsgegenstand heraus verlangen kann.

Ein Eigentumsvorbehalt kann formlos ausdrücklich oder auch konkludent vorgenommen werden. In der Praxis erfolgt die Vereinbarung eines Eigentumsvorbehalts als ein adäquates Mittel zur Kreditsicherung des Warenverkäufers regelmäßig durch AGB.[658] Verwendet der Käufer in seinen AGB eine sog. Abwehrklausel, die

656 Palandt/*Weidenkaff*, § 449, Rn. 3.
657 BGHZ 54, 214, 216 ff.; *Huber*, ZIP 1987, 750, 752; *Mitlehner*, Rn. 45.
658 Palandt/*Weidenkaff*, § 449, Rn. 2, 10.

den Eigentumsvorbehalt des Verkäufers gerade ausschließen will, nimmt die neuere Rechtsprechung und herrschende Ansicht in der Literatur einen Dissens im Sinne des § 154 BGB an. Folge dessen ist jedoch nicht die Unwirksamkeit des Vertrages, sondern der gesetzlich vorgesehene Regelfall im Sinne des § 306 Abs. 2 BGB, der in diesem Fall die Wirksamkeit des Vertrages ohne die Vereinbarung eines Eigentumsvorbehalts vorsieht.[659] Der Kaufvertrag kommt somit ohne die Vereinbarung eines Eigentumsvorbehalts zustande. Der Verkäufer ist schuldrechtlich zur unbedingten Eigentumsübertragung verpflichtet. Bei der Eigentumsübertragung – dem dinglichen Rechtgeschäft – kann er sich als Veräußerer das Eigentum durch eine einseitige Erklärung vorbehalten. Dies hat eine vertragliche Pflichtverletzung zur Folge, so dass unter diesen Umständen ein nachträglicher vertragswidriger Eigentumsvorbehalt vorliegt.

Wenn aber dem Käufer die Eigentumsvorbehaltserklärung zugegangen ist oder er in zumutbarer Weise hätte davon Kenntnis nehmen können, ist mit der Übergabe der Ware keine Annahme einer bedingungslosen Eigentumsübertragung möglich. Vielmehr erklärt der Käufer sich durch die Annahme der Ware mit einer bedingten Eigentumsübertragung einverstanden.[660] Er erwirbt gemäß § 158 Abs. 1 BGB lediglich aufschiebend bedingtes Eigentum.

Da es sich bei der nachträglichen einseitigen Eigentumsvorbehaltserklärung um eine vertragliche Pflichtverletzung des Verkäufers handelt, sind bei der Beurteilung, ob der Käufer diese kennen konnte bzw. musste, strenge Maßstäbe anzulegen. Ist der Eigentumsvorbehalt nur versteckt erfolgt oder musste der Käufer mit einer solchen nicht rechnen, ist die Eigentumsvorbehaltserklärung erst gar nicht zugegangen. Daraus resultiert, dass der Käufer einen Anspruch auf eine bedingungslose Eigentumsübertragung hat. Ist aber trotz Kenntnis der Vorbehaltserklärung kein Widerspruch des Käufers erhoben worden, kann hierin eine Änderung des Kaufvertrages gesehen werden.[661]

2. Gutgläubigkeit

Ist der Vorbehaltsverkäufer nicht Eigentümer der Ware, so dass er keine Verfügungsberechtigung besitzt, kann der Vorbehaltskäufer gutgläubig ein Anwartschaftsrecht[662]

---

659 BGHZ 61, 282, 287; BGH WM 1985, 694, 695; BGH WM 1986, 643, 644.

660 BGH NJW 1982, 1749, 1750.

661 BGHZ 64, 395, 396; juris-PK/*Leible*, § 449, Rn. 15 f.

662 Siehe auch in diesem Teil unter A. II. 3. a).

gemäß den §§ 932 ff. BGB erwerben. Mit vollständiger Kaufpreiszahlung entsteht aus seinem Anwartschaftsrecht ein Eigentumsrecht.[663]

Ein gutgläubiger Zweiterwerb eines bestehendes Anwartschaftsrechts ist nach überwiegend herrschender Ansicht ebenfalls nach §§ 932 ff. BGB möglich.[664] Dieser Erwerbsvorgang ist mit dem des gutgläubigen Ersterwerbs vergleichbar, da das jeweilige dingliche Recht bereits besteht. Dagegen ist der gutgläubige Zweiterwerb eines nicht bestehenden Anwartschaftsrechts nicht zulässig, da es – wie beim Pfandrecht[665] – an einem Rechtsscheintatbestand für das angebliche Recht fehlt.[666]

3. Inhalt

a) Rechte und Pflichten des Käufers

Zwar wird der Käufer erst mit Bedingungseintritt Eigentümer, aber schon zuvor erwirbt er eine besonders geschützte Rechtsposition. Denn der Eigentumserwerb des Käufers kann durch den Verkäufer gemäß § 161 Abs. 1 BGB nicht mehr verhindert werden. Hiernach ist jede weitere Verfügung des Vorbehaltsverkäufers, die er in der Schwebezeit über den Gegenstand trifft, im Falle des Bedingungseintritts insoweit unwirksam, als sie die von der Bedingung abhängige Wirkung – den Eigentumsübergang – vereiteln oder beeinträchtigen würde. Andernfalls steht dem Käufer ein Schadensersatzanspruch nach § 160 Abs. 1 BGB zu. Aufgrund dieser gesicherten Rechtsposition hat der Käufer schon vor dem Eigentumserwerb ein Anwartschaftsrecht an der Vorbehaltsware.[667] Mit fortschreitender Ratenzahlung durch den Käufer nimmt der Wert des Anwartschaftsrechts zu und wandelt sich zum Vollrecht, so dass es als *„wesensgleiches Minus“* zum Eigentum bezeichnet wird.[668]

Bereits mit der Übergabe der Vorbehaltsware erhält der Käufer ein Besitzrecht, das solange besteht bis der Verkäufer von seinem Rücktrittsrecht Gebrauch macht. Sein Recht zum Besitz kann der Käufer gegenüber Dritten gemäß § 986 Abs. 1 Satz 1 BGB ebenfalls geltend machen.[669] Wie noch darzustellen ist, wirken

663 Palandt/*Bassenge*, § 929, Rn. 38.
664 Palandt/*Bassenge*, § 929, Rn. 46; *Baur/Stürner*, § 59, Rn. 39.
665 Siehe im 1. Teil, A. II. 3. b).
666 Palandt/*Bassenge*, § 929, Rn. 38.
667 Palandt/*Weidenkaff*, § 449, Rn. 9.
668 BGHZ 28, 16, 21.
669 *Mitlehner*, Rn. 20.

sich die Rechte des Käufers insbesondere auch in der Zwangsvollstreckung und Insolvenz aus.

b) Rechte und Pflichten des Verkäufers

Bis zum Bedingungseintritt hat der Verkäufer bzw. Vorbehaltseigentümer ein auflösend bedingtes Eigentum und damit auch einen Herausgabeanspruch nach § 985 BGB. Bei der Geltendmachung des Herausgabeanspruchs sind die Voraussetzungen des § 449 Abs. 2 BGB zu berücksichtigen. Hiernach kann der Verkäufer auf Grund des Eigentumsvorbehalts die Sache nur heraus verlangen, wenn er vom Vertrag zurückgetreten ist und somit das Recht zum Besitz des Käufers aufgehoben hat.[670] Durch diese Regelung soll ein sog. Rückholrecht des Verkäufers, das ihm ohne weiteres die vorläufige Rücknahme der Vorbehaltsware ermöglicht, verhindert werden. Für eine solche Privilegierung des Vorbehaltsverkäufers sah der Gesetzgeber keinen Anlass.[671] Ein Rücktrittsgrund des Verkäufers kann nach einer entsprechenden Fristsetzung gemäß § 323 Abs. 1 BGB ein Zahlungsverzug des Kaufpreises oder eine sonstige Pflichtverletzung, z.B. die unsachgemäße Behandlung des Kaufgegenstandes oder eine pflichtwidrige Weiterveräußerung, sein.[672] Eine AGB-Klausel, die das Fristerfordernis entfallen lässt, ist nach § 309 Nr. 4 bzw. § 307 Abs. 1 BGB unwirksam, da die Warnfunktion der Fristsetzung zugunsten des Käufers dem Sicherungsinteresse des Verkäufers vorgeht.[673]

Gemäß § 218 Abs. 1 Satz 3 BGB i.V.m. § 216 Abs. 2 Satz 2 BGB hat der Vorbehaltsverkäufer auch dann ein Rücktrittsrecht, wenn der gesicherte Anspruch bereits verjährt ist. Der Verkäufer kann somit trotz Verjährung des Kaufpreisanspruchs die Herausgabe der Vorbehaltsware verlangen.[674]

Erst bei Bedingungseintritt erlangt der Vorbehaltskäufer das volle Eigentum.[675] Gemäß § 160 Abs. 1 BGB kann der unter der aufschiebenden Bedingung Berechtigte – der Vorbehaltskäufer – vom anderen Teil – vom Vorbehaltsverkäufer – im Falle des Bedingungseintritts Schadensersatz verlangen. Voraussetzung hierfür ist, dass der Vorbehaltsverkäufer während der Schwebezeit das von der Bedingung abhängige Recht durch sein Verschulden vereitelt oder beeinträchtigt hat. Dem Verkäufer ist es

670 BGH NJW-RR 2008, 818, 821.
671 Vgl. BT-Drs. 14/6040, S. 241; BGHZ 54, 214, 221.
672 Vgl. juris-PK/*Leible*, § 449, Rn. 74.
673 Vgl. BGHZ 110, 88, 91 ff.
674 Vgl. juris-PK/*Leible*, § 449, Rn. 80.
675 Palandt/*Weidenkaff*, § 449, Rn. 9.

somit nicht gestattet, den Bedingungseintritt zu verhindern. Erst mit dem vollständigen Eigentumserwerb des Käufers hat der Verkäufer seine Pflicht aus § 433 Abs. 2 BGB erfüllt.[676]

4. Wirksamkeit

a) Unwirksamkeit nach § 449 Abs. 3 BGB

Eine Regelung zur Wirksamkeit des Eigentumsvorbehalts ist in § 449 Abs. 3 BGB vorgesehen. Bei dem dort geregelten Fall handelt es sich um eine Form des erweiterten Eigentumsvorbehalts, so dass die näheren Ausführungen an späterer Stelle folgen.[677]

b) Übersicherung

Auch bei einem Eigentumsvorbehalt kann es zu einer Übersicherung kommen. Die unterschiedlichen Vereinbarungs- und Erweiterungsmöglichkeiten bei den Sonderformen des Eigentumsvorbehalts können eine nachträgliche Übersicherung bewirken. Dies ist insbesondere der Fall bei einem verlängerten bzw. erweiterten Eigentumsvorbehalt, so dass das Problem der Übersicherung im betreffenden Abschnitt dargestellt wird.[678]

5. Beendigung

Der Eigentumsvorbehalt besteht bis zum Eintritt der vereinbarten Bedingung. Hierbei handelt es sich in der Regel um die Zahlung der Kaufpreisforderung. Der Eigentumsvorbehalt kann aber auch bereits bei einem Eigentumserwerb durch Dritte enden, sofern der Eigentümer nach § 185 BGB der Übertragung zugestimmt hat oder ein gutgläubiger Erwerb gemäß den §§ 932 ff. BGB vorliegt.[679] Der Verkäufer kann auch einseitig auf das Recht aus dem Eigentumsvorbehalt verzichten.[680] Durch Verbindung (§§ 946, 947 BGB), Vermischung

---

676 Eine Verfügung an einen Dritten gemäß § 931 BGB, dem die Vereinbarung zwischen Vorbehaltsverkäufer und Vorbehaltskäufer nicht bekannt ist, kann nicht dazu führen, dass das Anwartschaftsrecht des Käufers erlischt, §§ 161 Abs. 3, 936 Abs. 3 BGB.

677 Siehe in diesem Teil unter A. III. 4. a)

678 Siehe in diesem Teil unter A. III. 4., 5.

679 Soweit es sich um Waren handelt, die üblicherweise unter Eigentumsvorbehalt geliefert werden, besteht eine gesteigerte Erkundigungspflicht des Dritterwerbers, vgl. RGZ 143, 14, 18; BGHZ 14, 114, 121; *Lambsdorff*, Rn. 198 f.

680 Vgl. BGH NJW 1958, 1231, 1231.

(§ 948 BGB) und Verarbeitung (§ 950 BGB) sowie den Untergang der Vorbehaltsware kann der Eigentumsvorbehalt ebenfalls erlöschen.[681]

6. Verwertung

Das Vorbehaltseigentum sichert den Anspruch des Verkäufers durch das Recht der Erfüllungsverweigerung und die Geltendmachung des Herausgabeanspruchs.[682] Die Verwertung besteht somit darin, dass der Vorbehaltsverkäufer sein Eigentum heraus verlangt. Hierbei ist nicht die bloße Ausübung des Eigentumsvorbehalts, in dem zugleich ein Widerruf der dinglichen Einigung zu sehen ist, wegen Zahlungsverzugs ausreichend. Vielmehr muss der Verkäufer gemäß § 323 BGB vom Kaufvertrag zurücktreten, so dass das Recht zum Besitz des Vorbehaltsverkäufers beseitigt wird. Das Rücktrittsrecht besteht – wie bereits angemerkt – auch dann, wenn die zu sichernde Forderung bereits verjährt ist.[683] Infolge dessen hat der Käufer gemäß § 346 Abs. 1 BGB den Besitz zurück zu gewähren. Mangels einer weiteren Besitzberechtigung kann der Vorbehaltsverkäufer als Eigentümer dann seinen Herausgabeanspruch aus § 985 BGB geltend machen. Mit dem Widerruf der dinglichen Einigung verliert der Vorbehaltskäufer auch sein Anwartschaftsrecht. Durch den Rücktritt des Verkäufers hat er einen Anspruch auf Rückzahlung eines gegebenenfalls geleisteten Kaufpreisanteils gemäß § 346 Abs. 1 BGB, auf das er ein Zurückbehaltungsrecht aus §§ 348, 320 BGB stützen kann.

7. Zwangsvollstreckung

a) Durch Gläubiger des Vorbehaltskäufers

Der Vorbehaltsverkäufer kann eine Vollstreckung in das Vorbehaltsgut durch Gläubiger des Käufers verhindern. In der Praxis wird dem Vorbehaltsverkäufer ein Widerspruchsklagerecht gemäß § 771 ZPO zugesprochen, da er weiterhin Eigentümer des Vorbehaltsguts ist.[684] Der Gläubiger der Zwangsvollstreckung kann lediglich auf eine Pfändung des Anwartschaftsrechts verwiesen werden. Würde man dem Vorbehaltsverkäufer lediglich ein Recht auf vorzugsweise Befriedigung gemäß § 805 ZPO gewähren, wäre dieser der Gefahr ausgesetzt, durch die

681 Palandt/*Weidenkaff*, § 449, Rn. 15.
682 Vgl. BGH NJW 1970, 1733, 1734 f.
683 Siehe in diesem Teil unter A. II. 3. b).
684 BGHZ 54, 214, 218 f.; *Leible/Sosnitza*, JuS 2001, 341, 345.

Zwangsvollstreckung nur einen geringfügigen Wert des Vorbehaltsguts erhalten zu können.[685] Dagegen berücksichtigt ein Widerspruchsklagerecht aus § 771 ZPO die Eigentümerstellung des Vorbehaltsverkäufers, die nicht hinter die Interessen der Zwangsvollstreckungsgläubiger treten darf.

b) Durch Gläubiger des Vorbehaltsverkäufers

Eine Vollstreckung durch Gläubiger des Vorbehaltsverkäufers in die Vorbehaltsware kommt praktisch kaum vor, da sich das Sicherungsgut im Besitz des Käufers befindet und dieser nicht im Sinne des § 809 ZPO *„zur Herausgabe bereit"* sein wird. Sollte sich das Vorbehaltsgut ausnahmsweise doch im Besitz des Vorbehaltsverkäufers oder eines Dritten befinden, steht auch dem Vorbehaltskäufer ein Widerspruchsrecht aus § 771 ZPO zu, da das Anwartschaftsrecht des Vorbehaltskäufers ein die Zwangsvollstreckung hinderndes Recht im Sinne des § 771 ZPO darstellt.[686] Sonst würde die geschützte Rechtsposition des Käufers aus § 161 Abs. 1 Satz 1 und 2 BGB leer laufen und der Erwerber aus der Zwangsvollstreckung würde Eigentümer werden, ohne dass es der Käufer verhindern könnte.[687]

8. Insolvenz

a) Insolvenz des Vorbehaltskäufers

In der Insolvenz des Vorbehaltskäufers hat der Insolvenzverwalter gemäß § 103 InsO ein Wahlrecht darüber, ob er den Vertrag erfüllt und die Erfüllung vom anderen Teil verlangt werden soll. Wird er vom Vorbehaltsverkäufer zur Ausübung seines Wahlrechts aufgefordert, muss er sich gemäß § 103 Abs. 2 Satz 2 InsO unverzüglich entscheiden. Unterlässt er dies, kann er gemäß § 103 Abs. 2 Satz 3 InsO nicht mehr auf Erfüllung bestehen.

Lehnt der Insolvenzverwalter die Erfüllung ab oder zahlt nicht, kann der Vorbehaltsverkäufer von seinem Rücktrittsrecht Gebrauch machen und als Eigentümer den Verkaufsgegenstand gemäß §§ 47, 48 InsO aussondern.[688]

---

685 MK/*Westermann*, § 449, Rn. 75.

686 BGHZ 55, 20, 26 f.; *Serick*, Bd. I, § 12 I 2, S. 292. Lediglich eine ältere Mindermeinung lehnt die Möglichkeit einer Drittwiderspruchsklage ab: *Letzgus*, S. 55.

687 *Serick*, Bd. I, § 12 I 2, S. 292; a.M. *Letzgus*, S. 55.

688 Vgl. BGHZ 176, 86, 94, 97 ff.: Wurde das Vorbehaltsgut bei einem finanzierten Kaufvertrag zu Sicherungszwecken auf die finanzierende Bank übertragen, besteht kein Aussonderungsrecht, sondern nur die Möglichkeit der abgesonderten Befriedigung.

Gemäß § 48 InsO besteht ein Ersatzaussonderungsrecht, wenn ein Gegenstand, dessen Aussonderung hätte verlangt werden können, vor der Eröffnung des Insolvenzverfahrens vom Schuldner bzw. nach der Eröffnung vom Insolvenzverwalter unberechtigt veräußert worden ist. Der Aussonderungsberechtigte kann dann die Abtretung des Rechts auf die Gegenleistung verlangen, soweit diese noch aussteht (§ 48 Satz 1 InsO). Er kann die Gegenleistung aus der Insolvenzmasse verlangen, soweit sie in der Masse unterscheidbar vorhanden ist (§ 48 Satz 2 InsO). Wurde aber die Vorbehaltsware schon vor der Eröffnung des Insolvenzverfahrens mit Zustimmung des Vorbehaltsverkäufers weiterveräußert, besteht kein Ersatzaussonderungsrecht.[689]

b) Insolvenz des Vorbehaltsverkäufers

Gemäß § 107 Abs. 1 Satz 1 InsO kann der Vorbehaltskäufer in der Insolvenz des Vorbehaltsverkäufers die Erfüllung des Kaufvertrages verlangen. Der Insolvenzverwalter muss dann der Pflicht zur Erfüllung aus dem Kaufvertrag nachkommen. Der Käufer wird infolge der Kaufpreiszahlung Eigentümer.[690] Dies wird mit der sog. Insolvenzfestigkeit des Anwartschaftsrechts begründet, die gefährdet wäre, wenn der Insolvenzverwalter die Erfüllung verweigern, die Sache zurückverlangen und den Vorbehaltskäufer auf eine Quote aus der Insolvenzmasse verweisen könnte.[691] Hierdurch kommt die besonders geschützte Rechtsposition des Vorbehaltskäufers erneut zum Ausdruck.

III. Sonderformen des Eigentumsvorbehalts

Die Parteien können die Vereinbarung eines Eigentumsvorbehalts weitgehend unterschiedlich gestalten. In der Praxis haben sich verschiedene Sonderformen des Eigentumsvorbehalts durchgesetzt, die gesetzlich nicht geregelt sind. Bei den verschiedenen Formen sind Besonderheiten zu beachten.

Denn hier wird lediglich der Darlehensrückzahlungsanspruch der Bank gesichert, deren Position nicht durch einen Zugriff auf das Vorbehaltsgut verbessert werden soll.

689 MK/*Westermann*, § 449, Rn. 79.

690 Palandt/*Bassenge*, § 929, Rn. 59.

691 MK/*Westermann*, § 449, Rn. 77. In Einzelfällen wurden nach Treu und Glauben Korrekturen vorgenommen: BGH WM 1961, 888, 891; BGH NJW 1962, 2296, 2296, 2297.

1. Der nachträgliche Eigentumsvorbehalt

Haben die Parteien zunächst eine vorbehaltslose Vereinbarung getroffen und wollen aber nach Vertragsabschluss die Rechtslage herstellen, die bei Vereinbarung eines Eigentumsvorbehalts bestehen würde, kann ein nachträglicher Eigentumsvorbehalt vereinbart werden. Nach Ansicht der Rechtsprechung[692] kann dieses Ziel erreicht werden, indem der Käufer das ihm übertragene Eigentum zurückübereignet. Dies kann z.B. mittels Besitzkonstituts gemäß § 930 BGB erfolgen, wobei der Kaufvertrag als Besitzmittlungsverhältnis nicht ausreichend wäre und stattdessen ein Leihvertrag vereinbart werden müsste. Der Verkäufer soll dann das Eigentum unter einer aufschiebenden Bedingung gemäß §§ 929 Satz 2, 158 BGB auf den Käufer übertragen.

Nach einer anderen Ansicht soll nachträglich ein Eigentumsvorbehalt vereinbart werden können, indem der Käufer das Eigentum auf den Verkäufer *„um das durch das Anwartschaftsrecht gekürzte Eigentum"* zurücküberträgt.[693] Dies bedeutet, dass der Käufer eine Übereignung gemäß § 930 BGB vornimmt, wobei der Kaufvertrag als Besitzmittlungsverhältnis anzusehen wäre. Die Übereignung ist dann durch die vollständige Kaufpreiszahlung gemäß § 158 Satz 2 BGB auflösend bedingt. Eine solche rechtliche Bewertung ist vorzugswürdig, da hierdurch eine kompliziertes „Hin- und Herübereignen" vermieden wird. Zudem entspricht es dem Parteiwillen den Kaufvertrag als ausreichendes Besitzmittlungsverhältnis anzuerkennen.

2. Der weitergeleitete Eigentumsvorbehalt

Ein weitergeleiteter Eigentumsvorbehalt liegt vor, wenn eine Weiterveräußerung der Ware durch den Vorbehaltskäufer nur für den Fall gestattet ist, dass der Vorbehaltsverkäufer weiterhin Eigentümer bleibt. Dies ist möglich, wenn der Vorbehaltskäufer sein Anwartschaftsrecht überträgt. Er kann auch eine bedingte Übereignung an einen Dritten vornehmen, indem er diesem den bestehenden Eigentumsvorbehalt offenlegt und mit ihm vereinbart, dass der Eigentumserwerb des Dritten erst mit vollständiger Befriedigung der Kaufpreisforderung des Vorbehaltsverkäufers erfolgt. Eine solche Vereinbarung ist jedoch für den Dritten unvorteilhaft, da er nicht ohne weiteres von der Erfüllung der Kaufpreiszahlung Kenntnis erlangt. Dies ist aber für den Dritten erforderlich, um zu wissen, wann er

692 BGH NJW 1953, 217, 218; offen gelassen BGHZ 42, 53, 58.

693 *Baur/Stürner*, § 59, Rn. 11; *Leible/Sosnitza*, JuS 2001, 244, 248.

Eigentümer der Ware wird. Eine zusätzliche Absicherung des Vorbehaltskäufers oder des Dritten können aber wiederum zu einer unangemessenen Benachteiligung des Vorbehaltsverkäufers und dessen Eigentümerstellung führen.[694] Daher ist eine gesonderte Überprüfung im Einzelfall erforderlich, ob eine entsprechende Vereinbarung des weitergeleiteten Eigentumsvorbehalts – auch in Kombination mit weiteren Sonderformen des Eigentumsvorbehalts – möglich ist. So wurde z.B. die Verbindung eines weitergeleiteten mit einem erweiterten Eigentumsvorbehalt vom BGH als eine unangemessene Benachteiligung im Sinne des § 307 BGB bzw. sittenwidrig im Sinne des § 138 BGB bewertet. Nach Ansicht des BGH war der Vorbehaltskäufer in dieser Fallkonstellation genötigt, seinen Gläubigern gegenüber Vertragsverletzungen zu begehen, so dass auch die schutzwerten Belange der Gläubiger in keiner Weise berücksichtigt waren.[695]

In der Insolvenz des Vorbehaltskäufers kann der Zweitkäufer nach § 107 Abs. 1 InsO Erfüllung des Kaufvertrages verlangen, wenn er die Kaufpreisforderungen des Vorbehaltskäufers und des Vorbehaltsverkäufers erfüllt.[696] In der Insolvenz des Zweitkäufers kann der Vorbehaltskäufer Aussonderung verlangen, wenn er wegen der Insolvenz vom Vertrag zurücktritt. Der Vorbehaltsverkäufer kann erst dann Aussonderung verlangen, wenn er im Verhältnis zum Vorbehaltskäufer gemäß § 449 Abs. 2 BGB zum Rücktritt berechtigt wäre.[697] Hier wird deutlich, dass die Rechte des Vorbehaltskäufers auch im Rahmen einer gestatteten Weiterveräußerung ebenfalls zu dessen Gunsten berücksichtigt werden.

3. Der nachgeschaltete Eigentumsvorbehalt

Auch beim nachgeschalteten Eigentumsvorbehalt veräußert der Vorbehaltskäufer die Ware unter Eigentumsvorbehalt, wobei eine Offenlegung des bestehenden Eigentumsvorbehalts nicht zwingend erforderlich ist. Im Gegensatz zum weitergeleiteten Eigentumsvorbehalt muss er dem Dritten gegenüber nicht die tatsächlichen Eigentumsverhältnisse offenlegen.[698]

Erbringt der Vorbehaltskäufer als erstes die vollständige Kaufpreiszahlung, wird er zunächst Eigentümer der Ware. Zahlt aber zuerst der Dritte den Kaufpreis an den Vorbehaltskäufer, kann er gemäß §§ 929, 185 Abs. 1, 158 Abs. 1 BGB das

---

694 *Leible/Sosnitza*, JuS 2001, 556, 558.

695 BGHZ 55, 34, 36, 39; vgl. BGHZ 72, 308, 310.

696 Vgl. MK-InsO/*Ganter*, § 47, Rn. 98. Braun/*Bäuerle*, § 47, Rn. 37.

697 *Mitlehner*, Rn. 135.

698 Palandt/*Weidenkaff*, § 449, Rn. 17.

Eigentum erwerben. Der Verkäufer ist durch den Eigentumsvorbehalt gesichert, soweit keiner von beiden die vollständige Kaufpreiszahlung erbringt.[699]

Verpflichtet sich der Vorbehaltskäufer dem Verkäufer gegenüber zu einer Weiterveräußerung nur unter Eigentumsvorbehalt, liegt ein sog. pflichtgemäß nachgeschalteter Eigentumsvorbehalt vor. In diesem Fall ist der schlichte Vorbehalt des Vorbehaltskäufers ausreichend. Dagegen liegt ein sog. freiwillig nachgeschalteter Eigentumsvorbehalt vor, wenn der Vorbehaltskäufer mit dem Dritten einen Eigentumsvorbehalt vereinbart, ohne hierzu verpflichtet zu sein.[700]

In der Insolvenz des Vorbehaltskäufers steht dem Vorbehaltsverkäufer lediglich ein Absonderungsrecht aus der Verlängerung des Eigentumsvorbehalts zu, da der Käufer berechtigt über die Vorbehaltsware verfügt hat. In der Insolvenz des Zweitkäufers kann nur der Vorbehaltskäufer nach Ausübung seines Rücktrittsrechts ein Aussonderungsrecht geltend machen.[701]

4. Der erweiterte Eigentumsvorbehalt

Beim erweiterten Eigentumsvorbehalt erfolgt der Eigentumsübergang erst, wenn auch andere Forderungen des Vorbehaltsverkäufers als der reinen Kaufpreisforderung erfüllt werden, wobei hier der Konzernvorbehalt nach § 449 Abs. 3 BGB und der Kontokorrentvorbehalt zu unterscheiden sind.

a) Konzernvorbehalt

Nach § 449 Abs. 3 BGB ist die Vereinbarung eines Eigentumsvorbehalts nichtig, soweit der Eigentumsübergang davon abhängig gemacht wird, dass der Käufer Forderungen eines Dritten, insbesondere eines mit dem Verkäufer verbundenen Unternehmens im Sinne des § 15 AktG, erfüllt. Diese Art der Vereinbarung wird auch als Konzernvorbehalt bezeichnet und stellt eine Form des erweiterten Eigentumsvorbehalts dar.[702]

Umstritten ist, ob der Drittvorbehalt auf Seiten des Käufers ebenfalls von der Regelung des § 449 Abs. 3 BGB erfasst sein soll. Ein solcher sog. umgekehrter Drittvorbehalt liegt vor, wenn der Eigentumsübergang bedingt wird durch die Erfüllung von Forderungen des Verkäufers gegen Dritte, bei denen es sich insbesondere um mit dem Käufer verbundene Unternehmen handelt. Durch einen solchen Vorbehalt würde der Käufer gleichermaßen wie beim Konzernvorbehalt

699 BGHZ 56, 34, 36.
700 juris-PK/*Leible*, § 449, Rz. 45.
701 *Mitlehner*, Rn. 134.
702 *Leible/Sosnitza*, JuS 2001, 556, 557 f.; juris-PK/*Leible*, § 449, Rz. 86.

eingeschränkt werden. Denn auch hier wird der Eigentumsübergang durch die Erfüllung von Forderungen Dritter abhängig gemacht. Es ist davon auszugehen, dass auch die Vereinbarung eines umgekehrten Drittvorbehalts gemäß § 449 Abs. 3 BGB nichtig ist.[703]

b) Kontokorrentvorbehalt

Der sog. Kontokorrentvorbehalt sieht vor, dass der Eigentumsvorbehalt erst bei Erfüllung der gesamten Forderungen aus der gemeinsamen Geschäftsverbindung der Parteien erlischt. Es muss also ein Saldoausgleich stattfinden.[704] Der Kontokorrentvorbehalt ist vergleichbar mit einer Sicherungsübereignung, da nach Zahlung des Kaufpreises weitere Forderungen gesichert werden. Im kaufmännischen Verkehr ist die Vereinbarung eines Kontokorrentvorbehalts grundsätzlich anerkannt.[705] Dagegen ist im nicht-kaufmännischen Bereich eine formularmäßige Erweiterung auf Forderungen, die nicht im Zusammenhang mit dem Kauf stehen, unzulässig. Dies würde zu einer unangemessenen Benachteiligung führen, wenn abzusehen ist, dass keine neuen Geschäftsbeziehungen anstehen.[706]

Wegen der vergleichbaren Wirkung einer Sicherungsübereignung besteht in der Insolvenz lediglich ein Absonderungsrecht des Vorbehaltsverkäufers. Ist aber der Kaufpreis der Vorbehaltsware bereits beglichen und dient sie dann nur noch der Sicherung weiterer Forderungen, besteht lediglich ein Verwertungsrecht an dem Gegenstand.[707] Damit ist bei einem erweiterten Eigentumsvorbehalt wegen der ähnlichen Wirkung wie bei einer Sicherungsübereignung eine andere Rechtsfolge in der Insolvenz als beim einfachen Eigentumsvorbehalt vorgesehen. Der Vorbehaltseigentümer wird nicht wie ein „vollwertiger" Eigentümer der Vorbehaltsware behandelt, da der Eigentumsübergang von der Erfüllung anderer Forderungen als der Kaufpreiszahlung abhängig gemacht wird und somit ausgedehnte Sicherungsmöglichkeiten bestehen.

c) Übersicherung

Bei einem erweiterten Eigentumsvorbehalt kann es zu einer Übersicherung kommen, wenn trotz vollständiger Kaufpreiszahlung der Eigentumsübergang an

703 Vgl. *Faust*, in: *Bamberger/Roth*, § 449, Rn. 37; *Leible/Sosnitza*, JuS 2001, 556, 558; juris-PK/*Leible*, § 449, Rz. 85 ff.

704 Vgl. BGH NJW 1978, 632, 633; juris-PK/*Leible*, § 449, Rz. 63.

705 Vgl. BGHZ 125, 83, 87.

706 OLG Frankfurt NJW 1981, 130, 130.

707 Vgl. BGHZ 98, 160, 169 ff.

der Vorbehaltsware nicht erfolgen kann, weil eine vergleichsweise geringfügige Forderung aus einer anderen Geschäftsbeziehung noch nicht erfüllt ist. Der Vorbehaltskäufer kann die von ihm voll bezahlte Ware nicht als sein Eigentum zur anderweitigen Kreditbeschaffung einsetzen.[708] In einem solchen Fall wird aufgrund der Ähnlichkeit zur Sicherungsübereignung die Übertragung der Grundsätze des vertragsimmanenten Freigabeanspruchs auf den Eigentumsvorbehalt befürwortet.[709]

Eine Gegenansicht lehnt die Anwendung dieser Grundsätze ab, da beim Eigentumsvorbehalt ein fiduziarischer Charakter und eine *„überschießende Rechtsmacht"*, die für die Sicherungsübereignung typisch ist, fehlen würden.[710] Der Vorbehaltsverkäufer bleibe Eigentümer, seine rechtliche Position ändere sich nicht. Eine fiduziarische Treuhand sei nicht anzunehmen, da der Vorbehaltskäufer gegen vertragswidrige Verfügungen des Vorbehaltsverkäufers geschützt sei. Dies berücksichtigend, könne der Vorbehaltskäufer bei einer Übersicherung nach den Grundsätzen über den Rechtsmissbrauch als spezielle Ausformung des Prinzips von Treu und Glauben eine Aufhebung der aufschiebenden Bedingung fordern. Damit gäbe es auch hier einen Freigabeanspruch. Die rechtliche Begründung beruhe aber auf den Grundsätzen von Treu und Glauben nach § 242 BGB und nicht wie bei der Sicherungsübereignung auf einer ergänzenden Vertragsauslegung gemäß § 157 BGB.[711]

Es ist jedoch zu berücksichtigen, dass bei einem erweiterten Eigentumsvorbehalt – ähnlich wie bei der Sicherungsübereignung – Rücksichtsnahmepflichten bestehen. Zwar sind vom Vorbehaltsverkäufer vorgenommene Zwischenverfügungen gemäß § 161 BGB unwirksam, dies schützt den Käufer aber nicht vor der aufwendigen Abwehr von Drittansprüchen. Denn dem Käufer entstehen durch die vertragswidrigen Verfügungen Schäden, die auf eine Pflichtverletzung des Vorbehaltsverkäufers im Sinne des § 280 BGB zurückzuführen sind. Dem Vorbehaltsverkäufer ist es untersagt, sein volles Recht für Zwischenverfügungen auszuüben, was auch durch die Regelung des § 161 BGB bestätigt wird. Gerade dieses Verbot ist gemäß § 157 BGB ein Bestandteil des Sicherungsverhältnisses, so dass die volle dingliche Rechtsausübung zu begrenzen ist.[712]

708 BGHZ 125, 83, 88.

709 BGHZ 125, 83, 87 f., *Baur/Stürner*, § 59, Rn. 8; *Bülow*, WM 2007, 429, 431; *Bülow*, ZIP 2004, 2420, 2422.

710 *Berger*, ZIP 2004, 1073, 1075 f.

711 *Berger*, ZIP 2004, 1073, 1079 f.

712 *Bülow*, ZIP 2004, 2420, 2422.

Daher ist ein fiduziarischer Charakter des erweiterten Eigentumsvorbehalts zu bejahen, so dass eine Übertragung der Grundsätze des vertragsimmanenten Freigabeanspruchs bei den ebenfalls fiduziarischen Globalsicherheiten geboten erscheint.

5. Der verlängerte Eigentumsvorbehalt

Mit der Vereinbarung eines sog. verlängerten Eigentumsvorbehalts sichert sich der Verkäufer die wirtschaftlichen Surrogate, die aus der Weiterveräußerung der Vorbehaltsware hervorgehen. Dies erfolgt durch die Vereinbarung einer Vorausabtretungs- oder Verarbeitungsklausel, die in der Regel Gegenstand von AGB sind.

a) Vorausabtretungsklausel

aa) Inhalt

Gegenstand einer Vorausabtretungsklausel ist die Berechtigung des Vorbehaltskäufers zur Weiterveräußerung der Vorbehaltsware. Durch die Weiterveräußerung verliert der Vorbehaltsverkäufer mit seiner Einwilligung gemäß §§ 929 Satz 1, 185 Abs. 1 BGB sein Eigentum an der Vorbehaltsware. Gleichzeitig wird aber zwischen den Parteien vereinbart, dass der Vorbehaltskäufer bei einer Weiterveräußerung seine Kaufpreisforderung gegen den Dritten gemäß § 398 BGB auf den Vorbehaltsverkäufer überträgt. Hierbei ist erforderlich, dass die zukünftige Forderung im Sinne des Bestimmtheitsgrundsatzes ausreichend bestimmt bzw. bestimmbar ist. Indem die Vorbehaltsklausel den Gegenstand der Sicherungsabtretung sowie dessen Umfang näher individualisiert, können die Anforderungen an eine ausreichende Bestimmtheit gewahrt werden.[713]

Damit der Vorbehaltskäufer nicht gezwungen ist, seine Kreditverhältnisse einem Dritten offenzulegen, ist grundsätzlich davon auszugehen, dass er auch zur Einziehung der abgetretenen Forderung vom Dritten gemäß §§ 362 Abs. 2, 185 Abs. 1 BGB ermächtigt ist.[714]

Besteht aber ein vertragliches Abtretungsverbot, ist die Vorausabtretung gemäß § 399 BGB unwirksam. Ein solches Verbot kann bei Regelung durch AGB nach § 307 Abs. 1 Satz 1 BGB unwirksam sein, wenn ein schützenswertes Interesse des Verwenders an einem Abtretungsausschluss fehlt oder die berechtigten Belange an der unbeschränkten Abtretbarkeit von Forderungen das entgegenstehende Interesse

713 BGH NJW 2000, 276, 277; Palandt/*Grüneberg*, § 398, Rn. 11.
714 BGHZ 69, 254, 259.

des Verwenders überwiegen.[715] Liegt aber ein beiderseitiges Handelsgeschäft vor, ist die Abtretung gemäß § 354 a Satz 1 HGB trotz Vorliegen eines Abtretungsverbots im Sinne des § 399 BGB wirksam. Nach § 354 a Satz 2 HGB kann der Schuldner mit befreiender Wirkung an den bisherigen Gläubiger leisten.

bb) Übersicherung

Bei einer Vorausabtretungsklausel kann es ebenfalls zu einer Übersicherung kommen, wenn die Forderung aus dem Weiterverkauf erheblich höher ist als die Forderung des Verkäufers gegen den Käufer. Dies ist der Fall, wenn der Vorbehaltsverkäufer sich nicht nur die Forderung aus der Weiterveräußerung, sondern global alle Forderungen des Vorbehaltskäufers abtreten lässt.[716] Kommt es durch die Vorausabtretungsklausel zu einer Übersicherung, wendet der BGH auch bei einem verlängerten Eigentumsvorbehalt die Grundsätze für die Fälle der nachträglichen Übersicherung bei revolvierenden Globalsicherheiten an.[717] Denn auch bei sicherheitshalber abgetretenen Forderungen handelt es sich um fiduziarische Sicherheiten. Wegen des Treuhandcharakters bei formularmäßig bestellten, revolvierenden Globalsicherungen ist der Sicherungsnehmer verpflichtet, nicht mehr benötigte Sicherheiten zurückzugewähren.[718]

cc) Kollision

(1) Globalzession

Hat der Vorbehaltskäufer bspw. mit seinem Geldkreditgeber eine Globalzession vereinbart, durch die seine zukünftigen Forderungen gegen Dritte an den Geldkreditgeber abgetreten werden, hätte nach dem Prioritätsgrundsatz die zeitlich frühere Globalzession Vorrang vor der Sicherungsabtretung an den Vorbehaltsverkäufer. Dies hätte regelmäßig zur Folge, dass der Vorbehaltskäufer dem Vorbehaltsverkäufer die bestehende Globalzession verschweigt, um überhaupt von diesem beliefert werden zu können. Aufgrund der Globalzession könnte er seine vertraglichen Verpflichtungen aus dem verlängerten Eigentumsvorbehalt nicht erfüllen und würde so einen Vertragsbruch begehen. Ist aber dem Geldkreditgeber bewusst, dass sein Schuldner nur unter Vereinbarung eines (verlängerten)

---

715 BGH NJW 1997, 3434, 3436; BGHZ 110, 241, 243.

716 *Leible/Sosnitza*, JuS 2001, 449, 450.

717 Vgl. in diesem Teil unter A. III. 4. c), BGHZ 94, 105, 113 ff.; *Faust*, in: *Bamberger/Roth*, § 449, Rn. 31; *Leible/Sosnitza*, JuS 2001, 449, 450 f.

718 BGHZ 137, 212, 219; OLG Köln, ZIP 2010, 1137, 1139.

Eigentumsvorbehalts Waren erwerben kann und ihm damit einen Vertragsbruch zumutet, ist die Globalzession nach §§ 134, 138 BGB als sittenwidrig bzw. nach § 307 BGB als unangemessene Benachteiligung anzusehen und damit unwirksam (Vertragsbruchtheorie).[719]

Diese Rechtsprechung des BGH wird jedoch eingeschränkt, wenn die wirtschaftliche Bewegungsfreiheit des Vorbehaltskäufers nicht übermäßig beeinträchtigt wird und eine Gefährdung der weiteren Gläubiger nicht zu befürchten ist.[720] Dies wäre der Fall, wenn ausdrücklich einem später vereinbarten verlängerten Eigentumsvorbehalt Vorrang eingeräumt wird. Hierbei ist wesentlich, dass die durch den verlängerten Eigentumsvorbehalt erfassten Forderungen nicht Teil der Globalzession bzw. nur aufschiebend bedingt durch das Erlöschen des Eigentumsvorbehalts einbezogen werden. Es muss daher eine sog. dingliche (Teil-) Verzichtsklausel vereinbart werden, eine bloß obligatorische (Teil-) Verzichtsklausel würde nur zum Rücktritt verpflichten.[721]

(2) Factoring

Ob die Vertragsbruchtheorie auch bei einer Kollision zwischen Eigentumsvorbehalt und Globalzession im Rahmen eines sog. Factorings Anwendung findet, ist umstritten. Sowohl beim echten als auch beim unechten Factoring sind (zukünftige) Forderungen aus der Weiterveräußerung an den Kunden gelieferter Waren Gegenstand des Forderungsverkaufs.

(a) Echtes Factoring

Beim echten Factoring übernimmt der Factor eine Garantie für die Zahlungsunfähigkeit des Schuldners bzw. Factor-Kunden, der den Kaufpreis aus dem Forderungsverkauf vollständig behalten kann. Es besteht im Wesentlichen Einigkeit darüber, dass eine Anwendung der Vertragsbruchtheorie auszuschließen ist.[722] Danach ist aufgrund der zwischen dem Vorbehaltsverkäufer und Vorbehaltskäufer vereinbarten Einzugsermächtigung auch der Forderungsverkauf zugelassen. Dadurch ist der Verkäufer darauf angewiesen, dass der Käufer die Erlöse der eingezogenen Forderung an ihn weiterleitet. Seine Situation wird aber nicht dadurch verschlechtert, dass der Käufer die

719 BGHZ 51, 113, Rz. 17; BGHZ 55, 34, 36; BGH NJW 1999, 940, 940; BGH WM 2005, 378, 379.

720 Vgl. juris-PK/*Leible*, § 449, Rn. 53.

721 BGH NJW 1999, 940, 941.

722 BGHZ 69, 254, 256; *Reinicke/Tiedtke*, Rn. 960.

Forderung verkauft und hierfür einen Zahlungsbetrag erhält. Denn dann ist der Verkäufer davon abhängig, dass der Käufer ihm den Zahlungsbetrag aus dem Forderungskauf weiterleitet.[723] Ein echtes Factoring führt daher nicht zu einem Vertragsbruch mit einem späteren Lieferanten bzw. Vorbehaltsverkäufer und ist damit nicht sittenwidrig. Vielmehr ist dem Grundsatz der Priorität zu folgen, so dass die Factoringzession vorrangig ist.[724]

(b) Unechtes Factoring

Beim unechten Factoring übernimmt der Factor zwar die Verwaltung und Einziehung der Forderungen, belastet aber den Kunden bei nicht durchsetzbaren Forderungen, so dass das Risiko der Zahlungsunfähigkeit beim Factor-Kunden bleibt. Die Abtretung dient lediglich der Sicherung des an ihn gezahlten Betrages. Ist der Abnehmer nicht zahlungsfähig, muss der Factor-Kunde den Betrag aus dem Forderungsverkauf zurückzahlen.[725] Aufgrund der vergleichbaren Interessenlage wendet der BGH bei einer Kollision mit einer Forderung eines Lieferanten, mit dem ein verlängerter Eigentumsvorbehalt vereinbart wurde, die gleichen Grundsätze wie bei einer Kollision mit einer Globalzession an. Denn der Factor-Kunde bzw. Vorbehaltskäufer erhält nicht wie beim echten Factoring den Wert der Forderung gegenüber seinem Kunden abzüglich der Factoringprovision. Vielmehr muss er einen möglichen Forderungsausfall selbst übernehmen. Deswegen ist er gezwungen dem Vorbehaltsverkäufer das Factoring offenzulegen, um nicht einen Vertragsbruch zu begehen oder sich wegen Betruges nach § 263 StGB strafbar zu machen. Der BGH nimmt hier mit der Anwendung der Vertragsbruchtheorie eine Einschränkung vor und qualifiziert das unechte Factoring als sittenwidrig nach § 138 BGB bzw. als unangemessene Benachteiligung im Sinne des § 307 BGB.[726]

Einer anderen Ansicht[727] nach sei eine vergleichbare Konstellation nicht gegeben, da der Vorbehaltskäufer zunächst den Gegenwert seiner Kaufforderung erhält und so gestellt sei, als ob der Dritte ihn selbst bezahlt. Es ist jedoch zu berücksichtigen, dass

---

723 *Reinicke/Tiedtke*, Rn. 960 ff.

724 Vgl. BGHZ 72, 15–23, Leitsatz: *„Die dem Vorbehaltskäufer in AGB erteilte Ermächtigung, den Kaufpreis für die unter verlängertem Eigentumsvorbehalt gelieferte und weiterveräußerte Ware einzuziehen, berechtigt ihn auch, die Forderungen aus dem Weiterverkauf – nochmals – im Rahmen echter Factoring-Geschäfte an einen Factor zu verkaufen und abzutreten."*

725 *Ganter*, Bankrechts-Handbuch, § 96, Rn. 191.

726 BGHZ 82, 50, 65.

727 Vgl. *Baur/Stürner*, § 59, Rn. 59; *Reinicke/Tiedke*, Rn. 966 ff.

in diesem Fall der Vorbehaltskäufer nicht den Gegenwert der Forderung erhält, die er weiterleiten kann. Vielmehr muss er mit einer Belastung bei Zahlungsunfähigkeit des Abnehmers rechnen, so dass eine mögliche Weiterleitung des Betrages an den Lieferanten unsicher ist. Beim unechten Factoring ist der Eintritt einer wirtschaftlichen Zwangslage für den Vorbehaltskäufer wahrscheinlicher als beim echten Factoring.[728] Daher ist die differenzierte Lösung des BGH vorzugswürdig.

dd) Insolvenz

Wird der Vorbehaltskäufer insolvent bevor eine Weiterveräußerung erfolgte, hat der Vorbehaltsverkäufer ein Aussonderungsrecht nach §§ 47 InsO, 985 BGB, wenn der Restkaufpreis nicht durch den Insolvenzverwalter nach §§ 103, 107 Abs. 2 InsO beglichen wird. Ist aber die Vorbehaltsware bereits verkauft worden, kann der Vorbehaltsverkäufer nur ein Recht auf abgesonderte Befriedigung nach § 51 Nr. 1 InsO geltend machen. Dies würde bedeuten, dass der Insolvenzverwalter die Forderung einzieht und nach Abzug der Kosten den Vorbehaltsverkäufer nach § 170 Abs. 1 InsO befriedigt. Wurde die Forderung bereits vor der Insolvenzeröffnung beglichen, aber noch nicht an den Vorbehaltsverkäufer weitergeleitet, kann dieser nach §§ 28, 174 InsO die Restkaufpreisforderung als Insolvenzforderung anmelden.[729]

b) Verarbeitungsklausel

aa) Inhalt

Gemäß § 950 Abs. 1 BGB erwirbt derjenige, der durch Verarbeitung eine neue Sache hergestellt hat, das Eigentum an der Sache, sofern nicht der Wert der Verarbeitung erheblich geringer ist als der Wert des verarbeiteten Stoffes. Dies gilt auch bei der Verarbeitung von Sachen, die unter Eigentumsvorbehalt stehen, so dass gemäß § 950 Abs. 2 BGB mit dem Erwerb des Eigentums an der hergestellten Sache bestehende Rechte und somit das Vorbehaltsrecht erlöschen. Vor einem solchen Eigentumsverlust kann der Vorbehaltsverkäufer durch die Vereinbarung einer Verarbeitungsklausel geschützt werden. Diese bewirkt, dass der Vorbehaltsverkäufer Eigentümer der neu hergestellten Sache wird, bei der die unter Eigentumsvorbehalt stehende Ware verwendet wurde. Die Zulässigkeit einer solchen Klausel ist umstritten. Maßgeblich ist hierbei die Frage, ob es sich bei § 950 BGB um eine disponible Norm handelt oder nicht.

728 Vgl. BGHZ 82, 50, 66.
729 juris-PK/*Leible*, § 449, Rn. 57.

Die Rechtsprechung geht davon aus, dass § 950 BGB nicht durch eine vertragliche Vereinbarung der Parteien ausgeschlossen werden kann. Stattdessen sei aber eine Vereinbarung darüber, wer Hersteller sei, zulässig.[730] Die herrschende Meinung dagegen geht davon aus, dass es sich bei § 950 BGB um eine disponible Vorschrift handele, so dass die Parteien selbst bestimmen können, wer Verarbeiter und somit Eigentümer sei.[731]

Im Ergebnis stimmen die beiden Ansichten darin überein, dass die Parteien selbst durch Vereinbarung bestimmen können, wer als Eigentümer anzusehen ist. Der Gesetzgeber ging ebenfalls davon aus, dass auch derjenige, der herstellen lässt, Eigentümer sein kann.[732] Folglich geht man von einer Zulässigkeit einer Verarbeitungsklausel aus.[733]

bb) Übersicherung

Bei einer Verarbeitungsklausel kann es ebenfalls zu einer Übersicherung kommen, wenn der Wert der hergestellten Sache deutlich über dem der Vorbehaltsware liegt. Dies ist insbesondere dann möglich, wenn ein einzelner Lieferant Alleineigentümer wird. Die Verarbeitungsklausel kann dann nach § 138 BGB bzw. nach § 307 BGB unwirksam sein, wenn sie die wirtschaftliche Bewegungsfreiheit des Vorbehaltsverkäufers unverhältnismäßig einschränkt und dessen Gläubiger benachteiligt. Daher werden auch bei dieser Form des verlängerten Eigentumsvorbehalts wie bei einer Vorausabtretungsklausel die Grundsätze des BGH für die Fälle der nachträglichen Übersicherung bei revolvierenden Globalsicherheiten angewendet.[734] Demnach besteht auch bei einer Übersicherung durch eine Verarbeitungsklausel ein Freigabeanspruch.

---

730 Vgl. BGHZ 112, 243, 250.

731 Vgl. *Baur/Stürner*, § 53, Rn. 15; *Bülow*, Jura 1986, 234, 239.

732 Vgl. Prot. Bd. III, S. 239 ff.

733 Sollten mehrere Eigentumsvorbehaltslieferanten beteiligt sein, kommt nach der herrschenden Ansicht § 947 BGB zur Anwendung, so dass die einzelnen Lieferanten Miteigentümer im Wertverhältnis ihrer Stofflieferungen werden. Die einzelnen Miteigentümer können miteinander eine sog. Pool-Vereinbarung – z.B. in Gestalt einer Gesellschaft bürgerlichen Rechts mit einem gemeinschaftlichen Vermögen nach §§ 718, 719 BGB – schließen. Es besteht so die Möglichkeit die neu hergestellt Sache gemeinsam zu verkaufen und so einen höheren Erlös zu erzielen. Vgl. BGH WM 1982, 482, 483; juris-PK/*Leible*, § 449, Rn. 60.

734 Vgl. juris-PK/*Leible*, § 449, Rn. 59; juris-PK/*Vieweg*, § 950, Rn. 33 (Fn. 101).

cc) Kollision

Möglich ist die Kollision einer Verarbeitungsklausel mit einer Globalzession, wenn der Vorbehaltskäufer sich Einzelteile von verschiedenen Verkäufern liefern lässt und mit allen einen verlängerten Eigentumsvorbehalt vereinbart. Nach dem Prioritätsprinzip wäre nur die erste Vereinbarung zu beachten, so dass es dem Zufall überlassen wäre, welche Vereinbarung wirksam ist. Eine Korrektur dieses Ergebnisses lässt sich durch eine Vereinbarung herbeiführen, nach der der Vorbehaltsverkäufer anteilig Miteigentümer der neu hergestellten Sache wird.[735] Liegt eine solche Vereinbarung nicht vor, wie es in der Regel der Fall sein wird, ist durch Auslegung der Vertragsbestimmungen zu ermitteln, welcher Lieferant zu welchem Bruchteil an der Herstellung der neuen Sache beteiligt war. Hierbei ist das Verhältnis des Wertes der Vorbehaltsware zu dem Gesamtwert der Fertigware zu betrachten.[736] Der hieraus resultierende Bruchteil entspricht dem jeweiligen Miteigentumsanteil.

dd) Insolvenz

Bei Vereinbarung einer Verarbeitungsklausel hat der Vorbehaltsverkäufer in der Insolvenz – trotz seiner Eigentümerstellung – nur einen Anspruch auf abgesonderte Befriedigung gemäß §§ 50, 51 Nr. 1 InsO. Auch hier erfolgen die Forderungsabtretungen nur sicherungshalber, so dass eine vergleichbare Rechtslage zum Sicherungseigentum besteht.[737]

B. Nach der schweizerischen Rechtsordnung

Nach Art. 715 Abs. 1 ZGB ist der Eigentumsvorbehalt an einer dem Erwerber übertragenen beweglichen Sache nur dann wirksam, wenn er an dessen Wohnort in einem vom Betreibungsbeamten zu führenden öffentlichen Register eingetragen ist. Art. 716 ZGB ergänzt diese Vorschrift für Abzahlungsgeschäfte. Hiernach kann der Eigentümer den Gegenstand, der unter Eigentumsvorbehalt übertragen worden ist, nur unter der Bedingung zurückverlangen, dass er die vom Erwerber geleisteten Zahlungen – abzüglich einer Nutzungsentschädigung – zurückerstattet.

Auch im schweizerischen Recht wird durch die Vereinbarung eines Eigentumsvorbehalts die Forderung des Veräußerers, der bereits vor (vollständiger) Kaufpreiszahlung dem Erwerber den Besitz am Veräußerungsgegenstand überlässt,

---

735 BGHZ 46, 117, 119; juris-PK/*Leible*, § 449, Rn. 59.

736 BGHZ 46, 117, 123.

737 *Weber*, S. 214.

gesichert. Der Eigentumsvorbehalt dient ausschließlich der Sicherung des Warenkredits.[738] Mit der Vereinbarung eines Eigentumsvorbehalts sollte die Möglichkeit eines besitzlosen Sicherungsmittels geschaffen werden. Um aber trotzdem den Grundsatz der Publizität und somit auch die Interessen und Rechte Dritter wahren zu können, ist ein Eintrag in einem sog. Eigentumsvorbehaltsregister erforderlich.

I. Prinzipien

Im Folgenden werden die für den Eigentumsvorbehalt im schweizerischen Recht maßgeblichen Prinzipien mit ihren inhaltlichen Besonderheiten dargestellt.

1. Publizitätsprinzip

Als besitzloses Sicherungsmittel kann bei einer Vereinbarung eines Eigentumsvorbehalts und dem damit ermöglichten Besitz an der Vorbehaltsware angenommen werden, dass der jeweilige Gegenstand dem Vermögen des Vorbehaltskäufers zuzuordnen sei. Denn nach Art. 930 Abs. 1 ZGB wird vom Besitzer einer jeweiligen Sache vermutet, dass er ihr Eigentümer sei. Damit Dritte die Möglichkeit haben, sich über die tatsächlichen Eigentumsverhältnisse zu informieren und danach die Kreditwürdigkeit zu beurteilen, ist ein Eintrag in einem Eigentumsvorbehaltsregister erforderlich.[739] Nur in diesem Rahmen wird ausnahmsweise eine besitzlose Mobiliarhypothek zugelassen.

2. Akzessorietätsprinzip

Nach herrschender Lehre und Rechtsprechung ist der Eigentumsvorbehalt im schweizerischen Recht als ein akzessorisches Nebenrecht im Sinne des Art. 170 Abs. 1 OR anzusehen.[740] Dies zeigt sich auch in der Regelung des Art. 4 $^{bis\ 8}$ EigVV. Hiernach ist die Abtretung der zu sichernden Forderung auf Antrag des Veräußerers oder Zessionars im Register zu vermerken. Der neue Berechtigte wird unter Vorlage der Zessionsurkunde im Original oder in beglaubigter Abschrift in das Register eingetragen. Bereits die Vereinbarung zwischen Zessionar und Zedent bewirkt zwischen den Parteien die Übertragung des Eigentumsvorbehalts, die Eintragung

738 BK-*Zobl/Thurnherr*, Syst. Teil, N 1098.

739 BasK/*Schwander*, Art. 715, N 3.

740 BGE 46 II 45, 48; BK-*Zobl/Thurnherr*, Syst. Teil, N 1368; ZK-*Haab*, Art. 715/716, N 84 f.

in das Register ist bei der Übertragung nicht konstitutiv. Dem Schuldner muss die Abtretung lediglich nach Art. 167 OR, Art. 924 Abs. 2 ZGB angezeigt werden.[741]

II. Der einfache Eigentumsvorbehalt

1. Begründung

a) Beteiligte

Beteiligte sind die Parteien einer rechtsgeschäftlichen Veräußerung, wobei nach Art. 715 Abs. 2 ZGB ausdrücklich die Vereinbarung eines Eigentumsvorbehalts im Viehhandel ausgeschlossen ist. Möglich ist die Vereinbarung eines Eigentumsvorbehalts bei Rechtsgeschäften wie Kauf, Tausch, Schenkung unter Auflage, Werkvertrag und Gesellschaftsvertrag.[742] Wesentlich ist die Verpflichtung zur Vornahme einer bedingten Eigentumsübertragung.[743] In der Praxis wird der Eigentumsvorbehalt regelmäßig beim (Kredit- bzw. Waren-) Kauf vereinbart, weshalb in der folgenden Darstellung die Bezeichnung des Vorbehaltsverkäufers und Vorbehaltskäufers verwendet wird.

b) Gegenstand

Art. 217 Abs. 2 OR schließt die Grundbucheintragung eines Eigentumsvorbehalts bei Grundstücksverkäufen aus. Ein Eigentumsvorbehalt kann daher nur für bewegliche Gegenstände vereinbart werden.

c) Vereinbarung

Die Parteien vereinbaren, dass das Eigentum an dem Veräußerungsgegenstand trotz Besitzübertragung auf den Erwerber erst mit vollständiger Erfüllung der Forderung übergehen soll. Beim Kaufvertrag muss daher ein Kreditkauf – z.B. ein Abzahlungskauf bzw. Konsumkreditvertrag[744] – vorliegen. In der Regel wird die Eigentumsübertragung einer aufschiebenden Bedingung unterliegen. Es kann aber

---

741 ZK-*Haab*, Art. 715/716, N 85.

742 *Rey*, N 1737.

743 ZK-*Haab*, Art. 715/716, N 17.

744 Abzahlungskauf früher in Art. 226 a ff. OR geregelt, aufgehoben durch Anhang 2, Ziffer II 1 Bundesgesetz vom 23.03.2001 über den Konsumkredit (KKG), SR 221.214.1., AS 2002 3846.

auch eine auflösende Bedingung vereinbart werden.[745] Grundsätzlich ist bei der Vereinbarung des Eigentumsvorbehalts keine Form zu beachten, es sei denn, dass es – wie für Konsumkreditverträge nach Art. 9 KKG – ausdrücklich vorgeschrieben ist. Wesentlich ist, dass der Eigentumsvorbehalt vor der Besitzübertragung vereinbart wird, so dass durch die bedingte Eigentumsübertragung der sofortige Eigentumsübergang verhindert wird.[746] Die Vereinbarung einer Verfallsklausel, wonach der Veräußerer frei von Verpflichtungen und Bedingungen den Gegenstand heraus verlangen kann, ist nicht zulässig.[747]

d) Registereintrag

Aus Art. 715 Abs. 1 ZGB geht hinsichtlich des Registereintrags hervor, dass das Betreibungsamt am jeweiligem Wohnort des Erwerbers zuständig ist. Weitere Einzelheiten zum Registereintrag werden durch die EigVV, die Verordnung des Bundesgerichts betreffend die Bereinigung der Eigentumsvorbehaltsregister sowie durch Kreisschreiben des Bundesgerichts geregelt.[748] So fordert Art. 3 Abs. 1 EigVV, dass bei einem Wechsel an einen Wohnort im Zuständigkeitsbereich eines anderen Betreibungsamtes dort der Veräußerer oder sein Rechtsnachfolger sowie der Erwerber jederzeit eine neue Eintragung nachsuchen können. Nach Art. 3 Abs. 3 EigVV behält der frühere Registereintrag seine Wirkung noch drei Monate nach der Verlegung des Wohnortes (Satz 1). Wird die neue Eintragung später erwirkt, so tritt der Eigentumsvorbehalt erst mit ihrer Vornahme ex nunc wieder in Kraft (Satz 2). Die Formvorschriften des Registereintrags sind in Art. 4^6 EigVV geregelt. Nach Absatz 1 dieser Vorschrift kann der Antrag auf Eintragung mündlich oder schriftlich durch beide Parteien oder mit einem schriftlichen Einverständnis der Gegenseite durch einen allein beantragt werden. Da keine Pflicht zur Löschung eines Eigentumsvorbehalts bei Begleichung der zur sichernden Kaufpreisforderung

745 Der Rechtsprechung (BGE 55 II 302, 309; BGE 56 II 203, 209) und h.L. (vgl. ZK-*Haab*, Art. 715/716, N 48; ZK-*Oftinger/Bär*, Art. 884, N 61; BasK-*Schwander*, Art. 715, N 5) nach entspricht grundsätzlich eine Suspensivwirkung dem Willen der Vertragsparteien, da eine Resolutivwirkung konstruiert erscheint. Entspricht aber eine solche dem tatsächlichen Willen der Parteien, ist auch die Vereinbarung einer resolutiv bedingten Wirkung möglich.

746 BGE 93 III 96, 104.

747 BasK-*Schwandner*, Art. 716, N 3; *Graham-Siegenthaler*, Kreditsicherungsrecht, S. 29.

748 Vgl. BasK-*Schwandner*, Art. 715, N 6.

vorgesehen ist, werden Eigentumsvorbehalte, die seit fünf Jahren eingetragen sind, in einem jährlichen amtlichen Bereinigungsverfahren gelöscht.[749]

Unabhängig davon, ob die Vereinbarung des Eigentumsvorbehalts erst nach der Übergabe der Ware vorgenommen wird oder der Registereintrag vor oder nach der Übergabe an den Käufer erfolgt, bietet der Eigentumsvorbehalt erst mit dem Registereintrag die gewünschte Sicherung des Vorbehaltsverkäufers. Denn der Eintrag in das Register stellt, wie sich dem Wortlaut des Art. 715 Abs. 1 ZGB entnehmen lässt (*„nur dann wirksam"*), ein konstitutives Element für die Wirksamkeit des Eigentumsvorbehalts dar, das für die dingliche Wirkung des Eigentumsvorbehalts zwingend erforderlich ist.[750] Dagegen ist bei einer fehlenden Registrierung davon auszugehen, dass mit der Übergabe nach Art. 714 Abs. 1 ZGB das Eigentum auf den Käufer übergegangen ist. Eine spätere Eintragung lässt nur vorbehaltlich zwischenzeitlich begründeter Rechter von Dritten das Eigentum an den Verkäufer zurückfallen.[751] Insbesondere im Zwangsvollstreckungs- und Konkursverfahren ist eine Geltendmachung des Eigentumsvorbehalts ohne Registereintrag nicht möglich.[752] Ein Registereintrag, der nach einer Pfändung oder der Konkurseröffnung vorgenommen wird, ist im laufenden Zwangsvollstreckungsverfahren unbeachtlich.[753] Da aber grundsätzlich keine Einsichtspflicht besteht, gelten die vorhandenen Eintragungen nicht als allgemein bekannt.[754] Somit fehlt es an einer positiven Publizitätswirkung. Es besteht lediglich eine negative Rechtskraft, so dass bei einem nicht vorhandenen Eintrag ein Eigentumsvorbehalt nicht besteht.[755]

Durch den Registereintrag wird dem Publizitätsprinzip, das im schweizerischen Recht strengstens befolgt wird und kaum Ausnahmen zulässt (Faustpfandprinzip), Rechnung getragen. Hierdurch soll die Beurteilung der Kreditwürdigkeit eines Schuldners ermöglicht werden. Gleichzeitig ist aber durch das Eintragungserfordernis auch die Praktikabilität eines Eigentumsvorbehalts als weiteres Sicherungsinstitut eingeschränkt.[756] So ist der Eigentumsvorbehalt erst mit dem Registereintrag wirksam begründet, was je nach Sicherungsgut einen hohen Aufwand darstellen kann.

---

749 Verordnung des Bundesgerichtes vom 29.03.1939 betreffend die Bereinigung der Eigentumsvorbehaltsregister, SR 211.413.11, AS 55 427; vgl. *Hanisch*, FS Heini, 159, 164.

750 Vgl. BGE 110 II 153, 155.

751 BGE 42 III 173, 175; BGE 93 III 96, 104.

752 Siehe im Einzelnen in diesem Teil unter B. II. 7.1. und 8.1.

753 BGE 93 III 96, 105;BGE 96 II 161, 171.

754 BGE 60 II 195 f.; BGE 56 II 183, 186; BK-*Zobl/Thurnherr*, Art. 884, N 829; ZK-*Oftinger/Bär*, Art. 884, N 359.

755 BasK-*Schwandner*, Art. 715, N 6.

756 *Hanisch*, FS Heini, 159, 164.

Im Bereich des Konsumwarenkaufs bspw. werden Gegenstände von nicht allzu hohem wirtschaftlichem Wert unter Vereinbarung einer Ratenzahlung gekauft. Will man bei jedem Warenkauf zur Sicherung der Ratenzahlung einen Eigentumsvorbehalt vereinbaren, wäre hiermit eine am Wohnort des Schuldners vorzunehmende Registrierung verbunden, die unverhältnismäßig erscheint.

Zudem muss bei Verlegung des Wohnsitzes ein neuer Eintrag vorgenommen werden. Einerseits ist die Eintragung ein konstitutives Element, andererseits ist aber keine Frist vorgesehen, innerhalb derer die Ersteintragung vorzunehmen ist. Auch besteht keine Pflicht zur Löschung bei Tilgung der zu sichernden Forderung. Die amtliche Löschung nach fünf Jahren erscheint bei Ratenzahlungen über einen kürzeren Zeitraum als zu lang.[757] Dies kann zu einer unsicheren Rechtslage führen, bei der insbesondere die Kreditwürdigkeit des Schuldners eben nicht zuverlässig eingeschätzt und zulasten des Schuldners ausgelegt werden kann. Dies läuft dem mit der Publizität verfolgtem Zweck entgegen. Insofern müssten die Voraussetzungen der Registrierung im Einzelnen näher geregelt, aber vor allem auch das Eintragungsverfahren optimiert werden, damit erforderliche Eintragungen vereinfacht vorgenommen und auch wieder gelöscht werden können.

2. Gutgläubigkeit

Da dem Registereintrag keine positive Publizitätswirkung zukommt, ist ein gutgläubiger Erwerb der Vorbehaltsware durch Dritte möglich.[758] Beruft sich der Verkäufer dagegen auf eine Kenntnis des Dritten, muss er dessen Kenntnis oder Kennenmüssen beweisen.[759] Somit kann ein Dritter gemäß Art. 714 Abs. 2 ZGB i.V.m. Art. 933 ZGB durch eine unberechtigte Verfügung des Vorbehaltskäufers Eigentum an der Ware erwerben, soweit er im guten Glauben ist. Nach Art. 3 Abs. 2 ZGB muss sich ausnahmsweise nur derjenige erkundigen, der Anlass zum Verdacht hat. Einen solchen Anlass nimmt das Bundesgericht für Geschäftszweige an, die dem Angebot von Waren zweifelhafter Herkunft und folglich mit Rechtsmängeln behafteter Sachen in besonderem Masse ausgesetzt sind, wie es beim Handel mit Gebrauchtwaren aller Art der Fall ist.[760] Im Übrigen ist ein gutgläubiger Erwerb – auch trotz Registereintrag – zulasten des Verkäufers möglich.

757 *Hanisch*, FS Heini, 159, 164.

758 BGE 93 III 96, 111; BGE 96 II 161, 170 f.; BGE 42 II 578, 580; BK-*Zobl/Thurnherr*, Art. 884, N 829.

759 BGE 42 II 578, 581.

760 BGE 106 II 42, 45; BGE 107 II 41, 42 f.; BGE 113 II 397, 400; BK-*Zobl/Thurnherr*, Art. 884, N 829 f.; ZK-*Oftinger/Bär*, Art. 884, N 359.

3. Inhalt

a) Rechte und Pflichten des Vorbehaltskäufers

Mit der Besitzübergabe kann der Vorbehaltskäufer Besitz- und Rechtsschutz gemäß Art. 926 Abs. 1, 930 ff. ZGB (Schutz vor verbotener Eigenmacht) geltend machen.[761] Zum Schutz des Vorbehaltskäufers sind die Verfügungen, die während der Schwebezeit vorgenommen werden und dessen Rechte bei Bedingungseintritt einschränken, nach Art. 152 Abs. 3 OR unwirksam.

Der Vorbehaltskäufer darf nicht über den Gegenstand verfügen, sofern es nicht ausdrücklich vom Vorbehaltsverkäufer gestattet worden ist. Vielmehr ist ihm die Vorbehaltsware anvertraut worden, so dass er damit sorgsam umgehen muss.[762]

b) Rechte und Pflichten des Vorbehaltsverkäufers

Der Verkäufer ist bis zum Bedingungseintritt weiterhin Eigentümer der Vorbehaltsware und kann alle Eigentümerrechte geltend machen. Eine auf seine Eigentümerstellung gestützte Herausgabe kann er vom Käufer nur verlangen, wenn dieser seinen vertraglichen Pflichten nicht nachkommt.[763]

In Art. 716 ZGB sind die Voraussetzungen des Rücktritts für den Abzahlungskauf konkretisiert. Hiernach kann der Eigentümer Gegenstände, die mit Eigentumsvorbehalt übertragen worden sind, nur unter der Bedingung zurückverlangen, dass die vom Erwerber geleisteten Abzahlungen unter Abzug eines angemessenen Mietzinses und einer Abnutzungsentschädigung zurückerstattet werden. Bei einem Registereintrag des Eigentumsvorbehalts kann der Eigentümer nach Ausübung seines Rücktrittsrechts einen Herausgabeanspruch aus Art. 641 Abs. 2 ZGB geltend machen. Nach ständiger Rechtsprechung gilt, dass bei Vereinbarung eines Eigentumsvorbehalts auch ein Rücktrittsrecht des Verkäufers nach Art. 214 Abs. 3 OR besteht.[764] Dieses Recht besteht auch dann, wenn der Eigentumsvorbehalt nicht eingetragen worden ist. Ist der Kaufgegenstand vor der Zahlung in den Besitz des Käufers gelangt, kann der Verkäufer nach dieser Vorschrift wegen Verzugs nur dann zurücktreten und die übergebene Sache zurückfordern, wenn er sich dies ausdrücklich vorbehalten hat. Dieses Recht

---

761 ZK-*Haab*, Art. 715/716, N 91.

762 BGE 85 II 580, 588.

763 ZK-*Haab*, Art. 715/716, N 88.

764 BGE 60 II 412, 414 (bezogen auf Art. 226, 227 OR a.F.); BGE 88 II 81, 85; BasK-*Schwandner*, Art. 715, N 9.

bewirkt zwar keinen Schutz im Zwangsvollstreckungs- und Konkursverfahren, begründet aber zumindest einen schuldrechtlichen Anspruch trotz eines fehlenden Registereintrags.[765]

4. Wirksamkeit

Trotz Vorliegen aller Voraussetzungen kann ein Eigentumsvorbehalt unwirksam sein, wenn ein Verstoß gegen das Faustpfandprinzip nach Art. 717 ZGB festzustellen ist.

a) Kauf- und Rückkaufgeschäfte

Bei sog. Kauf- und Rückkaufgeschäften, denen keine Veräußerung zugrunde liegt, wird ein Rechtsgeschäft angenommen, das die Umgehung der Bestimmungen über das Verbot der Mobiliarhypothek bewirken soll. Hierbei verkauft der Schuldner seinem Gläubiger eine Sache, ohne ihm den Besitz zu übertragen. Dann kauft er die Sache unter Vereinbarung eines Eigentumsvorbehalts zugunsten seines Gläubigers zurück. Die zu veräußernde Sache bleibt also weiterhin im Besitz des Schuldners, der seinem Gläubiger gleichzeitig ein Sicherungsrecht einräumt. Die Wirkung entspricht der eines besitzlosen Faustpfands, so dass eine absichtliche Umgehung der Bestimmungen über das Faustpfand bzw. über den Eigentumsvorbehalt angenommen wird. Damit liegt dann ein Verstoß gegen Art. 717 ZGB vor, so dass beide Rechtsgeschäfte nichtig sind.[766]

b) Kauf-Mietverträge

Ein Umgehungsgeschäft im Sinne des Art. 717 ZGB liegt ebenfalls vor, wenn ein sog. Kauf-Mietvertrag vereinbart wird. Der Schuldner bzw. Erwerber erhält den Besitz einer Sache und muss angebliche Mietzinsen hierfür zahlen. Es besteht aber auch die Option des Eigentumserwerbs an der zum Gebrauch überlassenen Sache, wobei die vorher gezahlten Mietzinsen als Ratenzahlungen auf den Kaufpreis angerechnet werden. Ziel eines solchen Vertrages ist, dass trotz bereits vorgenommener Besitzübertragung und Vereinbarung einer Ratenzahlung, was der Vereinbarung eines Eigentumsvorbehalts entspricht, nach außen die Form eines Mietvertrages gegeben werden soll. Der Veräußerer nutzt die Vorteile eines

765 BasK-*Schwandner*, Art. 715, N 9.

766 BGE 42 II 17, 25 f.; BK-*Zobl/Thurnherr*, Syst. Teil, N 1707 f.; ZK-*Haab*, Art. 715/716, N 146.

besitzlosen Sicherungsrechts, beabsichtigt aber die Vermeidung einer möglichen Rückerstattung bereits gezahlter Raten gemäß Art. 716 ZGB.[767]

Wenn aber nicht nur eine vorübergehende Gebrauchsüberlassung, sondern eine Eigentumsverschaffung beabsichtigt ist, wird angenommen, dass tatsächlich ein Veräußerungsgeschäft vorliegt.[768] Indizien für eine solche Absicht sind die vollständige Anrechnung der bezahlten Mietzinsen auf den Abnahmepreis und der automatische Eigentumserwerb des Mieters, ohne dass es einer weiteren Erklärung bedarf.[769] Diese lassen darauf schließen, dass zwar die Rechtsposition des Veräußerers mit der Wirkung eines Eigentumsvorbehalts gesichert werden soll, er aber im Zweifel die gezahlten Raten als Mietzinsen für sich behalten will, ohne diese zurück gewähren zu müssen. Da es sich um ein Umgehungsgeschäft im Sinne des Art. 717 ZGB handelt, gilt das simulierte Geschäft – der sog. Kauf-Mietvertrag – nicht. Vielmehr gelten die Regelungen für das beabsichtigte Rechtsgeschäft, so dass auch Rückerstattungsansprüche nach Art. 716 ZGB geltend gemacht werden können.[770]

c) *Kauf auf Probe*

Bei einem Kauf auf Probe im Sinne des Art. 223 OR behält der Veräußerer das Eigentum bis der Käufer sich zum Kauf entschieden hat. Ist aber eine besonders lange Bedenkzeit vereinbart worden und zahlt der Käufer bereits Raten, ohne sich vorher ausdrücklich entschieden zu haben, ist davon auszugehen, dass ein Kauf unter Eigentumsvorbehalt dem Willen der Parteien entspricht. Dies hat zur Folge, dass mit Zahlung der ersten Rate, die für eine Entscheidung zum Kauf spricht, bereits das Eigentum auf den Erwerber übergeht, es sei denn, dass spätestens mit der Übergabe der Ware ein Registereintrag zugunsten des Veräußerers vorgenommen wird.[771] Die Bezeichnung bzw. äußere Form als Kauf auf Probe soll lediglich dazu dienen, auch hier faktisch ein besitzloses Sicherungsrecht zu vereinbaren, ohne dass die Anforderungen an einen wirksamen Eigentumsvorbehalt erfüllt werden. Daher ist auch eine solche Vereinbarung als ein Umgehungsgeschäft im Sinne des Art. 717 ZGB zu werten und damit nichtig.

---

767 ZK-*Haab*, Art. 715 /716, N 147.
768 ZK-*Haab*, Art. 715/716, N 148.
769 Vgl. BGE 43 III 170, 172; BGE 60 III 168, 170, 172.
770 ZK-*Haab*, Art. 715/716, N 148.
771 ZK-*Haab*, Art. 715/716, N 150.

d) An- oder Vorauszahlungsvertrag

Bei einem An- oder Vorauszahlungsvertrag, bei dem der Kaufpreis ratenweise bezahlt wird, erfolgt die Besitzübertragung erst bei vollständiger Zahlung des Kaufpreises. Bis dahin bleibt der Veräußerer Eigentümer der Ware. Ein Umgehungsgeschäft liegt bei einer solchen Fallkonstellation – mangels vorheriger Besitzübertragung – nicht vor.[772]

5. Beendigung

Der Eigentumsvorbehalt endet mit der vollständigen Zahlung des geschuldeten Kaufpreises.[773] Eine Beendigung ist ferner möglich durch einen Verzicht des Vorbehaltsverkäufers bzw. die darauf gestützte Löschung aus dem Register.[774] Möglich ist auch ein lastenfreier Eigentumserwerb eines Dritten, sei es durch Gutgläubigkeit oder Verarbeitung.[775]

Der Eigentumsvorbehalt erlischt gemäß Art. 3 Abs. 3 EigVV drei Monate nach Wohnsitzwechsel des Schuldners, wenn am neuen Wohnort keine Eintragung vorgenommen wird. Schließlich kann der Eigentumsvorbehalt mit Streichung der Eintragung im Rahmen der Registerbereinigung erlöschen, wenn der Vorbehaltskäufer hiergegen keinen Widerspruch erhebt.[776]

6. Verwertung

Die Verwertung des Eigentumsvorbehalts erfolgt durch die Ausübung des Rücktrittsrechts und der Rücknahme der Vorbehaltsware. Für Abzahlungsgeschäfte sind die näheren Modalitäten in Art. 716 ZGB geregelt. Hiernach kann der Vorbehaltsverkäufer die unter Eigentumsvorbehalt übergebenen Gegenstände nur unter der Bedingung zurückverlangen, dass er die vom Erwerber geleisteten Abzahlungen unter Abzug eines angemessenen Mietzinses und einer Entschädigung für Abnutzungen zurückerstattet. Die begriffliche Einordnung richtet sich hierbei an den – nun schon aufgehobenen – Art. 226 lit. i Abs. 1 Satz 2 und 3

772 ZK-*Haab*, Art. 715/716, N 151.

773 ZK-*Haab*, Art. 715/716, N 136.

774 BasK-*Schwandner*, Art. 715, N 11.

775 BasK-*Schwandner*, Art. 715, N 11.

776 Löschung von Amts wegen von seit mehr als fünf Jahren bestehenden Einträge nach Art. 3 Abs. 1 der Verordnung des Bundesgerichts am 29.05.1939 betreffend die Bereinigung der Eigentumsvorbehaltsregister, SR 211.413.11, AS 55 427.

OR. Ein angemessener Mietzins stellt einen Ausgleich der ordentlichen Entwertung der Sache infolge einer normalen Abnutzung durch bloßen Zeitablauf und Modewechsel dar; eine Entschädigung wird für eine außerordentliche Abnutzung gewährt.[777] Der Käufer kann höchstens den Betrag geltend machen, der dem gesamten Kaufpreis entspricht.[778] Mit der Regelung des Art. 717 ZGB wird damit auch für den Eigentumsvorbehalt ein Verbot der Verfallsklausel – vergleichbar beim Pfandrecht mit Art. 894 ZGB – normiert. Somit sind Vereinbarungen, die die Rückerstattungspflicht entfallen lassen, gemäß Art. 20Abs. 1 OR nichtig.[779] Eine Herausgabe der Ware erfolgt nur Zug um Zug gegen die bereits gewährten Leistungen. Unabhängig vom Vorliegen eines Abzahlungsgeschäfts kann der Veräußerer bei Verzug des Erwerbers von seinem Rücktrittsrecht nach Art. 214 Abs. 3 OR Gebrauch machen.[780] Der Käufer ist infolge dessen verpflichtet, die Ware an den Verkäufer herauszugeben.

7. Zwangsvollstreckung

a) Zwangsvollstreckung gegen den Vorbehaltskäufer

Liegt ein wirksamer, insbesondere auch eingetragener Eigentumsvorbehalt vor, wird dieser zugunsten des Vorbehaltsverkäufers berücksichtigt. Der Eigentumsvorbehalt hat Vorrang vor den Pfändungspfandrechten anderer Gläubiger des Käufers. Der Vorbehaltskäufer muss gemäß Art. 106, 107 SchKG den Eigentumsvorbehalt im Verwertungsverfahren geltend machen. Wird der Betreibungsbeamte auf einen bestehenden Eigentumsvorbehalt hingewiesen, ist der Drittanspruch nach Art. 106 Abs. 1 SchKG in der Pfändungsurkunde zu vermerken. Dieser Anspruch kann von anderen Gläubigern und auch vom Schuldner innerhalb einer zehntägigen Frist gemäß Art. 107 Abs. 1 SchKG bestritten werden. Der Vorbehaltsverkäufer kann dann nach Art. 107 Abs. 5 SchKG Widerspruchsklage auf Feststellung seines Eigentums erheben. Hierbei ist auch anzugeben, für welchen noch offenstehenden Betrag vor dem pfändenden Gläubiger Deckung verlangt wird.[781] Statt der

777 BGE 95 II 312, 315 f.; BGE 96 II 186, 189 f.

778 BasK-*Schwandner*, Art. 716, N 4.

779 *Wiegand*, Mobiliarsicherheiten, S. 96.

780 BGE 60 II 412, 413 (bezogen auf Art. 227 a.F.); BGE 73 III 165, 168 (bezogen auf Art. 226, 227 OR a.F.); BGE 88 II 81, 85; ZK-*Haab*, Art. 715/716, N 46; BasK-*Schwandner*, Art. 715, N 9.

781 *„... da der Eigentumsvorbehalt wirtschaftlich nichts anderes als ein Pfandrecht des Verkäufers darstellt...“* Kreisschreiben Nr. 29 des Bundesgerichts vom 31.03.1911 = BBl. 1911 III 514, 515; vgl. BGE 84 III 141, 159 f.; BGE 101 III 23, 25 f.

Vorbehaltsware kann von den Gläubigern dann der Rückerstattungsanspruch des Käufers gepfändet werden.[782]

Wird dagegen ein Eigentumsvorbehalt erst nach Eröffnung des Zwangsvollstrekkungsverfahrens eingetragen, hat dieser gegenüber den anderen Gläubigern keine Wirkung, da bei Eröffnung des Verfahrens die Vorbehaltsware sich im Eigentum des Käufers befindet. Das mit der Beschlagnahme entstehende Pfändungsrecht hat Priorität vor einem später entstandenen Eigentumsvorbehalt, zumal der Vorbehaltsverkäufer eine rechtzeitige Eintragung in das Register veranlassen kann und somit die Verantwortung für die Wirksamkeit des Eigentumsvorbehalts selbst trägt.[783]

b) Zwangsvollstreckung gegen den Vorbehaltsverkäufer

Ist der Eigentumsvorbehalt nicht im Register eingetragen, so erwirbt der Käufer mit der Besitzübergabe das Eigentum an der Ware. Dann gehört es nicht mehr zum Vermögen des Verkäufers und steht damit dessen Gläubigern im Zwangsvollstreckungsverfahren nicht zur Verfügung. Ist es aber eingetragen, wird es sich im Besitz des Vorbehaltskäufers befinden. Trotzdem ist hierbei zu berücksichtigen, dass der Zwangsvollstreckungsschuldner nach Art. 91 Abs. 1 Nr. 2 SchKG bei Straffolge verpflichtet ist, auch die Vermögensgegenstände, die sich nicht in seinem Gewahrsam befinden, sowie Forderungen und Rechte gegenüber Dritten anzugeben, soweit dies zu einer günstigen Pfändung nötig ist. Nach Art. 91 Abs. 4 SchKG sind Dritte, die Vermögensgegenstände des Zwangsvollstreckungsschuldners verwahren, im gleichen Maße auskunftspflichtig. Demnach dürfen der Vorbehaltsverkäufer und Vorbehaltskäufer das Eigentumsrecht an der Vorbehaltsware nicht verschweigen. Der Anspruch des Käufers auf die vorbehaltslose Eigentumsübertragung stellt kein Widerspruchsrecht im Sinne der Art. 106 SchKG dar.[784] Somit genießt der Käufer keinen Schutz des erwarteten Eigentumsrechts.

8. Konkurs

a) Konkurs des Vorbehaltskäufers

Ein wirksamer Eigentumsvorbehalt wird zugunsten des Vorbehaltsverkäufers im Konkurs des Vorbehaltskäufers berücksichtigt. Der Konkursverwalter kann gemäß Art. 211 Abs. 2 SchKG den Vertrag und die daraus bestehenden Verpflichtungen

---

782 Kreisschreiben Nr. 14 des Bundesgerichts vom 11.05.1922, BBl. 1911 III S. 514, 515; BGE 48 III 107, 108 f.; *Ammon/Gasser*, § 32, N 6; § 24, N 11.

783 *Hanisch*, FS Heini, 159, 167.

784 *Ammon/Gasser*, § 24, N 15.

erfüllen, mit dem Ziel, dass bei einem offenstehenden geringen Betrag das Eigentum auf ihn übergeht. Entscheidet er sich gegen eine Erfüllung des Vertrages, kann der Vorbehaltsverkäufer entweder nach Rücktritt sein auf Art. 197, 211 Abs. 3, Art. 242 Abs. 2 und 3 SchKG beruhendes Aussonderungsrecht geltend machen oder auf den Eigentumsvorbehalt verzichten und die offene Restschuld kollozieren lassen.[785] Dieses Wahlrecht besteht erst, wenn der Konkursverwalter sich entschieden hat.[786]

Wird der Eigentumsvorbehalt aber nach Eröffnung des Konkursverfahrens eingetragen, gilt auch hier wie bei der Zwangsvollstreckung, dass das Pfändungsrecht Dritter Vorrang hat. Erfolgt die Registrierung verspätet, gehört die Vorbehaltsware zum Zeitpunkt der Verfahrenseröffnung gemäß Art. 197 SchKG zum Vermögen des Vorbehaltskäufers.

b) Konkurs des Vorbehaltsverkäufers

Es gilt das gleiche wie im Zwangsvollstreckungsverfahren gegen den Vorbehaltsverkäufer, der bei fehlendem Registereintrag nicht mehr als Eigentümer anzusehen ist. Besteht aber ein wirksam begründeter Eigentumsvorbehalt, ist er mangels Bedingungseintritt Eigentümer der Ware. Der Gegenstand gehört dann nach Art. 197 SchKG in seine Konkursmasse.

III. Sonderformen des Eigentumsvorbehalts

Das schweizerische Recht lässt kaum Vereinbarungen zu, die über den einfachen Eigentumsvorbehalt hinausgehen. Die diskutierten Formen werden uneinheitlich als erweiterter sowie (vertikal bzw. horizontal) verlängerter Eigentumsvorbehalt bezeichnet. Um eine Vergleichbarkeit vornehmen zu können, werden für die jeweiligen Vereinbarungsformen die Bezeichnungen gewählt, die im deutschen Recht einheitlich verwendet werden.

1. Verlängerter Eigentumsvorbehalt

Auch im schweizerischen Recht sind die Vereinbarungen, mit denen die Surrogate aus einem Eigentumsvorbehalt gesichert werden sollen, als verlängerter Eigentumsvorbehalt zu bezeichnen.

---

785 ZK-*Haab*, Art. 715/716, N 125.
786 BGE 73 III 165, 170.

a) Vorausabtretungsklausel

Bei einer Vorausabtretungsklausel, einem (vertikal) verlängerten Eigentumsvorbehalt, wird die Weiterveräußerung der Vorbehaltsware unter gleichzeitiger Abtretung des zukünftigen Verkaufserlöses an den Verkäufer gestattet. Obwohl eine Sicherungszession auch nach schweizerischem Recht möglich ist, wird eine Verbindung mit einem Eigentumsvorbehalt kritisiert.[787] Zwar ginge der Eigentumsvorbehalt durch den Eigentumserwerb eines Dritten unter[788], jedoch könne die abstrakte Sicherungszession trotzdem gültig sein, sofern alle erforderlichen Wirksamkeitsvoraussetzungen vorliegen.[789] So erhält der Vorbehaltsverkäufer – anstelle des untergegangenen Eigentumsvorbehalts – ein Sicherungsmittel, ohne weitere Nachteile in Kauf nehmen zu müssen. Meist wird die Abtretungsklausel aber im Zusammenhang mit einer verbundenen Verarbeitung oder Veräußerung diskutiert, wie im Folgenden noch dargestellt wird.

b) Verarbeitungsklausel

Eine Verarbeitungsklausel[790] bezeichnet die Vereinbarung zwischen Vorbehaltsverkäufer und Vorbehaltskäufer, wonach nicht nur ein Eigentumsvorbehalt an der Vorbehaltsware, sondern auch an der nach deren Verarbeitung neu hergestellten Sache besteht. Die Zulässigkeit einer solchen Verarbeitungsklausel ist im schweizerischen Recht umstritten.[791]

Teilweise wird – auch unter Bezugnahme auf die deutsche Literatur und Rechtsprechung bezüglich dieser Problematik – die Zulässigkeit einer Verarbeitungsklausel bejaht. Hierbei wird teilweise argumentiert, dass dies dem Wortlaut des Art. 726 Abs. 1 ZGB nicht entgegenstehe. Diese Vorschrift lautet:

> *„Hat jemand eine fremde Sache verarbeitet oder umgebildet, so gehört die neue Sache, wenn die Arbeit kostbarer ist als der Stoff, dem Verarbeiter, andernfalls dem Eigentümer des Stoffes."*

Eine wirtschaftliche Betrachtungsweise würde ergeben, dass eben der Veräußerer und Stofflieferant der Verarbeiter sei und somit nach Art. 726 Abs. 1

787 Vgl. *Graham-Siegenthaler*, Kreditsicherungsrechte, S. 36; BK-*Zobl/Thurnherr*, Syst. Teil, N 1711.

788 Durch die Veräußerungsermächtigung oder guten Glauben.

789 *Wiegand*, Mobiliarsicherheiten, S. 100.

790 Auch als eine Form des vertikal verlängerten Eigentumsvorbehalts bezeichnet. *Wiegand*, Mobiliarsicherheiten, S. 100.

791 BK-*Zobl/Thurnherr*, Syst. Teil, N 1711; ZK-*Haab*, Art. 715/716, N 47–58.

ZGB das Eigentum an der neu hergestellten Sache erwerbe.[792] Andere vertreten die Ansicht, dass es sich bei Art. 726 ZGB nicht um eine zwingende Norm handele, sondern je nach Parteienvereinbarung abbedungen bzw. festgelegt werden könne, wer Verarbeiter ist.[793] Zum Teil wird eine konstruierte Betrachtungsweise angeführt: das Eigentum an der neuen Sache stehe dem Erwerber der Vorbehaltsware zu, dieses könne er aber durch ein antizipiertes Besitzkonstitut auf den Veräußerer und Stofflieferanten übertragen.[794] Dies würde aber auch bedeuten, dass das Eigentum an der neuen Sache für eine „juristische Sekunde" dem Erwerber und tatsächlichem Verkäufer zustände, was in einem Zwangsvollstreckungs- und Konkursverfahren belastet bzw. beschlagnahmt werden kann. Teilweise wird argumentiert, dass der Gesetzgeber diese Fallkonstellation nicht bedacht hätte und aufgrund der schutzwürdigen Parteiinteressen die Gesetzeslücke mit der Zulässigkeit eines verlängerten Eigentumsvorbehalts geschlossen werden müsse.[795] Zum Teil wird ein Lösungsweg über die Regelung des Art. 726 Abs. 2 ZGB versucht:

> *„Hat der Verarbeiter nicht im guten Glauben gehandelt, so kann das Gericht, auch wenn die Arbeit kostbarer ist, die neue Sache dem Eigentümer des Stoffes zusprechen."*

So sei die neue Sache dem Vorbehaltsverkäufer zuzuordnen, wenn der Vorbehaltskäufer bösgläubig die Sache verarbeitet habe.[796] Zu beachten ist hier, dass auch ein Unrechtsbewusstsein erforderlich wäre, um Bösgläubigkeit anzunehmen, was bei einer ausdrücklichen Gestattung der Verarbeitung wohl nicht angenommen werden kann.[797] Auch diese Ansicht ist problematisch im Hinblick auf ein Zwangsvollstreckungs- oder Konkursverfahren, das vor dem richterlichen Gestaltungsurteil eingeleitet werden kann.[798]

Die Gegenansicht lehnt die Zulässigkeit einer Verarbeitungsklausel ab. Die Verarbeitung, durch die die neue Sache entsteht, sei ein Realakt, deren Rechtsfolgen durch die Regelung des Art. 726 Abs. 1 ZGB bestimmt werden. Durch eine Willenserklärung der Parteien könnten die Rechtsfolgen nicht modifiziert

---

792 Vgl. ZK-*Haab*, Art. 726, N 48.
793 Vgl. Obergericht, II. Zivilkammer, 30.05.1969, ZR 68 (1969), 371, 376; ZK-*Haab*, Art. 726, N 49.
794 Vgl. ZK-*Haab*, Art. 726, N 51.
795 Vgl. ZK-*Haab*, Art. 726, N 52.
796 Vgl. ZK-*Haab*, Art. 726, N 52, 100.
797 Vgl. ZK-*Haab*, Art. 726, N 53.
798 Vgl. ZK-*Haab*, Art. 726, N 53.

werden.[799] Zudem sei zu beachten, dass es sich bei Art. 726 ZGB um eine Norm handele, die nicht nur einen Interessenkonflikt zwischen den Parteien beheben, sondern auch die Interessen außenstehender Dritter schützen soll.[800]

Unabhängig von der Frage, ob es sich bei Art. 726 Abs. 1 ZGB um eine zwingende Vorschrift handelt – was von der überwiegenden Ansicht vertreten wird[801] – ist für das schweizerische Recht wesentlich, dass die Zulässigkeit einer Verarbeitungsklausel eine Umgehung des Faustpfandprinzips, das kaum Ausnahmen zulässt, bedeutet. Denn so würde die Möglichkeit eines besitzlosen Sicherungsrechts an einer neuen Sache geschaffen werden. Der Vorbehaltsverkäufer könnte zur Sicherung seiner Kaufpreisforderung als Ersatz für den untergegangen Eigentumsvorbehalt für sich ein dingliches Recht an der neuen Sache einräumen lassen, die dann aber im Besitz des Vorbehaltskäufers verbleibt.[802] Eine dingliche Surrogation ist aber nur ausnahmsweise und dann ausdrücklich vorgesehen, so dass sie in diesem Fall mangels einer entsprechenden Regelung nicht zulässig sein kann.[803]

Zudem fehlt es für die Begründung eines Eigentumsvorbehalts an der neu hergestellten Sache gemäß Art. 7 lit f. EigVV an einer vorgeschriebenen genauen Bezeichnung der Sache im Register (Spezialitätsprinzip)[804]. Damit wäre auch bereits das konstitutive Element des Registereintrags nicht wirksam erfüllt.

c) Verarbeitungsklausel mit Sicherungszession

Denkbar ist auch eine Kombination einer Verarbeitungsklausel mit einer Zessionsklausel, die sich auch auf die Weiterveräußerung von neu hergestellten Sachen bezieht. Da schon die Zulässigkeit einer Verarbeitungsklausel an sich abgelehnt wird, wird auch deren Kombination mit einer Sicherungszession als unzulässig angesehen. Andernfalls würde man dem Vorbehaltsverkäufer gegen den Dritten ein Surrogat in Gestalt der Kaufpreisforderung zusprechen.[805]

---

799 Vgl. ZK-*Haab*, Art. 726, N 17, 55.

800 Vgl. ZK-*Haab*, Art. 726, N 53.

801 Vgl. BasK-*Schwandner*, Art. 726, N 6; *Rey*, N 1898, 1910 m.w.N.; vgl. ZK-*Haab*, Art. 718/719, N 3.

802 ZK-*Haab*, Art. 726, N 58.

803 BGE 71 II 90, 94; BK-*Meier-Hayoz*, Syst. Teil, N 50.

804 Vgl. Obergericht, II. Zivilkammer, 30.05.1969, ZR 68 (1969), 371, 373.

805 BK-*Zobl/Thurnherr*, Syst. Teil, N 1711.

d) Kollisionsfälle

Da die Sonderformen des Eigentumsvorbehalts im schweizerischen Recht mehrheitlich abgelehnt werden, sind Kollisionsfälle wie die eines verlängerten Eigentumsvorbehalts mit einer Globalzession nicht diskutiert worden. Die Ablehnung von Sonderformen wirkt sich positiv auf die rechtliche Einordnung der Parteivereinbarungen aus. Durch eine konsequente Gesetzesregelung mit wenigen Ausnahmen kann die Frage ob des Vorliegens eines Eigentumsvorbehalts und die damit verbundenen Auswirkungen gegenüber Dritten einheitlich beantwortet werden, ohne dass es zu Einzelfallabwägungen und –ergebnissen kommt. Hierdurch wird eine klare Rechtslage geschaffen.

2. Erweiterter Eigentumsvorbehalt

Nach schweizerischem Recht ist ein erweiterter Eigentumsvorbehalt, wonach der Eigentumsvorbehalt alle Ansprüche des Veräußerers aus der Geschäftsbeziehung zum Erwerber erfasst und damit all diese Forderungen sichern soll, unzulässig.[806]

Zwar wird eine Sicherungsübereignung nicht ausdrücklich vereinbart, faktisch werden aber die gleichen Auswirkungen wie bei einer Sicherungsübereignung mittels Besitzkonstituts erreicht, da die Möglichkeit einer publizitätslosen Sicherheit geschaffen wird, die das Verbot der Mobiliarhypothek verletzt. Durch den Eigentumsvorbehalt soll nur die Forderung aus dem zugrunde liegenden, konkreten Grundgeschäft gesichert werden. Darüber hinausgehende Forderungen können nicht mit einem Eigentumsvorbehalt an der veräußerten Sache gesichert werden.[807] Dies läge bereits in der Natur des Rechtsinstituts und bedürfe keiner weiteren Begründung.[808] Dies ist im Hinblick auf die strenge Befolgung des Faustpfandprinzips im schweizerischen Recht nachvollziehbar.

3. Zwischenergebnis

Es ist festzustellen, dass im schweizerischen Rechtsraum – wenn überhaupt – lediglich die einfache Form des Eigentumsvorbehalts genutzt wird. Dies liegt zum einen an dem Erfordernis des Registereintrags, das zu praktischen Anwendungsproblemen führt. Auch die mehrheitliche Auffassung, dass es sich bei Art. 726 ZGB nicht um eine disponible Norm handele, sowie die strenge

806 BK-*Zobl/Thurnherr*, Syst. Teil, N 1709.

807 ZK-*Haab*, Art. 715/716, N 87.

808 BGE 102 III 150, 152; ZK-*Oftinger/Bär*, Syst. Teil, N 178 f.

Befolgung des Verbots der Mobiliarhypothek haben dazu geführt, dass sich Sonderformen des Eigentumsvorbehalts kaum entwickeln und durchsetzen konnten. Zudem ist die Rechtsposition des Vorbehaltskäufers als zukünftiger Eigentümer nicht gefestigt, so dass aus Käufersicht ein geringeres Interesse besteht.

C. Nach der türkischen Rechtsordnung

Der Eigentumsvorbehalt (*mülkiyeti muhafaza kaydı, mülkiyetin saklı tutulması kaydı*) ist im türkischen Recht in Art. 764 Abs. 1 TZGB, somit im Abschnitt über den Eigentumserwerb, geregelt. Hiernach ist der Vorbehalt des Eigentums an einem dem Erwerber übertragenen Gegenstand nur dann wirksam, wenn die förmliche Vereinbarung in ein notarielles Register am Wohnsitz des Erwerbers eingetragen wird.

Der in der Praxis am häufigsten anzutreffende Anwendungsfall des Eigentumsvorbehalts ist der bei einem Ratenkauf, bei dem ein Warenkredit gewährt wird. In der Regel wird der Warenkäufer nicht die Möglichkeit haben, diese vorab zu bezahlen. Daher wird dann eine Ratenzahlung vereinbart, die einer Sicherheit bedarf. Hierzu behält sich der Verkäufer bei der dinglichen Vereinbarung das Eigentum an der Ware vor. Dieser Vorbehalt ist in den meisten Fällen an die vollständige Zahlung des Kaufpreises gebunden. Die Bindung kann durch eine auflösende oder aufschiebende Bedingung erfolgen.[809]

Der Eigentumsvorbehalt hat eine auch vom Kassationshof anerkannte Sicherungsfunktion: Solange nicht die vollständigen Raten bezahlt sind, begründet der Eigentumsvorbehalt eine Sicherheit für die Forderung des Gläubigers.[810] Die Sicherheit, die durch die Vereinbarung eines Eigentumsvorbehalts ermöglicht wird, ist stärker als die durch ein Pfandrecht. Denn der Verkäufer hat die Möglichkeit, sein vollständiges Eigentum beizubehalten. Der Verkäufer erhält auf diesem Wege eine doppelte Sicherheit: die Sicherung der Kaufpreiszahlung sowie die Sicherung seiner Eigentümerstellung.[811] Aber

809 *Serozan*, Taşınır Eşya Hukuku, S. 300.

810 YHGK, 03.02.1984, E. 1981/1117, K. 1984/68: *„Der Eigentumsvorbehalt begründet eine dingliche Sicherheit für den Verkäufer, der der Gegenpartei den beweglichen [Verkaufs-] Gegenstand bereits überlassen hat, obwohl er noch nicht den gesamten Verkaufspreis erhalten hat.“*

811 *Serozan*, FS Moroğlu, 987, 989.

auch der Käufer kann von den Vorteilen eines Eigentumsvorbehalts – eines besitzlosen Sicherungsinstituts – profitieren. Die Vereinbarung eines Eigentumsvorbehalts ähnelt einer Mobiliarhypothek.[812] Die unter Eigentumsvorbehalt erworbene Ware kann dazu eingesetzt werden, um mit dessen Erlös den Kaufpreis abzubezahlen. Allerdings bestehen durch das Registererfordernis Schwierigkeiten bei der Begründung eines wirksamen Eigentumsvorbehalts, die die Praktikabilität einschränken.[813]

I. Prinzipien

Im türkischen Recht liegen dem Sicherungsinstitut des Eigentumsvorbehalts folgende prinzipielle Besonderheiten zugrunde:

1. Publizitätsprinzip

Die Publizität wird auch im türkischen Recht durch einen Registereintrag, der bei einem Notar am Wohnsitz des Vorbehaltskäufers vorgenommen wird, gewahrt. Dieser Registereintrag dient als Publizitätsmittel und soll somit das Fehlen der Besitzübertragung – als sonst übliches Publizitätsmittel – kompensieren. Durch eine Einsicht in ein solches Register soll Dritten die Möglichkeit eröffnet werden, sich ein Bild über die Kreditwürdigkeit eines potenziellen Schuldners zu machen.

2. Akzessorietätsprinzip

Im türkischen Recht geht man von einer Akzessorietät des Eigentumsvorbehalts zu der zu sichernden Forderung aus. Dies wird mit der Ähnlichkeit des Eigentumsvorbehalts zum Pfandrecht begründet, so dass pfandrechtliche Regelungen teils analog für den Eigentumsvorbehalt angewendet werden. So wird auch angenommen, dass wegen der Sicherungsfunktion des Eigentumsvorbehalts dieses bei einer Übertragung der zu sichernden Forderung ebenfalls gemäß Art. 168 OGB (Art. 189 OGB n.F.) übergeht.[814]

---

812 *Serozan*, FS Moroğlu, 987, 989.

813 *Serozan*, FS Moroğlu, 987, 987.

814 *Serozan*, Taşınır Eşya Hukuku, S. 279, *Ayanoğlu Moralı*, FS Kunatlp, 407, 423.

II. Der einfache Eigentumsvorbehalt

1. Begründung

a) Beteiligte

Ein Eigentumsvorbehalt kann bei einem (Raten-) Kaufgeschäft, aber auch bei einem Tausch vereinbart werden.[815]

b) Gegenstand

Ein Eigentumsvorbehalt kann für alle beweglichen Gegenstände vereinbart werden. Hierbei kann es sich um verbrauchbare Gegenstände handeln.[816] Auch an Zubehör kann selbstständig ein Eigentumsvorbehalt vereinbart werden.[817]

Nach Art. 764 Abs. 2 TZGB kann ausdrücklich kein Eigentumsvorbehalt an Tieren bestellt werden. Dies ist darin begründet, dass nach Art. 940 Abs. 1 TZGB nur ausnahmsweise ein besitzloses Pfandrecht durch Registereintrag möglich ist. Gemäß Art. 214 Abs. 2 OGB (Art. 243 Abs. 2 OGB n.F.) ist die Vereinbarung eines Eigentumsvorbehalts auch nicht für Immobilien möglich. Auch hier kann ein Pfandrecht (*ipotek*) durch einen Eintrag in das Grundbuchregister bestellt werden. Für diese zwei Bereiche gibt es somit gar kein Bedürfnis zur Begründung eines Eigentumsvorbehalts.[818]

c) Vereinbarung

Auch im türkischen Recht gilt, dass der vereinbarte Eigentumsvorbehalt im Zweifel einer aufschiebenden Bedingung unterliegt. Der Kassationshof[819] erklärt, dass bei einem Eigentumsvorbehalt das Eigentum regelmäßig nicht sofort auf den Käufer übergeht, sondern zwingend die Bezahlung des vollständigen Kaufpreises voraussetzt. Solange diese Bedingung nicht eingetreten ist, kann der Gläubiger bzw. Verkäufer ein Herausgaberecht bei der Pfändung der Vorbehaltsware geltend machen. Dass das Eigentum solange beim Verkäufer verbleibt und nicht erst

---

815 *Akipek*, S. 257; *Elbir*, İÜHFM 1952, 258, 280 f.; *Oğuzman/Seliçi/Oktay Özdemir*, S. 596 (Fn. 46).

816 *Ayanoğlu Moralı*, FS Kunatlp, 407, 411.

817 *Oğuzman/Seliçi/Oktay Özdemir*, S. 228 ff.; *Tekinay/Akman/Burcuoğlu/Altop*, S. 517.

818 *Oğuzman/Seliçi/Oktay-Özdemir*, S. 596.

819 Yarg., 13 HD, 08.04.1974, E. 1974/840, K. 1974/794; auch 15. HD, 11.02.1988: Der Käufer wird erst dann Eigentümer der Ware, wenn er die ausstehenden Raten gezahlt hat. Ansonsten hat der Vorbehaltsverkäufer und Eigentümer ein Herausgaberecht im Rahmen der Zwangsvollstreckung durch Gläubiger des Vorbehaltskäufers.

„zurückfallen“ muss, entspricht auch der Sicherungsfunktion des Eigentumsvorbehalts.[820] Möglich ist aber auch die Vereinbarung einer auflösenden Vereinbarung, wenn eine solche Gestaltung dem Willen der Parteien entspricht.[821]

d) Notarieller Registereintrag

Die Wirksamkeit des Eigentumsvorbehalts ist an die Einhaltung der Formerfordernisse gebunden. Nach Art. 764 Abs. 1 TZGB ist für die Wirksamkeit des Eigentumsvorbehalts Voraussetzung, dass die förmlich geschlossene Vereinbarung in ein notarielles Register am Wohnsitz des Erwerbers eingetragen werden muss. In der amtlichen Begründung zu der Regelung des Art. 764 TZGB wird angegeben, dass die förmliche Vereinbarung des Eigentumsvorbehalts bei jedem Notar vorgenommen werden kann, aber die Registrierung des Eigentumsvorbehalts am Wohnort des Erwerbers erfolgen muss. Die besonderen Formerfordernisse in Gestalt der notariellen Beurkundung bewirke eine zuverlässigere Form der Vereinbarung. Dass diese bei jedem Notar erfolgen kann, stelle eine große Erleichterung dar. Die Registrierung dieser Vereinbarung bei einem Notar am Wohnort des Erwerbers sei der geeignete Ort, an dem man sich über die Situation – gemeint ist die wirtschaftliche Situation, also die Kreditwürdigkeit – des Erwerbers erkundigen kann.[822] Die näheren Anforderungen hieran sind in Art. 89 des Notariatsgesetzes (TNotG[823]) geregelt. Hiernach ist vorgesehen, dass Kaufverträge mit einer Vereinbarung eines Eigentumsvorbehalts nach den Vorschriften der Art. 84 ff. TNotG beurkundet werden müssen. Wird dieses Formerfordernis nicht erfüllt, ist die Vereinbarung unwirksam.

Sodann muss die Vereinbarung in ein notariell geführtes Register am Wohnsitz des Vorbehaltskäufers eingetragen werden. Der Eintrag hat konstitutive Wirkung, aber keine positive Publizitätswirkung. Dies bedeutet, dass solange kein entsprechender Registereintrag vorhanden ist, besteht kein wirksam vereinbarter Eigentumsvorbehalt. Andererseits hindert aber ein Eintrag nicht den gutgläubigen Erwerb durch Dritte, da diese nicht den Inhalt des Registers kennen müssen bzw. eine Kenntnis nicht fingiert wird.[824]

---

820 *Serozan*, Taşınır Eşya Hukuku, S. 8 f.

821 *Serozan*, Taşınır Eşya Hukuku, S. 282.

822 TZGB, Amtliche Begründung, Art. 764 TZGB.

823 *Noterlik Kanunu*, Gesetzes-Nr. 1512, angenommen am 18.01.1972, ResG-Nr. 14090 vom 05.02.1972.

824 Vgl. *Karahasan*, S. 1451, mit Verweis auf Yarg. İcra ve İflâs Dairesi, 10.04.1969, E. 1969/3877, K. 1969/3985, dort zitiert: *„Der Verkauf einer Sache unter Eigentumsvorbehalt*

Insofern sind die Auswirkungen und die Funktion des Registereintrags für den Eigentumsvorbehalt im türkischen Recht identisch mit denen im schweizerischen Recht. Allerdings besteht ein Unterschied darin, dass der Registereintrag im schweizerischen Recht nicht bei einem Notar, sondern bei der Vollstreckungsbehörde erfolgt. Die Zuständigkeit des Notars sowie das Erfordernis einer Eintragung in einem lokalen Register an sich werden als zu aufwändig und nicht praxistauglich kritisiert.[825]

Auch im türkischen Recht wird diskutiert, bis wann der Registereintrag zu erfolgen hat. Während eine Ansicht mangels einer klaren gesetzlichen Formulierung davon ausgeht, dass die Vornahme des Registereintrags nach der Besitzübertragung ausreichend sei, geht eine andere Literaturansicht davon aus, dass der Eintrag vor bzw. spätestens bei der Besitzübertragung erfolgen müsse. Ansonsten ginge das Eigentum mit Besitzübertragung (Traditionsprinzip) vorbehaltslos über.[826] Diese Ansicht wird auch vom Kassationshof praktiziert. Dieser geht davon aus, dass ein Eigentumsvorbehalt nach Art. 764 TZGB erst dann wirksam begründet ist, wenn die Parteien die förmliche Vereinbarung in das Register bei einem Notar eintragen lassen. Die Einhaltung dieser gesetzlichen Vorschrift ist zwingend erforderlich. Werden die Vorschriften nicht beachtet, erfolgt die Eigentumsübertragung vorbehaltslos.[827]

2. Gutgläubigkeit

Wie bereits dargestellt, gilt hier wie im schweizerischen Recht, dass ein gutgläubiger Erwerb durch Dritte trotz des vereinbarten Eigentumsvorbehalts möglich ist, da dem Registereintrag keine positive Publizitätswirkung zukommt. Ein gutgläubiger Dritter kann nach Art. 988 TZGB das Eigentum an der Vorbehaltsware erwerben.[828] Auch ist ein gutgläubiger Erwerb eines Anwartschaftsrechts – also die Vereinbarung eines Eigentumsvorbehalts zwischen dem Eigentumsvorbehaltskäufer und einem gutgläubigen Dritten möglich.[829]

---

verhindert nicht den gutgläubigen Erwerb durch einen Dritten."; *Oğuzman/Seliçi/Oktay Özdemir*, S. 566; *Serozan*, Taşınır Eşya Hukuku, S. 280; *Serozan*, FS Moroğlu, 987, 998 ff.

825 *Serozan*, Taşınır Eşya Hukuku, S. 287.

826 *Elbir*, İÜHFM 1952, 258, 284.

827 Vgl. Yarg., 21. HD, 25.05.2004, E. 2004/4198, K. 2004/5109; Yarg., 21. HD, 06.05.2004, E. 2004/2980, K. 2004/ 4593; Yarg. 15. HD, 13.09.1990, E. 1990/1951, K. 1990/3346.

828 *Oğuzman/Seliçi/Oktay Özdemir*, S. 587; *Serozan*, Taşınır Eşya Hukuku, S. 281.

829 *Serozan*, Taşınır Eşya Hukuku, S. 281.

3. Inhalt

a) Rechte und Pflichten des Vorbehaltskäufers

Ein den Eigentumsvorbehalt besonders kennzeichnendes Recht ist das Besitzrecht des Vorbehaltskäufers. Denn im Gegensatz zum Pfandrecht bietet die Vereinbarung eines Eigentumsvorbehalts ihm die Möglichkeit, die Sache zu besitzen und vor allem zu nutzen. Daneben ist auch das Anwartschaftsrecht (*ayni beklenen hak*) des Vorbehaltskäufers besonders entscheidend, das mit jeder weiteren Zahlung an wirtschaftlichem Wert zunimmt und nach und nach zum Vollrecht, zum Eigentumsrecht, erstarkt.[830] Es wird durch die Vorschrift des Art. 150 Abs. 3 OGB (Art. 171 Abs. 3 OGB n.F.) geschützt. Hiernach sind Verfügungen, die vor Bedingungseintritt vorgenommen wurden, insoweit unwirksam, als sie die Wirkungen des Bedingungseintritts beeinträchtigen. Diese Regelung ermöglicht es, dass eben nur der Vorbehaltskäufer Einfluss auf den Bedingungseintritt und damit auf den Erwerb des damit verbundenen Rechts hat.

Gemäß Art. 979 Abs. 3 TZGB kann ein Dritter, der im Besitz der Sache ist, die Herausgabe der Sache gegenüber dem Erwerber aus Gründen verweigern, die er dem Veräußernden gegenüber geltend machen kann. In dieser Vorschrift kommt zum Ausdruck, dass der Erwerber vollständig als Rechtsnachfolger des Veräußernden anzusehen ist. Denn auch der Erwerber kann dem Dritten sein Anwartschaftsrecht entgegenhalten.[831] Während Art. 150 Abs. 3 OGB (Art. 171 Abs. 3 OGB n.F.) dazu dient, dass vor Bedingungseintritt vorgenommene Verfügungen als unwirksam anzusehen sind, können gemäß Art. 979 Abs. 3 TZGB Einwendungen, die dem Veräußernden gegenüber geltend gemacht werden, auch vom Erwerber abgewehrt werden.[832]

Aus Art. 223 Abs. 3 OBG (vgl. Art. 260 Abs. 2 Satz 2 OGB n.F.) lässt sich eine Obhutspflicht entnehmen, da im Falle einer Beschädigung dem Vorbehaltsverkäufer ein Schadensersatzrecht zusteht, das er bei einer Rückabwicklung in Abzug von den bereits geleisteten Zahlungen bringen kann.[833]

b) Rechte und Pflichten des Vorbehaltsverkäufers

Der Vorbehaltsverkäufer ist bis zum Bedingungseintritt weiterhin Eigentümer der Ware. Sein Eigentumsrecht ist insofern eingeschränkt, als dass er die Vorgaben der

830 *Nomer*, Beklenen Haklar, S. 150 f.

831 *Serozan*, Taşınır Eşya Hukuku, S. 280.

832 *Serozan*, Taşınır Eşya Hukuku, S. 280.

833 *Serozan*, Taşınır Eşya Hukuku, S. 290; siehe auch in diesem Teil unter C. II. 3. b).

Art. 150 Abs. 3 OGB (Art. 171 Abs. 3 OGB n.F.) zu beachten hat. Danach sind die von ihm vorgenommenen Verfügungen über die Vorbehaltsware unwirksam, wenn sie bei Bedingungseintritt die Rechte des Vorbehaltskäufers beeinträchtigen.

Daneben sind die Rechte des Vorbehaltsverkäufers für den Fall des Ratenkaufs in Art. 765 TZGB konkretisiert. Hiernach hat der Vorbehaltsverkäufer ein Herausgaberecht unter den für den Abzahlungskauf geltenden Bedingungen.[834] Diese sind in den Art. 222 ff. OGB (Art. 259 ff. OGB n.F.) geregelt. Nach Art. 222 OGB (Art. 259 Abs. 1 OGB n.F.[835]) kann der Vorbehaltsverkäufer vom Abzahlungsvertrag zurücktreten, wenn der Käufer mit der Zahlung seiner Raten im Verzug ist. Nach Art. 223 Abs. 2 OBG (Art. 260 Abs. 1 Satz 1 OGB n.F.) ist der Käufer ihm gegenüber verpflichtet, die Ware zurückzugeben. Im Gegenzug ist der Verkäufer dazu verpflichtet, bereits erhaltene Zahlungen zurückzugewähren, wobei er einen Abzug in Höhe eines angemessenen Nutzungs- und Entschädigungsersatzes vornehmen darf. Nach Art. 223 Abs. 3 OGB (vgl. Art. 260 Abs. 2 Satz 2 OGB n.F.[836]) sind hierüber hinausgehende Vereinbarungen zu Lasten des Käufers unwirksam. Durch eine solche Regelung soll – wie im schweizerischen Recht – eine Art Verfallsvereinbarung für den Eintritt des Sicherungsfalls vermieden werden.[837]

4. Wirksamkeit

Ein Eigentumsvorbehalt, der nach den Vorgaben des Art. 764 TZGB vereinbart und in das zuständige Register eingetragen worden ist, kann unwirksam sein, wenn es als ein Umgehungsgeschäft im Sinne des Art. 766 Abs. 1 Satz 2 TZGB zu klassifizieren ist. Wie im schweizerischen Recht wird versucht, durch besondere Vereinbarungen teils die strengen Formvorschriften des Eigentumsvorbehalts, aber auch die des Pfandrechts zu umgehen. Hierbei wird eine Vorgehensweise gewählt, bei der weder die Form- und Rückabwicklungsvorschriften des Eigentumsvorbehalts,

---

834 Der Vorbehaltsverkäufer kann von seinem Rücktrittsrecht auch dann Gebrauch machen kann, wenn der Eigentumsvorbehalt nicht nach den vorgegebenen Schriftformerfordernissen vereinbart worden ist, vgl. Yarg., 13. HD., 08.12.1995, E. 1995/8654; K. 1995/10997.

835 Art. 259 OGB n.F. ersetzt Art. 222 und Art. 224 OGB. Nach Art. 259 Abs. 4 OGB n.F. hat der Verkäufer vor Ausübung seines Rücktrittsrechts dem Käufer ein Frist von 15 Tagen zu setzen.

836 Falls keine Vertragsstrafe vereinbart worden ist, darf der Nutzungs- und Entschädigungsersatz nicht das Zehntel des (Bar-) Verkaufspreises übersteigen.

837 Siehe in diesem Teil unter B. II. 1. c).

noch die Vorschriften zur Besitzübertragung beim Pfandrecht eingehalten werden. Stattdessen wird faktisch ein besitzloses Pfandrecht vereinbart, welches gesetzlich nicht zulässig ist.

Hierbei handelt es sich um die – bereits im Abschnitt zum Eigentumsvorbehalt nach der schweizerischen Rechtsordnung dargestellten – Kauf-Mietverträge.[838] Diese sind vom Kassationshof als Abzahlungsgeschäfte klassifiziert worden, mit der Konsequenz, dass die hierfür geltenden Bestimmungen zu beachten sind.[839]

Daneben gibt es eine Konstruktion, die als Besitzvorbehalt (*zilyetliğin muhafazası*)[840] bezeichnet wird und vermutlich in der Vergangenheit regelmäßig praktiziert wurde. Hierbei trat der Verkäufer nach Verkauf seiner Waren die Forderungen gegenüber dem Käufer einer Bank ab und deponierte die Ware in einem Lager der Bank. Dieses Lager konnte nur unter gleichzeitigem Einsatz von zwei Schlüsseln geöffnet werden, wobei einer der Schlüssel bei der Bank und der andere beim Käufer verblieb. Nur gemeinsam konnten beide das Lager öffnen. Festzustellen ist, dass dieses Merkmal an ein Pfandrecht erinnert, bei dem ein gemeinschaftlicher Besitz die Anforderung an die Besitzübertragung erfüllt. Zudem musste der Käufer einen Mietzins für das Lager zahlen. Nur gegen Abzahlung der ausstehenden Forderung konnte er die Waren aus dem Lager nach und nach entnehmen. Die Abzahlung dagegen erinnert an den Eigentumsvorbehalt. Mit fortschreitender Abzahlung erhält der Käufer hier allerdings keinen Wertzuwachs des Anwartschaftsrechts, sondern nach und nach Eigentum an der Ware.

Unter Berücksichtigung des Akzessorietätsprinzips würde ein vereinbarter Eigentumsvorbehalt des Verkäufers auf die Bank übergehen. Ein wirksamer Eigentumsvorbehalt läge aber mangels Registereintrag nicht vor. Vielmehr ist anzunehmen, dass der Verkäufer der Bank seine Forderung abtritt und infolge dessen zwischen der Bank und dem Käufer ein Pfandrecht begründet wird. Die Bank sichert die ausstehende Forderung gegen den Käufer, indem er die Ware im Besitz behält und nur sukzessive Einzelteile der Gesamtware freigibt. Die zu zahlende Miete entspricht den Verwahrungskosten, die der Verpfänder dem Pfandnehmer nach Vereinbarung ersetzen muss. Insofern läge zwar kein wirksam vereinbarter Eigentumsvorbehalt vor. Aber eine Unwirksamkeit nach Art. 766 Abs. 1 Satz 2 TZGB wäre ausgeschlossen, da auch keine Umgehung der Pfandrechtvorschriften vorläge.

---

838 Siehe in diesem Teil unter B. II. 4. b).

839 Vgl. *Elbir*, İÜHFM 1952, 258, 271 (Fn. 50), mit Verweis auf Yarg. Ticaret Dairesi, E. 4191, K. 737, Temyiz Kararları, Ticaret Dairesi 1930–1931, No. 345, S. 455.

840 *Elbir*, İÜHFM 1952, 258, 271 f.

5. Beendigung

Der Eigentumsvorbehalt endet, wenn die Bedingung der Vorbehaltsvereinbarung, die vollständige Kaufpreiszahlung, erfüllt wird. Aber auch bei einem gutgläubigen Erwerb des Eigentums nach Art. 988 TZGB erlischt der Eigentumsvorbehalt. Er wird auch hinfällig bei einer Verarbeitung oder Vermischung der Vorbehaltsware.[841] Möglich ist auch die Beendigung durch Löschung des Registereintrags.[842]

6. Verwertung

Die Verwertung der Vorbehaltsware erfolgt primär durch die Geltendmachung des Rücktrittsrechts des Vorbehaltsverkäufers. Für den Fall des Abzahlungskaufes ist es ausdrücklich in Art. 765 TZGB geregelt. Hiernach kann der Vorbehaltsverkäufer bei einem Abzahlungskauf unter Berücksichtigung der hierfür bestehenden Regelungen die Herausgabe der Vorbehaltsware fordern. Nach Art. 233 OGB (Art. 284 OGB n.F.) hat der Käufer im Gegenzug einen Anspruch auf Rückerstattung der bereits geleisteten Zahlungen. Von diesen zurückzuzahlenden Raten kann der Verkäufer einen angemessenen Betrag als Nutzungsentschädigung abziehen. Eine Vereinbarung, die einen hierüber hinausgehenden Abzug ermöglicht, ist unwirksam.[843]

7. Zwangsvollstreckung

a) Durch Gläubiger des Vorbehaltskäufers

Wird gegen den Vorbehaltskäufer, in dessen Besitz sich auch die Vorbehaltsware befindet, die Zwangsvollstreckung betrieben, so hat der Vorbehaltsverkäufer und Eigentümer der Ware ein Herausgaberecht nach Art. 96 TZGV.

Der Gläubiger kann aber von der Rechtsstellung des Vorbehaltskäufers als Anwartschaftsberechtigter profitieren: Er kann mit schuldbefreiender Wirkung an den Verkäufer zahlen und dadurch dem Vorbehaltskäufer zum vollumfänglichen

---

841 *Serozan*, Taşınır Eşya Hukuku, S. 291.

842 *Zevkliler*, AÜHFD 1968, 195, 206.

843 Vgl. YHGK, 25.02.1998, E. 1998/13-137, K. 1998/155, Leitsatz: *„Bei Vereinbarung eines Eigentumsvorbehalts im Rahmen eines Abzahlungskaufs kann der Verkäufer bei Ausübung des Rücktrittsrechts außer einem angemessenen Mietzins und einer Entschädigung für eine nicht ordnungsgemäße Verwendung keinen Gewinnausfall oder darüber Hinausgehendes verlangen; eine dem entgegenstehende Vereinbarung ist unwirksam.“*

Eigentum an der gepfändeten Sache verhelfen. Der Vorbehaltskäufer wird dann durch die Zahlung und damit durch den Bedingungseintritt im Sinne des Art. 149 Abs. 2 OGB (Art. 170 Abs. 2 OGB n.F.) zum Eigentümer.[844] Der Vorbehaltsverkäufer kann die Zahlung gemäß Art. 67 OGB (Art. 83 OGB n.F.) nicht zurückweisen, da es nicht auf die persönliche Leistung durch den Vorbehaltskäufer ankommt.[845]

Ist die Zahlung aber noch nicht fällig und der Zwangsvollstreckungsgläubiger nicht bereit, die noch ausstehenden Raten zu zahlen, ist es nach türkischem Recht nicht möglich, das Anwartschaftsrecht des Vorbehaltskäufers zu pfänden.[846]

Wird die Zahlung aber trotz Fälligkeit nicht erbracht, kann der Vorbehaltsverkäufer von seinem Auflösungsrecht nach Art. 765 TZGB Gebrauch machen. Steht dem Vorbehaltskäufer aus der Rückabwicklung ein Rückerstattungsanspruch bereits gezahlter Zahlungen zu, stellt dieser Anspruch einen pfändbaren Vermögensgegentand nach Art. 85 Abs. 1, 89 TZVG dar.

Nach Ansicht des Kassationshofs steht dem Vorbehaltsverkäufer, der nicht von seinem Auflösungsrecht nach Art. 765 TZGB Gebrauch macht, ein vorrangiges Befriedigungsrecht in Höhe des Kaufpreises zu.[847] Zwar ist diese Vorgehensweise des Kassationshofes nicht auf eine gesetzliche Regelung gestützt, wird aber als praktische Lösung verfolgt.[848]

Auch ist eine Pfändung der Vorbehaltsware wegen ausstehender Ratenzahlung durch den Vorbehaltsverkäufer möglich. Dieser verzichtet in diesem Falle auf seinen Eigentumsvorbehalt. Hier gilt, dass der Vorbehaltskäufer bis zur Rückerstattung bereits geleisteter Zahlungen ein Zurückbehaltungsrecht an der Ware hat. Außerdem können sich auch andere Gläubiger an der Zwangsvollstreckung beteiligen, dem Verkäufer steht allerdings ein vorrangiges Befriedigungsrecht

---

844 Vgl. Yarg. 21. HD, 06.05.2004, E. 2004/2980, K. 2004/4593: *„Wenn der beklagte Schuldner noch nicht in Verzug geraten ist, kann der Gläubiger die noch ausstehende Forderung zahlen und so den Eigentumsvorbehalt (...) aufheben, die Ware beschlagnahmen und ein Verwertungsrecht erlangen. Daher muss dem Gläubiger die Möglichkeit eingeräumt werden, innerhalb der gewährten Frist die ausstehende Forderung zu begleichen. Dann wandelt sich das Herausgaberecht des Veräußerers in eine Geldforderung, die der Dritte zahlt (...).“*

845 *Kuru*, İİK, S. 508.

846 *Kuru* vertritt (entgegen der h.M.) die Ansicht, dass das Anwartschaftsrecht ein Recht im Sinne des Art. 89 ZVG ist und somit doch gepfändet werden kann, İİK, S. 508.

847 Vgl. Yarg., 19. HD, 08.02.2001, E. 2001/9397, K. 2001/1031.

848 *Kuru*, İİK, S. 509.

zu. Dies wird damit begründet, dass das vorrangige Recht sich aus der Gläubigerforderung ergibt.[849]

b) Durch Gläubiger des Vorbehaltsverkäufers

Die Vorbehaltsware ist grundsätzlich dem Vermögen des Vorbehaltsverkäufers zuzuordnen bis die vereinbarte Bedingung erfüllt wird. Bis dahin ist die Vorbehaltsware auch Gegenstand einer möglichen Zwangsvollstreckung durch dessen Gläubiger.

Ist die nächste Rate aber noch nicht fällig und der Vorbehaltskäufer nicht säumig, kann der Vorbehaltsverkäufer nicht die Vorbehaltsware zurückverlangen, so dass auch keine Pfändung durch dessen Gläubiger möglich ist. Diese können allerdings die ausstehenden Zahlungsansprüche nach Art. 85 Abs. 1, 89, 90, 120 TZVG pfänden.[850]

Ist der Vorbehaltskäufer säumig, kann der Verkäufer von seinem Rückabwicklungsrecht nach Art. 715 TZGB, Art. 222 f. OGB (Art. 259 f. OGB n.F.) Gebrauch machen. Bei der Rückabwicklung muss aber auch der Verkäufer bereits gezahlte Raten zurückerstatten. Der Käufer hat bis zur Rückerstattung ein Retentionsrecht an der Vorbehaltsware nach Art. 950 TZGB. Daher muss bei einer beabsichtigten Verwertung der erzielbare Betrag gemäß Art. 115 f. TZVG mindestens den Rückerstattungsbetrag des Käufers ausgleichen können.[851]

Sieht der Verkäufer davon ab, von seinem Recht nach Art. 715 TZGB Gebrauch zu machen, kann dessen Gläubiger die ausstehende Forderung pfänden. Dann kann die Vollstreckungsbehörde im Sinne des Art. 90 TZVG zum Einzug der Forderung das Rückabwicklungsrecht nach Art. 715 TZGB geltend machen, wenn der Käufer in Verzug gerät.

8. Insolvenz

a) Insolvenz des Vorbehaltskäufers

Mit Eröffnung des Insolvenzverfahrens wird die noch ausstehende Forderung des Verkäufers nach Art. 195 TZVG fällig.[852] Jedoch geht die Vorbehaltsware nicht mit in die Insolvenzmasse ein, da sie nicht im Eigentum des Vorbehaltskäufers

849 Vgl. *Kuru*, İİK, S. 510 f., mit Verweis auf Yarg., 19. HD, 27.01.2000, E. 1999/7818, K. 2000/404; Entscheidung auch dargestellt bei *Uyar*, S. 1983, Nr. 30.

850 *Kuru*, İİK, S. 510.

851 *Kuru*, İİK, S. 510.

852 *Pekcanıtez/Atalay/Sungurtekin Özkan/Özekes*, S. 565.

im Sinne des Art. 184 Abs. 1 TZVG steht. Sieht die Insolvenzverwaltung einen Vermögensvorteil in der Vorbehaltsware, kann sie die ausstehenden Zahlungen begleichen, so dass es in das Eigentum des Käufers und somit in die Insolvenzmasse übergeht. Dem Verkäufer steht kein Verweigerungsrecht zu, da dies einer Vereitelung im Sinne des Art. 154 OGB (Art. 175 Abs. 1 OGB n.F.) gleichkäme.[853]

Macht die Insolvenzverwaltung nicht von diesem Recht Gebrauch, kann der Verkäufer entweder sein Auflösungsrecht nach Art. 765 TZGB ausüben oder die noch ausstehenden Kaufpreisraten als Forderung im Rahmen der Insolvenz anmelden.[854]

b) Insolvenz des Vorbehaltsverkäufers

Die Insolvenz des Vorbehaltsverkäufers beeinflusst nicht die Vereinbarung über einen Eigentumsvorbehalt. Der Insolvenzverwaltung stehen dem Käufer gegenüber weiterhin die gleichen Rechte zu. Dies bedeutet, dass die Insolvenzverwaltung erst bei Säumnis des Käufers von seinem Auflösungsrecht nach Art. 765 TZGB, Art. 222 f. OGB (Art. 259 f. OGB n.F.) Gebrauch machen kann.[855]

III. Sonderformen des Eigentumsvorbehalts

Sonderformen des Eigentumsvorbehalts, wie z.B. der verlängerte oder erweiterte Eigentumsvorbehalt, sind im türkischen Recht nicht anerkannt.[856] Es wird – wenn überhaupt – nur die einfache Form des Eigentumsvorbehalts vereinbart.

D. Vergleichende Zusammenfassung

I. Allgemeines

Das Rechtsinstitut des Eigentumsvorbehalts ist in den drei Rechtsordnungen vertreten. Jedoch ist im Vergleich auf Anhieb feststellbar, dass es im deutschen Recht eine Vielzahl an verschiedenen Formen des Eigentumsvorbehalts gibt, während

853 *Pekcanıtez/Atalay/Sungurtekin Özkan/Özekes*, S. 565; *Nomer*, Beklenen Haklar, S. 195.

854 *Kuru*, İİK, S. 1055.

855 *Kuru*, İİK, S. 1056; *Pekcanıtez/Atalay/Sungurtekin Özkan/Özekes*, S. 566; *Nomer*, Beklenen Haklar, S. 195.

856 *Serozan*, Taşınır Eşya Hukuku, S. 291; *Elbir*, İÜHFM 1952, 258, 269.

im schweizerischen und türkischen Recht regelmäßig nur die einfache Form des Eigentumsvorbehalts genutzt wird. Zudem besteht im schweizerischen und türkischen Recht das Erfordernis des Registereintrags. Diese beiden Unterschiede zwischen dem deutschen Recht einerseits und dem schweizerischen sowie türkischen Recht andererseits sind Ursache und Anzeichen für die unterschiedliche wirtschaftliche Nutzung und Bedeutung des Eigentumsvorbehalts in den jeweiligen Rechtsordnungen.

II. Publizitätsprinzip und Registereintrag

Während im deutschen Recht das Publizitätsprinzip in den Regelungen zum Eigentumsvorbehalt nicht berücksichtigt worden ist, wird dieser im schweizerischen und türkischen Recht durch einen Eintrag in ein Eigentumsvorbehaltsregister im Sinne des Art. 715 Abs. 1 ZGB bzw. Art. 764 Abs. 1 TZGB gewahrt. Aus diesem geht hervor, ob ein Eigentumsvorbehalt an einem Gegenstand eines Schuldners besteht. Das Register dient somit auch Dritten, um die Kreditwürdigkeit eines Schuldners beurteilen zu können. Die Registerfunktion des Eigentumsvorbehalts ist somit vergleichbar mit der einer Mobiliarhypothek. Das Publizitätsmittel „Besitz" wird durch den Registereintrag kompensiert, damit der Besitz an den belasteten Gegenständen durch den Schuldner nicht fehlinterpretiert wird und so falsche Rückschlüsse auf die Kreditwürdigkeit geschlossen werden.

Der Registereintrag ist aber nicht nur ein Erfordernis zugunsten Dritter, sondern zwingende Wirksamkeitsvoraussetzung des Eigentumsvorbehalts auch zugunsten des Verkäufers. Denn dieser kann sich in der Zwangsvollstreckung gegen den Käufer und in dessen Insolvenz nur auf den eingetragenen Eigentumsvorbehalt berufen. Wird der Registereintrag nicht vorgenommen, fehlt es an einer wesentlichen Voraussetzung, so dass ein Eigentumsvorbehalt nicht wirksam zustande gekommen ist. Dies hat zur Folge, dass die Eigentumsübertragung vorbehaltslos erfolgt und somit der Käufer Eigentümer der Ware geworden ist. Ein in seinem Eigentum stehender Gegenstand gehört dann in die Vollstreckungs- und Insolvenzmasse.

Welche Möglichkeiten der Vorbehaltskäufer und Vorbehaltsverkäufer in der Zwangsvollstreckung und Insolvenz des jeweils anderen haben, wird im Einzelnen in dem nachfolgend entsprechenden Abschnitt dargestellt und verglichen.[857]

---

857 Siehe in diesem Teil unter D. VI.

Die Anforderungen an den Registereintrag selbst sind sowohl im schweizerischen als auch im türkischen Recht im Einzelnen geregelt. Nach Art. 715 Abs. 1 ZGB ist der Eigentumsvorbehalt in einem vom Betreibungsbeamten zu führenden öffentlichen Register an dessen jeweiligem Wohnort einzutragen. Dagegen schreibt Art. 764 Abs. 1 TZGB vor, dass der Eigentumsvorbehalt in ein notariell geführtes Register am Wohnsitz des Erwerbers eingetragen werden muss. Bereits an dieser Stelle wird deutlich, dass ein wesentlicher Unterschied zwischen dem Registereintrag nach schweizerischen und dem nach türkischen Recht besteht. Dementsprechend sind die weiteren einzelnen Voraussetzungen jeweils im EigVV bzw. im TNotG geregelt. Im schweizerischen Recht übernimmt eine öffentliche Vollstreckungsbehörde die Registrierung, im türkischen Recht erfolgt diese bei einem Notar. Den amtlichen Begründungen zufolge werde durch einen notariellen Eintrag am Wohnsitz des Käufers die Publizität am zuverlässigsten bewirkt.

Beide Rechtsordnungen haben aber wiederum gemeinsam, dass dem Registereintrag zwar eine konstitutive Wirkung, aber keine positive Publizitätswirkung zukommt. Dies bedeutet, dass ein eingetragener Eigentumsvorbehalt den guten Glauben eines Dritten, der die Sache von ihrem Besitzer – dem Vorbehaltskäufer – erwirbt, nicht ausschließt. Sogar das Betreibungsamt ist nicht verpflichtet, bei einer Pfändung sich vorab nach einem eingetragenen Eigentumsvorbehalt durch Einblick in das Register zu erkundigen und ein solches gegebenenfalls in der Pfändungsurkunde vorzumerken.

Damit wird dem Schutz gutgläubiger Dritter ein Vorrang gegenüber dem Schutz des Vorbehaltsverkäufers eingeräumt. Dies ist darin begründet, dass die Eintragung und Löschung des Eigentumsvorbehalts eigenverantwortlich den Parteien überlassen wird. So entsteht der Eigentumsvorbehalt zwar erst mit Eintragung in das Register, jedoch kann dieser auch schon vor der Löschung aus dem Register untergehen. Denn der Eigentumsvorbehalt endet, wenn die Bedingung der vollständigen Kaufpreiszahlung erfüllt ist. Würde man das Fortbestehen des Eigentumsvorbehalts annehmen, bewirkt das einen unberechtigten Schutz des Vorbehaltsverkäufers. Will man eine positive Publizitätswirkung des Registereintrags wie die eines Grundbucheintrags herleiten, fehlt es an einer vergleichbaren Rechtslage. Bei unbeweglichen Gegenständen ist für jede dingliche Verfügung immer ein Grundbucheintrag erforderlich. Dagegen kann eine dingliche Änderung an beweglichen Gegenständen auch ohne einen Registereintrag eintreten. Somit wäre eine positive Publizitätswirkung wie die des Grundbuchs zu weit reichend.

Zudem ist zu bedenken, dass die Vereinbarung eines Eigentumsvorbehalts eine Art Mobiliarhypothek darstellt, die eine ausnahmsweise mögliche Durchbrechung des Faustpfandprinzips bedeutet, das in der Türkei und insbesondere in der Schweiz strenger als in Deutschland befolgt wird. So wird der Anwendungsbereich dieser Ausnahme durch eine nur negative Publizitätswirkung eingegrenzt. Problemtisch ist aber, dass hierdurch die Praktikabilität eingeschränkt und im Zweifel von den Parteien gerade im Bereich des Konsumwarenkaufs als zu aufwendig und als nicht taugliches Sicherungsmittel empfunden wird. Dies führt letztlich dazu, dass der Eigentumsvorbehalt nicht genutzt wird und aufgrund einer ausbleibenden Fortentwicklung an wirtschaftlicher Bedeutung verliert. Dies ist insbesondere im Vergleich zum deutschen Recht feststellbar, wo ein Registereintrag nicht vorgesehen ist und zahlreiche Sonderformen des Eigentumsvorbehalts auch bei der Abwicklung von Rechtsgeschäften mit hohem wirtschaftlichem Wert genutzt werden. Es ist das im Warenverkauf am häufigsten verwendete Kreditsicherungsmittel. Dagegen erscheint die Vorstellung, ein an der Kreditwürdigkeit des Vorbehaltskäufers interessierter Dritter könne ohne Weiteres in ein Register, das in dessen Wohnort geführt wird, Einsicht nehmen, nicht zeitgemäß. Diese Annahme ist bereits im Hinblick auf die Möglichkeiten, die durch das Internet eröffnet werden, wenig haltbar. Unter diesen veränderten Bedingungen ist es sinnvoll, die Sinn- und Zweckhaftigkeit eines lokal gebundenen Registersystems insbesondere für Konsumwaren zu überdenken. Grundsätzlich bietet das Registersystem eine mögliche Lösung, um besitzlose, aber auch den Publizitätsanforderungen genügende Sicherungsmittel zu schaffen. Hierbei sind die Voraussetzungen eines solchen Sicherungsmittels in Einklang mit entsprechenden Praktikabilitätserwägungen zu bringen, um den Registrierungsaufwand in einem angemessenen Rahmen zu halten.

III. Akzessorietät

Ein weiterer Unterschied zwischen dem deutschen Recht einerseits und dem schweizerischen sowie türkischen Recht andererseits besteht in der Bewertung des Verhältnisses zwischen dem Eigentumsvorbehalt und der zu sichernden Forderung. Nach der deutschen Rechtsordnung wird eine Akzessorietät verneint, nach der schweizerischen und türkischen Rechtsordnung dagegen bejaht. Dies wird mit einer Ähnlichkeit zum Pfandrecht begründet. Eine solche Einordnung erscheint für das schweizerische und türkische Recht konsequent, da man die

Rechtsfolgen des Eigentumsvorbehalts als Sicherungsmittel sehr nach denen eines Registerpfandrechts ausgerichtet hat.

IV. Inhalt und Beendigung

Der Inhalt des Eigentumsvorbehalts ist in den drei Rechtsordnungen gleichermaßen ausgestaltet. Der Vorbehaltskäufer hat aufgrund der Vereinbarung ein Besitzrecht an der Vorbehaltsware und ist vor Verfügungen während der Schwebezeit, die seine Rechte beeinträchtigen, geschützt, indem diese gemäß § 161 Abs. 1 Satz 1 BGB bzw. Art. 152 Abs. 3 OR bzw. Art. 150 Abs. 3 OGB (Art. 171 Abs. 3 OGB n.F.) für unwirksam erklärt werden. Auffällig ist bereits an dieser Stelle der Hinweis in § 161 Abs. 1 Satz 2 BGB, dass Verfügungen solchen, die während der Schwebezeit im Wege der Zwangsvollstreckung oder der Arrestvollziehung oder durch den Insolvenzverwalter erfolgen, gleichstehen. Ein vergleichbarer Hinweis findet sich nicht im schweizerischen und türkischen Gesetzestext.

Übt der Vorbehaltsverkäufer das ihm zustehende Rücktrittsrecht aus, kann er die Herausgabe der in seinem Eigentum stehenden Vorbehaltsware verlangen. Dieses Herausgaberecht besteht gemäß Art. 214 Abs. 2 OR bzw. Art. 223 Abs. 2 OBG (Art. 260 Abs. 1 Satz 1 OGB n.F.) auch dann, wenn die im schweizerischen und türkischen Recht erforderliche Eintragung in das Eigentumsvorbehaltsregister nicht vorgenommen worden ist.

Sinngemäß endet der vereinbarte Eigentumsvorbehalt, wenn der Bedingungseintritt erfolgt bzw. nach schweizerischem und türkischem Recht die Löschung des Eintrags aus einem anderen Grund vorgenommen wird. Ein lastenfreier Erwerb durch Gutgläubigkeit oder Verarbeitung ist ebenfalls in allen drei Rechtsordnungen möglich.

Im Vergleich zeigen sich inhaltlich somit nur wenige Unterschiede. Die bestehenden Unterschiede – gerade die Regelung des Art. § 161 Abs. 1 Satz 2 BGB – wirken sich wesentlich in der Zwangsvollstreckung und in der Insolvenz aus.

V. Verwertung

Die Verwertung sieht in den drei Rechtsordnungen vergleichbare Rechtsfolgen vor. Diese bestehen darin, dass der Verkäufer bei Nicht-Erfüllung des Kaufpreises bis zum vereinbarten Zeitpunkt von seinem Rücktrittsrecht Gebrauch machen kann, aus dem sich ein Herausgaberecht ergibt (§§ 449 Abs. 2, 346, 985 BGB bzw. Art. 716, 717 ZGB, Art. 214 Abs. 2 OR bzw. Art. 764, 765 TZGB, Art. 223 Abs. 2 OGB (Art. 260 Abs. 1 Satz 1 OGB n.F.)). Der Vorbehaltskäufer kann also die Rückabwicklung des Kaufvertrages verlangen. Das Besitzrecht des Käufers entfällt, so dass die Herausgabe der Vorbehaltsware an den Verkäufer und Eigentümer erfolgen muss. Insgesamt sind die gewährten Leistungen zurück zu erstatten.

VI. Zwangsvollstreckung und Insolvenz

Nach der deutschen Rechtsordnung wirkt der vereinbarte Eigentumsvorbehalt sowohl für den Vorbehaltsverkäufer als auch den Vorbehaltskäufer in der Zwangsvollstreckung gegen den jeweils anderen schützend. Auf die sich in der Regel beim Käufer befindenden Waren können dessen Gläubiger in der Zwangsvollstreckung nicht zugreifen. Als Eigentümer hat der Verkäufer ein Drittwiderspruchsklagerecht nach § 771 ZPO. Das gleiche Recht steht auch dem Käufer in der Zwangsvollstreckung gegen den Verkäufer zu, da er als Anwartschaftsberechtigter den gleichen Schutz wie der „Noch-Eigentümer“ genießt.

Im schweizerischen Recht ist der Schutz des Vorbehaltsverkäufers und Vorbehaltskäufers davon abhängig, ob der vereinbarte Eigentumsvorbehalt in das Register eingetragen worden ist. Wird in einer Zwangsvollstreckung gegen den Käufer die Vorbehaltsware gepfändet, wird der Verkäufer für die noch ausstehende Forderung wie ein Pfandgläubiger behandelt. Er kann unter den Voraussetzungen des Art. 716 ZGB die Herausgabe seines Eigentums geltend machen und Widerspruchsklage nach Art. 107 Abs. 5 SchKG erheben. Die Gläubiger des Käufers können nur den Rückerstattungsanspruch des Käufers pfänden. Im Gegensatz zum Verkäufer steht dem Käufer in der Zwangsvollstreckung gegen den Verkäufer kein Widerspruchsrecht im Sinne des Art. 106 SchKG zu.

Im türkischen Recht verhält es sich ähnlich wie im schweizerischen Recht. In der Zwangsvollstreckung gegen den Käufer hat der Verkäufer ein Herausgaberecht nach Art. 96 TZVG. In der türkischen Literatur werden ferner die Möglichkeiten aufgezeigt, welche Auswirkungen eine Zahlung der noch ausstehenden Forderung oder eine Geltendmachung des Rücktrittsrechts hat. Durch die verschiedenen Gestaltungsmöglichkeiten kann jeweils der Schwebezustand über die Eigentumsverhältnisse beendet und das Eigentum eindeutig dem Käufer oder Verkäufer zugeordnet werden. Dies bewirkt eine klare Rechtslage darüber, ob die Ware vom Vermögen des Vollstreckungsschuldners erfasst ist oder nicht. Bei einer Zwangsvollstreckung gegen den Vorbehaltsverkäufer ist eine Pfändung der beim Käufer befindlichen Ware wegen des Besitzrechtes nicht möglich. Die Gläubiger können aber die ausstehenden Zahlungsansprüche nach Art. 85 Abs. 1, 89, 90, 120 TZVG pfänden. Liegen die Voraussetzungen für einen Rücktritt vor, kann der Verkäufer hiervon Gebrauch machen und somit sein Eigentum mangels Besitzrecht heraus verlangen. Nutzt er das Rücktrittsrecht nicht, können die Gläubiger die Forderung pfänden und selbst das Rücktrittsrecht ausüben.

Während also im deutschen Recht Käufer und Verkäufer gleichermaßen geschützt werden, ist im schweizerischen Recht der Schutz des Käufers nicht im gleichen Maße ausgeprägt. In der türkischen Literatur werden eingehend die Gestaltungsmöglichkeiten während der Zwangsvollstreckung erläutert. Insbesondere berücksichtigt der Kassationshof die sich aus dem Eigentumsvorbehalt ergebenden Rechtsbeziehungen, indem er dem Verkäufer aufgrund seiner Gläubigerforderung ein vorrangiges Befriedigungsrecht einräumt.

Nach der deutschen Rechtsordnung sind in der Insolvenz des Käufers verschiedene Gestaltungsmöglichkeiten vorgesehen. Macht die Insolvenzverwaltung nicht von ihrem Wahlrecht Gebrauch, steht dem Verkäufer nach Ausübung seines Rücktrittsrechts ein Aussonderungsrecht nach §§ 47, 48 InsO zu. In der Insolvenz des Verkäufers kann der Käufer sogar gemäß § 107 Abs. 1 Satz 1 InsO die Erfüllung des Kaufvertrages verlangen. Hierin kommt die sog. Insolvenzfestigkeit des Anwartschaftsrechts zum Ausdruck, so dass der Eigentumserwerb des Käufers auch nicht vom Insolvenzverwalter verhindert werden kann. Dies verdeutlicht die besonders geschützte Rechtsposition des Vorbehaltskäufers im deutschen Recht. Gleichzeitig stellt dies einen wichtigen Aspekt in der Verwendung des Eigentumsvorbehalts als ein Kreditsicherungsmittel dar.

Im schweizerischen Recht hängt die erfolgreiche Geltendmachung des Eigentumsvorbehalts von der Vornahme des Registereintrags ab. Im Konkurs des Käufers steht der Konkursverwaltung – ähnlich wie im deutschen Recht – ein Wahlrecht zu. Soll der Kauf danach rückabgewickelt werden, steht dem Verkäufer ein Aussonderungsrecht gemäß Art. 197, 211 Abs. 3, Art. 242 Abs. 2 und 3 SchKG zu. Dagegen kommt nach der schweizerischen Rechtsordnung im Konkurs des Verkäufers eine Konkursfestigkeit der mit dem Eigentumsvorbehalt erworbenen Rechtsposition für den Käufer nicht zum Tragen. Die Vorbehaltsware gehört vielmehr in die Konkursmasse des Verkäufers nach Art. 197 SchKG.

Nach der türkischen Rechtsordnung hat die Insolvenzverwaltung im Rahmen der Insolvenz des Käufers ebenfalls ein Wahlrecht zur Erfüllung des noch ausstehenden Kaufpreises. Sieht sie hiervon ab, kann der Verkäufer sein Auflösungsrecht nach Art. 715 TZGB, Art. 222 f OGB (Art. 259 OGB n.F.) geltend machen. Umgekehrt kann die Insolvenzverwaltung in der Insolvenz des Verkäufers erst zurücktreten, wenn ein Verzug des Käufers vorliegt.

Abschließend ist festzustellen, dass der Eigentumsvorbehalt nach der deutschen Rechtsordnung sowohl in der Zwangsvollstreckung als auch in der Insolvenz jeweils zugunsten des Vorbehaltskäufers und Verkäufers berücksichtigt wird. Der Sicherungszweck des Sicherungsnehmers sowie die Anwartschaft des Sicherungsgebers als zukünftiger Eigentümer werden gleichermaßen beachtet. Dies stellt in der Praxis einen erheblichen Vorteil dar. Der Eigentumsvorbehalt bewährt sich in der Zwangsvollstreckung und in der Insolvenz als ein zuverlässiges Sicherungsmittel.

VII. Sonderformen

Bereits die Anzahl an verschiedenen Sonderformen des Eigentumsvorbehalts im deutschen Recht weist auf dessen Praktikabilität und die damit verbundene Fortentwicklung durch Anpassung an die Praxisbedürfnisse hin.

Dagegen führen das Eintragungserfordernis in ein lokales Register sowie das auch hier zu berücksichtigende Faustpfandprinzip dazu, dass in der Schweiz Sonderformen kaum entwickelt oder genutzt werden. Zudem ist das wirtschaftliche Interesse daran gering, da der Käufer in der Zwangsvollstreckung und im Konkurs des Verkäufers im Vergleich zum deutschen Recht eine kaum geschützte Rechtsposition innehat. Denn nach der InsO gewährt das Anwartschaftsrecht dem Käufer eine nahezu eigentümerähnliche Rechtsposition. Trotzdem entstehende Problemfälle werden durch eine differenzierte Rechtsprechung weitgehend gelöst, indem die wirtschaftlichen und rechtlichen Interessen der Beteiligten abgewogen werden. In der Türkei haben sich dagegen Sonderformen des Eigentumsvorbehalts – neben der bereits vergleichsweise gering genutzten einfachen Form – gar nicht entwickelt. Vermutlich ist durch die überwiegende Ablehnung der Sonderformen in der Schweiz, ein Nutzen dieser Sonderformen nicht weiter verfolgt worden.

4. Teil: Reformbedürftigkeit und Reformvorschläge

Die Darstellung und der Vergleich der Mobiliarsicherheiten haben gezeigt, dass die Sicherungsinstitute zum einen verschiedene Voraussetzungen haben, zum anderen aber auch unterschiedliche Vor- und Nachteile aufweisen. Dies hat verständlicherweise zur Folge, dass bestimmte Sicherungsmittel bereits innerhalb der eigenen Rechtsordnung bevorzugt werden, andere dagegen lediglich eine Reservefunktion haben. Teilweise genügen aber auch die bestehenden Sicherungsinstitute nicht den Interessen der am Sicherungsgeschäft beteiligten Parteien. Im folgenden Abschnitt soll daher die wirtschaftliche Bedeutung der bestehenden Sicherungsrechte untersucht werden. In dem Vergleich wird als Zwischenergebnis zusammengefasst, ob das geltende Recht ausreichend Sicherungsinstitute zur Verfügung stellt bzw. inwiefern entsprechender Reformbedarf besteht. Daran anschließend werden Reformlösungen für ein modernes Mobiliarsicherungsrecht auf europäischer und internationaler Ebene dargestellt, die auch für die nationalen Rechtsordnungen als Vorbild dienen können. Schließlich werden die Reformvorschläge für die untersuchten nationalen Regelungen vorgestellt.

A. Wirtschaftliche Bedeutung der Sicherungsrechte im Rahmen des geltenden Rechts

Die hier untersuchten Sicherungsinstitute – das Pfandrecht, die Sicherungsübereignung sowie der Eigentumsvorbehalt – bieten in ihrer praktischen Anwendung unterschiedliche Vorzüge.

I. Deutsches Recht

Das in der deutschen Rechtsordnung geltende Faustpfandprinzip erfordert die Besitzaufgabe des Kreditnehmers an der Pfandsache, was die Praktikabilität des vertraglichen Pfandrechts einschränkt. Denn im Regelfall ist für den Kreditnehmer gerade die Nutzung seiner Vermögensgegenstände unerlässlich. Die beim Pfandrecht erforderliche Besitzübertragung nach § 1205 BGB stellt daher einen Nachteil für den Kreditnehmer dar. Stattdessen bietet sich die Vereinbarung einer Sicherungsübereignung durch Besitzkonstitut an, bei der der Besitz beim Kreditnehmer verbleibt. Daher ist das vertragliche Pfandrecht weitgehend von der Sicherungsübereignung durch Besitzkonstitut verdrängt worden. Für den Bereich der Lombardgeschäfte der Banken (z.B. Verpfändung von Wertpapieren) konnte sich das Vertragspfandrecht wiederum durchsetzen.[858] Nach § 14 AGB-Banken bzw. Nr. 21 AGB-Sparkassen kann sogar grundsätzlich an allen beweglichen Sachen, die sich in der Verfügungsgewalt eines Kreditinstituts befinden, ein Pfandrecht des Kreditinstituts für die Forderungen gegen den Kreditnehmer entstehen. Auch hier kommt das Pfandrecht daher zur Anwendung.

Dagegen bietet die Sicherungsübereignung mittels Besitzkonstituts den Vorteil, dass auf die Übertragung des Besitzes verzichtet werden kann. Die Anerkennung der Sicherungsübereignung durch Besitzkonstitut führte insbesondere bei der Gewährung von Geldkrediten zur Verdrängung des Faustpfandes.[859] Denn hierdurch wird es dem Sicherungsgeber ermöglicht, seine betrieblichen Vermögensgegenstände (*„unternehmerisches Anlagevermögen“*) und Waren (*„Umlaufvermögen“*) sicherungsweise zu übereignen, aber gleichzeitig wirtschaftlich weiter zu nutzen und so eine Rückzahlung des Kredits zu realisieren.[860] Ein weiterer Vorteil besteht darin, dass der Sicherungsnehmer keine Aufwendungen für eine Verwahrung des Sicherungsgegenstandes aufbringen muss. Obwohl er nicht im unmittelbaren Besitz des Gegenstandes ist, sind keine Hindernisse bei der Zwangsvollstreckung zu befürchten, da der Sicherungsnehmer nach § 883 ZPO vollstrecken kann. Nach § 883 Abs. 1 ZPO kann der Gerichtsvollzieher dem Schuldner, der eine bewegliche Sache oder eine Menge bestimmter beweglicher Sachen herauszugeben hat, diese wegnehmen und dem Gläubiger übergeben. Bei einer Vollstreckung nach dieser Vorschrift greifen die Pfandschutzvorschriften nach § 811 ZPO nicht ein.[861] Auch die bei der Sicherungsübereignung fehlende Akzessorietät erhöht den Sicherheitswert der Vereinbarung.[862] Der Sicherungsnehmer kann unabhängig von der Sicherungsforderung weiterhin (Sicherungs-) Eigentümer des Gegenstandes sein. Daneben besteht ein weiterer Vorteil in der freien Verwertbarkeit des

---

858 *Baur/Stürner*, § 55, Rn. 8; *Bülow*, Rn. 470, 481, 498; *Lwowski*, Anforderungen, S. 173, 175 f.; *Prütting*, Rn. 783.

859 *Gravenhorst*, S. 73 ff.; MK-*Oechsler*, Anh. §§ 929-936, Rn. 2.

860 MK-*Oechsler*, Anh. §§ 929-936, Rn. 2.

861 MK-*Oechsler*, Anh. §§ 929-936, Rn. 2.

862 *Prütting*, Rn. 409; *K. Schmidt*, FS Serick 1992, 329, 337.

Sicherungsgegenstandes, die regelmäßig einen höheren Erlös als bei einer öffentlichen Versteigerung nach § 1234 ff. BGB erbringt.[863]

Der Eigentumsvorbehalt stellt im Warenverkehr das wichtigste Kreditsicherungsmittel dar und wird regelmäßig bei Zwischenhandels-, Fabrikations- und Teilzahlungsgeschäften vereinbart.[864] Ein wesentlicher Vorteil des Eigentumsvorbehalts liegt in der gleichmäßigen Berücksichtigung der Interessen von Verkäufer und Käufer:[865] Mit jeder Ratenzahlung an den Verkäufer, die eine Verringerung der Sicherungsforderung bewirkt, erstarkt das Anwartschaftsrecht des Käufers zum Eigentumsrecht. Dies ermöglicht einen unmittelbaren Ausgleich der Sicherungsinteressen. Durch die verschiedenen Sonderformen, die nach deutschem Recht möglich sind, kann sich die Sicherung auch auf weitere – durch Verarbeitung entstandene neue – Gegenstände oder Forderungen des Käufers erstrecken.

Anhand der in der Rechtsprechung entschiedenen Fälle zeigt sich, dass insbesondere die Sicherungsübereignung (von Warenlagern) und die Sonderformen des Eigentumsvorbehalts als Sicherungsmittel für Transaktionen von hohem wirtschaftlichem Wert genutzt werden.[866] Problematisch ist hierbei, dass gerade diese Sicherungsmittel nicht ausdrücklich gesetzlich geregelt, sondern erst im Laufe der Zeit durch die Rechtsprechung anerkannt worden sind. Durch die fehlenden gesetzlichen Regelungen besteht daher eine Rechtsunsicherheit. Diese wird bei grenzüberschreitenden Sachverhalten durch die mangelnde Anerkennung von besitzlosen Sicherungsmitteln nach fremden Rechtsordnungen bestätigt. Denn nach dem Grundsatz der *lex rei sitae* dürfen die an einer Sache bestehenden dinglichen Rechte nicht im Widerspruch zu den Regelungen des Lageorts stehen. Damit wären in der Regel die Publizitätsanforderungen der jeweiligen Rechtsordnungen nicht gewahrt.[867]

---

863 MK-*Oechsler*, Anh. §§ 929-936, Rn. 2.

864 Palandt/*Weidenkaff*, § 449, Rn. 2; *Weber*, NJW 1976, 1600, 1605; vgl. *Kokalj/Paffenholz/Schröer*, S. 131: Der Eigentumsvorbehalt wird von 41,4 % der befragten Unternehmen immer zur Sicherung ihrer Forderungen aus Lieferung und Leistung vereinbart (im Vergleich: nur 0,9 % nutzen immer eine Sicherungsübereignung, nur 0,4 % ein Pfandrecht).

865 *Schulz*, S. 4.

866 Vgl. BGH NJW 1992, 1161 ff.; BGH NJW 1998, 2047 ff.; vgl. *Wiegand*, FS Horn, 177, 183.

867 Vgl. *Brinkmann*, S. 322 ff.; *Kieninger*, AcP 208 (2008), 182, 211; *Otte*, FS Jayme, 643, 643; *Wiegand*, FS Horn, 177, 183; *Hübner*, ZIP 1980, 825, 832, vgl. auch Einleitung, S. 2 f.

II. Schweizerisches Recht

Das Fahrnispfandrecht stellt im Aktivgeschäft der schweizerischen Banken ein wichtiges Kreditsicherungsmittel dar.[868] Hierbei handelt es sich regelmäßig um Kredite, die für einen kurzfristigen Zeitraum gewährt werden.[869] Im Vordergrund stehen insbesondere die Wertpapierverpfändungen im Bankenverkehr sowie die Verpfändung von Bucheffekten nach dem Bucheffektengesetz (BEG).[870] Die Verpfändung von Wertpapieren und Bucheffekten ist im Finanzverkehr zum gängigen Sicherungsmittel geworden.[871] Diese unterliegen den Regelungen der Art. 899 ff. ZGB, die die Verpfändung von Forderungen und anderen Rechten zum Gegenstand haben. Sie bleiben außerhalb der hier zu untersuchenden Realsicherheiten an beweglichen Gegenständen. Die Vereinbarung von Warenverpfändungen hat dagegen durch die Verwendung von Rembourskrediten[872] abgenommen. Die Verpfändung von Warenlagern wird oft zur Sicherung von Kontokorrentkrediten vereinbart.[873] Wegen der erforderlichen Besitzübertragung ist eine Verpfändung jedoch regelmäßig mit praktischen Schwierigkeiten verbunden.[874]

Blickt man auf die gesetzlich geregelten besitzlosen Pfandrechte, ist festzustellen, dass der Viehverpfändung kaum noch eine Bedeutung in der Praxis zukommt.[875]

---

868 BK-*Zobl/Thurnherr*, Syst. Teil, N 519 ff.

869 In der Schweiz stellt insbesondere die Wertpapierverpfändung ein wichtiges Kreditsicherungsmittel im Bankenverkehr dar, vgl. ZK-*Oftinger/Bär*, Syst. Teil, N 150.

870 Bundesgesetz über Bucheffekten vom 03.10.2008, SR 957.1, AS 2009 3577 (entspricht dem Depotgesetz nach der deutschen Rechtsordnung, letzte Änderung durch Art. 5 des Gesetzes zur Neuregelung der Rechtsverhältnisse bei Schuldverschreibungen aus Gesamtemissionen und zur verbesserten Durchsetzbarkeit von Ansprüchen von Anlegern aus Falschberatung vom 31.07.2009 (BGBl. I S. 2512, 2519)). Nach Art. 3 BEG sind Bucheffekten vertretbare Forderungs- und Mitgliedschaftsrechte gegenüber dem Emittenten, die (lit. a) einem Effektenkonto gutgeschrieben sind und (lit. b) über die der Kontoinhaber nach den Vorschriften des BEG verfügen kann.

871 BK-*Zobl/Thurnherr*, Syst. Teil, N 528.

872 Ein Rembourskredit dient der Finanzierung von Ein- und Ausfuhrgeschäften, vgl. Staudinger/*Freitag/Mülbert*, § 488, Rn. 608 ff.; vgl. *Peters*, Bankrechts-Handbuch § 65, Rn. 21.

873 BK-*Zobl/Thurnherr*, Syst. Teil, N 532.

874 BK-*Zobl/Thurnherr*, Syst. Teil, N 535.

875 Im Jahre 2008 gab es im Kanton Zürich keine Viehverschreibungen, vgl. BK-*Zobl/Thurnherr*, Syst. Teil, N 543 m.w.N.

Der Anteil der Verpfändung von Schiffen ist gesamtwirtschaftlich eher gering, während die Bedeutung von Luftfahrzeugverschreibungen zugenommen hat.[876]

Die Sicherungsübereignung ist durch die fehlende Möglichkeit der Vereinbarung durch Besitzkonstitut in der Schweiz nicht sehr verbreitet.[877] Teilweise wird die Sicherungsübereignung von Wertpapieren bei nicht gewerblichen Kreditgeschäften genutzt.[878] Um die Pflichten eines Pfandhalters zu umgehen, wird bspw. bei Warenlagern an Stelle eines Pfandrechts eine Sicherungsübereignung vereinbart. Eine fiduziarische Sicherungsübereignung eines Warenlagers an eine Bank kann hierbei durch Ausstellung oder Überschreibung eines Lagerempfangsscheins auf den Namen der Bank erfolgen. Hierdurch wird die Bank Verfügungsberechtigter.[879]

Darüber hinaus kommt der Sicherungsübereignung keine bedeutsame wirtschaftliche Rolle zu. Dies ist darauf zurückzuführen, dass gerade die in Deutschland verbreitete Sicherungsübereignung durch Besitzkonstitut nicht zugelassen ist.[880]

Der Eigentumsvorbehalt ermöglicht dagegen die Vereinbarung einer besitzlosen Sicherheit und ersetzt somit die fehlende Mobiliarhypothek. Hierbei hat sich aber das Erfordernis der Registrierung am Wohnsitz des Käufers als unpraktisch erwiesen.[881] Insgesamt ist für die Schweiz festzustellen, dass aufgrund des strengen Faustpfandprinzips ein praxistaugliches Sicherungsmittel, bei dem die Besitzübertragung entbehrlich ist, fehlt.

III. Türkisches Recht

Auch im türkischen Recht wird eine Besitzübertragung bei der Verpfändung seit langem als unzufrieden stellend empfunden.[882] Allein die Möglichkeit, einen Eigentumsvorbehalt vereinbaren zu können, wurde bereits im Jahre 1959 für die

---

876 BK-*Zobl/Thurnherr*, Syst. Teil, N 548 f.

877 *Wiegand*, ZBJV 1980, 538, 552, 560, 565; *Kieninger*, in: *Lwowski/Fischer/Langenbucher*, Recht der Kreditsicherung, § 18, Rn. 93.

878 BK-*Zobl/Thurnherr*, Syst. Teil, N 1496.

879 BGE 89 II 192, 202; BK-*Zobl/Thurnherr*, Syst. Teil, N 1497.

880 ZK-*Oftinger/Bär*, Syst. Teil, N 246.

881 BK-*Zobl/Thurnherr*, Syst. Teil, N 1699; *Graham-Siegenthaler*, AJP 2004, 1560, 1563.

882 So auch schon *Davran*, in einem Referat der „1. Woche des Handels- und Bankenrechts" vom 27.03. bis zum 03.04.1959, veranstaltet vom Institut der Forschungen über das Banken- und Handelsrecht, auf das *Karadeniz*, AÜHFD 1962, 405, 406 f. (Fn. 2), verweist.

wirtschaftliche Struktur der Türkei als unzureichend angesehen und ein praxistaugliches Registerpfandrecht gefordert.[883] Zwar nimmt das besitzabhängige Pfandrecht den weitesten Anwendungsbereich in der Praxis ein.[884] Trotzdem herrscht auch Einigkeit darüber, dass – wie der Kassationshof in seiner Entscheidung vom 13. November 1997[885] ausführte – das besitzabhängige Pfandrecht nicht den Bedürfnissen der modernen Wirtschaftspraxis entspricht. Vielmehr ist die Vereinbarung von besitzlosen Sicherungsmitteln erforderlich. Dem trägt die Vorschrift des Art. 940 Abs. 2 TZGB Rechnung. Die hiernach mögliche Verpfändung von Fahrzeugen ist die in der Praxis am häufigsten vorgenommene Verpfändungsart.[886] Insbesondere bei einer Verpfändung an eine Bank werden Fahrzeuge als Pfandgegenstand genutzt, zumal seit der Einführung des Art. 940 Abs. 2 TZGB auf einen Umweg der Besitzübertragung an einen Treuhänder verzichtet werden kann.[887] Dagegen kommt der in Art. 940 Abs. 1 TZGB vorgesehenen Viehverpfändung in der Praxis der Banken – wie in der Schweiz auch – kaum eine Bedeutung zu.[888]

Umso mehr ist das Unternehmenspfandrecht ein besonders wichtiges Kreditsicherungsmittel. Gerade die für Unternehmen erforderlichen Kredite können durch das Unternehmen selbst gesichert werden, ohne dass eine Besitzaufgabe des Anlagevermögens erforderlich ist, zumal die Bereitstellung von Personalsicherheiten mit Schwierigkeiten verbunden ist. Die Vereinbarung eines Unternehmenspfandes ermöglicht zudem auch den Erhalt von langfristigen Krediten zu niedrigen Zinsen,

---

883 *Davran*, 1. Woche des Handels- und Bankenrechts, S. 515, bei *Karadeniz*, AÜHFD 1962, 405, 425.

884 *Oğuzman/Seliçi/Oktay-Özdemir*, S. 807; *Ergüne*, S. 196.

885 YGHK, 13.11.1996, E. 1996/19-609, K. 1996/764: *„Es ist eine Tatsache, dass das besitzabhängige Pfandrecht nicht den Bedürfnissen des praktischen Wirtschaftsalltags entspricht. Daher ist es zwingend erforderlich, dass die Übertragung des Besitzes auch stellvertretungsweise erfolgen kann.“*; vgl. auch Yarg., 19. HD, 31.01.1996, E. 1995/10686, K. 1996/756.

886 *Tekinalp/Rumpf*, in: *Derleder/Knops/Bamberger*, Hb. dt. und europ. Bankrecht, § 78 TR, Rn. 65. Vgl. auch <https://www.gtai.de/GTAI/Navigation/DE/Trade/maerkte,did=344036.html> (zuletzt abgerufen am 25.03.2012): Werte der Kfz-Industire für das Jahr 2011: Gesamtproduktion ca. 1,2 Mio., Verkauf ca. 870.000 Einheiten.

887 *Oğuzman/Seliçi/Oktay-Özdemir*, S. 829.

888 Festzustellen ist eine zunehmende Verbreitung des Pfandrechts an Forderungen, Wertpapieren, Warenpapieren und Pfandindossaments (Art. 601 THGB bzw. Art. 689 THGB n.F:), *Tekinalp/Rumpf*, in: *Derleder/Knops/Bamberger*, Hb. dt. und europ. Bankrecht, § 78 TR, Rn. 65.

was gerade für Unternehmen in der „Bewährungsphase“ eine große Erleichterung darstellt.[889]

Die Vereinbarung eines Eigentumsvorbehalts ist aufgrund der notwendigen notariellen Beurkundung in der Bankpraxis unüblich.[890] Die hier notwendige Registrierung ist umständlich und wird daher selten im üblichen Warenverkehr, sondern eher bei besonders hochwertigen Gegenständen, wie z.B. Schiffen, genutzt. Problematisch in diesem Zusammenhang ist die Anerkennung des Eigentumsvorbehalts im Ausland.[891] Trotz dieser nicht unwesentlichen Hindernisse ist mit Zunahme des Ratenkaufs die wirtschaftliche Bedeutung des Eigentumsvorbehalts als Kreditsicherungsmittel gestiegen.[892]

Die Sicherungsübereignung wird teils als ein unverzichtbares Sicherungsmittel *sui generis* angesehen, das entwickelt wurde, um die bestehenden Kreditbedürfnisse besser bedienen zu können. Wegen der Regelung des Art. 766 Abs. 1 Satz 2 TZGB und der darin vorgesehenen Unwirksamkeit ist es aber nicht ausreichend zur Geltung gekommen.[893] Der praktische Nutzen wird durch die Regelung des Art. 766 Abs. 1 Satz 2 TZGB gehemmt und die Funktionalität eingeschränkt, da eine Sicherungsübereignung mittels Besitzkonstituts als unwirksam bewertet werden kann.[894]

Insgesamt lässt sich feststellen, dass zwar Ausnahmen zum Faustpfandprinzip bestehen, aber auch hier ergänzende und klärende Gesetzesregelungen fehlen.

IV. Vergleichende Zusammenfassung und Bewertung

Der wirtschaftliche Einsatz der Sicherungsinstitute in den verschiedenen Rechtsordnungen zeigt, dass den Sicherungsbedürfnissen nicht ideal begegnet wird und insoweit Optimierungsbedarf besteht. Das Mobiliarsicherungsrecht nach der deutschen Rechtsordnung lässt viele Variationen anhand verschiedener Sicherungsmittel zu. Dies zeigt sich wohl besonders an den zahlreichen – und als zulässig anerkannten – Sonderformen des Eigentumsvorbehalts. Aber auch die

889 *Türker*, S. 11 ff.

890 *Tekinalp/Rumpf*, in: *Derleder/Knops/Bamberger*, Hb. dt. und europ. Bankrecht, § 78 TR, Rn. 71; *Serozan/Hatemi/Arpacı*, S. 319.

891 Als Beispiel für eine Anerkennung nach deutschem Recht: OLG München, 20. Zivilsenat, Urteil v. 22.04.2009, 20 U 3801/08.

892 *Oğuzman/Seliçi/Oktay-Özdemir*, S. 596; *Ayanoğlu Moralı*, Teminat, S. 165.

893 *Serozan*, Taşınır Eşya Hukuku, S. 293 f.

894 *Serozan*, Taşınır Eşya Hukuku, S. 293; *Ayanoğlu Moralı*, Teminat, S. 299 f.

Sicherungsübereignung durch Besitzkonstitut ist dabei von hoher wirtschaftlicher Bedeutung. Denn gerade die Möglichkeit, den Besitz am Sicherungsgut behalten zu dürfen, bietet erhebliche wirtschaftliche Vorteile. Gemeinsam mit den Sonderformen des Eigentumsvorbehalts zeichnet sich dieses Sicherungsinstitut durch den in der Zwangsvollstreckung und in der Insolvenz gewährten Schutz – sowohl für den Kreditgeber als auch für den Kreditnehmer – aus.

Im Gegensatz zum deutschen Recht fehlen diese besitzlosen Sicherungsmittel im schweizerischen Recht, da das Faustpfandprinzip hier streng und nahezu ausnahmslos verfolgt wird. Folge ist, dass Kreditsicherheiten an beweglichen Sachen weniger praxistauglich eingesetzt werden können. Stattdessen wird im Finanzverkehr vor allem die Besicherung durch Wertpapiere genutzt. Das Faustpfand wird dagegen nur für Kleinkredite verwendet. Die Praxistauglichkeit des Eigentumsvorbehalts scheitert an dem Eintragungserfordernis in ein Register, das lediglich lokal geführt wird, so dass die Nutzung im Verhältnis zur sichernden Forderung als aufwendig und kostspielig empfunden wird.

In der türkischen Rechtsordnung ist das Faustpfandprinzip ebenfalls von grundlegender Bedeutung. Jedoch ist auffällig, dass mit dem Unternehmenspfandrecht und dem Fahrzeug-Pfand nach Art. 940 Abs. 2 TZGB zwei praxistaugliche Sicherungsmittel geschaffen wurden, denen ein weiter Anwendungsbereich zukommt. Die Sicherungsübereignung durch Besitzkonstitut hat sich bisher augenscheinlich nicht durchsetzen können, da wohl noch Zweifel hinsichtlich der Auslegung des Art. 766 Abs. 1 Satz 2 TZGB bestehen. Die Bedeutung des Eigentumsvorbehalts hat mit der Verbreitung des Ratenkaufs zwar zugenommen, wird aber durch das Erfordernis der Registrierung bei einem lokalen Notar – ähnlich wie in der Schweiz – als unzufrieden stellend empfunden.

Der Vergleich verdeutlicht, dass die deutsche Rechtsordnung eine Vielzahl an besitzlosen Sicherungsmitteln zulässt. Eine differenzierte Rechtsprechung schützt hier vor einem etwaigen Missbrauch. Dies ist jedoch gesetzlich nicht geregelt und führt spätestens bei grenzüberschreitenden Sachverhalten zu Anerkennungsproblemen, da diese nach der *lex rei sitae* (vgl. für die hier untersuchten Rechtsordnungen Art. 43 EBGBG, Art. 100 IPRG, Art. 21 TIPRG) regelmäßig nicht die jeweiligen Publizitätsanforderungen der ausländischen Rechtsordnung erfüllen.[895]

895 Vgl. *Brinkmann* mit einer Darstellung der kollisionsrechtlichen Probleme bei der Anerkennung deutscher Sicherungsrechte im Ausland, S. 323 ff.; *Graham-Siegenthaler*, Kreditsicherungsrechte, S. 62 ff., 259 ff., 354 ff., 487 ff., 586 ff.; *Hübner*, ZIP 1980, 825, 829, 832. vgl. auch Einleitung, S. 2f.

Dagegen fehlt es in der Schweiz an praxistauglichen Mobiliarhypotheken für den Wirtschaftsalltag. Im Vergleich zur Schweiz lässt die türkische Rechtsordnung wiederum neue Sicherungsmittel durch Spezialregelungen zu, die sich an den Bedürfnissen der Praxis orientieren.

Insgesamt bleibt aber festzuhalten, dass das in allen Rechtsordnungen vorgegebene Faustpfandprinzip nicht ausnahmslos durchgehalten werden kann, um eine umfassende Sicherung sämtlicher Wirtschaftsgüter zu gewährleisten. Hierbei stellt sich die Frage, ob das Faustpfandprinzip seinerseits zwingende gesetzgeberische Vorgabe bleiben wird oder aber entsprechende Ausnahmen, insbesondere von der Rechtsprechung, entwickelt werden. Soweit es nicht zu einer umfassenden Reform durch den Gesetzgeber kommt, wird die Praxis weiterhin auf Ausnahmen angewiesen sein. Dieses Bedürfnis steht aber in Widerspruch zur Gesetzeslage. Wie der Vergleich der Mobiliarsicherheiten in den drei Rechtsordnungen verdeutlicht, kann dem Publizitätsgedanken auch unter Berücksichtigung der immer schnelleren Verfügbarkeit von Daten am einfachsten durch ein Registersystem, dessen konkrete Ausgestaltung im Einzelnen die derzeit bestehenden Mängel noch aufheben müsste, Rechnung getragen werden.[896] Bei den folgenden Sicherungsinstituten findet das Registersystem bereits Anwendung:

- Fahrzeug-Pfandrecht nach Art. 940 TZGB,
- Kaufmännisches Unternehmenspfandrecht nach UntPfG,
- Eigentumsvorbehalt im schweizerischen und türkischen Recht,
- Registerpfandrecht an Gegenständen, bei denen aufgrund der Beschaffenheit bereits eine Übertragung des unmittelbaren Besitzes nur erschwert möglich ist (z.B. Schiffspfandrecht, Registerpfandrecht an Luftfahrzeugen) in allen drei Rechtsordnungen.

Durch diese Sicherungsinstitute wird abweichend vom Faustpfandprinzip ein besitzloses Sicherungsmittel zur Verfügung gestellt, wobei die erforderliche Publizität durch Eintragung in ein Register hergestellt wird. Auch wenn die durch die Registrierung geschaffene Möglichkeit eines besitzlosen Sicherungsmittels nicht in allen Fällen zufriedenstellend gelöst ist, wird eine Zirkulationsfähigkeit und damit eine wirtschaftliche Einsatzfähigkeit der Sicherungsgegenstände weitgehend erreicht.

Aus diesen Gründen wird auch auf internationaler Ebene – u.a. mit Blick auf ein neues, universelles Sicherungsrecht – die Einführung einer zentralen und

896 Vgl. 1. Teil, C., III. 2., 3., 4; 3. Teil, B. I. 1., II., 1. d); 1. Teil, A. III., B. III., C. III. 4.; vgl. *Brinkmann*, S. 486.

einheitlichen Registerlösung gefordert. Dies soll im folgenden Abschnitt dargestellt werden. Inwieweit eine übergreifende Anwendung der Registerlösung auch in den Rechtsordnungen Deutschlands, der Schweiz und der Türkei befürwortet wird, wird in Abschnitt C. dargestellt.

B. Zur Bedeutung des Registersystems in aktuellen Modellregelungen und dem Kapstadt-Übereinkommen

Auch auf europäischer und internationaler Ebene werden Reformen verfolgt, die ein Kreditsicherungsrecht zum Ziel haben, das den Bedürfnissen eines modernen Wirtschaftssystems, mithin eines effektiven Kreditsicherungssystems, genügen soll. Die dort bereits erarbeiteten Lösungen können für die nationalen Rechtsordnungen auf dem Weg zur Entwicklung eines modernen Kreditsicherungsrechts Vorbildcharakter haben. Unschwer lässt sich erkennen, dass bei allen dort vorgeschlagenen Lösungsansätzen ein Registersystem im Vordergrund steht. Ein solches System ermöglicht ein besitzloses, aber publizitätskonformes Sicherungsmittel, das weitflächig verwendet werden kann. Um die Funktionalität des Registersystems zu verdeutlichen, werden vorab dessen Grundstrukturen im Einzelnen anhand von Article 9 Uniform Commercial Code (UCC)[897] erläutert, der

897 Article 9 UCC regelt das Recht der Kreditsicherheiten. Nach einer grundlegenden Überarbeitung ist der sog. revised Article 9 UCC vom American Law Institute (ALI) und von der National Conference of Commissioners on Uniform State Laws (NCCUSL) im Jahre 1999 zur Annahme empfohlen worden. Bereits zum 01.07.2001 ist der revised Article 9 UCC in einer Vielzahl der US-Bundesstaaten in Kraft getreten. Inzwischen haben sämtliche US-Bundesstaaten zumindest das Grundmodell des Article 9 UCC übernommen, vgl. *White/Summers*, Principles, § 1-1, S. 1 ff.; *White/Summers*, Article 9 UCC, § 21-1, S. 32 ff., *Sigman*; in: *Kieninger*, Security Rights in Movable Property, S. 54, 60 ff.; *Rakob*, S. 18 ff. Die im Folgenden genannten Regelungen beziehen sich auf den revised Article 9 UCC. Zuletzt wurde im Jahre 2010 eine Überarbeitung des Article 9 UCC vorgenommen, die u.a. Einzelfragen zur Bezeichnung von natürlichen Personen als Schuldner betrifft. Es ist vorgesehen, dass alle US-Bundesstaaten die Ändeungen bis zum 01.07.2013 übernehmen, vgl. <http://www.nccusl.org/ActSummary.aspx?title=UCC Article 9 Amendments (2010)> (zuletzt abgerufen am 25.03.2012); *Draft Amendments to Uniform Commercial Code Article 9, 2010 Official Text with Comments* unter <http://meetings.abanet.org/webupload/commupload/CL710000/relatedresources/UCC9amended_Final_Jul10-corrected.pdf>, <http://www.law.upenn.edu/

u.a. als Vorbild für die verschiedenen Lösungskonzepte diente.[898] Bei dem UCC handelt es sich um ein Modellgesetz, das die in den US-Bundesstaaten bestehenden Handelsregeln harmonisieren und den zwischenstaatlichen Handel vereinfachen soll. Das Regelwerk des UCC ist von nahezu allen US-Staaten weitgehend übernommen worden.[899]

Im Anschluss sollen exemplarisch und überblicksartig aktuelle Modellregelungen mit Registersystemen sowie das Kapstadt-Übereinkommen vorgestellt werden. Ziel ist es hierbei, zu verdeutlichen, dass die angewandten Prinzipien des Registersystems sowohl auf europäischer, internationaler, aber eben auch auf nationaler Ebene die Entwicklung eines praxistauglichen Mobiliarsicherungsrechts unter Berücksichtigung der Anforderungen an das Publizitätserfordernis vereinfacht ermöglichen.

I. Prinzipien des Registersystems am Modell des Article 9 UCC

Im folgenden Abschnitt erfolgt zum besseren Verständnis die Erläuterung der wesensbestimmenden Prinzipien des Registersystems am Beispiel des Article 9 UCC, das – wie bereits angemerkt – als Vorbild für verschiedene Registersysteme benannt wird.

1. Einheitliches Sicherungsrecht

Als Ausgangspunkt ist der funktionale Ansatz des Article 9 UCC aufzugreifen, wonach alle Vereinbarungen eines Sicherungsgeschäfts einheitlich zu behandeln sind. (vgl. § 9-109 (a) (1) UCC). Für die Besicherung von Mobilien ist dies insoweit relevant, als ein einheitliches Sicherungsrecht (*security interest*[900]) vorgesehen ist. Unabhängig davon, welche Transaktion in welcher Form gesichert werden soll, gilt die

---

bll/archives/ulc/ucc9/2010aug25_amendspdf> (zuletzt abgerufen am 25.03.2012); vgl. auch *Brinkmann*, S. 353 (Fn. 9).

898 *Sigman*, in: *Kieninger*, Security Rights in Movable Property, S. 54, 54; *Veneziano*, Mobiliarsicherungsrecht, S. 125, 129; vgl. *Coogan*, § 3B.01, S. 3B2 f., § 3BB.08, S. 3B-29 ff.; *Baur/Stürner*, § 64, Rn. 139; vgl. auch *Akseli*, S. 62 ff.

899 *White/Summers*, UCC, § 1, S. 1; vgl. *Graham-Siegenthaler*, Kreditsicherungsrechte, S. 515; *Rakob*, S. 81 ff.; *Rott*, S. 69 ff.

900 Definiert in § 1-201 (35) UCC als *"interest in personal property or fixtures which secures payment or performance of an obligation"*; vgl. *White/Summers*, Principles,

Regelung des Article 9 UCC.[901] Dies bedeutet im Hinblick auf das Mobiliarsicherungsrecht, dass grundsätzlich jeder beweglicher Gegenstand als Sicherungsmittel genutzt werden kann und für jeden Sicherungsgegenstand die gleichen Regelungen bestehen. Somit sind bestimmte Publizitätsformen – wie die der Registrierung – nicht einzelnen (immobilienähnlichen) Gegenständen vorbehalten. Für die Parteien wird hierdurch eine größere Flexibilität bei der Wahl der Sicherungsgegenstände geschaffen. Durch die Registrierung wird dem Sicherungsnehmer wiederum ermöglicht, den Besitz am Sicherungsgegenstand fortzuführen und wirtschaftlich zu nutzen.

2. Relative Wirkung des Sicherungsrechts

Die Begründung des Sicherungsrechts erfolgt nach Article 9 UCC in zwei Stufen, die als sog. *attachement* und sog. *perfection* bezeichnet werden. Durch diese zwei Bestellakte werden zwei Wirksamkeitsbeziehungen geschaffen, die voneinander zu unterscheiden sind.

Bereits auf der ersten Stufe des *attachements* entsteht das Sicherungsrecht durch die Vereinbarung der Parteien. Hierdurch wird zwischen den Parteien die Begründung des Sicherungsrechts und damit ein Vorzugsrecht gegenüber anderen Gläubigern wirksam vereinbart. Der Zeitpunkt des *attachements* ist maßgeblich für die Durchsetzbarkeit des Sicherungsrechts (vgl. § 9-203 UCC).[902]

Die zweite Stufe in Form der *perfection* wird durch einen Publizitätsakt[903] erreicht, wodurch die volle Wirksamkeit des Sicherungsrechts gegenüber Dritten hergestellt wird (vgl. §§ 9–310 ff. UCC).[904] Zu unterscheiden ist damit zwischen

---

§ 1-1, S. 2 (*"The grand innovation of Article 9 in 1962 was the introduction of a „unitary" security device."*).

901 § 9-109 (a) (1) UCC *"Except as otherwise provided in subsections (c) and (d), this article applies to a transaction, regardless of its form, that creates a security interest in personal property or fixtures by contract"*. Dieses Prinzip basiert auf dem funktionalen Ansatz, vgl. *Sigman*, in: *Kieninger*, Security Rights in Movable Property, S. 54, 57; *Coogan*, § 2.02 [1] [a], S. 2-4 f.; *McCormack*, S. 71; *McCormack*, in: *Foëx/Thévenoz/Bazinas*, Réforme, S. 43, 53.

902 *White/Summers*, Principles, § 1-1, S. 3 f.; § 2-1, S. 44; *Coogan*, § 2.04 [2], S. 2-24; *Sigman*, in: *Kieninger*, Security Rights in Movable Property, S. 54, 65; *Graham-Siegenthaler*, Kreditsicherungsrechte, S. 521; *McCormack*, S. 73.

903 Die Perfektionierung kann durch Besitz, Registrierung oder durch *"perfection upon attachment"* (siehe in diesem Teil unter B. I. 3.) erfolgen, vgl. § 9-310-9-316 UCC.

904 *White/Summers*, Principles, § 1-1, S. 4; § 2-4, S. 54 f.; *Coogan*, § 2.04 [3], S. 2-27 f.; *Borkhardt*, S. 37; *Graham-Siegenthaler*, Kreditsicherungsrechte, S. 521 f. (vgl. § 9-310 (a) UCC *"filing of a financing statement"*); *McCormack*, S. 76.

der Wirksamkeit des Sicherungsrechts *inter partes*, die bereits durch das *attachement* erzielt wird, sowie der Wirksamkeit gegenüber Dritten, die durch die *perfection* ermöglicht wird. Letztere wird erst durch den Publizitätsakt erreicht. Insofern ist der Begriff der *perfection* missverständlich, da das Sicherungsrecht nicht erst auf der zweiten Stufe wirksam wird, sondern der Publizitätsakt die Drittwirksamkeit und damit auch eine Insolvenzfestigkeit herstellt.[905] Somit liegt eine Relativierung der Wirksamkeit zum einen zwischen den Parteien und zum anderen gegenüber Dritten vor.

Eine solche relative Rechtswirkung ist auch Gegenstand der Regelungen in Art. 717 Abs. 1 ZGB und 690 TZGB a.F. Betrachtet man den Wortlaut des Art. 717 Abs. 1 ZGB („... *so ist der Eigentumsübergang Dritten gegenüber unwirksam, ...* ") und den des Art. 690 TZGB a.F. („*mülkiyetin intikali üçüncü şahıs hakkında muteber olmaz*" – entspricht dem Wortlaut des Art. 717 Abs. 1 ZGB) findet sich auch hier die Relativierung der Wirkung gegenüber Dritten. Sowohl bei diesen beiden Regelungen aus dem schweizerischen und türkischen Recht, als auch bei Article 9 UCC wird dem Wortlaut nach zwischen einer Wirksamkeit des vereinbarten Sicherungsrechts zwischen den Parteien und einer Wirksamkeit gegenüber Dritten unterschieden.[906] Somit wird zwar deutlich, dass der „relative Ansatz" in Article 9 UCC nicht einzigartig ist, jedoch ist diese Möglichkeit in der schweizerischen und türkischen Rechtsordnungen nicht weiter verfolgt worden. Dies ist auch darin begründet, dass es an einer zur Besitzübertragung alternativen Publizitätsform fehlt, weil Ausnahmen zum Faustpfandprinzip im schweizerischen und türkischen Recht nicht gewünscht waren.

3. Negative Publizitätswirkung durch *notice-filing* und Ausnahmen vom Registererfordernis

Die *perfection* kann entweder – im Sinne des Faustpfandprinzips – durch die Übertragung des Besitzes am Sicherungsgegenstand erreicht werden oder aber durch eine Eintragung des Sicherungsrechts in einem öffentlichen Register – wie es teilweise auch in Ausnahmeregelungen zum Faustpfandprinzip vorgesehen ist.

---

905 Vgl. *White/Summers*, Principles, § 1-1, S. 4; *Sigman*, in: *Kieninger*, Security Rights in Movable Property, S. 54, 69; *Sigman*, in: *Eidenmüller/Kieninger*, The Future of Secured Credit, S. 143, 144 ff.; vgl. auch *Akseli*, S. 128.

906 Vgl. BK-*Zobl/Thurnherr*, Syst. Teil, Rn. 1408; *Serozan*, der den Wortlaut des Art. 690 TZGB a.F. in Art. 766 TZGB hineinliest, Taşınır Eşya Hukuku, S. 52 f., 121; vgl. auch *Kaser/Knütel*, § 22, Rn. 4, MK-*Wendehorst*, Art. 43 EGBGB, Rn. 44 ff.

In der Regel wird die *perfection* durch die Registerpublizität erreicht.[907] Das *notice-filing*-System, das der Registrierung zugrunde liegt, sieht vor, dass bei Abschluss eines Sicherungsgeschäfts der Finanzierungsbericht (*financing statement*), in dem die Basis-Informationen (wie zum Sicherungsgeber, Sicherungsnehmer, Sicherungsgegenstand) enthalten sind, bei der zuständigen Stelle eingereicht wird (vgl. § 9-310 (a) UCC). Hier werden die Daten nicht auf ihre materiell-rechtliche Richtigkeit, sondern auf die formelle Vollständigkeit überprüft.[908] Die Angaben aus dem Finanzierungsbericht werden in einem öffentlichen Register, das nach Sicherungsgebern geordnet ist, dokumentiert. Hierdurch wird die Publizität des Sicherungsrechts geschaffen, so dass auf eine Besitzübertragung des Sicherungsgegenstandes verzichtet werden kann. Auf diesem Wege kann die Registrierung mit möglichst geringem Aufwand durchgeführt werden. Diese pragmatischen Erwägungen sind damit auch Ursache für eine bloß negative Publizitätswirkung des Registereintrags. Das Register dient als Hinweis, dass von den beteiligten Parteien ein Sicherungsrecht vereinbart worden sein könnte.[909] Ob im materiell-rechtlichen Sinne ein solches Recht besteht, wird von der registrierenden Stelle nicht überprüft, sondern muss von den interessierten Dritten selbst ermittelt werden.[910]

Als Publizitätsakt sind neben einer Besitzübertragung oder Registrierung Ausnahmefälle vorgesehen, in denen eine automatische „Perfektionierung“ eintritt (*perfection upon attachment*). Einen besonders wichtigen Fall der automatisch eintretenden „Perfektionierung“ stellt das Kaufpreissicherungsrecht an Konsumgütern[911] nach § 9-309 (1) UCC dar. Da es sich bei diesen um Warengruppen handelt, denen ein vergleichsweise geringer Wert zukommt und die sich schnell abnutzen, wird hier der Aufwand gering gehalten und auf eine Registrierung verzichtet. Diese Fallgruppe entspricht zum einem dem Eigentumsvorbehalt (Warenkredit), aber auch der Finanzierung durch einen Dritten (Geldkredit).[912]

---

907 *White/Summers*, Principles, § 2-10, S. 79; *Sigman*, in: *Kieninger*, Security Rights in Movable Property, S. 54, 70; *McCormack*, S. 78.

908 Vgl. *White/Summers*, UCC, § 22-4, S. 757, *McCormack*, S. 131 f.; *Borkhardt*, S. 77 ff., 128 ff.

909 Vgl. UCC Official Comment, § 9-502 Nr. 2; *LoPucki*, 79 Minn. L. Rev., 577, 582; *Borkhardt*, S. 215.; *Graham-Siegenthaler*, Kreditsicherungsrechte, S. 535.

910 *Sigman*, 73 Am. Bank. L. J., 61, 74; *Graham-Siegenthaler*, Kreditsicherungsrechte, S. 522.

911 Nach § 9-102 (23) UCC bewegliche Sachen, die für persönliche, familiäre oder Haushaltszwecke gekauft werden.

912 UCC Official Comment, § 9-302, Nr. 2 f.; vgl. *White/Summers*, Principles, § 2-6, S. 57 ff.; *White/Summers*, UCC, § 22-5, S. 758; *Coogan*, § 2.04 [3] [b], S. 2-29; *Borkhardt*, S. 97 ff.

Ferner gibt es einen weiteren Ausnahmefall, der im Hinblick auf das Registerpfandrecht an Kraftfahrzeugen nach der türkischen Rechtsordnung interessant ist. § 9-311 (a) (2) UCC sieht vor, dass bspw. Sicherungsrechte an Kraftfahrzeugen durch eine Eintragung in das *certificate of title*[913] perfektioniert werden. Diese beiden Ausnahmegruppen sind für die Praktikabilität des Registersystems von Bedeutung, da bei sachlichen Erwägungen auch auf die Registrierung verzichtet werden kann.

4. Rechtsfolgen eines besitzlosen Register-Sicherungsrechts

Das vollwirksame Sicherungsrecht nach Article 9 UCC gewährt ein Vorrangsrecht gegenüber weiteren Gläubigern. Bestehen mehrere Sicherungsrechte, richtet sich die Rangfolge (*priority*) nach dem Zeitpunkt der Registrierung bzw. der „Perfektionierung" (§ 9-322 (a) (1) UCC), wobei Sonderregeln für Kaufpreissicherungsrechte (*purchase-money security interests*) gelten. Die Kreditgeber eines solchen Rechtsgeschäfts haben nach § 9-324 (a) UCC Vorrang vor anderen Sicherungsgläubigern. Bleibt die „Perfektionierung" aus, ist es Dritten gegenüber wirkungslos.[914]

Das Sicherungsrecht erlischt, wenn der Sicherungszweck erreicht ist. Dann kann der Sicherungsgeber die Beendigungserklärung (*termination statement*) nach § 9-513 (b) UCC verlangen, aus der hervorgeht, dass die zu sichernde Forderung erfüllt wurde oder aus sonstigen Gründen nicht (mehr) besteht. Eine solche berechtigt zur Löschung der Registrierung und somit zur Aufhebung der „Perfektionierung". Die Eintragung erlischt gemäß § 9-515 UCC grundsätzlich nach fünf Jahren, es sei denn, dass rechtzeitig eine Verlängerungserklärung (*continuation statement*) eingereicht wird.

Zusammenfassend ist hervorzuheben, dass durch das *notice-filing*-System nach dem Modell des Article 9 UCC ein einheitliches Sicherungsrecht für unterschiedliche Rechtsgeschäfte unter Verwendung verschiedener Sicherungsgegenstände vereinbart werden kann. Dieses System ermöglicht den Verzicht auf eine Besitzübertragung, da durch die Registrierung des Sicherungsrechts die

---

913 Entspricht dem Fahrzeugbrief in Deutschland; vgl. UCC Official Comment, § 9-311, Nr. 3; vgl. auch *White/Summers*, Principles, § 2-10, S. 79; *Coogan*, § 18.03 [2] [a], S. 18.15 ff.

914 Vgl. *White/Summers*, Principles, § 4-3, S. 157, § 4-4, S. 160 f.; *Coogan*, § 2.04 [3] [c], S. 2-33; § 7B.11 [3], S. 7B-67; *Graham-Siegenthaler*, Kreditsicherungsrechte, S. 540; *Akseli*, S. 35; *McCormack*, S. 84 ff.

Publizität sichergestellt wird. Dem Registereintrag kommt zwar lediglich negative Publizitätswirkung zu, so dass bei einem nicht vorhandenen Eintrag von einem Nichtbestehen eines vorrangigen Sicherungsrechts ausgegangen werden kann. Die negative Publizitätswirkung ermöglicht aber auch, dass die Registrierung selbst mit geringem Aufwand verwirklicht werden kann, da beim Registrierungsverfahren auf die materielle Prüfung verzichtet wird. Gleichzeitig kann durch den Zeitpunkt der Registrierung eine Prioritätszuordnung vorgenommen werden, wenn mehrere Sicherungsrechte an einem Gegenstand bestehen. Der funktionale Ansatz des Article 9 UCC, der eine Besicherung von beweglichen Gegenständen für unterschiedliche Forderungen ermöglicht, könnte somit universal für verschiedene Mobiliarsicherungssysteme übernommen werden.

II. Notizen zu Modellregelungen

Im Rahmen von Vereinheitlichungsbemühungen des materiellen Rechts und damit auch des Kreditsicherungsrechts wurden und werden sowohl für den europäischen als auch für den internationalen Rechtsraum Modellregelungen erarbeitet, die eine Registerpublizität besitzloser Mobiliarsicherheiten nach Vorbild des Article 9 UCC vorsehen. Diese sollen im Folgenden überblicksartig vorgestellt werden. Auffällig ist, dass die wesentlichen Prinzipien des Article 9 UCC – ein einheitliches Sicherungsrecht, die Registerpublizität sowie das Verfahren zur Registrierung – einschließlich einer Berücksichtigung der Sonderrolle des Eigentumsvorbehalts weitgehend übernommen worden sind. Dies verdeutlicht, dass das Registersystem sich bereits auf verschiedenen Rechtsebenen bewährt hat und somit auch für Reformen nationaler Rechtsordnungen zugrunde gelegt werden kann.

1. EBRD-Modellgesetz für Sicherungsgeschäfte

Die Europäische Bank für Wiederaufbau und Entwicklung (*European Bank for Reconstruction and Development*, EBRD bzw. EBWE)[915] mit Sitz in London wurde im Jahre 1991 gegründet, um die mittel- und osteuropäischen Staaten nach Zusammenbruch der Sowjetunion im Übergangsprozess von der staatlichen

915 Übereinkommen zur Gründung der Europäischen Bank für Wiederaufbau und Entwicklung vom 29.05.1990, in Paris unterzeichnet von 40 Staaten, der Europäischen Kommission und der Europäischen Investitionsbank, <http://www.ebrd.com/pages/about/history.shtml> (zuletzt abgerufen am 25.03.2012); auch *Dahan/Simpson*, in: *Kieninger*, Security Rights in Movable Property, S. 98 ff.

Planwirtschaft hin zur Marktwirtschaft zu unterstützen. Bereits drei Jahre später stellte eine Arbeitsgruppe aus Mitgliedern mit Kenntnissen sowohl der kontinentaleuropäischen als auch der angloamerikanischen Rechtssysteme das EBRD-Modellgesetz für Sicherungsgeschäfte vor. Im Modellgesetz sind die Einflüsse beider Rechtstraditionen, insbesondere der des Article 9 UCC, erkennbar.[916] Zentrales Element ist auch hier ein Registersystem, das die Publizität von besitzlosen Mobiliarsicherheiten bewirkt.[917] Es soll dabei behilflich sein, grundlegende Strukturen für ein modernes Mobiliarkreditsicherungsrecht aufzubauen, das den Besonderheiten der nationalen Rechtsordnungen angepasst werden kann.[918]

Art. 1 des Modellgesetzes sieht ein einheitliches Sicherungsrecht vor, das als Besitzpfand oder als besitzloses Registerpfand[919] ausgestaltet sein kann. Hierdurch soll dem Sicherungsgeber die weitere Nutzung des Gegenstandes überlassen werden, gleichzeitig soll eine Registrierung des Sicherungsrechts den Sicherungsnehmer vor einem gutgläubigen, lastenfreien Erwerb Dritter schützen.[920]

Beim Eigentumsvorbehalt sind Ausnahmen von der Registerpflicht vorgesehen: ein Eigentumsvorbehalt ist grundsätzlich nicht registerpflichtig, muss aber nach Art. 9.4 des Modellgesetzes innerhalb einer Frist von sechs Monaten nach Entstehen in ein Registerpfandrecht umgewandelt werden. Wird die Eintragung

---

916 <http://www.ebrd.com/downloads/research/guides/secured.pdf> (zuletzt abgerufen am 25.03.2012); <http://www.ebrd.com/downloads/legal/secured/corede.pdf> (zuletzt abgerufen am 25.03.2012); vgl. auch *Baur/Stürner*, § 64, Rn. 139; *Röver*, Vergleichende Prinzipien, S. 69 ff.; *Dageförde*, ZEuP 1998, 686, 688.

917 Vgl. EBRD, Publicity of Security Rights, Guiding Principles for the Development of a Charges Registry, unter <http://www.ebrd.com/pages/sector/legal/secured/core/guidingprinciples.shtml> (zuletzt abgerufen am 25.03.2012), Nr. 3.; vgl. *Röver*, Secured Lending, Rn. 7.41 ff.; *Lenhard*, S. 312.

918 *Röver*, Vergleichende Prinzipien, S. 69, 72, 74; *Lenhard*, S. 305 ff.; *Akseli*, S. 10 ff.; vgl. *Zweigert/Kötz*, S. 24.

919 Das Registerpfandrecht ist in Art. 8 des Modellgesetzes geregelt; vgl. auch *Röver*, Vergleichende Prinzipien, S. 183.

920 *Dageförde*, ZEuP 1998, 686, 696; vgl. *Rott*, S. 99 ff. Abweichend von Article 9 UCC ist für die wirksame Begründung des Sicherungsrechts nach dem EBRD-Modelgesetz sowohl die Vereinbarung des Sicherungsrechts (in Form einer Sicherheitsurkunde) als auch die Beantragung der Registrierung nach Art. 8.3, 6.2 EBRD-Modellgesetz erforderlich. Dies hat zur Folge, dass nicht zwischen relativer und absoluter Unwirksamkeit differenziert wird. Diese Begründungsart spiegelt jedoch nicht einen Vorzug gegenüber der zweistufigen Begründung nach Article 9 UCC wider, vgl. *Röver*, Secured Lending, Rn. 14.87, auch Rn. 1.05; *Lenhard*, S. 310 (Fn. 37); *Rott*, S. 102.

nicht vorgenommen, erlischt der Eigentumsvorbehalt mit Ablauf der Frist. Hierdurch soll die Zirkulation von besitzlosen Sicherungsrechten, die die Anforderungen an die Publizität nicht erfüllen, vermieden werden.[921]

Das Modellgesetz wurde im Jahre 1996 zunächst in Ungarn – dann auch in weiteren Staaten Mittel- und Osteuropas – mit der Einführung eines besitzlosen Registerpfandrechts umgesetzt.[922]

2. UNCITRAL-Gesetzgebungsleitfaden für das internationale Kreditsicherungsrecht

Die 1966 ins Leben gerufene Kommission der Vereinten Nationen für internationales Handelsrecht (*United Nations Commission on International Trade Law,* UNCITRAL) hat die Förderung der Harmonisierung und Vereinheitlichung des internationalen Handelsrechts sowie die Beseitigung der Hindernisse für den internationalen Handel zur Aufgabe. Bei den insgesamt sechs Arbeitsgruppen der UNCITRAL ist eine ausschließlich für das Recht der Sicherungsmittel zuständig. Grundlage der Arbeiten sind die Erkenntnisse vorangegangener Studien, die den unmittelbaren Einfluss des Kreditsicherungsrechts auf den wirtschaftlichen Wohlstand eines Staates verdeutlichten.[923] Der im Jahre 2007 von UNCITRAL herausgegebene Gesetzgebungsleitfaden für das internationale Kreditsicherungsrecht (*Recommendations of the UNCITRAL Draft Legislative Guide on Secured Transactions*) soll durch Empfehlungen dabei helfen, das Kreditsicherungsrecht der einzelnen Rechtsordnungen zu modernisieren.[924] Auch dieses Regelwerk orientiert sich an der Konzeption des Article 9 UCC und sieht die Registrierung von Mobiliarsicherheiten vor.[925]

---

921 *Dageförde,* ZEuP 1998, 686, 697; *Graham-Siegenthaler*, Kreditsicherheiten, S 636; *Röver*, Secured Lending, Rn. 7.43.

922 Vgl. *Dageförde,* ZEuP 1998, 686, 698 f.; *Röver,* Vergleichende Prinzipien, S. 74 f.; *Röver*, Secured Lending, Rn. 7.13 f.

923 Vgl. *Kieninger*, WM 2005, 2353, 2354; *Bazinas*, in: *Foëx/Thévenoz/Bazinas*, Réforme, S. 19, 19 f.; *McCormack*, in: *Foëx/Thévenoz/Bazinas*, Réforme, S. 43, 43, 45.

924 <http://www.uncitral.org/pdf/english/texts/security-lg/e/09-82670_Ebook-Guide_09-04-10English.pdf> (zuletzt abgerufen am 25.03.2012). Es handelt sich bei dem Gesetzgebungsleitfaden um kein abschließendes Modellgesetz, sondern um Empfehlungen an die nationalen Gesetzgeber, vgl. Brinkmann, S. 425; Baur/Stürner, § 64, Rn. 139 f.

925 Vgl. *Baur/Stürner*, § 64, Rn. 139. Auch hier ist die Registrierung maßgeblich für die Prioritätenzuordnung (vgl. Empfehlung Nr. 13, 76 (a)). *Kieniger*, WM 2005,

3. Gemeinsamer Referenzrahmen

Die Europäische Kommission beauftragte im Jahre 2005 ein sog. Exzellenznetzwerk mit der Erstellung eines Gemeinsamen Referenzrahmens, das gemeinsame Prinzipien und Definitionen des europäischen Vertragsrechts zusammenführen soll.[926] Eine hierzu im Vorfeld erstellte Studie ergab, dass auch die unterschiedlichen nationalen Regelungen zur Wirksamkeit von Mobiliarsicherheiten zu Risiken auf dem Binnenmarkt führen, so dass auf diesem Bereich ebenfalls ein dringender Harmonisierungsbedarf besteht.[927] Daraufhin bezog die Kommission auch die Mobiliarsicherheiten in ihre Arbeiten mit ein.[928] Regelungen hierzu sind in Buch IX des *Common Frame Reference* (CFR), im *Book IX: Proprietary security in movable assets*, bedacht. Eine wesentliche Erneuerung des Mobiliarsicherungsrechts enthält der im Jahre 2009 veröffentlichte *Draft Common Frame of Reference* (DCFR)[929] durch die Einführung eines Europäischen Registers für Mobiliarsicherheiten *(European Register of Security Rights).* Mit der Eintragung in ein öffentliches, elektronisch zu führendes Register soll die Drittwirksamkeit und damit Insolvenzfestigkeit von besitzlosen Sicherungsrechten ermöglicht werden.[930] Hierbei ist nicht das Entstehen des Sicherungsrechts vom Registereintrag abhängig, sondern – wie nach Article 9 UCC – die Wirksamkeit gegenüber Dritten (vgl. Art. XI.-3:101 f. DCFR).[931]

2353, 2355; *Wiegand*, FS Horn, 177, 187; *Bazinas*, in: *Foëx/Thévenoz/Bazinas*, Réforme,S. 19, 25 ff.; *McCormack*, in: *Foëx/Thévenoz/Bazinas*, Réforme, S. 43, 53. Der Gesetzgebungsleitfaden wurde im Jahre 2010 für Sicherheiten an Geistigem Eigentum erweitert, abrufbar unter: <www.uncitral.org/pdf/english/texts/security-lg/e/10-57126_Ebook_Suppl_SR_IP.pdf> (zuletzt abgerufen am 25.03.2012).

926 Vgl. *Bar*, Funktionen des Gemeinsamen Referenzrahmens, S. 23, 24 ff.; *Kieniger*, WM 2005, 2305, 2306; *Wilhelm*, Rn. 429.

927 Vgl. *Bar/Drobnig*, Nr. 730 ff.; *Veneziano*, Mobiliarsicherungsrecht, S. 125, 125 f.

928 Mitteilung der Kommission an das Europäische Parlament und den Rat vom 11.10.2004: Europäisches Vertragsrecht und Überarbeitung des gemeinschaftlichen Besitzstands – weiteres Vorgehen, KOM (2004), 651, Anhang II Zf. 4.

929 *Bar/Beale/Clive/Schulte-Nölke*, Definitions and Model Rules of European Private Law, Draft Common Frame of Reference, Vol. 6.; auch <ec.europa.eu/justice/contract/files/european-private-law_en.pdf> (zuletzt abgerufen am 25.03.2012).

930 Vgl. *Veneziano*, Mobiliarsicherungsrecht, S. 125, 132 ff.; *Brinkmann*, S. 439 ff.; *Schmitz*, S. 44 ff.; *Lipsky*, S. 295 ff.; *Baur/Stürner*, § 64, Rn. 148 ff.

931 Die Begründung des Sicherungsrechts richtet sich nach Art. XI.-2:101 f. DCFR; vgl. *Brinkmann*, S. 438; *Akseli*, S. 17.

III. Kapstadt-Übereinkommen

Das *Institut international pour l'unification du droit* bzw. *International Institute for the Unification of Private Law* (UNIDROIT) ist eine internationale Organisation mit dem Ziel zur Förderung der Modernisierung, Harmonisierung und Koordinierung des internationalen Zivil- und Handelsrechts.[932] Diese erarbeitete das im November 2001 angenommene Übereinkommen über internationale Sicherungsrechte an beweglicher Ausrüstung, das sog. Kapstadt-Übereinkommen.[933] Für diese wirtschaftlich hochwertigen Güter besteht wegen ihres bestimmungsgemäßen grenzüberschreitenden Einsatzes ein besonderes Regelungsbedürfnis, um die internationale Wirksamkeit der Sicherungsrechte gewährleisten zu können. Das Kapstadt-Übereinkommen sieht vor, dass durch Eintragung in ein internationales, elektronisch geführtes Register besitzlose Sicherungsrechte an diesen Gegenständen begründet werden können. Ebenfalls in Anlehnung an Article 9 UCC bewirkt die Registrierung die Publizität und somit eine internationale Anerkennung und Durchsetzbarkeit der Sicherungsrechte.[934] Auf diesem Wege werden die wirtschaftlichen Interessen des Sicherungsgebers geschützt, aber auch die des Sicherungsnehmers, der das hochwertige Sicherungsgut finanzieren und nutzen kann.

IV. Gesamtbetrachtung

Idealerweise wird durch die Harmonisierungsbestrebungen auf europäischer und internationaler Ebene ein modernes Kreditsicherungsrecht geschaffen werden, das den nationalen Rechtsordnungen dazu verhilft, wirtschaftlich sinnvolle

---

932 <http://www.unidroit.org/dynasite.cfm?dsmid=103284> (zuletzt abgerufen am 25.03.2012).

933 *Convention on International Interests in Mobile Equipment* (*Cape Town Convention*), IPrax 2003. S. 276–288; Zusatzprotokolle für Luftfahrzeugausrüstung (Kapstadt 2001) und rollendes Eisenbahnmaterial (Luxemburg 2007); vgl. *Goode*, Official Commentary, S. 5 ff. Das Kapstadt-Übereinkommen ist am 10.03.2011 vom türkischen Parlament angenommen worden (Gesetzes-Nr. 6192, ResG. vom 29.03.2011, ResG.-Nr. 27899).

934 Vgl. *Goode*, Credit and Security, S. 49 f.; *Burman*, ULR 2003, 347, 349; *Schmalenbach/Sester*, WM 2005, 301, 301; *Otte*, FS Jayme, 643, 645 f.; *Akseli*, S. 15; *Wool/Pritchard*, Law in Transition 2010, 88, 94. Die Registrierung stellt hier keine Begründungsvoraussetzung dar, sie ist maßgeblich für die Prioritätenzuordnung und Insolvenzfesigkeit des bestellten Sicherungsrechts (vgl. Kapitel II, Art. 7, Kapitel VIII, Art. 29 und 30 des Kapstadt-Übereinkommens). *Graham-Siegenthaler*, Kreditsicherungsrechte, S. 648; *Rott*, S. 123 f.

Sicherungsmittel zu regeln, die bei grenzüberschreitenden Sachverhalten auch in anderen Rechtsordnungen anerkannt werden. Mit diesem langfristigen Ziel wurden schon vor den Arbeiten der Kommission an einem Gemeinsamen Referenzrahmen auf Ebene des Gemeinschaftsrechts zwei Richtlinien zum Mobiliarkreditsicherungsrecht erlassen. Hierbei handelt es sich zum einen um die Zahlungsverzugsrichtlinie[935] aus dem Jahre 2000, die in Art. 4 den Eigentumsvorbehalt zum Gegenstand hat. Ziel der Vorschrift war es, die einheitliche Verwendung und Insolvenzfestigkeit des Eigentumsvorbehalts durchsetzen zu können.[936] Jedoch wurde mit der Formulierung *„in Einklang mit den anwendbaren nationalen Vorschriften“*[937] weitgehend eine einheitliche Anerkennung verhindert, da dieser Verweis auf die unterschiedlichen nationalen Regelungen wiederum zu voneinander abweichenden Ergebnissen in den Mitgliedstaaten führt.[938]

Zum anderen ist die im Jahre 2002 erlassene Finanzsicherheitenrichtlinie[939] zu nennen, die eine einheitliche Regelung zur Besicherung von Wertpapieren und Barguthaben durch eine formfreie Bestellung von Sicherheiten (Art. 3 der Richtlinie) und eine freie Verwertbarkeit bei Eintritt des Sicherungsfalls (Art. 4 der Richtlinie) zum Ziel hat.[940] Hierbei ist aber problematisch, dass auch Sicherheiten in Form von Vollrechtsübertragungen vorgesehen sind, die in vielen Rechtsordnungen keine Anerkennung finden, so dass die nationalen Regelungen nicht mit

---

935 Richtlinie 2000/35/EG des Europäischen Parlaments und des Rates vom 29.06.2000 zur Bekämpfung von Zahlungsverzug im Geschäftsverkehr, ABlEG Nr. L 200/35 vom 08.08.2000.

936 *Kieninger*, WM 2005, 2305. 2305; *Kieninger*, AcP 208 (2008), 182, 184.

937 Art. 4 Abs. 1 der Richtlinie. Durch den Verweis auf das nationale Internationale Privatrecht lehnte der EuGH das Vorliegen eines Verstoßes des italienischen Rechts, das weitere Formerfordernisse für die Wirksamkeit des Eigentumsvorbehalts vorsieht, gegen die Richtlinie ab, EuGH Rs C-302/05 Kommission/Italien, Slg. 2006, I-10597, Erwägungsgrund 30.

938 *Kieninger*, AcP 208 (2008), 182, 184 f.

939 Richtlinie 2002/47/EG des Europäischen Parlaments und des Rates vom 06.06.2002 über Finanzsicherheiten, ABlEG Nr. L 168/43 ff. vom 27.06.2002.

940 Der sachliche Anwendungsbereich dieser Richtlinie setzt voraus, dass sowohl Sicherungsgeber als auch Sicherungsnehmer Finanzinstitute sind, wobei es nach Art. 1 Abs. 3 der Richtlinie den Mitgliedstaaten überlassen ist, den Anwendungsbereich in bestimmten Fällen zu erweitern.

der Richtlinie kompatibel sind.[941] Lösungen für ein allgemeingültiges europäisches Mobiliarsicherungsrecht sind damit noch in der Erarbeitungsphase.[942]

Gerade die Erfahrungen im Zusammenhang mit den vorstehenden Richtlinien zeigen, dass eine vollständige Vereinheitlichung und Harmonisierung aufgrund der Besonderheiten der nationalen Rechtsordnungen nicht ohne weiteres realisiert werden kann. Zur Lösung von kollisionsrechtlichen Problemen wird auch an ein sog. Europäisches Mobiliarsicherungsrecht (ESR) als ein supranationales Sicherungsinstitut in Anlehnung an das Kapstadt-Übereinkommen oder an das EBRD-Modellgesetz gedacht. Diese Lösungsansätze sehen damit ebenfalls ein Registersystem vor, das sich an Article 9 UCC orientiert und bewusst von den nationalen Rechtordnungen der Mitgliedstaaten abweicht, da diese selbst reformbedürftig sind.[943] Das ESR soll als zusätzliches Sicherungsrecht dienen, das – neben den Sicherungsrechten aus den nationalen Rechtsordnungen – speziell in grenzüberschreitenden Fällen für sämtliche bewegliche Gegenstände vereinbart werden kann. Ein Eintrag in ein europäisches – IT-gestütztes – Zentralregister soll die erforderliche Publizität bewirken und den Rang des Sicherungsrechts festlegen. Ein einheitliches ESR würde eine Anerkennung der Vereinbarung in den europäischen Rechtsordnungen ermöglichen, ohne dass ein Eingriff in die nationalen Rechtsordnungen erfolgt.[944] Langfristig ist jedoch auch eine Reform bzw. eine

941 Vgl. *Westrik*, ZVglRWiss 105 (2006), 325 ff.; auch kritisch bspw. *Ehricke*, ZIP 2003, 1065, 1075 f.

942 Zu nennen ist auch die Europäische Insolvenzverordnung (Verordnung (EG) Nr. 1346/2000 des Rates vom 29.05.2000 über Insolvenzverfahren, ABlEG L 160 v. 30.06.2000, S. 1 – 18). Jedoch werden nach Art. 5 Abs. 1 EuInsVO Sicherungsrechte an Sachen, die sich zum Zeitpunkt der Eröffnung des Insolvenzverfahrens in einem anderen Mitgliedstaat befinden, nicht berührt. Daher wurde mit der EuInsVO bezüglich des Mobiliarsicherungsrechts keine Vereinheitlichung bewirkt.

943 Vor allem zu nennen: *Coing*, ZfRV 1967, 65, 80 ff. (fakultative Registrierung, wenn damit zu rechnen ist, dass das Sicherungsgut in eine andere Rechtsordnung verbracht wird); *Drobnig*, in: *Eidenmüller/Kieninger*, The Future of Secured Credit, S. 102, 108 ff.; *Kreuzer*, FS Overbeck, 613, 637 f. (Schaffung eines einheitlichen europäischen Mobiliarsicherungsrechts neben den nationalen Sicherungsmitteln, das bei Bewährung von den nationalen Rechtsordnungen übernommen werden kann); *Seif*, S. 298 ff., 305 ff. (ähnlich wie *Kreuzer*, europäisches Sicherungsrecht für bewegliche Sachen, bei dem Mindestangaben registriert werden sollen); auch *Kieninger*, AcP 208 (2008), 182, 196; unter der Fragestellung der europäischen Anerkennungssystematik vgl. *Mansel*, RabelsZ 70 (2006), 651, 731.

944 *Kreuzer*, FS Overbeck, 613, 640.

Harmonisierung der nationalen Rechtsordnungen erstrebenswert.[945] Die Reformversuche einzelner europäischer Mitgliedstaaten zeigen bei der Entwicklung der nationalen Mobiliarsicherungsrechte ähnliche Tendenzen auf.[946] Im Vordergrund steht hier die Modernisierung des Pfandrechts, vor allem aber die Anpassung der Publizitätsmaßnahmen im Allgemeinen, auch mit dem Ziel, möglichst viele Mobilien als Sicherungsmittel verwenden zu können. Hinzu kommt die Vereinfachung der Verwertung durch privatautonome Vereinbarungen sowie die Insolvenzfestigkeit des Eigentumsvorbehalts – auch ohne das Erfordernis einer Registrierung.[947] Diese Ziele sind weitgehend mit einem Mobiliarsicherungssystem, wie es bspw. in Article 9 UCC vorgesehen ist, zu erreichen. Die Modernisierung des Pfandrechts als Grundmodell der Mobiliarsicherheiten beinhaltet damit eine Relativierung des Faustpfandprinzips. Denn dies entspricht den modernen Wirtschaftsgegebenheiten, die gerade im Hinblick auf kreditsicherungsrechtliche Aspekte kaum einen Rückschluss vom Besitz auf die Eigentumsverhältnisse gestatten. Als Alternative zum Faustpfandprinzip ermöglicht das Registersystem die Publizität bestehender besitzloser Sicherungsrechte. Da hierdurch bei der Bestellung von Sicherheiten auf eine Besitzübertragung verzichtet werden kann, ist die Verwendung von verschiedenen Mobilien als Sicherungsgegenstand grundsätzlich unbeschränkt möglich. Der Zeitpunkt der Registrierung bestimmt zudem die Rangfolge eines Sicherungsrechts. Dies kann die Verwertung beschleunigen, da dann eine aufwändige Ermittlung und Bestimmung der Rangfolge entfällt. Eine Verwertung im Sicherungsfall kann durch Zulässigkeit von privaten Vereinbarungen (z.B. Verzicht auf Verwertungsandrohung[948]) vereinfacht werden. Aus Praktikabilitätsgründen wird in Erwägung gezogen beim Eigentumsvorbehalt auf eine Registrierung zu verzichten, um bspw. die Anforderungen an ein Kaufpreissicherungsrecht für Konsumgüter nicht zu überspitzen. Hierbei kann auch an Lösungen aus dem EBRD-Modellgesetz gedacht werden, wonach die Vereinbarung von besitzlosen Sicherungsrechten ohne Registereintrag für kurze Zeiträume möglich ist.[949]

Die Reformbedürftigkeit in den einzelnen nationalen Rechtsordnungen ist ebenfalls ein Anlass dafür, ähnliche Lösungsansätze zu verfolgen und so die Grundlage

---

945 Vgl. statt vieler *Graham-Siegenthaler*, Kreditsicherungsrechte, S. 682; *Brinkmann*, S. 471; *Akseli*, S. 56.

946 Am Beispiel der Reformbestrebungen in Frankreich, Österreich, Ungarn und England nach *Kieninger*, AcP 208 (2008), 182, 199 ff.

947 *Kieninger*, AcP 208 (2008), 182, 207 ff.; vgl. auch *Akseli*, S. 44 ff.

948 *Kieninger*, AcP 208 (2008), 182, 208.

949 Siehe in diesem Teil unter B. II. 1.

für eine Harmonisierung oder gar Vereinheitlichung der nationalen Rechtsordnungen zu erleichtern.[950] Ein universeller Ansatz, wie er in der Registerlösung verankert ist, führt die Grundprinzipien eines modernen Mobiliarsicherungsrecht zusammen und eignet sich daher besonders gut, um den Sicherungsbedürfnissen der Praxis gerecht zu werden. Denn die dadurch geschaffenen Sicherungsmöglichkeiten erfüllen die Anforderungen des Publizitätsprinzips und schränken die Zirkulationsfähigkeit der Mobilien gerade nicht ein.

C. Reformvorschläge für das deutsche, schweizerische und türkische Mobiliarsicherungsrecht

Wie die bisherigen Ausführungen verdeutlichen, bildet das Faustpfandprinzip die wesentliche Grundlage des deutschen, schweizerischen und türkischen Mobiliarsicherungsrechts. Problematisch ist aber, dass die mit dem Faustpfandprinzip verbundene Besitzaufgabe am Sicherungsgegenstand kaum mit den Gegebenheiten der modernen Wirtschaft zu vereinbaren ist. Dies führt dazu, dass das Faustpfandprinzip wie im deutschen Recht durch die Zulässigkeit besitz- und publizitätsloser Sicherungsmittel faktisch aufgegeben oder wie im schweizerischen und im türkischen Recht zu nicht praxisgerechten Einschränkungen führt. Vor allem im türkischen Recht werden hier über Ausnahmeregelungen Publizitätsmöglichkeiten durch Eintragung des Sicherungsrechts in öffentlichen Registern geschaffen. Diese Entwicklung entspricht auch denen im Bereich des europäischen und internationalen Mobiliarsicherungsrechts, so dass insgesamt ein dynamisches Befürworten eines Registersystems festzustellen ist. Die für die einzelnen Rechtsordnungen diskutierten Reformvorschläge werden im Folgenden dargestellt.

I. Deutschland

1. Reformüberlegungen

Auf den ersten Blick macht sich für das deutsche Recht – insbesondere im direkten Vergleich zur Schweiz, die das Faustpfandprinzip streng befolgt – ein zusätzlicher Bedarf an praxistauglichen Sicherheiten nicht bemerkbar. Die besitzlosen

950 Vgl. *Mansel*, JZ 1991, 529, 533 f.

Sicherungsinstitute nehmen hier einen weiten Anwendungsbereich ein. Obwohl die Sicherungsübereignung mittels Besitzkonstituts und auch die Sonderformen des Eigentumsvorbehalts, deren wirtschaftliche Bedeutung recht hoch ist, nicht gesetzlich geregelt sind, werden die problematischen Fälle bisher durch eine differenzierte Rechtsprechung gelöst. Bei näherer Betrachtung zeigen sich aber Schwächen des bestehenden Mobiliarsicherungssystems auf. Diese resultieren aus der oftmals fehlenden Publizität der Sicherungsinstitute. Folge dessen ist, dass die besitzlosen Sicherungsrechte nach der *lex rei sitae* in nahezu keiner anderen europäischen Rechtsordnung anerkannt werden, so dass das jeweilige Sicherungsmittel seine Sicherungsaufgabe spätestens bei grenzüberschreitenden Sachverhalten nicht erfüllen kann.[951] Aber auch die fehlenden gesetzlichen Regelungen der in der Praxis verwendeten Sicherungsinstitute entsprechen nicht einem leicht nachvollziehbaren Kreditsicherungssystem.[952] Daher ist auch unter Berücksichtigung der europäischen und internationalen Vereinheitlichungsbestrebungen eine Angleichung der nach der nationalen Rechtordnung anerkannten Sicherungsinstitute sinnvoll.

Befürwortet werden hierbei klare gesetzliche Regelungen, die für internationale Investoren und Kreditgeber ein gegebenenfalls aufwendiges Erarbeiten der gängigen Rechtsprechung entbehrlich machen. Eine hierdurch herbeigeführte Rechtssicherheit würde sich zudem positiv auf die mit der Kreditvergabe verbundenen Kosten auswirken.[953] In diesem Zusammenhang kommt auch die wesentliche Bedeutung des durch das Sicherungsrecht gewährten Vorrangs in der Insolvenz zum Tragen, weshalb auch stets gleichzeitig vermögens- und haftungsrechtliche Regelungen zu berücksichtigen sind.[954]

Im Rahmen einer Reform des deutschen Mobiliarsicherungsrechts, die diese Aspekte aufgreift, wird immer wieder ein Registersystem, aus dem die bestehenden

951 Vgl. Einleitung, S. 2 f.; vgl. *Baur/Stürner*, § 56, Rn. 9; vgl. *Prütting*, Rn. 415, 783; *Kieninger*, AcP 208 (2008), 182, 211; *Otte*, FS Jayme, 643, 643; vgl. *Wiegand*, FS Horn, 177, 183; *Brinkmann*, S. 3, 18 f., 348; *Hübner*, ZIP 1980, S. 825, 832; auch *Akseli*, S. 188.

952 *Wiegand*, FS Westermann, 731, 743 f.; *Kieninger*, AcP 208 (2008), 182, 221.; *Brinkmann*, S. 7.

953 *Kieninger*, AcP 208 (2008), 182, 221; *Brinkmann*, S. 4 f.; vgl. auch *Buxbaum*, ULR 2003, 321, 323 f.; *Wiegand*, FS Westermann, 731, 737 ff., 743 f.; *Wiegand*, FS Horn, 177, 178.

954 *Brinkmann*, S. 10; *Kieninger*, AcP 208 (2008), 182, 223; *Eidenmüller*, in: Bankrechtstag 2004, 117, 118, 149 f.

Sicherungsrechte an Mobilien ersichtlich sind, diskutiert.[955] Hierdurch würde insbesondere das Problem der fehlenden Publizität gelöst werden. Die Einführung eines solchen Registers wurde aber in der Vergangenheit auch als zu aufwendig empfunden.[956] Dem kann entgegnet werden, dass durch den technischen Fortschritt der Aufbau und die Verwaltung eines entsprechenden elektronischen Datensystems vereinfacht und mit niedrigeren Kosten umgesetzt werden kann.[957] Hierbei wird – auch in Anlehnung an das Modell in Article 9 UCC – das *notice-filing*-System, das Basis-Informationen zum Sicherungsnehmer, Sicherungsgeber und Sicherungsgegenstand vorsieht, favorisiert. Es soll – unter Wahrung der Datensicherheit – geordnet nach Kreditnehmern die wesentlichen Informationen zum Sicherungsvertrag enthalten und damit die Publizität der bestehenden Sicherungsrechte bewirken.[958] Die jeweiligen Informationen werden lediglich auf ihre Vollständigkeit und nicht auf ihre materielle Richtigkeit hin überprüft.[959] Der Zeitpunkt der Registrierung ist maßgeblich für die Rangfolge des Sicherungsrechts. Denn diese bewirkt die Publizität und somit die Kenntnis über die bestehenden Rechte für Dritte. Somit kann der Zeitpunkt der Drittwirksamkeit des Sicherungsrechts an den Zeitpunkt der Registrierung anknüpfen.[960] Von wesentlicher Bedeutung ist auch die durch das *notice-filing*-System bewirkte *„informelle Waffengleichheit"*[961] unter den Gläubigern, so dass alle Beteiligte von der gleichen Informationsgrundlage ausgehend agieren können.

Die Einführung eines solchen Systems kann zudem auf im Ausland begründete Mobiliarsicherheiten ausgeweitet werden. Hierbei werden auch ein ESR oder ein Modellgesetz[962] in Betracht gezogen, mit dem langfristigen Ziel, eine einheitliche Regelung, Anerkennung und Verwertbarkeit eines Sicherungsrechts innerhalb Europas zu ermöglichen.[963] Da sowohl auf nationaler als auch auf europäischer Ebene

---

955 Vgl. *Kieninger,* AcP 208 (2008), 182, 210 ff.; *Westermann*, FS Horn, 177, 190; *Brinkmann,* S. 485 ff., 510 f.; *Eidenmüller,* in: Bankrechtstag 2004, 117, 149 f., 154; *Lenhard*, S. 351.

956 Vgl. *Drobnig*, Gutachten F, S. 59; differenzierend *Lwowski*, Anforderungen, S. 173, 181.

957 *Kieninger* mit Verweis auf das neuseeländische Personal Property Securities Act, AcP 208 (2008), 182, 211 ff. (auch Fn.138 f.); *Wiegand*, FS Horn, 177, 188; *Brinkmann*, S. 485 ff.

958 *Kieninger*, WM 2005, 2353, 2359; vgl. *Wiegand*, FS Horn, 177, 189.

959 *Kieninger*, AcP 208 (2008), 182, 212 ff.

960 *Eidenmüller*, in: Bankrechtstag 2004, 117, 154; *Kieninger*, AcP 208 (2008), 182, 217.

961 *Brinkmann*, S. 394.

962 Vgl. Ausführungen unter B. III.

963 *Kieninger*, AcP 208 (2008), 182, 222 ff.; *Brinkmann*, S. 486.

eine Modernisierung des Mobiliarsicherungsrechts insbesondere mit der Einführung eines Registersystems beabsichtigt ist, wird für das deutsche Recht insgesamt ein paralleles Reformvorgehen als sinnvoll erachtet[964]: Auf europäischer Ebene soll ein Modellgesetz, das sich an den bestehenden internationalen und europäischen Registermodellen orientiert, erarbeitet werden. Ein solches Modellgesetz wäre für die Mitgliedstaaten insofern verbindlich, als es Vorgaben für die Reformen des eigenen nationalen Rechts bewirken und damit idealerweise eine Harmonisierung der Rechtsordnungen im europäischen Rechtsraum fördern würde, ohne dass wesentliche Eingriffe in das nationale Recht erfolgen.[965] Da aber ein Modellgesetz oder gar eine Harmonisierung in unmittelbarer Zukunft nicht ohne weiteres umgesetzt werden kann[966], soll dem Problem der Rechtsunsicherheit zunächst mit einer Reform der nationalen Rechtsordnung begegnet werden. Hier wird auch die Möglichkeit gesehen, eine Reform des deutschen Mobiliarsicherungsrechts mit der Entwicklung eines Modellgesetzes auf europäischer Ebene zu verknüpfen und mit modernen Lösungsansätzen ein europäisches Kreditsicherungsrecht wesentlich mitgestalten zu können, das gleichzeitig im eigenen nationalen Recht umgesetzt wird.[967]

Somit ist eine Weiterentwicklung des gegenwärtigen Mobiliarsicherungsrechts, das derzeit noch innerhalb der deutschen Rechtordnung nahezu alle praktischen Sicherungsbedürfnisse abdecken kann, notwendig. Denn sowohl im europäischen als auch im darüber hinausgehenden internationalen Rechtsraum kann ein kompatibles[968] Sicherungsrecht die rechtliche Einordnung bzw. Anerkennung erleichtern, aber auch wirtschaftlich erforderlich sein.

2. Ausblick

Den Kern einer Reform des deutschen Mobiliarsicherungsrechts bildet damit die Einführung eines Registers nach dem *notice filing* – System, das eine Publizität von besitzlosen Sicherungsmitteln bewirken und somit auch eine Anerkennung

964 *Brinkmann*, S. 3 f., 10, 485 f., 511 f.; *Kieninger*, AcP 208 (2008), 182, 226; *Stürner*, in: *Eidenmüller/Kieninger*, The Future of Secured Credit, S. 166, 167.

965 *Brinkmann*, S. 473; *Wiegand*, FS Westermann, 731, 744; vgl. *Zweigert/Kötz*, S. 24; *Burman*, ULR 2003, 347, 347; *Buxbaum*, ULR 2003, 321, 328; *Lenhard* zum EBRD- Model Law, S. 307; *Akseli*, S. 280.

966 *Brinkmann*, S. 471 f., auch wie vor *Graham-Siegenthaler*, SJZ 2006, 449, 456 f.; *Kieninger*, AcP 208 (2008), 182, 196; *Kreuzer*, Harmonisierung, S. 31, 50.

967 *Brinkmann*, S. 486 f.; *Kieninger*, AcP 208 (2008), 182, 226; *Wiegand*, FS Westermann, 731, 744; vgl. auch *Eidenmüller*, in: Bankrechtstag 2004, 117, 154.

968 *Kieninger*, AcP 208 (2008), 182, 226.

nach dem Grundsatz der *lex rei sitae* in der ausländischen Rechtsordnung ermöglichen soll.[969] Die Anpassung der Publizität durch ein Registersystem soll die mit der Sicherungsübereignung durch Besitzkonstitut *„abgeschaffte"*[970] Publizität wiederherstellen. Die Einführung eines Registersystems in der deutschen Rechtsordnung stellt im Hinblick auf grenzüberschreitende Sachverhalte eine geeignete Lösung dar, da in den ausländischen Rechtsordnungen zumeist höhere Anforderungen an die Publizität gefordert werden als nach der deutschen Rechtsordnung. Werden ähnliche Publizitätsanforderungen auch bereits innerhalb des nationalen Rechtsraums gefordert, so können die Sicherungsrechte ebenfalls Bestand in grenzüberschreitenden Sachverhalten haben. Aber auch im Rahmen der langfristig angesetzten europäischen Harmonisierungsbestrebungen ist ein solches System als wesentliches Element für die Publizität der Mobiliarsicherheiten zu sehen. Der Aspekt der Modernisierung des Pfandrechts beinhaltet für die deutsche Rechtsordnung damit nicht eine weitere Loslösung vom Faustpfandprinzip. Dieses wurde durch die Sicherungsübereignung mittels Besitzkonstituts sowie durch die Sonderformen des Eigentumsvorbehalts bereits weitgehend relativiert, wenn nicht sogar neutralisiert. Vielmehr besteht das Ziel der Modernisierung des Pfandrechts eben in der Einführung eines Registersystems, das einheitliche Regelungen, aber auch die Transparenz über die Rangfolge des Sicherungsrechts ermöglicht. Das für die deutsche Rechtsordnung wichtigste Ziel sollte hierbei die internationale Anerkennung der vereinbarten Sicherungsrechte sein.[971] Eine Folge dessen wäre auch die Erleichterung von Kreditgewährungen, insbesondere bei grenzüberschreitenden Sachverhalten. Begrüßenswert wäre es auch, wenn der bisherigen Praxis des Mobiliarsicherungsrechts eine ausdrückliche gesetzliche Grundlage verschafft würde. Klare gesetzliche Regelungen, die den Bedürfnissen der Praxis entsprechen, fördern die Rechtssicherheit und damit auch die Qualität der Sicherungsmittel, auch wenn hier durch die bisherige Rechtsprechung bereits ein hoher Standard gesichert wird.

Praxisgerechte Ausnahmen – so die Reformvorschläge – sollen hierbei die Anwendung eines Registersystems erleichtern. Insbesondere hinsichtlich des einfachen Eigentumsvorbehalts werden Regelungen angedacht, die zumindest

---

969 *Brinkmann*, S. 511; vgl. Einleitung, S. 2 f.

970 *Kieninger*, AcP 208 (2008), 182, 208.

971 *Brinkmann*, S. 511; *Kieninger*, AcP 208 (2008), 182, 226; *Westermann/Gursky/Eickmann*, § 4, Rn. 21.

einen Verzicht auf die Registrierung für eine bestimmte Frist vorsehen.[972] Das Pfandrecht wird zu einem Registerpfandrecht, das im Vergleich zur Sicherungsübereignung durch Besitzkonstitut die internationalen Anforderungen an die Publizität erfüllen kann. Im Gegensatz zur Sicherungsübereignung, bei der ein Vollrecht übertragen wird, besteht hier der Vorteil, mehrere Sicherungsrechte an einem Sicherungsgegenstand bestellen zu können.[973] Es ist zu erwarten, dass ein etabliertes Registersystem dauerhafte Vorteile hinsichtlich der Anerkennung in grenzüberschreitenden Sachverhalten aufweisen wird.

II. Schweiz

1. Reformüberlegungen

An verschiedenen Stellen der Untersuchung ist deutlich geworden ist, dass das strenge Faustpfandprinzip im schweizerischen Recht ein erhebliches Hindernis für die praktikable Nutzung von Mobiliarsicherheiten darstellt, gerade weil es sehr formalistisch durchgehalten wird. Hierbei liegt die Hauptkritik auch darin, dass das mit dem Faustpfandprinzip verfolgte Ziel mangels Wirtschaftlichkeit überholt sei.[974] Dem wurde teilweise durch die Zulässigkeit des Finanzierungsleasings und der Zession des Eigentumsvorbehalts begegnet.[975] Um aber den Bedürfnissen der modernen Wirtschaft angepasste Sicherungsmittel zu ermöglichen, wird eine grundlegende Reform der Mobiliarsicherheiten gefordert.[976]

---

972 Vgl. *Dahan/Simpson*, in: *Kieninger*, Security Rights in Movable Property, S. 98, 107; *Kieninger*, WM 2005, 2353, 2359.

973 *Kieninger*, WM 2005, 2353, 2358.

974 *Graham-Siegenthaler*, SJZ 2006, 449, 450, 457; *Walter*, FS Rey, 141, 142 f.; *Girsberger*, kommt zu dem Ergebnis der Untauglichkeit des Besitzes als Publizitätsmittel, SJZ 1997, 97, 102.

975 *Wiegand*, Mobiliarsicherheiten, S. 35 ff.

976 *Foëx*, Resolution der Schweizerischen Juristentagung 2007: *„1. Das Mobiliarsicherungsrecht im ZGB ist reformbedürftig. 2. Der Gesetzgeber wird eingeladen, die Einführung einer allgemeinen Mobiliarhypothek im ZGB zu prüfen."*, <http://www.juristentag.ch/archiv.html> (zuletzt abgerufen am 25.03.2012); *Foëx*, ZSR 2007 II., 321 ff. m.w.N.; *Foëx*, in: *Foëx/Thévenoz/Bazinas*, Réforme, S. 63, 73 (mit Einschränkungen gegenüber den Empfehlungen des UNCITRAL Gesetzgebungsleitfaden für das internationale Kreditsicherungsrecht), *Graham-Siegenthaler*, Kreditsicherungsrechte, S. 724 ff.; *Hurni*, REPRAX 2008, 125, 125 (erster Satz), 134; *Walter*, FS Rey, 141, 143; *Hadžimanovic*, AJP 2009, 1435, 1436; *Hausheer/Eitel*, Umgang mit dem Gesetz, 185, 190.

Dabei wird auch eine Lösung in Erwägung gezogen, die sich aus dem deutschen Recht ergibt. Diese betrifft die Differenzierung zwischen formaler und wirtschaftlicher Stellung des Treuhänders bei fiduziarischen Sicherungsgeschäften, die vereinbart werden, um dem Faustpfandprinzip auszuweichen, aber mit Nachteilen für den Sicherungsgeber in der Zwangsvollstreckung und im Konkurs verbunden sind.[977] Dies wäre aber geradc eine Lösung, die den internationalen Entwicklungen entgegenstehen würde.

Neben wichtigen anderen Kriterien – wie vereinfachten Kreditbedingungen – steht im schweizerischen Recht mehr als bei den anderen untersuchten Rechtsordnungen vor allem die Art und Weise der Publizität im Vordergrund. Denn im schweizerischen Recht war bisher eine Abweichung vom Publizitätsmittel in Form des Besitzes nicht ohne weiteres möglich. Dieses hat sich jedoch als überholt und nicht mehr zeitgemäß erwiesen. Statt des besitzabhängigen Faustpfands werden besitzlose Mobiliarsicherheiten gefordert, für die die Publizität – insbesondere nach dem Vorbild des Article 9 UCC – durch einen Eintrag in ein öffentliches Register hergestellt wird.[978] Das Register sollte abweichend von dem derzeitigen Registersystem für den Eigentumsvorbehalt nicht lokal[979], sondern zentral für die gesamte Schweiz geführt werden. Ein solches zentrales Register bietet den Vorteil eines einheitlichen Systems. Dies erleichtert zum einen die Nutzung für den Verwender, zum anderen aber auch die Verwaltung sowie die damit verbundenen Kosten. Die Erfassung sämtlicher Sicherheitsrechte in einem einzigen Register dient zudem der Vermeidung von Umgehungsgeschäften.[980] Das Register soll als eine IT-gestützte Datenbank geführt werden.[981] Hierbei wird auch eine Zusammenführung der derzeit bestehenden Register in einer gemeinsamen Datenbank[982] bzw. die erweiterte Nutzung des Handelsregisters als Kreditsicherungsregister[983] in Erwägung gezogen.

---

977 *Walter*, FS Rey, 141, 145.

978 *Girsberger*, SJZ 1997, 97, 104 ff.; *Graham-Siegenthaler*, Kreditsicherungsrechte, S. 726, 758; *Foëx, in: Foëx/Thévenoz/Bazinas,* Réforme, S. 73, 89.

979 Eintragung in ein öffentliches Register am Wohnort des Schuldners nach Art. 715 Abs. 1 ZGB; vgl. auch *Wiegand*, FS Horn, 177, 181.

980 *Girsberger*, SJZ 1997, 97, 106.

981 In verschiedenen nationalen Rechtordnungen wie in Kanada und Neuseeland werden solche Systeme bereits mit einem geringen Kostenaufwand eingesetzt, vgl. *Graham-Siegenthaler*, Kreditsicherungsrechte, S. 760 f.

982 *Graham-Siegenthaler*, Kreditsicherungsrechte, S. 758; *Girsberger*, SJZ 1997, 97, 108.

983 *Hurni*, REPRAX 2008, 125, 136.

Das Register soll aber nicht entsprechend dem Grundbuch für Immobilien jede rechtliche Beziehung zu der jeweiligen Sache dokumentieren, sondern lediglich bezogen auf die Person des Sicherungsgebers Auskunft geben. Ganz nach dem Vorbild des Article 9 UCC soll bei der Registrierung die materielle Rechtslage bei der Eintragung nicht geprüft werden, was wiederum geringere Kosten und ein schnelleres Verfahren ermöglicht.[984] Der Registrierung käme insoweit lediglich eine negative Publizitätswirkung zu. Dies bedeutet, dass bei einem fehlenden Eintrag im Register davon ausgegangen werden kann, dass ein Sicherungsrecht an einem bestimmten Gegenstand nicht besteht.[985] Eine beschränkte positive Publizität wäre ausnahmsweise dann anzunehmen, wenn der Erwerber mangels der ihm zuzumutenden Aufmerksamkeit den Rechtsmangel nicht kannte.[986] Um die mit der Publizität verfolgten Ziele erreichen zu können, muss das Register für jedermann einsehbar sein.[987]

Eine solche Lösung würde es ermöglichen, weitere Wirtschaftsgüter als Kreditunterlage verwenden zu können, ohne dass eine Besitzaufgabe erforderlich wäre. Somit wäre insgesamt ein vereinfachtes Kreditsicherungssystem darstellbar.[988] Auch im schweizerischen Recht sind Ausnahmefälle berücksichtigt, in denen eine Registrierung entbehrlich sein soll. Um einen unverhältnismäßigen Aufwand zu vermeiden, soll bei einem Warenkredit für Konsumgüter, der über einen kurzen Zeitraum hinweg gewährt wird, auf eine Registrierung verzichtet werden.[989]

---

984 *Graham-Siegenthaler*, Kreditsicherungsrechte, S. 760 f., vgl. unter B. 1.

985 *Graham-Siegenthaler*, Kreditsicherungsrechte, S. 765; a.A. *Berger*, ZBJV 2002, S. 197, 225, der auch eine negative Rechtskraft ablehnt, vielmehr sollen die Parteien selbst entscheiden, ob das Sicherungsrecht konkursfest ist. Dies würde dazu führen, dass das Register zwar Informationen bereit stellt, diese aber nicht zuverlässig sind. Die Publizität, die bisher durch den unmittelbaren Besitz hergestellt wird, könnte nicht praxistauglich durch eine Registerpublizität ersetzen werden. Die mit dem Eintrag bewirkte Konkurssicherheit und festgelegte Priorität ist für eine Transparenz auch gegenüber Dritten ein wesentliches Ziel, auf die aus Gründen der allgemeinen Rechtssicherheit nicht verzichtet werden soll, vgl. *Graham-Siegenthaler*, Kreditsicherungsrechte, S. 772.

986 *Graham-Siegenthaler*, Kreditsicherungsrechte, S. 767.

987 In Betracht wird auch der Nachweis eines Einsichtsinteresses gezogen, um Nachteile für den Sicherungsgeber zu verhindern; vgl. *Graham-Siegenthaler*, S. 768 (Fn. 297).

988 *Graham-Siegenthaler*, Kreditsicherungsrechte, S. 772.

989 *Graham-Siegenthaler*, Kreditsicherungsrechte, S. 746.

2. Ausblick

Das nahezu ausnahmslos geltende Faustpfandprinzip hat in der Schweiz dazu geführt, dass im Rahmen der aktuellen Reformdiskussionen deutlich ein den Bedürfnissen der modernen Praxis angepasstes Sicherungsrecht, nämlich eine Mobiliarhypothek, eingefordert wird. Eine besitzlose Sicherungsübereignung, wie sie derzeit im deutschen Recht besteht, wird sich wohl weiterhin nicht durchsetzen. Vielmehr soll dem Bedarf nach einem besitzlosen Sicherungsrecht durch die Einführung eines Registerpfandrechts begegnet werden. Die Etablierung eines Registersystems würde für das schweizerische Recht eine enorme Modernisierung des Pfandrechts bedeuten, da hierdurch eine praxistaugliche und zeitgemäße Alternative zum Faustpfand geschaffen werden würde, ohne den Publizitätsgrundsatz zu verletzen.

Dadurch wird die Möglichkeit eröffnet, eine Vielzahl an Mobilien als Kreditunterlage zu verwenden. Der Sicherungsgeber kann so Gegenstände besichern, die er weiter besitzen und nutzen kann, ohne wirtschaftliche Einbußen zu erleiden. Eine Registrierung des Sicherungsrechts, die auch den Zeitpunkt der Drittwirksamkeit nachweisen kann, festigt die Rechte des Sicherungsnehmers im Konkurs. Ausnahmen hinsichtlich des Eigentumsvorbehalts finden hier ebenfalls Berücksichtigung. Eine einfache Verwertung bei Eintritt des Sicherungsfalls ist auch im schweizerischen Recht ein wichtiger Aspekt etwaiger Reformen.[990]

Hierbei wird ein Vorgehen nach dem Modell des Article 9 UCC verfolgt, das – wie dargelegt – für verschiedene europäische Lösungsansätze zugrunde gelegt wurde. Nicht zuletzt hieran zeigt sich, dass die Entwicklung des schweizerischen Rechts nachhaltig vom europäischen Gemeinschaftsrecht beeinflusst wird.[991] Sollte – wie in Article 9 UCC vorgesehen – für den Eigentumsvorbehalt an Konsumgütern auf eine Registrierung verzichtet bzw. ein Vorrang für den Kreditgeber von Anschaffungsfinanzierungen eingeräumt werden, bedeutet dies erhebliche Vorteile in der Praxis. Aber auch im Hinblick auf die Harmonisierungsbemühungen auf europäischer und internationaler Ebene ist für die schweizerische Rechtsordnung die Einführung eines Registersystems von Bedeutung, um langfristig ein modernes Mobiliarsicherungsrecht zu entwickeln, das auch nach ausländischen Rechtsordnungen anerkannt wird und wettbewerbsfähig ist.

---

990 *Graham-Siegenthaler*, Kreditsicherungsrechte, S. 777.

991 Vgl. *Probst*, Einfluss, S. 26, 33.

III. Türkei

1. Ausgangspunkt der Reformüberlegungen

Ein Ergebnis der in der Türkei voranschreitenden allgemeinen Rechtsreformen sind die Bekanntmachungen der neuen Zivilprozessordnung[992] und des neuen Obligationsgesetzbuches (OGB n.F.)[993] vom 4. Februar 2011 sowie des neuen Handelsgesetzbuches (THGB n.F.)[994] vom 14. Februar 2011. Diese Gesetze sind bewusst nach europäischen Standards ausgerichtet und ein weiterer Bestandteil der seit mehreren Jahren verfolgten Reformprozesse.[995] Im Bereich des Mobiliarsicherungsrechts ist in der Türkei mit der TZGB-Reform im Jahre 2002 auch Art. 940 Abs. 2 TZGB eingeführt worden. Diese Regelung stellt eine große Erleichterung bei der Verpfändung von Fahrzeugen an Banken dar. Gleichzeitig ist ein Mobiliarsicherungsmittel geschaffen worden, das vor allem von Verbrauchern bei Finanzierungskrediten genutzt wird. Aber auch das seit dem Jahre 1971 bestehende kaufmännische Unternehmenspfandrecht ist ein weiteres praxisrelevantes Sicherungsmittel. Es ermöglicht Betriebsinhabern gerade in der „Bewährungsphase" eine Kreditaufnahme, ohne auf Vermögensgegenstände verzichten zu müssen, die zur Fortführung des Betriebs unentbehrlich sind. Diese beiden Sicherungsmittel sind deshalb besonders beachtenswert, da die Publizität – nach Vorbild von internationalen und europäischen Bemühungen – durch einen Registereintrag gewährleistet wird. Im Gegensatz zum kaum mehr relevanten Viehpfandrecht oder zu den Pfandrechten, die aufgrund der Ähnlichkeit zu Immobilien auch in ein Register einzutragen sind, handelt es sich bei dem Fahrzeug-Pfandrecht nach Art. 940 Abs. 2 TZGB sowie bei dem Unternehmenspfandrecht um Sicherungsmittel mit einem weiten Anwendungsbereich. In dieser Hinsicht ist die geltende Rechtslage als fortschrittlich zu bewerten. Denn damit werden den Bedürfnissen der Praxis entsprechend Ausnahmen vom Faustpfandprinzip, das dem türkischen Mobiliarsicherungsrecht ebenfalls als wesentliches Prinzip zugrunde liegt, zugelassen. Bemerkenswert ist hierbei auch, dass die Einführung des Art. 940 Abs. 2 TZGB äußerst kurzfristig und in Reaktion auf die

992 *Hukuk Muhakemeleri Kanunu*, Gesetzes-Nr. 6100, angenommen am 12.01.2011, ResG-Nr. 27836 vom 04.02.2011, in Kraft getreten am 01.10.2011.

993 Vgl. Fn. 308.

994 Vgl. Fn. 411.

995 Vgl. *Rumpf*, Historische Reform, <http://www.zenithonline.de/deutsch/recht-consulting//artikel/historische-reform-001805> (zuletzt abgerufen am 25.03.2012); vgl. auch *Çanakcı*, Law in Transition 2009 (Spring), 80, 81, 85.

geänderte Rechtsprechung des Kassationshofes[996] erfolgte, obwohl diese Regelung im Gesetzesentwurf nicht enthalten war. Dies verdeutlicht den dringenden Handlungsbedarf, den auch der Gesetzgeber sah.

Trotz der Neuerungen, die durch die Einführung des Fahrzeug-Pfandrechts bewirkt werden, bestehen aber hinsichtlich des Regelungsgehalts des Art. 940 Abs. 2 TZGB noch offene Fragen. Reformüberlegungen zum türkischen Mobiliarsicherungsrecht beziehen sich daher auf eine Optimierung der hierzu geltenden Regelungen. Gleichzeitig dient es aber auch als ein exemplarisches Beispiel für ein praktiziertes Sicherungsmittel, bei dem die Publizität durch einen Registereintrag hergestellt wird. Die hier gewonnen Erfahrungen können also auch für eine Reform des türkischen Mobiliarsicherungsrechts insgesamt genutzt werden. Hierbei ist eine Ausrichtung nach europäischen und internationalen Lösungsmodellen, wie sie mit dem EBRD-Modellgesetz oder dem Kapstadt-Übereinkommen umgesetzt wurden, sinnvoll, um die Besicherung von möglichst vielen Vermögensgegenständen zu ermöglichen und die Regelungen zur Begründung eines Sicherungsrechts einheitlich sowie transparent zu gestalten. Aber auch die wirtschaftliche Nutzung des Sicherungsgegenstandes durch den Sicherungsgeber, ein zuverlässiger Schutz der Gläubigerinteressen und eine vereinfachte Verwertbarkeit des Sicherungsrechts sind erheblich, um ein wettbewerbsfähiges Kreditsicherungssystem zu gewährleisten, das auch einen Anreiz für Investoren bietet.[997]

2. Registerpfandrecht an Kraftfahrzeugen nach Art.940 Abs. 2 TZGB

Zwar wird mit der Regelung des Art. 940 Abs. 2 TZGB zur Begründung eines Pfandrechts an Kraftfahrzeugen ein Registereintrag als Ersatz für eine Besitzübertragung zugelassen, die näheren Voraussetzungen hierzu sind jedoch nicht ausdrücklich geregelt. Wesentlich ist auch, dass es bis heute an der in Art. 940 Abs. 2 Satz 2 TZGB vorgesehenen Rechtsverordnung, die die näheren Voraussetzungen zur Begründung des Registerpfandrechts regeln soll[998], fehlt. Im Folgenden werden die wesentlichen Änderungsbedürfnisse für das Fahrzeug-Pfandrecht untersucht.

996 YHGK, 13.11.1996, E. 1996/19-609, K. 1996/764; Yarg., 19. HD, 31.01.1996, E. 1995/10686, K. 1996/756, vgl. 1. Teil, C., III., 2., b).

997 Vgl. *Nussbaumer/Barut*, Law in Transition 2009 (Spring), 60, 67 f.

998 Art. 940 Abs. 2 Satz 2 TZGB: *„Rehnin kurulmasına ilişkin diğer hususlar tüzükle belirlenir."*

a) Wortlaut des Art. 940 Abs. 2 Satz 1 TZGB: Registrierung als Option?

Bereits die wörtliche Fassung des Art. 940 Abs. 2 Satz 1 TZGB wird kritisiert, da hiernach die Verpfändung einer registerpflichtigen Sache *„auch"* – also optional – durch eine Registrierung des Pfandrechts statt der sonst erforderlichen Besitzübertragung zugelassen wird.[999] Dies ist problematisch, da dann eine bestehende Eintragung keine abschließende Information über das Bestehen weiterer dinglicher Rechte vermitteln kann. Dadurch wird eine Rechtsunsicherheit aufrechterhalten, die ja gerade durch das Register beseitigt werden soll.[1000] Um dieser „Verwirrungsgefahr" vorzubeugen, wird eine dahingehende Änderung des Gesetzeswortlauts vorgeschlagen, dass die Verpfändung eines registerpflichtigen Vermögensgegenstandes ausschließlich durch eine Registrierung möglich ist.[1001] In diesem Fall kann aufgrund der negativen Publizitätswirkung bei fehlender Registrierung davon ausgegangen werden, dass kein Pfandrecht an dem Fahrzeug besteht. Würde man beide Formen der Verpfändung nebeneinander zulassen, bestünde die Möglichkeit, ein zeitlich früher bestelltes Pfandrecht durch Besitzübergabe zu behaupten und somit die Rangfolge des Pfandrechts zu beeinflussen. Diese zeitlich frühere Rangfolge sowie der fortwährende Besitz am Fahrzeug müsste vom Behauptenden bewiesen werden. Jedoch könnten so die Rechte des Pfandnehmers, dessen Pfandrecht registriert wurde, missbräuchlich beeinträchtigt werden. Dies stellt wiederum eine Rechtsunsicherheit dar, die die Qualität des Sicherungsmittels grundsätzlich mindert.

Es ist daher davon auszugehen, dass in der Praxis regelmäßig die Variante der Registrierung gewählt wird, da der Sicherungsgeber wohl nicht auf den Besitz am Fahrzeug verzichten wollen wird. Eine Beschränkung der Verpfändungsart auf die Registrierung würde in der Praxis daher vermutlich keine Einbußen hervorrufen. Sollte trotzdem weiterhin eine Verpfändung durch Besitzübertragung zugelassen werden, muss ergänzend geklärt werden, wie sich die Prioritätsrangfolge zwischen Registerpfandrecht und Besitzpfandrecht verhält. Diese Regelung sollte sachgemäß in der noch ausstehenden Verordnung berücksichtigt werden. Inhaltlich könnte diese als Vermutungsregel ausgestaltet werden, wonach der Vorrang des registrierten Rechts zu vermuten wäre, jedoch durch den vermeintlich früheren Pfandnehmer widerlegt werden kann. Mit einer solchen Regelung könnte der Missbrauchsgefahr durch das Behaupten einer zeitlich früheren

999 Art. 940 Abs. 2 Satz 1 TZGB: *„... zileyetlik devrilmeden de ..."*

1000 *Ozanoğlu*, GÜHFD 2001, S. 20, 26 f.

1001 *Ayanoğlu Moralı*, Teminat, S. 300.

Pfandrechtsbegründung durch Besitzübergabe vorgebeugt werden. Die Vermutung, dass das registrierte Recht Priorität hat, müsste vom Behauptenden substantiiert dargelegt werden.

b) Wirkung des Registereintrags

Nach dem Wortlaut des Art. 940 Abs. 2 Satz 1 TZGB kann das Pfandrecht mit Eintragung in das Register begründet werden. Aus der Regelung geht jedoch nicht ausdrücklich hervor, ob der Eintragung eine konstitutive oder rein deklaratorische Wirkung zukommt.[1002] Alternativ zu der sonst regulär vorgeschriebenen Besitzübertragung nach Art. 939 Abs. 3 TZGB müsste man von einer konstitutiven Wirkung ausgehen, da ohne die vorzunehmende Besitzübertragung kein Pfandrecht begründet werden kann. Dies sollte ebenfalls in der zu erlassenden Verordnung im Zusammenhang mit etwaigen Rangfolgen ausdrücklich geregelt werden.

c) Formvorschriften des Art. 20 lit. d Abs. 1 TStVG

Aber auch die für die Registrierung einschlägigen Formvorschriften sind nicht eindeutig geklärt. So sind in Art. 20 lit. d Abs. 1 Satz 1 TStVG zu beachtende Formvorschriften genannt. Hiernach ist für den Verkauf und die Übertragung eines registrierten Kraftfahrzeugs eine notariell beglaubigte Bescheinigung darüber erforderlich, dass u.a. keine den Verkauf und/oder die Übertragung einschränkenden Maßnahmen oder Eintragungen bestehen. Ferner ist nach Art. 20 lit. d Abs. 1 Satz 2 TStVG ein Verkauf und eine Übertragung des Fahrzeugs ohne eine notarielle Beglaubigung unwirksam. Fraglich ist, ob auch die Pfandrechtsbestellung vom Anwendungsbereich des Art. 20 lit. d Abs. 1 TStVG erfasst und somit eine notarielle Beglaubigung des Pfandrechtsvertrages erforderlich scin könnte. Aus Art. 940 Abs. 2 TZGB ergibt sich hierzu keine Regelung.

In der Literatur wird die Ansicht vertreten, dass die Formvorschriften des Art. 20 lit. d Abs. 1 TStVG für die Vereinbarung des Pfandrechts nicht zu beachten seien.[1003] Dies wird zudem vom Großen Senat des Kassationshofes bestätigt. Dieser führte aus, dass es keine Änderungen des Art. 20 TStVG hinsichtlich des Fahrzeug-Pfandrechts gäbe. Eine gegenteilige Auslegung sei nicht möglich, so

1002 *Ergüne* geht von einer konstituierenden Wirkung des Eintrags aus, wobei schon nach Abschluss der Sicherungsabrede und vor der Registrierung eine dingliche Anwartschaft des Sicherungsnehmers bestehen soll, S. 170.

1003 *Barlas*, FS Tekinalp, 569, 577 (Fn. 20); *Er*, YD 1998, C. 24, 285, 288; *Ergüne*, S. 106 f.; *Oğuzman/Öz*, S. 118 (Fn. 346 a); S. 639 (Fn. 218 b) f.); *Ozanoğlu*, GÜHFD 2001, 20, 32; *Öğüz*, FS Oğuzman, 693, 700.

dass die Formvorschriften des Art. 20 TStVG nicht für die Sicherungsabrede des Pfandrechts gelten und damit gerade keine notarielle Beglaubigung notwendig ist.[1004]

Die Vorschrift des Art. 20 TStVG dient nach dieser Ansicht in erster Linie der Erfassung des für das Fahrzeug Steuerpflichtigen und den damit verbundenen Obliegenheiten; somit bleibt eine Registrierung der Pfandrechtsbestellung außerhalb dieses Regelungszwecks.[1005] Da ein Pfandrecht an einem Fahrzeug keine unmittelbare steuerrechtliche Relevanz aufweist, kann auf eine notarielle Beglaubigung verzichtet werden. Dementsprechend fallen auch keine Notariatskosten an. Durch den Verzicht auf eine notarielle Beglaubigung werden im Übrigen keine Nachteile hinsichtlich der Beweisbarkeit in Kauf genommen, denn in der Praxis wird aus Beweisgründen zugunsten der kreditgebenden Bank zumindest eine schriftliche Pfandvereinbarung dokumentiert werden.

d) § 9-311 (a) (2) UCC und elektronisches Informationssystem

Unter Berücksichtigung der Bemühungen auf europäischer und internationaler Ebene kann überlegt werden, das Pfandrecht an einem Kraftfahrzeug nach Art. 940 Abs. 2 TZGB nicht in das Verkehrsregister, sondern in ein selbständiges Register für Mobiliarsicherheiten einzutragen. Dies wäre in der Gesamtschau mit dem Ziel, ein Registersystem für Sicherheiten an Mobilien nach Vorbild der internationalen und europäischen Lösungsmodelle zur Modernisierung der Mobiliarsicherheiten einzuführen, erwägenswert. Es sollte daher auch überprüft werden, ob für das Register-Pfandrecht an Fahrzeugen nach Art. 940 Abs. 2 TZGB eine Regelung nach Vorbild des § 9-311 (a) (2) UCC[1006] in Betracht kommen könnte. Hiernach kann das Sicherungsrecht durch Eintragung an den Eigentumspapieren drittwirksam begründet werden, so dass eine Registrierung nicht erforderlich ist.

In der Vergangenheit wurde bei Vereinbarung eines Pfandrechts nach Art. 853 TZGB a.F. an Fahrzeugen neben der – damals nicht vorgeschriebenen – Registrierung im Straßenverkehrsregister das Pfandrecht auch in den Fahrzeugpapieren (*ruhsat*) vermerkt. Seit Einführung eines elektronischen Informationssystems am 1. Dezember 2009 wird auf den zusätzlichen Vermerk in den Fahrzeuginhaber-Papieren verzichtet. Mit diesem Informationssystem ist es möglich, durch eine elektronische Abfrage über das Internet Basis-Informationen über Fahrzeuge (*araç*

1004 YHGK, 10.02.1999, E. 1999/11-43, K. 1999/67.

1005 *Öğüz*, FS Oğuzman, 693, 699 f.

1006 Vgl. in diesem Teil unter B. I. 3.

sorgulama)[1007] zu erhalten. Gegen Vorlage des Personalausweises bzw. Angabe der Personalausweis-Nummer (ID-Nummer) kann bei der Türkischen Post (PTT) ein Passwort vergeben werden (Entgelt 1 TL), mit dem über eine Online-Datenbank nach Eingabe des Kraftfahrzeug-Kennzeichens u.a. eingesehen werden kann, ob ein Pfandrecht besteht oder das Fahrzeug im Rahmen einer Zwangsvollstreckung beschlagnahmt worden ist. Diese Art der Abfrage ist durch das in der Türkei entwickelte nationale Rechtsinformationssystem des Justizministeriums[1008], das ein zügiges, zuverlässiges und präzises Rechtssystem im Sinne des Art. 141 der türkischen Verfassung sicherstellen soll, möglich.[1009]

Durch die mögliche Einsichtnahme wird ohne größeren Aufwand eine weite Publizität erreicht. Der Eintragung kommt zwar lediglich eine negative Publizitätswirkung zu, eine eigenständige Einsichtnahme kann aber mit sehr geringem Aufwand und ohne Beteiligung des Fahrzeuginhabers realisiert werden. Würde man auf die Registrierung verzichten, wäre zur Kenntnisnahme des Pfandrechts die Vorlage der Fahrzeugpapiere durch den Inhaber erforderlich. Schließlich ist im Fall des Verkaufs oder einer sonstigen Übertragung des Fahrzeugs[1010] nach Art. 20 Zif. d TStVG eine notarielle Beurkundung des Rechtsgeschäfts erforderlich, bei dem ein Auszug aus dem Straßenverkehrsregister vorgelegt werden muss, so dass alle für das Fahrzeug relevanten Informationen der Sachnähe nach weiterhin in einem einheitlichen Register geführt werden sollten. So ist ein zusätzlicher Vermerk im Fahrzeugbrief nicht erforderlich, andererseits aber auch allein nicht ausreichend.

Die durch das Register gewährte Sicherheit ist damit insgesamt zuverlässiger. Nur eine Eintragung im Fahrzeugbrief ohne eine Registrierung ist anfällig für einen Missbrauch. Eine Adaption des § 9-311 (a) (2) UCC bietet sich daher nicht an. Vielmehr sollte das aktuelle System beibehalten werden. In Erwägung zu ziehen

---

1007 Fahrzeugmarke, Modelbezeichnung, Datum der Registrierung im Verkehrsregister, Eintragungsort, Fahrzeugfarbe, Belastungen über das Fahrzeug (Schulden, Pfand), Diebstahlsmeldungen. Die Informationen können unter der URL <www.turkiye.gov.tr> eingesehen werden, <http://www.sorgulama-tr.com/arac-sorgulama.html> (zuletzt abgerufen am 25.03.2012).

1008 *National Judiciary Informatics System* bzw. *Ulusal Yargı Ağı Projesi* (UYAP), <http://www.uyap.gov.tr> (zuletzt abgerufen am 25.03.2012).

1009 In dieses zentrale Informationssystem sind u.a. alle Gerichte und sonstigen Rechtsinstanzen eingebunden, <http://www.e-justice.gov.tr/presentation/history.html>, <http://www.epractice.eu/en/blog/294885> (zuletzt abgerufen am 25.03.2012).

1010 Vgl. 1. Teil, C. II. 2. C. aa) (1), es wird in der Gesetzesformulierung nicht zwischen Verpflichtungs- und Verfügungsgeschäft differenziert.

wäre, dieses bestehende System für die Registrierung weiterer Mobiliarsicherheiten zu nutzen. So kann die Registrierung von Sicherungsrechten an Fahrzeugen aufgrund der Sachnähe im Straßenverkehrsregister beibehalten werden. Möglich wäre ein weiteres elektronisches Register, das für alle Arten von Mobiliarsicherheiten die Publizität sicherstellt. Eine doppelte Einsichtnahme kann dadurch vermieden werden, indem die Registrierung eines Fahrzeug-Pfandrechts automatisch in ein zentrales Register für Mobiliarsicherheiten weitergeleitet wird.

3. Unternehmenspfandrecht und elektronisches Informationssystem

Das Unternehmenspfandrecht hat sich seit seiner Einführung im Jahr 1971 weitgehend bewährt.[1011] Da das Handelsregister nach den Vorgaben des Art. 39 THGB (Art. 36 Abs. 3 und 4 THGB n.F.) i.V.m. Art. 9 Abs. 2 UntPfG eine teilweise positive Publizität für das Unternehmenspfandrecht bewirkt, ist zwar ein elektronisches Informationssystem im Vergleich zum Registerpfandrecht nach Art. 940 Abs. 2 TZGB aufgrund des gewährten Drittschutzes weniger dringlich. Jedoch besteht auch in diesem Bereich die Möglichkeit einer elektronischen Abfrage, die die Einsicht in das Handelsregister sowie in das Amtsblatt des Türkischen Handelsregisters erleichtert. Somit können im Handelsregister-Informationssystem (*Ticaret Sicil Bilgi Sistemi*, TSBS[1012]) bestehende Unternehmenspfandrechte sowie der gesamte Inhalt des Handelsregisterblattes elektronisch eingesehen werden.[1013] Hierdurch ist für eine weitere, in der Praxis sehr bedeutsame Mobiliarsicherheit ein weitreichendes Publizitätsmittel geschaffen worden, das neben der teilweise positiven Publizitätswirkung eine tatsächliche Kenntnisnahme ermöglicht.[1014] Die Verwirklichung eines breit aufgestellten elektronischen Informationssystems in

---

1011 Vgl. *Erdem*, Bankacılar Dergisi 76 (2011), 42 ff. zu einzelnen aktuellen Fragestellungen wie zur verwendeten Terminologie und Definitionen im UntPfG, Bestimmung der Sicherungsforderung in einer Fremdwährung, Qualifizierung der gesetzlichen Zehn-Tagesfrist als Formvorschrif, zur Zulässigkeit, das Pfandrecht zur Gunsten von Dritten zu begründen.

1012 Vgl. <http://tsbs.tobb.org.tr/TSBS/welcome.do> (zuletzt abgerufen am 25.03.2012).

1013 Die Eintragung im Handelsregister bewirkt gleichzeitig eine Veröffentlichung im Handelsregisterblatt. Alle Informationen, die sich aus dem Handelsregister ergeben, sollen auf diese Weise schnell zugänglich gemacht werden, so dass alle aktuellen Daten zu einem Handelsunternehmen abgefragt werden können. <http://www.tobb.org.tr/TurkiyeTicaretSicilGazetesi/Sayfalar/TSBS.aspx> (zuletzt abgerufen am 25.03.2012).

1014 Außerhalb des Registerbezirks wird die Gutgläubigkeit eines Dritten nach Art. 9 Abs. 2 UntPfG geschützt, siehe auch Ausführungen im 1. Teil, C. III. 3.

der Türkei macht deutlich, dass eine „vereinfachte Publizität" und insoweit pragmatische Lösungen angestrebt werden sollten. Das derzeit genutzte System eignet sich dafür, die Kenntnisse und Erfahrungen hieraus zwecks Errichtung eines zentralen Registers für sämtliche Mobiliarsicherheiten zu nutzen.

4. Ausblick

Speziell auf das Pfandrecht nach Art. 940 Abs. 2 TZGB bezogen, zeigt sich, dass die im Jahre 2002 eingeführte Reform noch nicht vollständig umgesetzt wurde. Insofern besteht hier zur Schaffung klarer rechtlicher Regelungen noch Handlungsbedarf. Dies ist deshalb von Bedeutung, da das Pfandrecht an Kraftfahrzeugen mitunter die am häufigsten genutzte Mobiliarsicherheit darstellt. Die noch regelungsbedürftigen Fragen sollten in der Verordnung im Sinne des Art. 940 Abs. 2 Satz 2 TZGB beantwortet werden. Dieser Handlungsauftrag folgt ausdrücklich aus der Norm selbst, die den Erlass der Verordnung vorsieht.

Der Anwendungsbereich des Eigentumsvorbehalts wird dagegen durch die Registrierung bei einem Notar am Wohnsitz des Sicherungsgebers erheblich eingeschränkt. Diese Art der Publizität ist bei diesem Sicherungsinstitut mit einem großen Zeit- und Kostenaufwand verbunden. Nach Vorbild der Lösungsmodelle auf internationaler Ebene könnte dennoch auch in der Türkei die Gewährleistung der Publizität verbessert werden. Insoweit kann auf eine Registrierung des Eigentumsvorbehalts innerhalb einer bestimmten Frist verzichtet werden, um dieses Sicherungsinstitut gerade im Hinblick auf Verbrauchsgüter ohne größeren Aufwand nutzen zu können.

Die Sicherungsübereignung ist ebenfalls nicht ausreichend, da Unklarheiten über die Begründungsformen und damit über die gewährte Sicherheit bestehen.

Insgesamt bleibt aber festzuhalten, dass das elektronische Informationssystem, aus dem u.a. das Fahrzeug-Pfandrecht, aber auch das Unternehmenspfandrecht ersehen werden können, als innovativ zu bewerten ist. Hierdurch wird eine tatsächliche Kenntnisnahme ohne größeren Aufwand ermöglicht. Mit dem Registereintrag wird zudem bei weiteren Sicherungsrechten die Prioritätenreihenfolge dokumentiert, so dass die Verwertung zweifelsfrei nach der Rangfolge der Gläubigerrechte erfolgen kann. Insoweit besteht in der Türkei ein im Vergleich sehr fortschrittliches Registersystem.

Langfristig ist es sinnvoll, das Registersystem für Sicherheiten an beweglichen Gegenständen weiter auszubauen, so dass sämtliche Sicherungsrechte zentral erfasst und publik gemacht werden können. Der Registereintrag sollte auch weiterhin lediglich eine negative Publizität bewirken. Denn diese hat den Vorteil, das

Registrierungsverfahren möglichst einfach zu gestalten. Eine materiell-rechtliche Prüfung des Sicherungsrechts wäre entbehrlich, so dass die Registrierung selbst ohne größeren Aufwand verbunden wäre. Hierbei kann das bestehende elektronische Informationssystem ideal genutzt werden, um ein zentrales Register aufzubauen, das bspw. über das Internet eingesehen werden kann.

IV. Vergleichende Zusammenfassung

Der Vergleich zeigt, dass in den drei Rechtsordnungen Bestrebungen zur Optimierung des Mobiliarsicherungsrechts stattfinden. Für das schweizerische Recht zielen die Reformvorschläge auf die Schaffung eines besitzlosen Sicherungsrechts ab, das in der Praxis derzeit fehlt. Die bestehenden Ausnahmen decken das Maß an besitzlosen Sicherungsrechten nicht ausreichend ab, so dass entsprechender Handlungsbedarf besteht. Eine Orientierung an den auf europäischer und internationaler Ebene entwickelten Lösungen kommt der schweizerischen Rechtsordnung insofern zu Gute, als dort das Problem der Publizität bereits zentral erörtert wurde und sich die Lösungsmodelle (wie z.B. das EBRD-Modellgesetz) in der Praxis bewährt haben.[1015]

Im Gegensatz zur Schweiz bestehen in der deutschen Rechtsordnung ausreichend Möglichkeiten, besitzlose Sicherheiten zu bestellen. Die Reformvorschläge für Deutschland und die Forderung nach einer Einführung eines Registersystems sind vielmehr in einer international-privatrechtlichen Betrachtung von Bedeutung, um auch außerhalb der deutschen Rechtsordnung eine Anerkennung der besitzlosen Sicherheiten gewährleisten zu können.[1016] Hier besteht das Problem, dass nach der *lex rei sitae* im Ausland eine Anerkennung der durch die Rechtsprechung geschaffenen bzw. anerkannten besitzlosen Sicherungsmittel regelmäßig nicht möglich ist und diese für ausländische Kreditgeber und Investoren mangels

---

1015 *Kieninger*, AcP 208 (2008), 182, 211 f.

1016 Innerhalb der deutschen Rechtsordnung hat sich die Bestellung der besitzlosen Sicherheiten bewährt, so auch *Stürner*, in: *Eidenmüller/Kieninger*, The Future of Secured Credit, S. 166, 168 (*"German creditors and German economy survived without perfection and publicity. Creditors know that security interests mostly of banks are already charging the movables or receivables of their clients when giving credit. The lesson to be learnt is that the significance of publicity and perfection should not be overestimated. Nevertheless, in a common market, a simple and quick form of publication and perfection of security interests could be considered a form of progress for all kind of chargeable goods."*).

gesetzlicher Regelungen zu komplex erscheinen. Eine Reform würde zum einen eine noch höhere Rechtssicherheit gewährleisten, zum anderen aber auch die Bedingungen für eine Kreditgewährung erleichtern. Denn je geringer die Risiken eines Kredits sind, desto geringer sind die damit verbundenen Kosten.

Die Reformpläne entspringen also aus gegensätzlichen Richtungen. Die Schweiz benötigt ein besitzloses und praxistaugliches Sicherungsmittel primär innerhalb der nationalen Rechtsordnung. Die damit verbundene Anerkennungsfähigkeit im Ausland wäre ebenfalls positiv zu bewerten.

Im türkischen Recht hat das Mobiliarsicherungsrecht eine eigenständige Entwicklung genommen. Denn dort wurde das Faustpfandprinzip den Sicherungsbedürfnissen der Praxis entsprechend angepasst und darüber hinaus wichtige Mobiliarhypotheken zugelassen. Das Faustpfandprinzip gilt jedoch weiterhin als Maßstab und Ausgangspunkt bei der Schaffung von Ausnahmen. Hierbei wurde die Registerlösung, die ausnahmsweise für immobilienähnliche Gegenstände möglich war, in einem Maße fortentwickelt, die über die Ausnahmen des schweizerischen Rechts hinausgehen. Diese Entwicklung ging aber nicht so weit, dass auf die Publizität – wie im deutschen Recht – verzichtet wurde. Die türkische Rechtsordnung ist insofern in Einklang mit anderen europäischen Rechtsordnungen. Dies zeigt sich bspw. darin, dass das Unternehmenspfandrecht auch in der französischen, die Fahrzeug-Hypothek in der französischen und italienischen Rechtsordnung zu finden ist. Die Reformvorschläge zum türkischen Recht beschäftigen sich hier mit der Verbesserung des Registersystems. Denn die teilweise zeit- und kostenaufwändigen Registrierungen sind bei lokalen Notaren vorzunehmen. Für eine Verbesserung können die europäischen und internationalen Lösungsmodelle als Vorbild dienen. Dagegen zeigt sich das in der Türkei bestehende elektronische Informationssystem, das auf einem weiten Anwendungsfeld zur Verfügung steht und durch seine Praktikabilität überzeugt, als besonders fortschrittlich. Mit einer Erweiterung dieses Systems sind aber auch neue, insbesondere datenschutzrechtliche, Aspekte zu bedenken. Diesen kann dadurch begegnet werden, dass – nach Modell des Article 9 UCC – grundsätzlich nur Basis-Informationen einsehbar bleiben, so dass ein Ausgleich zwischen den wirtschaftlichen Interessen der Gläubiger und Dritter sowie den persönlichen und wirtschaftlichen Daten des Sicherungsgebers hergestellt werden kann.

Mit Blick auf die ähnlichen Entwicklungstendenzen einzelner europäischer Rechtsordnungen[1017], ist festzustellen, dass in den zu vergleichenden Rechtsordnungen im Wesentlichen die Anpassung der Publizitätsmaßnahmen diskutiert

1017 Vgl. *Kieninger*, AcP 208 (2008), 182, 207 ff.

wird, mit der die Modernisierung des Pfandrechts einhergeht. Die Überlegungen hierzu basieren auf der Einführung eines Registersystems. Hiermit ist die Vereinfachung der Verwertbarkeit verbunden, da durch die Registrierung die Prioritätenreihenfolge transparent gemacht wird. Dadurch wird ein mögliches Hindernis auf dem Weg zur Verwertung aufgehoben. Dies beschleunigt wiederum eine Verwertung zum aktuellen Marktwert, was insgesamt einen Anreiz zur regelmäßigen Vereinbarung einer Privatverwertung darstellen dürfte.

Eine praktische Erweiterung der Besicherung durch Mobilien wird im schweizerischen Recht nur über wesentliche Reformen erreicht werden können. Das bisher streng umgesetzte Faustpfandprinzip verhindert eine Vereinbarung von Mobiliarsicherheiten, da die Sicherungsgeber in der Regel auf den Besitz am Sicherungsgegenstand aus wirtschaftlichen Gründen nicht verzichten können. In der deutschen und türkischen Rechtsordnung wird ein Registersystem die bereits bestehenden praktischen Möglichkeiten von Mobiliarsicherheiten transparenter gestalten und somit eine erhöhte Rechtssicherheit bewirken. Sowohl für das deutsche als auch für das schweizerische Recht wird innerhalb des Registersystems eine Sonderrolle für das Sicherungsinstitut des Eigentumsvorbehalts in Betracht gezogen, die auch bei einer weiteren Reform des türkischen Rechts beachtet werden sollte.

D. Reformbedürftigkeit und Reformvorschläge: Ergebnisse

Die vorangehenden Ausführungen zeigen, dass in den untersuchten Rechtsordnungen erheblicher Reformbedarf im Bereich des Mobiliarsicherungsrechts besteht. Die Reformdiskussionen haben sowohl in den drei Rechtordnungen, als auch auf europäischer und internationaler Ebene zentral die Einführung eines Registersystems zum Gegenstand. Das Bedürfnis nach einem solchen Publizitätsmittel hat dabei durchaus unterschiedliche Gründe. In der Schweiz dient es in erster Linie zur Schaffung eines in der Praxis benötigten besitzlosen Sicherungsmittels. Dagegen würde es in Deutschland dazu beitragen, den nicht normierten besitzlosen Sicherungsmitteln eine gesetzliche Anknüpfung zu ermöglichen und vor allem eine Anerkennung der Sicherheiten in grenzüberschreitenden Fällen zu erleichtern. In der türkischen Rechtsordnung wurden praxisgerechte Lösungen im Bereich des Mobiliarsicherungsrechts erarbeitet, aber auch diese bedürfen noch weiterer Regelungen und Änderungen.

Etwaige Modelle aus dem internationalen und europäischen Rechtsraum dienen hierbei als Orientierung. Bei den dort erarbeiteten Modellen wird stets das mit Article 9 UCC umgesetzte Registersystem aufgegriffen. Wesentliche Merkmale sind der funktionale Ansatz im Hinblick auf ein einheitliches Sicherungsrecht, die Registrierung des Sicherungsrechts sowie die negative Publizitätswirkung des Eintrags. Auch die dort vorgesehenen Ausnahmen verdeutlichen, dass das Ziel eines Registersystems in einer möglichst einfachen Publizität besteht. Ist die Eintragungsprozedur unverhältnismäßig – wie im Fall des Konsumwarenkaufs – kann hierauf verzichtet werden.

Für das deutsche Mobiliarsicherungsrecht wird ebenfalls die Einführung eines Registersystems befürwortet. Langjährige Bedenken gegen ein Register werden durch den technischen Fortschritt, der ein sicheres Datensystem ohne erheblichen Aufwand ermöglicht, entkräftet. Aber auch das Bedürfnis nach einem transparenten – nicht einzellfallabhängigen – und modernem Kreditsicherungsrecht machen eine Verbesserung erforderlich. Zugunsten einer effizienten Vorgehensweise wird einer Reform auf nationaler Ebene insoweit der Vorzug gegeben, als etwaige Reform- bzw. Harmonisierungsbemühungen auf europäischer Ebene eine längere Umsetzungszeit in Anspruch nehmen. Hierbei sollen aber gerade die bisher erarbeiten europäischen und internationalen Lösungsmodelle entsprechend berücksichtigt und mit der Entwicklung eines Modellgesetzes verbunden werden. Durch ein solches paralleles Reformvorgehen wird ein modernes nationales Mobiliarsicherungsrecht geschaffen, das kompatibel mit internationalem Recht ist und den europäischen Vereinheitlichungsbemühungen dann auch gerecht werden kann.

In der schweizerischen Rechtsordnung fehlt derzeit ein praxistaugliches Mobiliarsicherungsrecht. Besitzlose Sicherungsrechte sind lediglich für immobilienähnliche Gegenstände vorgesehen. Ein Registrierungssystem bietet eine Lösung für das Publizitätsproblem, das bisher in der schweizerischen Rechtsordnung die Vereinbarung von besitzlosen Sicherungsrechten verhindert. Es kann auf eine einfache und effiziente Art die Publizität bewirken. Auf diesem Wege kann eine Angleichung zu vielen europäischen Rechtsordnungen erreicht werden, was im grenzüberschreitenden Wirtschaftsverkehr mithin erhebliche Vorteile bieten würde. Obwohl das Faustpfandprinzip in der schweizerischen Rechtsordnung bisher konsequent befolgt wurde, wird das Registersystem als Lösung wirtschaftlicher Nachteile grundsätzlich akzeptiert. Dies findet auch darin eine Bestätigung, dass sich die Idee der Registrierung von Mobiliarsicherheiten auf verschiedenen nationalen und internationalen Ebenen bewährt hat.

Auch im türkischen Mobiliarsicherungsrecht ist das Faustpfandprinzip das bestimmende Element. Dem Bedarf nach besitzlosen Sicherungsrechten wurde hier aber anders als im deutschen und schweizerischen Recht begegnet. Im deutschen Recht vollzog sich eine Fortentwicklung der bestehenden Sicherungsrechte, indem Sicherungsübereignungen durch Besitzkonstitut oder zahlreiche Sonderformen des Eigentumsvorbehalts zugelassen wurden. Die hier auftretenden Probleme, etwa durch Kollisionen mit anderen Sicherungsrechten, wurden durch die Rechtsprechung gelöst. Im schweizerischen Recht dagegen zeigt sich ebenfalls ein Bedarf nach besitzlosen Sicherungsrechten. Die Begründung derselbigen scheiterte jedoch immer wieder am strengen Faustpfandprinzip. Dies hat zwar den Vorteil, dass die rechtliche Bewertung stets klar und konsequent vorgenommen werden kann. Die hierdurch gebotene Rechtssicherheit kompensiert aber nicht den wirtschaftlichen Bedarf nach einem praxistauglichen Sicherungsrecht. Im türkischen Recht wurde dagegen ein „Mittelweg" gewählt. Das Faustpfandprinzip hat weiterhin Geltung, aber dort wird nicht auf besitzlose Sicherungsrechte verzichtet. Mit dem kaufmännischen Unternehmenspfandrecht und dem Pfandrecht an Kraftfahrzeugen wurden zwei wesentliche Mobiliarhypotheken entwickelt und somit jeweils ein wirtschaftlich wichtiges Sicherungsmittel für Unternehmer sowie Verbraucher geschaffen. Die Publizität beider Sicherungsmittel wird durch ein Registersystem gewährleistet.

Während die Registrierung des Unternehmenspfandrechts im Handelsregister erfolgt und eine eingeschränkte positive Publizität bewirkt, kommt dem Fahrzeug-Pfandrecht eine negative Publizitätswirkung zu. Letzteres entspricht aber gerade den Lösungsmodellen nach Vorbild des Registersystems in Article 9 UCC. Diese Art der Registrierung hat den Vorteil, dass der Aufwand der Registrierung möglichst gering gehalten, gleichzeitig aber die Publizität eines besitzlosen Sicherungsrechts erreicht wird. Kollisionen mit Sicherungsrechten anderer Art oder anderer Gläubiger werden durch das Prinzip der Alterspriorität behoben. Zudem entspricht das elektronische Informationssystem, das der Kenntnisnahme von bestehenden Sicherungsrechten dient, einem effizienten Registrierungsverfahren wie es auf europäischer und internationaler Ebene angestrebt bzw. teilweise bereits praktiziert wird. Der für das türkische Recht gewählte „Mittelweg" entspricht somit in seinen wesentlichen Grundzügen einem modernen Mobiliarsicherungsrecht, das in seiner fortschrittlichen Umsetzung einer Optimierung in einzelnen Details bedarf. So ist bspw. die in Art. 940 Abs. 2 TZGB vorgesehene Verordnung noch zu erlassen, um die näheren Voraussetzungen des Fahrzeug-Pfandrechts zu konkretisieren. Eine Eintragung des Sicherungsrechts in die Fahrzeugpapiere nach dem Vorbild des § 9-311(a) (2) UCC ist indes für das türkische Recht nicht empfehlenswert, da die Erfassung in einer elektronischen Datenbank mehr Vorteile bietet. Vielmehr kann und sollte das bestehende elektronische Informationssystem dazu genutzt werden, dies im Hinblick auf die Schaffung eines zentralen Erfassungssystems für Mobiliarsicherheiten auszubauen, um eine weitgehende Besicherung von Mobilien zu ermöglichen, ohne dass eine Besitzaufgabe und damit wirtschaftliche Einbußen verbunden sind. Gleichzeitig kann aber durch die Publizität der bestehenden Sicherungsinstitute ein höheres Maß an Rechtssicherheit gewährleistet werden, so dass grundlegende Anforderungen an ein modernes Kreditsicherungsrecht erfüllt werden können.

Gesamtergebnis

A. Gegenstand der Untersuchung und Begriffsabgrenzung

Gegenstand der Untersuchung sind die Realsicherheiten des Mobiliarsachenrechts in der deutschen, schweizerischen und türkischen Rechtsordnung. Bereits die zu Beginn vorgenommene Begriffsabgrenzung zeigt, dass keine Legaldefinition der Begriffe „Kredit-", „Real-" und „Mobiliarsicherheiten" existiert. Im Rahmen dieser Bearbeitung werden die Realsicherheiten im engeren Sinne verstanden. Erfasst sind die Sachsicherheiten ohne die Rechtssicherheiten, um den Fokus auf die beweglichen Gegenstände und die damit verbundenen Besonderheiten, mithin auf die Mobiliarsicherheiten, zu richten.

Für die Untersuchung ist ferner richtungsweisend, dass es sich bei dem Bereich des Kreditsicherungsrechts um ein vielschichtiges Thema mit Schnittstellen zu verschiedenen Rechtsgebieten handelt. Wesentlich ist hierbei das Sachenrecht, aber auch das Recht der Schuldverhältnisse aufgrund der schuldrechtlichen Sicherungsabreden. Schließlich zeigt sich die Qualität (Durchsetzbarkeit) des vereinbarten Sicherungsrechts im Rahmen der Zwangsvollstreckung bzw. im Insolvenzverfahren, so dass die entsprechenden Rechtsgebiete ebenfalls berücksichtigt sind.

B. Historische Grundlagen

Die Darstellung der historischen Grundlagen bestätigt, dass die hier behandelten Mobiliarsicherheiten – das Pfandrecht, der Eigentumsvorbehalt sowie die Sicherungsübereignung – in den drei verglichenen Rechtsordnungen seit jeher verankert sind, aber auch unterschiedliche Entwicklungen vollzogen haben. An dieser Stelle sind zum einen die Kodifikationen im BGB im Jahre 1900 und im ZGB im Jahre 1912 für das deutsche und schweizerische Recht, zum anderen die Rezeption des schweizerischen ZGB im Jahre 1926 für das türkische Recht besonders zu erwähnen. Diese bilden unter Berücksichtigung der gesetzlichen

Änderungen und ergangenen Rechtsprechung die Basis für die vorliegende Untersuchung.

C. Pfandrecht

Das Grundmodell der Sicherungsrechte, das Pfandrecht, ist in Deutschland, der Schweiz und in der Türkei weitgehend gleich ausgestaltet. Bei dem Pfandrecht handelt es sich um ein Verwertungsrecht des Pfandnehmers, das er geltend machen kann, wenn der Verpfänder die zu sichernde Forderung nicht erfüllt. Bei den wesensbestimmenden Merkmalen gibt es in den drei Rechtsordnungen kaum nennenswerte Unterschiede. Hierbei steht das Faustpfandprinzip für das Pfandrecht selbst, aber auch für das Mobiliarsicherungssystem im Vordergrund. Dieses Prinzip sieht vor, dass der Verpfänder vollständig den unmittelbaren Besitz am Pfandgegenstand aufgibt und zumindest den mittelbaren Besitz auf den Pfandnehmer überträgt. Ziel und Zweck des Faustpfandprinzips bestehen zum einen darin, den Schuldner daran zu hindern, Verfügungen über den Pfandgegenstand vorzunehmen, die das Sicherungsrecht des Pfandnehmers beeinträchtigen können. Ferner ist der Schutz Dritter beabsichtigt, damit durch einen fortgeführten unmittelbaren Besitz am Pfandgegenstand keine falschen Rückschlüsse auf die Vermögensverhältnisse und somit auf die Kreditwürdigkeit des Schuldners gezogen werden können. Die Veränderung der Besitzverhältnisse dient als Publizitätsmittel. Wird ausnahmsweise auf die Besitzübertragung verzichtet, ist die Publizität durch ein anderes Mittel zu gewährleisten.

Ein für das Pfandrecht weiteres wesentliches Merkmal ist die Akzessorietät zwischen der Forderung und dem Sicherungsrecht. Das Verwertungsrecht des Pfandnehmers gilt nur dann, wenn der Verwertungsfall eintritt. Bleibt dieser infolge der Erfüllung der Sicherungsforderung aus, bedarf es des Pfandrechts nicht weiter. Erlischt die zu sichernde Forderung, erlischt auch das Pfandrecht. Das Prioritätsprinzip ist ebenfalls maßgeblich, da es sich gerade im Verwertungsfall auswirkt. Denn hieraus leitet sich ab, welches dingliche Recht im Rahmen der Verwertung Vorrang genießt. Diese grundlegenden Merkmale sind in allen drei Rechtsordnungen gleichermaßen von Bedeutung.

Unterschiede zeigen sich aber in den für die Begründung des Pfandrechts wesentlichen Prinzipien. Während für das deutsche Zivilrecht das Abstraktionsprinzip maßgeblich ist, gilt im schweizerischen Recht das Kausalitätsprinzip. Im türkischen Recht dagegen finden beide Variationen Befürworter. Dies hat zur Folge, dass – je nach Abstraktions- bzw. Kausalitätsprinzip – ein Vindikationsanspruch oder ein Herausgabeanspruch aus ungerechtfertigter Bereicherung besteht, wenn das zugrundeliegende Kausalgeschäft unwirksam ist.

Aus dem Faustpfandprinzip resultiert auch, dass die Übertragung des unmittelbaren Besitzes nicht durch die Vereinbarung eines Besitzmittlungsverhältnisses, infolge dessen der Verpfänder im Besitz des Pfandgegenstandes verbleibt, ersetzt werden kann. Im schweizerischen und türkischen Recht ist dies ausdrücklich in Art. 717 ZGB bzw. Art. 766 TZGB normiert und verbietet darüber hinaus auch etwaige Vereinbarungen, die der Umgehung dienen könnten. Diese Vorschriften bezwecken den uneingeschränkten Anwendungsbereich des Faustpfandprinzips und bilden eine wesentliche Grundlage für das gesamte Mobiliarsicherungssystem. Denn auch die Wirksamkeit anderer Sicherungsgeschäfte misst sich an diesen Vorschriften.

An die Besitzübertragung des Pfandgegenstandes auf einen Dritten werden unterschiedliche Anforderungen geknüpft. Nach der deutschen Rechtsprechung ist maßgeblich, dass der Besitz des Dritten auf ein konkretes Besitzmittlungsverhältnis zurückgeführt werden kann und der Verpfänder die Sachgewalt am Pfandgegenstand tatsächlich aufgegeben hat.

Die türkische Rechtsprechung dagegen ließ weniger Anforderungen genügen und akzeptierte selbst eine Überlassung des Besitzes durch den Dritten an den Verpfänder. Damit ebnete sie den Weg für eine neue Mobiliarhypothek, die für die Verwendung von Kraftfahrzeugen als Sicherungsgegenstand genutzt wurde. Mit dieser Auslegung des Art. 891 TZGB a.F. (Art. 978 TZGB) erklärte der Kassationshof zugunsten der kreditgebenden Banken zahlreiche Verpfändungen von Fahrzeugen für wirksam, bei denen nach Abschluss einer schriftlichen Pfandvereinbarung der Besitz am Pfandgegenstand zunächst pro forma an einen Treuhänder übertragen und dann dem Verpfänder überlassen wurde. Mit der Reform im Jahre 2002 wurde diese Vorgehensweise durch Art. 940 Abs. 2 TZGB unter der Bedingung einer Eintragung des Pfandrechts im Straßenverkehrsregister normiert. Zwar sind nach dem Wortlaut der Vorschrift von dieser Ausnahme im Allgemeinen *„registerpflichtige"* Gegenstände erfasst, hierbei handelt es sich in der Anwendungspraxis jedoch vornehmlich um die nach Art. 19 TStVG zu registrierenden Kraftfahrzeuge. Letztlich wurde die Regelung des Art. 940 Abs. 2 TZGB eingeführt, um die von den Banken praktizierte Kreditvergabe gesetzlich zu legitimieren. Neben dem Registerpfandrecht nach Art. 940 Abs. 2 TZGB kommt dem kaufmännischen Unternehmenspfandrecht, wonach an einem gesamten Unternehmen ein Pfandrecht durch notarielle Beurkundung und Eintragung im Handelsregister begründet werden kann, eine wesentliche Bedeutung in der Praxis zu. Dieses ist besonders für Unternehmer in der

„Bewährungsphase" ein wirtschaftlich wichtiges Instrument, um erforderliche Kredite zu besichern. Dagegen sind in der Schweiz und in Deutschland nur einzelne Ausnahmen vorgesehen, die die Publizität eines besitzlosen Pfandrechts durch Registrierung ermöglichen. Bei diesen handelt es sich generell um immobilienähnliche Gegenstände.

Die durch das Pfandrecht begründeten Rechte und Pflichten beinhalten insbesondere das Besitzrecht des Pfandnehmers und dessen Verwertungsrecht bei Eintritt des Verwertungsfalls. Daneben ist das Herausgaberecht des Verpfänders bei Erfüllung der Sicherungsforderung zu nennen. Das Pfandrecht erlischt grundsätzlich, wenn der Besitz am Pfandgegenstand auf den Verpfänder (dauerhaft) zurück übertragen wird.

Sowohl nach der deutschen, schweizerischen als auch nach der türkischen Rechtsordnung ist eine Verwertung durch den Gerichtsvollzieher oder einen privaten Verkauf unter Beachtung des *lex-commissoria*-Verbots möglich.

Im Rahmen einer Zwangsvollstreckung des Verpfänders ist das Pfandrecht des Pfandnehmers zu berücksichtigen. Dies erfolgt in Deutschland durch das Recht des Pfandgläubigers auf vorzugsweise Befriedigung gemäß § 805 ZPO. Im schweizerischen und türkischen Recht ist der verpfändete Gegenstand nach Art. 95 Abs. 3 SchKG bzw. Art. 85 Abs. 2 Satz 1 TZVG zum Schluss der Zwangsvollstreckung zu berücksichtigen. Aber auch umgekehrt findet das Eigentumsrecht des Verpfänders in der Zwangsvollstreckung gegen den Pfandnehmer in Form eines Drittwiderspruchsklagerechts gemäß § 771 ZPO bzw. eines Widerspruchsrechts nach Art. 106 SchKG bzw. eines Rechts auf Herausgabeklage nach Art. 97 Abs. 1 TZVG entsprechenden Schutz.

In der Insolvenz des Verpfänders sichert das Pfandrecht dem Pfandnehmer ein Recht auf abgesonderte Befriedigung nach § 50 Abs. 1 InsO. Im schweizerischen und türkischen Recht wird die gesicherte Forderung aus dem Erlös des Pfandgegenstandes nach Art. 198, 219 Abs. 1, 232 Zf. 4, 262 Abs. 2 SchKG bzw. Art. 185 Abs. 1, 206 Abs. 1, 248 Satz 2 TZVG bevorzugt befriedigt.

Das Aussonderungsrecht des Verpfänders in der Insolvenz des Pfandgläubigers ist gemäß § 47 InsO davon abhängig, ob der Pfandgläubiger weiterhin ein Besitzrecht hat. Im schweizerischen und türkischen Recht ist das Aussonderungsrecht in Art. 242 SchKG bzw. Art. 228 Abs. 2 TZVG geregelt.

Für die gesetzlichen Pfandrechte ist das Retentionsrecht im schweizerischen und türkischen Recht zu nennen. Daneben sind in den drei Rechtsordnungen die sonstigen gesetzlichen Pfandrechte dadurch gekennzeichnet, dass die Pfandgegenstände aufgrund eines Vertragsverhältnisses in den Herrschaftsbereich des Gläubigers eingebracht werden.

Insgesamt ist für das Pfandrecht, dem Grundmodell der Mobiliarsicherheiten, festzuhalten, dass es im deutschen, schweizerischen und türkischen Mobiliarsicherungsrecht weitgehend ähnlich geregelt ist. Das Faustpfandprinzip gibt die wesentlichen Anforderungen an die Gestaltung des Pfandrechts vor. Im türkischen Recht sind mit dem Registerpfandrecht an Kraftfahrzeugen nach Art. 940 Abs. 2 TZGB und dem kaufmännischen Unternehmenspfandrecht praxistaugliche Ausnahmen zum Faustpfandprinzip zugelassen worden, die einen weiten Anwendungsbereich sowohl auf Ebene der Verbraucher als auch auf Ebene der Unternehmer eröffnen.

D. Sicherungsübereignung

Bei der Sicherungsübereignung wird auf Grundlage eines Vertrauensverhältnisses zwischen Sicherungsgeber und Sicherungsnehmer eine fiduziarische Eigentumsübertragung vorgenommen. Der Sicherungsnehmer kann hierbei im Außenverhältnis mit Wirkung gegenüber Dritten über den Sicherungsgegenstand verfügen. Im Innenverhältnis zum Sicherungsgeber ist er dazu verpflichtet, sich an die auferlegten Beschränkungen zu halten, bei deren Verletzung er schadensersatzpflichtig ist. Insofern liegt dem Begriff der Fiduziarität in den untersuchten Rechtsordnungen das gleiche Verständnis zugrunde. Somit gibt es auch keine Unterschiede, was die inhaltlichen Verpflichtungen aus der Sicherungsabrede betrifft. Das Sicherungseigentum endet, wenn die zu sichernde Forderung erfüllt wird, so dass dem Sicherungsgeber ein schuldrechtlicher Herausgabeanspruch gegen den Sicherungsnehmer zusteht. Auch die Verwertung vollzieht sich in den drei Rechtsordnungen ähnlich. Hinsichtlich des Verbots der Verfallsvereinbarung stimmen sie im Ergebnis darin überein, dass ein den Wert der Sicherungsforderung übersteigender Erlös an den Sicherungsgeber herauszugeben ist.

Die rechtlichen Ansätze zeigen aber auch durchaus Unterschiede auf, die von wesentlicher Bedeutung für die jeweiligen Kreditsicherungssysteme insgesamt sind. Diese beruhen auf der unterschiedlichen Anwendung des Faustpfandprinzips. Besonders deutlich wird dies an der Sicherungsübereignung mittels Besitzkonstituts. Im schweizerischen Recht ist diese gemäß Art. 717 Abs. 1 ZGB nicht zulässig, da sie als Vereinbarung zur Umgehung der Pfandrechtsvorschriften gilt. Im deutschen Recht dagegen ist diese Ausgestaltung zulässig und von hoher wirtschaftlicher Bedeutung, da hierdurch eine besitzlose Besicherung verschiedener Mobilien ermöglicht wird. Problematisch ist aber, dass das Sicherungsrecht nicht die Publizitätsanforderungen erfüllt. Um so mehr ist im deutschen Recht der Bestimmtheits- und Spezialitätsgrundsatz von wesentlicher Bedeutung, um auf diesem Wege einer „Aushöhlung“ des Schuldnervermögens vorzubeugen. Aufgrund des Umgehungsverbots im schweizerischen Recht nach Art. 717 Abs. 1 ZGB wird durch die erforderliche Besitzübertragung die übergebene Sache als Sicherungsgegenstand konkretisiert, so dass für eine genauere Bestimmung der Spezialitätsgrundsatz nicht näher hinzugezogen werden muss. Das Faustpfandprinzip wird streng angewendet, so dass die Anforderungen an die Publizität und Spezialität mit der Besitzübertragung des konkreten Sicherungsgegenstandes erfüllt werden.

Im türkischen Recht sind nach Art. 766 Abs. 1 Satz 2 TZGB solche Vereinbarungen, durch die der Veräußerer im Besitz des Gegenstandes verbleibt, unwirksam, wenn sie der Schädigung Dritter oder der Umgehung der Pfandrechtsvorschriften dienen. Nach der hier vertretenen Ansicht verbietet diese Regelung nicht jede Sicherungsübereignung durch Besitzkonstitut. Vielmehr ist gemäß Art. 766 Abs. 2 i.V.m. Art. 4 TZGB maßgeblich, ob eine entsprechende Drittschädigungs- oder Umgehungsabsicht festgestellt werden kann. Im Unterschied zum türkischen und schweizerischen Recht wird im deutschen Recht die Unwirksamkeit einer Sicherungsübereignung am Maßstab des § 138 BGB gemessen, wonach eine sittenwidrige Vereinbarung vorliegen müsste. Dies bedeutet, dass – im Gegensatz zum schweizerischen Recht – besonders hohe Anforderungen an die Unwirksamkeit gestellt werden. In der Praxis spiegelt sich dies entsprechend wider. Während die Sicherungsübereignung mittels Besitzkonstituts in Deutschland als ein wirtschaftlich wichtiges Sicherungsmittel verbreitet Anwendung findet, macht sich in der Schweiz ein deutlicher Mangel an besitzlosen – und praxistauglichen – Sicherungsmitteln bemerkbar.

Auch wird der Begriff des Sicherungseigentums in den Rechtsordnungen teilweise unterschiedlich ausgelegt. Im schweizerischen und türkischen Mobiliarsicherungsrecht wird für eine weitere rechtliche Bewertung der Sicherungsübereignung die im Außenverhältnis geltende Stellung des Sicherungsnehmers als Maßstab angesetzt. Dies entspricht der Vollrechtstheorie. Der Sicherungsnehmer gilt in der Zwangsvollstreckung und in der Insolvenz bzw. im Konkurs als Eigentümer des Sicherungsgegenstandes, so dass kein Ab- oder Aussonderungsrecht des Sicherungsgebers besteht. Dass die Eigentumsübertragung auf einer fiduziarischen Grundlage vorgenommen wurde, wird nicht berücksichtigt. Im deutschen Recht dagegen wird zwischen dem formalen und wirtschaftlichen Eigentümer unterschieden. Entsprechend stehen sowohl dem Sicherungsnehmer, als auch dem Sicherungsgeber jeweils in der Zwangsvollstreckung gegen den anderen ein die Veräußerung hinderndes Recht nach § 771 ZPO zu. In der Insolvenz des

Sicherungsgebers besteht ein Absonderungsrecht des Sicherungsnehmers nach § 51 Nr. 1 InsO. Umgekehrt hat der Sicherungsgeber in der Insolvenz des Sicherungsnehmers ein Aussonderungsrecht nach § 47 InsO. Auf dieser Grundlage ist die Sicherungsübereignung ein besonders geeignetes Mobiliarsicherungsrecht. Denn hierbei handelt es sich um das Eigentumsrecht an einer Sache und somit um das umfassendste dingliche, da absolute Recht, das übertragen werden kann. Trotzdem wird die wirtschaftliche Eigentümerstellung des Sicherungsgebers weiterhin berücksichtigt, so dass die Gefahr, das Eigentum am Sicherungsgegenstand zu verlieren, verringert ist. Die Übertagung des vollständigen Eigentumsrechts wird damit kompensiert, dass der Aspekt der Fiduziarität nicht außer Acht gelassen wird. Die Interessen der Parteien werden dadurch ausgeglichen. Dies stellt für die Praxistauglichkeit des Sicherungsmittels ein wichtiges Kriterium dar.

E. Eigentumsvorbehalt

Die inhaltliche Gestaltung des Eigentumsvorbehalts ist in den drei Rechtsordnungen weitgehend ähnlich geregelt. Durch die Vereinbarung des Eigentumsvorbehalts verbleibt das Eigentumsrecht beim Veräußerer bis die Kaufpreiszahlung vollständig erbracht wird. Im Gegenzug hat der Käufer ein Besitzrecht an der Vorbehaltsware und ist vor Verfügungen, die während der Schwebezeit vorgenommen werden und seine Rechte beeinträchtigen, geschützt, indem diese gemäß § 161 Abs. 1 Satz 1 BGB bzw. Art. 152 Abs. 3 OR bzw. Art. 150 Abs. 3 OGB (Art. 171 Abs. 3 OGB n.F.) für unwirksam erklärt werden. Der Käufer erwirbt ein Anwartschaftsrecht, das sich mit vollständiger Erfüllung des Kaufpreises in ein Eigentumsrecht umwandelt. Der Verkäufer kann dagegen von seinem Rücktritts- und Herausgaberecht nach §§ 449 Abs. 2, 346 Abs. 1, § 985 BGB bzw. Art. 716 ZGB, Art. 214 OR bzw. Art. 764, 765 TZGB, Art. 223 Abs. 2 OGB (Art. 260 Abs. 1 Satz 1 OGB n.F.) Gebrauch machen, wenn die Zahlung bis zum vereinbarten Zeitpunkt ausbleibt. Der Eigentumsvorbehalt sichert damit, dass bei einer Nichterfüllung der gesicherten Forderung eine Rückabwicklung der gewährten Leistung vorgenommen wird und das Eigentumsrecht beim Verkäufer verbleibt.

Aber auch für den Eigentumsvorbehalt sind in den drei Rechtsordnungen unterschiedliche Regelungen vorgesehen, die für das jeweilige Mobiliarsicherungsrecht bezeichnend sind.

Ein wesentliches Kriterium ist hierbei der konstitutive Registereintrag im schweizerischen und türkischen Recht. Die Registrierung ersetzt die Besitzübertragung, die beim Pfandrecht und den anderen Mobiliarsicherheiten im Sinne des Faustpfandprinzips nach Art. 717 Abs. 1 ZGB bzw. Art. 766 Abs. 1 Satz 2 TZGB grundsätzlich erforderlich ist. Der Eigentumsvorbehalt stellt damit eine – ausnahmsweise zulässige – besitzlose Mobiliarsicherheit dar, bei dem die Publizität durch eine Registrierung gewährleistet wird. Während im schweizerischen Recht die Registrierung bei einer öffentlichen Vollstreckungsbehörde in einem Eigentumsvorbehaltsregister vorgenommen wird, erfolgt sie im türkischen Recht bei einem Notar. Dem Eintrag kommt negative Publizitätswirkung zu, was beim Eintragungsverfahren eine Prüfung der materiellen Rechtlage entbehrlich macht. Die örtliche Zuständigkeit richtet sich in beiden Rechtsordnungen nach dem Wohnort des Vorbehaltskäufers. Grundsätzlich ist die Registrierung einer Mobiliarsicherheit zu Publizitätszwecken sinnvoll, aber beim Eigentumsvorbehalt, der regelmäßig auch bei einer Ratenkaufzahlung von Konsumwaren vereinbart wird, erscheint der Aufwand einer Eintragung in einem lokalen Register unverhältnismäßig. Dies wird auch dadurch bestätigt, dass die Vereinbarung eines Eigentumsvorbehalts in der Schweiz und in der Türkei im Vergleich zu Deutschland weniger genutzt wird. Denn nach deutschem Recht ist für die wirksame Begründung keine Registrierung vorgesehen. Somit wird der Eigentumsvorbehalt als weiteres besitzloses, aber auch publizitätsloses Sicherungsmittel genutzt. Dies hat aber die Praxis nicht daran gehindert, zahlreiche Sonderformen zu entwickeln, die zur Sicherung von wirtschaftlich hochwertigen Gütern vereinbart werden können. Solche Entwicklungen sind im schweizerischen und damit auch im türkischen Recht ausgeblieben. Dies ist teils auch auf die unterschiedliche Behandlung des Eigentumsvorbehalts in der Zwangsvollstreckung und Insolvenz zurückzuführen.

Im deutschen Recht können Käufer und Verkäufer jeweils in der Zwangsvollstreckung gegen den anderen ein die Veräußerung hinderndes Recht nach § 771 ZPO geltend machen. Im schweizerischen und türkischen Recht kann der Eigentumsvorbehalt nur dann Berücksichtigung finden, wenn die Registrierung vorgenommen worden ist. In der Zwangsvollstreckung gegen den Käufer wird der Verkäufer wie ein Pfandgläubiger behandelt, so dass er Widerspruchsklage nach Art. 107 Abs. 5 SchKG erheben kann. Ein solches Recht steht dem Käufer aber in der umgekehrten Fallkonstellation – in einer Zwangsvollstreckung gegen den Verkäufer – nicht zu. Die Vorbehaltsware gehört vielmehr grundsätzlich zur Vollstreckungsmasse, jedoch steht dem Vorbehaltskäufer auch ein Besitzrecht zu. Im türkischen Recht kann der Vorbehaltsverkäufer in der Zwangsvollstreckung gegen den Käufer auch ein Herausgaberecht nach Art. 96 TZVG bzw. bei Verzicht auf das Auflösungsrecht ein vorrangiges Befriedigungsrecht geltend machen. Für die Zwangsvollstreckung gegen den Verkäufer gilt das gleiche wie im schweizerischen Recht.

In der Insolvenz des Käufers steht dem Verkäufer gemäß §§ 47, 48 InsO nach Ausübung seines Rücktrittsrechts ein Aussonderungsrecht zu. Umgekehrt kann sogar der Käufer in der Insolvenz gegen den Verkäufer auf Grund der Insolvenzfestigkeit des Anwartschaftsrechts gemäß § 107 Abs. 1 Satz 1 InsO die Kaufvertragserfüllung verlangen. Dies verschafft dem Vorbehaltskäufer im deutschen Recht eine besonders geschützte Rechtsposition, was die Praxistauglichkeit des Sicherungsrechts erhöht.

Im schweizerischen und türkischen Recht steht dem Verkäufer in der Insolvenz des Käufers bei einer wahlweisen Rückabwicklung durch die Insolvenzverwaltung ein Aussonderungsrecht nach Art. 197, 211 Abs. 3, Art. 242 Abs. 2 und 3 SchKG bzw. ein Auflösungsrecht nach Art. 715 TZGB, Art. 222 f OGB (Art. 259 f. OGB n.F.) zu. Dagegen ist in der Insolvenz gegen den Verkäufer die Vorbehaltsware der Insolvenzmasse nach Art. 197 SchKG bzw. 184 TZGV zuzuordnen.

Die nach der deutschen Rechtsordnung geschützte Rechtsposition beider Parteien trägt dazu bei, dass der Eigentumsvorbehalt in der Praxis regelmäßig vereinbart wird. Denn er bewährt sich auch in der Zwangsvollstreckung und in der Insolvenz als ein zuverlässiges Sicherungsmittel sowohl für den Sicherungsgeber als auch für den Sicherungsnehmer. Weniger vorteilhaft ist dagegen die fehlende Publizität dieses Sicherungsinstitutes. Dagegen mangelt es im schweizerischen und türkischen Recht an einem vergleichbaren Schutz in der Zwangsvollstreckung und in der Insolvenz. Insgesamt ist an dieser Stelle festzuhalten, dass in allen untersuchten Rechtsordnungen Mängel bestehen, um die Sicherungsbedürfnisse der Praxis ideal und vollumfänglich befriedigen zu können.

F. Reformvorschläge und Würdigung

Der Vergleich der Mobiliarsicherheiten zeigt, dass die zur Verfügung stehenden Sicherungsmittel nicht uneingeschränkt den Anforderungen der Praxis gerecht werden. Das Erfordernis der Publizität, das in den einzelnen Rechtsordnungen unterschiedlich ausgeprägt ist, soll die Rechtssicherheit schützen, ist aber – wie im deutschen Recht – gar nicht oder – wie im schweizerischen Recht – durch die strenge Umsetzung des Faustpfandprinzips „übermäßig" gewährleistet. Während im deutschen Recht daher besitz- und publizitätslose Sicherungsrechte im internationalen Rechtsverkehr auf Anerkennungsschwierigkeiten stoßen, ist es im schweizerischen Recht gerade problemtisch, dass die mit dem Faustpfandprinzip verbundene zwingende Besitzübertragung für den Sicherungsgeber wirtschaftliche Einbußen hervorruft. Der mit der Publizität verfolgte Zweck, die bestehenden Sicherungsrechte und damit rechtlichen Belastungen an einem Vermögensgegenstand für Dritte kenntlich zu machen, ist in noch stärkeren Einklang mit den wirtschaftlichen Interessen der Sicherungsgeber zu bringen. Als Konkretisierung des Publizitätsprinzips basiert das Faustpfandprinzip zwar auf dem Gedanken, der Besitz an einem Gegenstand ließe auf die rechtmäßigen Eigentumsverhältnisse schließen. Jedoch trifft diese Annahme kaum noch zu. Denn die modernen Strukturen des globalen Wirtschaftsmarktes sind von zahlreichen Finanzierungsalternativen gekennzeichnet, die den Charakter eines strikt zweiseitigen Rechtsgeschäftes zwischen Sicherungsgeber und Sicherungsnehmer nicht mehr als Regelfall abbilden.

Das türkische Mobiliarsicherungsrecht beschreitet einen „Mittelweg", indem es neben dem Besitz verstärkt eine Publizität durch eine Registrierung des Mobiliarsicherungsrechts ermöglicht. Von besonderer praktischer Bedeutung sind hierbei das kaufmännische Unternehmenspfandrecht nach dem UntPfG sowie das Kraftfahrzeugpfandrecht nach Art. 940 Abs. 2 TZGB. Diese beiden besitzlosen Mobiliarsicherheiten zeichnen sich dadurch aus, dass sie einen weiten Anwendungsbereich sowohl zur Sicherung von Unternehmens- als auch von Verbraucherkrediten eröffnen. Die positive Publizitätswirkung des Handelsregisters nach Art. 39 THGB (Art. 36 Abs. 3 und 4 THGB n.F.) gilt nach Art. 9 Abs. 2 UntPfG auch für das kaufmännische Unternehmenspfandrecht an Gegenständen, die sich innerhalb des Registerbezirks befinden. Hierbei ist zu berücksichtigen, dass bei der Begründung des Pfandrechts eine notarielle Beurkundung aufgenommen wird, insofern also eine materielle Prüfung gewährleistet ist. Beim Kraftfahrzeugpfandrecht ist dies nicht der Fall. Folge dessen ist „lediglich" eine negative Publizitätswirkung, wobei die Begründung des Pfandrechts aber einen geringen Zeit- und Kostenaufwand verursacht und damit zeitnah vollzogen werden kann. Zudem kann jedermann über das Internet Einsicht in das Verkehrsregister nehmen. So wird die zugunsten eines vereinfachten Registrierungsverfahrens in Kauf genommene negative Publizitätswirkung durch eine möglichst einfache Form der tatsächlichen Kenntnisnahme kompensiert.

Diesem Registrierungsverfahren liegt das im Modell des Article 9 UCC verankerte *notice-filing*-System zugrunde, wonach nur einzelne Basisdaten über das Sicherungsgeschäft aufgenommen und öffentlich gemacht werden, so dass die Registrierung als Hinweis für ein bestehendes Sicherungsrecht an Vermögensgegenständen des Sicherungsgebers dient. Die Registrierung erfolgt in einem zentralen Register, aus dem jegliche Mobiliarsicherheiten ersichtlich sind. Mit der Registrierung wird die Drittwirksamkeit des Sicherungsrechts weiteren Gläubigern gegenüber gewährleistet. Teilweise wird auch auf eine Registrierung – wie im Bereich des Konsumwarenkaufs – verzichtet. Dieses Registrierungsmodell diente als Vorlage für Lösungen auf europäischer und internationaler Ebene auf dem Weg zur Gestaltung eines Kreditsicherungsrechts, das den Bedürfnissen der modernen Wirtschaft weitgehend angepasst ist. Für das EBRD-Modellgesetz oder das Kapstadt-Übereinkommen konnte dies bereits erfolgreich umgesetzt werden. Aber auch der Gesetzgebungsleitaden von UNCITRAL und der DCFR sehen die Einführung eines zentralen Registers für Mobiliarsicherheiten vor. Diese Entwicklungen bestätigen, dass eine Registerlösung – auch aufgrund des technischen Fortschritts bei der Handhabung dieser Systeme – die langjährigen Hindernisse im Bereich des Mobiliarsicherungsrechts sowohl in nationalen als auch internationalen Rechtsordnungen beheben kann. Da eine Harmonisierung des europäischen Rechts kurzfristig nicht erfolgen wird, ist bereits zuvor eine Reform der nationalen – einschließlich der hier verglichenen – Rechtsordnungen erstrebenswert. Hierdurch sind praxisgerechte Sicherungsmittel zur Verfügung zu stellen, um wettbewerbsfähige Rechtsgeschäfte auf dem europäischen Markt ermöglichen zu können. Durch ein zentrales Register für Mobiliarsicherheiten können besitzlose Sicherungsinstitute geschaffen werden, die sowohl die Anforderungen an die Publizität erfüllen als auch eine Anerkennung in grenzüberschreitenden Sachverhalten vereinfachen.

Im türkischen Recht ist bereits mit der Einführung praxisrelevanter Registerpfandrechte der Weg für ein zeitgemäßes Mobiliarsicherungsrecht unter Einbeziehung eines elektronischen Informationssystems beschritten worden. Dieses eignet sich auch für den Ausbau zu einem zentralen Erfassungssystem für Mobiliarsicherheiten, um eine weitgehende besitzlose Besicherung von Mobilien zu ermöglichen. Gleichzeitig kann aber durch die Publizität der bestehenden Sicherungsrechte die erforderliche Rechtssicherheit gewährleistet werden, so dass grundlegende Anforderungen an ein modernes – europäisches – Kreditsicherungsrecht erfüllt werden können. Voraussetzung hierfür wäre insbesondere, dass das bestehende Erfassungssystem der Vielgestaltigkeit notwendiger Sicherungssachverhalte angepasst wird und diese einer praxisrelevanten Lösung zuführt.

Literaturverzeichnis

Akipek, Jale: Türk Eşya Hukuku (Aynî Haklar), 1. Bd.: Zilyetlik ve Tapu Sicili, 2. Auflage, Ankara 1972.

Akseli, N. Orkun: International Secured Transactions Law – Facilitation of credit and international conventions and instruments, London/New York 2011.

Altorfer, Peter: Die Mobiliarhypothek, Ein Beitrag zur Reform des Fahrnispfandrechts, Zürich 1981.

Ammon, Kurt/Gasser, Dominik: Grundriss des Schuldbetreibungs- und Konkursrechts, 6. Auflage Bern 1997.

Ansay, Sabri Şakir: Türk Hukuk Tarihinde İslâm Hukuku, 4. Auflage, Ankara 2002.

Arslanlı, Halil: Ticari Bey, 4. Auflage, İstanbul 1955.

Ayanoğlu Moralı, Ahu: Mülkiyet Hakkının Teminat Amaçlı Devrine Yönelik İnançlı İşlemler, İstanbul 2006 (zitiert: *Ayanoğlu Moralı,* Teminat).

dies.: Mülkiyeti Saklı Tutma Kaydının Anlamı ve Teminat Fonksiyonu, Prof. Dr. Erden Kuntalp´e Armağan, Bd. I, S. 407–424, İstanbul 2004 (zitiert: *Ayanoglu Moralı*, FS Kuntalp).

Aybay, Aydın/Hatemi, Hüseyin: Eşya Hukuku, 2. Auflage, İstanbul 2010.

Aydın, M. Âkif: Türk Hukuk Tarihi, 7. Auflage, İstanbul 2009.

Bamberger, Heinz Georg/Roth, Herbert: Kommentar zum Bürgerlichen Gesetzbuch,
- Bd. 1: §§ 1–610, CISG, 2. Auflage, München 2007, (zitiert: *Bearbeiter*, in: *Bamberger/Roth*, BGB),
- Bd. 2: §§ 611–1296, AGG, ErbbauVO, WEG, 3. Auflage, München 2012 (zitiert: *Bearbeiter*, in: *Bamberger/Roth*, BGB).

Bandak, Hülya: Die Rezeption des schweizerischen Zivilgesetzbuches in der Türkei, Bielefeld 2008.

Bar, Christian von: Die Funktionen des Gemeinsamen Referenzrahmens aus der Sicht der Verfasser des wissenschaftlichen Entwurfs, in: *Schmidt-Kessel, Martin* (Hrsg.), Der Gemeinsame Referenzrahmen – Entstehung, Inhalte, Anwendung, S. 23–33, München 2009 (zitiert: *Bar*, Funktionen des Gemeinsamen Referenzrahmens).

ders./Beale, Hugh/Clive, Eric/Schulte-Nölke, Hans (Hrsg.): Principles, Definitions and Model Rules of European Private Law, Draft Common Frame of Reference, Outline Edition, München 2009.

ders./Drobnig, Ulrich: The Interaction of Contract Law and Tort and Property Law in Europe, München 2004.

Barlas, Nami: Yeni Medenî Kanunun Aynî Teminatlara İlişkin Düzenlemeleri, Festschrift für Ünal Tekinalp, Bd. II, S. 569–588, İstanbul 2003 (zitiert: *Barlas*, FS Tekinalp 2003, S. 569).

Baur, Fritz/Baur, Jürgen/Stürner, Rolf: Sachenrecht, 18. Auflage, München 2009.

Basler Kommentar zum Schweizerischen Privatrecht, Zivilgesetzbuch II – Art. 457–977, Art. 1–61 SchlT ZGB, Hrsg.: *Honsell, Heinrich/Vogt, Nedim Peter/Geiser, Thomas*, 3. Auflage, Basel 2007 (zitiert: BasK-*Bearbeiter*).

Bazinas, Spiros V.: Key Policy Issues of the UNCITRAL Draft Legislative Guide on Secured Transactions, in: *Foëx, Bénédict/Thévenoz, Luc/Bazinas Spiros V.* (Hrsg.), Réforme des sûretés mobilières – Les enseignements du Guide législatif de la CNUDCI (Reforming Secured Transactions – The UNCITRAL Legslative Guide as an Inspiration), S. 19–42, Zürich 2007 (zitiert: *Bazinas*, in: *Foëx/Thévenoz/Bazinas*, Réforme).

Berger, Bernhard: Registrierung von Mobiliarsicherheiten – Vorschläge zu einer Reform des Kreditsicherungsrechts, ZBJV 2002, S. 197–256.

Berger, Klaus-Peter: Erweiterter Eigentumsvorbehalt und Freigabe von Sicherheiten, ZIP 2004, S. 1073–1081.

Bergsträsser, Gotthelf/Schacht, Josef: Grundzüge des islamischen Rechts, hrsg. *von Schacht, Josef*, Berlin/Leipzig 1935.

Berner Kommentar: Kommentar zum Schweizerischen Zivilgesetzbuch, Hrsg.: *Hausheer, Heinz/Walter, Hans Peter*,

- Bd. IV: Das Sachenrecht, 1. Abteilung: Das Eigentum, 1. Teilb. Systematischer Teil und Allgemeine Bestimmungen, Art. 641–654, Bearbeiter: *Meier-Hayoz, Arthur*, 5. Auflage, Bern 1981 (zitiert: BK-*Meier-Hayoz*);
- Bd. IV: Das Sachenrecht, 2. Abteilung: Die beschränkten dinglichen Rechte, 5. Teilb. Das Fahrnispfand, 1. Unterteilb., Systematischer Teil und Art. 884–887 ZGB, Bearbeiter: *Zobl, Dieter/Thurnherr, Christoph*, 3. Auflage, Bern 2010 (zitiert: BK-*Zobl/Thurnherr*);
- Bd. IV: Das Sachenrecht, 3. Abteilung: Besitz und Grundbuch, 1. Teilb. Art. 919–941 ZGB, Bearbeiter *Stark, Emil W.*, Bern 2001 (zitiert: BK-*Stark*).

Bertan, Suat: Aynî Haklar: Medenî Kanunun 618–764, Maddelerin Şerhi, Bd. I, Ankara 1976.

Borkhardt, Oliver: Registerpublizität und Kollisionsrecht besitzloser Mobiliarsicherheiten nach dem neuen Artikel 9 UCC, Frankfurt am Main 2007.

Braun, Eberhard (Hrsg.): Insolvenzordnung, Kommentar, 4. Auflage, München 2010 (zitiert: Braun/*Bearbeiter*).

Brinkmann, Moritz: Kreditsicherheiten an beweglichen Sachen und Forderungen, Tübingen 2011.

Burman, Harold S.: The Commercial Challenge in Modernizing Secured Transactions Law, ULR 2003, S. 347–352.

Buxbaum, Hannah L.: Unification of the Law Governing Secured Transactions: Progress and Prospects for Reform, URL 2003, S. 321–340.

Bülow, Peter: Recht der Kreditsicherheiten – Sachen und Rechte, Personen, 7. Auflage, Heidelberg 2007.

ders.: Der Eigentumsvorbehalt als Treuhandgeschäft, WM 2007, S. 429–432.

ders.: Treuhänderischer erweiterter Eigentumsvorbehalt, ZIP 2004, 2420–2422.

ders.: Kauf unter Eigentumsvorbehalt (Schluß), Jura 1986, S. 234–241.

Canaris, Claus-Wilhelm: Anmerkung zum Urteil des BGH vom 12.12.1985 IX ZR 15/85 (München) – Übergang von Grundpfandrechten, NJW 1986, S. 1488–1490.

Cansel, Erol: Türk Menkul Rehni Hukuku, Bd. I: Teslim Şartlı Menkul Rehni, Ankara 1967.

Çelikel, Aysel/Nomer, Ergin: Devletler Hususî Hukuku, Örnel Olaylar – Mahkeme Kararları, İstanbul 2008.

Cimcoz, Sinâ: Hükmen Teslim, ABD 1975, S. 831–837.

Coing, Helmut: Probleme der Anerkennung besitzloser Mobiliarpfandrechte im Raum der EWG, ZfRV 1967, S. 65–82.

Coogan, Peter F./Hogan, William E./Vagts, Detlev F./McDonnell, Julian B. (Hrsg.): Secured Transactions under the Uniform Commercial Code, Bd. 1–1C (Loseblattsammlung, Stand: Juni 2006), New York 2006 (zitiert: *Coogan*).

Çanakcı, Halil İbrahim: Legal Aspects of Structural Economic Reform in Turkey, Law in Transition 2009 (Spring), S. 80–85.

Dageförde, Carsten: Das besitzlose Mobiliarpfandrecht nach dem Modellgesetz für Sicherungsgeschäfte der Europäischen Bank für Wiederaufbau und Entwicklung (EBRD Model Law on Secured Transactions), ZEuP 1998, S. 686–700.

Dahan, Frédérique/Simpson, John: The European Bank of Reconstruction and Development's Secured Transactions Project – A Model Law and Ten Core Principles for a Modern Secured Transactions Law in Countries of Central and Eastern Europe, in: *Kieninger, Eva-Maria* (Hrsg.), Security Rights in Movable Property in European Private Law, S. 98–113, Cambridge 2004 (zitiert: *Dahan/Simpson*, in: *Kieninger*, Security Rights in Movable Property).

Dangel, Stefan: Die Entwicklung der Mobiliarkreditsicherheiten im italienischen Recht, Jahrbuch für Italienisches Recht, Bd. 12 (1999), S. 17–30.

Davran, Bülent: Rehin Hukuku Dersleri, İstanbul 1972.

Deren-Yıldırım, Nevhis: Gedanken über die Verteilungsprinzipien im Zwangsvollstreckungsrecht, in: *Schilken, Eberhard/Becker-Eberhard, Ekkehard/Gerhardt, Walter* (Hrsg.), Festschrift für Prof. Dr. Hans-Friedhelm Gaul zum 70. Geburtstag, S. 109–120, Bielefeld 1997 (zitiert: *Deren-Yıldırım*, FS Gaul).

Derleder, Peter/Knops, Kai-Oliver/Bamberger, Heinz Georg (Hrsg.): Handbuch zum deutschen und europäischen Bankrecht, 2. Auflage, Heidelberg 2009 (zitiert: *Bearbeiter*, in: *Derleder/Knops/Bamberger*, Hb. dt. und europ. Bankrecht).

Dorndorf, Eberhardt/Frank, Jürgen: Reform des Rechts der Mobiliarsicherheiten – unter besonderer Berücksichtigung der ökonomischen Analyse der Sicherungsrechte, ZIP 1985, S. 65–84.

Drobnig, Ulrich: Choosing the Right Approach for European Law Making, in: *Eidenmüller/Kieninger* (Hrsg.), The Future of Secured Credit, ECFR Special Volume 2, S. 103–110, Berlin 2008 (zitiert: *Drobnig,* in: *Eidenmüller/Kieninger*, The Future of Secured Credit).

ders.: Empfehlen sich gesetzliche Maßnahmen zur Reform der Mobiliarsicherheiten? Gutachten zum 51. Deutschen Juristentag, Teil F (1976), Bd. I, München 1976 (zitiert: *Drobnig*, Gutachten).

Ehricke, Ulrich: Die Umsetzung der Finanzsicherheitenrichtlinie (RL 2002/47/EG) im Rahmen des Diskussionsentwurfs zur Änderung der Insolvenzordnung, ZIP 2003, S. 1065–1076.

Eidenmüller, Horst: Internationale Entwicklungen im Recht der Kreditsicherheiten, in: *Hadding, Walther/Hopt, Klaus J./Schimansky, Herbert* (Hrsg.), Internes und externes Rating, Aktuelle Entwicklungen im Recht der Kreditsicherheiten – national und international, Bankrechtstag 2004, S. 117–156, Berlin 2005 (zitiert: *Eidenmüller*, in: Bankrechtstag 2004).

Elbir, Halid Kemal: Mülkiyeti Muhafaza Mukavelesine Müteallik Umumî Mülâhazalar ve Bu Müessesenin Hukukî Mahiyeti, İÜHFM 1952, S. 258–295.

Engin, Baki İlkay: Alacağı Temlik Edenin Garanti Sorumluluğu, İstanbul 2002.

Er, Refik: Bankalar Açısından Araç Rehninin Mehkul Rehni İçindeki Hukuki Durumu, YD 1998, C. 24, 285–292.

Erdem, Ercüment: Ticari İşletme Rehninde Güncel Sorunlar, Bankacılar Dergisi 76 (2011), S. 42–60.

Eren, Fikret: Borçlar Hukuku, Genel Hükümler, 8. Auflage, İstanbul 2003.

Ergüne, Mehmet Serkan: Hukukumuzda Taşınır Rehninin, Özellikle Teslime Bağlı Taşınır Rehninin Kuruluşu, İstanbul 2002.

Ertaş, Şeref: Eşya Hukuku, 7. Auflage, Ankara 2006.

Eskiocak, Ali: Teslime Bağlı Taşınır Rehninde Alacaklının Hukuki Durumu, İstanbul 2007.

Flume, Werner: Die Rechtsstellung des Vorbehaltskäufers, AcP 161 (1962), S. 385–408.

Foëx, Bénédict: Sûretés mobilières: propostions pour une réforme, ZSR 2007 II, S. 287–337.

ders.: Les types et la création de sûretés selon le Guide Législatif de la CNUDCI, Quleques enseignements pour le droit suisse, in: *Foëx, Bénédict/ Thévenoz, Luc/Bazinas Spiros V.* (Hrsg.), Réforme des sûretés mobilières – Les enseignements du Guide législatif de la CNUDCI (Reforming Secured Transactions – The UNCITRAL Legslative Guide as an Inspiration), S. 63–72, Zürich 2007, (zitiert: *Foëx*, in: *Foëx/Thévenoz/ Bazinas*, Réforme, S. 63).

ders.: Opposabilité, registre et priotité: les Chapitres V à VII du Guide Législatif de la CNUDCI, in: *Foëx, Bénédict/Thévenoz, Luc/Bazinas Spiros V.* (Hrsg.), Réforme des sûretés mobilières – Les enseignements du Guide législatif de la CNUDCI (Reforming Secured Transactions – The UNCITRAL Legislative Guide as an Inspiration), S. 73–89, Zürich 2007 (zitiert: *Foëx*, in: *Foëx/Thévenoz/Bazinas*, Réforme, S. 73).

Füller, Jens Thomas: Eigenständiges Sachenrecht?, Tübingen 2006.

Gauch, Peter/Schluepp, Walter R./Schmid, Jörg/Rey, Heinz: Schweizerisches Obligationenrecht, Allgemeiner Teil, Bd. I, 7. Auflage, Zürich 1998 (zitiert: *Gauch/Schluepp/Schmid/Rey*, OR).

Gaul, Friedhem Hans: Lex commissoria und Sicherungsübereignung, AcP 168 (1968), S. 351–382.

Gehrlein, Markus: Die Wirksamkeit einer Sicherungsübereignung, MDR 2008, S. 1069–1075.

Girsberger, Daniel: Ist das Faustpfandprinzip noch zeitgemäß? SJZ 1997, S. 93–109.

Goode, Roy: Convention on International Interests in Mobile Equipment and Protocol thereto on Matters Specific to Aircraft Equipment – Official Commentary, 2. Auflage, Rom 2008 (zitiert: *Goode*, Official Commentary).

ders.: Legal Problems of Credit and Security, London 2003 (zitiert: *Goode*, Credit and Security).

Gören-Atasay, Zafer: Die Fortbildung rezipierten Rechts – Ein amtlicher Vorentwurf zu einem türkischen Zivilgesetzbuch, ZSR 1976, Beilage: Fünfzig Jahre Türkisches Zivilgesetzbuch, S. 265–286.

Graham-Siegenthaler, Barbara: Sachenrecht: Prinzipien des Sachenrechts und Kreditsicherung durch dingliche Rechte, in: *Breitschmid, Peter/Ansay, Tuğrul* (Hrsg.), 100 Jahre Schweizerisches ZGB, 80 Jahre Türkisches ZGB – Konvergenzen und Divergenzen, S. 93–102, Berlin 2008 (zitiert: *Graham-Siegenthaler*, Prinzipien des Sachenrechts).

dies.: Das Bedürfnis nach Sicherheit – Möglichkeiten und Schranken des Rechts, SJZ 2006, S. 449–457.

dies.: Kreditsicherung bei internationalen Rechtsgeschäften, AJP 2004, S. 1560–1566.

dies.: Kreditsicherungsrechte im internationalen Rechtsverkehr – Eine rechtsvergleichende und international-privatrechtliche Untersuchung, Bern 2005 (zitiert: *Graham-Siegenthaler*, Kreditsicherungsrechte).

Gravenhorst, Wulf: Mobiliarsicherheiten für Darlehens- und Warenkredite in den sechs Ländern der Europäischen Gemeinschaften, Frankfurt am Main 1972.

Gürdoğan, Burhan: Türk-İsviçre İcra ve İflas Hukukunda Rehnin Paraya Çevrilmesi, Ankara 1967.

Gürsoy, Kemal Tahir/Eren, Fikret/Cansel, Erol: Türk Eşya Hukuku, 2. Auflage, Ankara 1984.

Hadžimanovic, Nataŝa: Die allgemeine Mobiliarhypothek – unentbehrlich fürs Schweizer Recht? AJP 2009, S. 1435–1452.

Haffter, Max: Das Fahrnispfandrecht und andere sachenrechtliche Sicherungsgeschäfte nach dem schweizerischen Zivilgesetzbuch, Bern 1928.

Hanisch, Hans: Eigentumsvorbehalt im Normenkonflikt, in: *Meier, Isaak/Siehr, Kurt* (Hrsg.), Rechtskollisionen, Festschrift für Anton Heini zum 65. Geburtstag, S. 159–197, Zürich 1995 (zitiert: *Hanisch*, FS Heini).

Hatemi, Hüseyin/Serozan, Rona/Arpacı, Abdülkadir: Eşya Hukuku, İstanbul 1991.

Hausheer, Heinz/Eitel, Paul: Nachwort: Vom Umgang mit dem Gesetz – durch Lehre, Rechtsprechung und Gesetzgeber, in: *Breitschmid, Peter/Ansay, Tuğrul* (Hrsg.), 100 Jahre Schweizerisches ZGB, 80 Jahre Türkisches ZGB – Konvergenzen und Divergenzen, S. 185–190, Berlin 2008 (zitiert: *Hausheer/Eitel*, Umgang mit dem Gesetz).

Heck, Philipp von: Grundriss des Sachenrechts, Neudruck der Ausgabe von 1930, Aalen 1960.

Helvacı, İlhan: Les Nouveautés Concernant Les Sûretés Réels Dans Le Code Civil Turc, in: *Breitschmid, Peter/Ansay, Tuğrul* (Hrsg.), 100 Jahre

Schweizerisches ZGB, 80 Jahre Türkisches ZGB – Konvergenzen und Divergenzen, S. 130–133, Berlin 2008 (zitiert: *Helvacı*, Les Nouveautés).

ders.: Türk Medeni Kanunua Göre Lex Commissoria: Mürtehinin Merhunu Temellük Yasağı, İstanbul 1997.

Herberger, Maximilian/Martinek, Michale/Rüßmann, Helmut/Werth, Stephan: juris Praxiskommentar BGB, Bd. 2.2: Schuldrecht (§§ 433–630), 5. Auflage, Saarbrücken 2010; Bd. 3: Sachenrecht 5. Auflage, Saarbrücken 2010 (zitiert: juris-PK/*Bearbeiter*).

Hirsch, Christa: Der Einfluss des römischen Rechts auf das Publizitätsprinzip des vertraglich bestellten Fahrnispfandrechts in den Partikularrechten 1400–1900, Halle 1937.

Hirsch, Ernst E.: Vom schweizerischen Gesetz zum türkischen Recht, ZSR 1976, S. 223–248.

Hoffmann, Bernd von/Thorn, Karsten: Internationales Privatrecht, 9. Auflage, München 2007.

Hromadka, Wolfgang: Geschichtliche Beiträge zu Fragen des Faustpfandprinzips im schweizerischen Zivilgesetzbuch, ZSR 1970, S. 117–158.

ders.: Die Entwicklung des Faustpfandprinzips im 18. und 19. Jahrhundert, Köln/Wien 1971.

Huber, Ulrich: Der Eigentumsvorbehalt im Synallagma, ZIP 1987, S. 750–759.

Hübner, Ulrich: Internationalprivatrechtliche Anerkennungs- und Substitutionsprobleme bei besitzlosen Mobiliarsicherheiten, ZIP 1980, S. 825–832.

Hurni, Christoph: Kreditsicherheiten im Handelsregister, REPRAX 2008, S. 125–137.

Jauernig, Othmar: Bürgerliches Gesetzbuch, Kommentar, 14. Auflage, München 2011 (zitiert: Jauernig/*Bearbeiter*).

ders.: Zur Akzessorietät bei der Sicherungsübereignung – Zugleich Anmerkung zu BGH, NJW 1982, 275 ff., NJW 1982, S. 268–270.

Karadeniz, Özcan: Die Sicherungsübereignung im deutschen und türkischen Rechtssystem unter Heranziehung der relevanten Bestimmungen des schweizerischen Rechts, Tübingen 1960.

ders.: Kreditsicherung durch Mobilien in der türkischen Rechtspraxis, AÜHFD 1962, S. 405–428.

Karahasan, Mustafa Reşit: Yeni Türk Medenî Kanunu Eşya Hukuku, Bd. I, İstanbul 2007.

Kaser, Max/Knütel, Rolf: Römisches Privatrecht, 19. Auflage, München 2008.

Kegel, Gerhard/Schurig, Klaus: Internationales Privatrecht, 9. Auflage, München 2004.

Keller, Rolf: Das fiduziarische Rechtsgeschäft im schweizerischen Zivilrecht, Bern 1944.

Kıygı, Osman Nazım: Wörterbuch Recht Türkisch – Deutsch, Deutsch – Türkisch, München 2010.

Kieninger, Eva-Maria: Die Zukunft des deutschen und europäischen Mobiliarkreditsicherungsrechts, AcP 208 (2008), S. 182–226.

dies.: Nationale, europäische und weltweite Reformen des Mobiliarsicherungsrechts, Teil I: WM 2005, S. 2305–2310, Teil II: WM 2005, S. 2353–2359.

Kindl, Johann/Meller-Hannich, Caroline/Wolf, Hans-Joachim: Gesamtes Recht der Zwangsvollstreckung, Handkommentar, Baden-Baden 2010 (zitiert: *Bearbeiter*, in: *Kindl/Meller-Hannich/Wolf*).

Kindler, Peter/Nachmann, Josef: Handbuch Insolvenzrecht in Europa, München 2010 (zitiert: *Bearbeiter*, Hb. Insolvenzrecht in Europa).

Kokalj, Ljuba/Paffenholz, Guido/Schröer, Evelyn: Zahlungsverzug und Forderungsmanagement in mittelständischen Unternehmen, Schriften zur Mittelstandsforschung, Wiesbaden 2000.

Köprülü, Bülent/Kaneti, Selim: Sınırlı Aynî Haklar, 2. Auflage, İstanbul 1982–1983.

Kren-Kostkiewicz, Jolanta: Grundriss des schweizerischen Internationalen Privatrechts, Bern 2012.

dies.: Verwertung von Mobiliarsicherheiten – nationale und kollisionsrechtliche Aspekte, in: *Wiegand, Wolfgang* (Hrsg.), Mobiliarsicherheiten, Sicherungszession und –übereignung, Pfandrechte und Eigentumsvorbehalt aus privat- und verfahrensrechtlicher Sicht, Berner Bankrechtstag 1998 (BBT, Bd. 5), S. 199–223, Bern 1998 (zitiert: *Kren Kostkiewicz*, Verwertung von Mobiliarsicherheiten).

Kreuzer, Karl: Die Harmonisierung des Rechts der Mobiliarsicherheiten, in: *Basedow, Jürgen/Remien, Oliver/Wenckstern, Manfred* (Hrsg.), Europäisches Kreditsicherungsrecht – Symposium im Max-Planck-Institut für ausländisches und internationales Privatrecht zu Ehren von Ulrich Drobnig am 12. Dezemeber 2008, Tübingen 2009, S. 31–70 (zitiert: *Kreuzer*, Harmonisierung).

ders.: Die Vollendung der Kodifikation des deutschen Internationalen Privatrechts durch das Gesetz zum Internationalen Privatrecht der außervertraglichen Schuldverhältnisse und Sachen vom 21.05.1999, RabelsZ 65 (2005), S. 383–462 (zitiert: *Kreuzer*, RabelsZ 2005).

ders.: Europäisches Mobiliarsicherungsrecht, oder: Von den Grenzen des Internationalen Privatrechts, in: *Stoffel, Walter A./Volken, Paul* (Hrsg.), Conflits et harmonisation, Festschrift für von Overbeck, Fribourg 1990, S. 613–641 (zitiert: *Kreuzer*, FS Overbeck).

Krüger, Hilmar: Zum zeitlich-räumlichen Geltungsbereich der osmanischen Mejelle, in: *Mansel, Heinz-Peter/Krüger, Hilmar* (Hrsg.), Liber Amicorum Gerhard Kegel, S. 43–64, München 2002 (zitiert: *Krüger*, FS Kegel).

Kummer, Max: Die Rechtsprechung des Bundesgerichts im Jahre 1964, Gewerblicher Rechtsschutz, Zivilprozessrecht sowie Schuldbetreibungs- und Konkursrecht, ZBJV 1966, S. 1–30.

Kunig, Philip: Unternehmerpfandrecht und Willkürverbot, JR 1976, S. 12–17.

Kuntalp, Erden: Teminat Hukukunda Son Yargıtay Kararları, Ticaret Hukuku ve Yargıtay Kararları Sempozyumu XIV, Bildiriler – Tartışmalar, Ankara, 4./5. Nisan 1997, S. 3–28, Banka ve Ticaret Hukuku Araştırma Enstitüsü, Türkiye İş Bankası Vakfı – Hukuk Fakültesi, Cebeci/Ankara 1997, (zitiert: *Kuntalp*, Sempozyum 1997).

ders.: Teminat Kavramı, Teminat Türleri ve Bunlardan Doğan Sorumluluk, Reha Poroy'a Armağan, S. 263–299, İstanbul 1995 (zitiert: *Kuntalp*, FS Poroy).

Kuru, Baki: İcra ve İflâs Hukuku, El Kitabı, 2. Auflage, İstanbul 2006 (zitiert: *Kuru*, İİK).

ders.: İcra ve İflâs Hukuku, Ankara 1983 (zitiert: *Kuru*, İİK 1983).

Lambsdorff, Hans Georg Graf: Handbuch des Eigentumsvorbehalts im deutschen und ausländischen Recht, Frankfurt am Main 1974.

Leible, Stefan/Sosnitza, Olaf: Grundfälle zum Recht des Eigentumsvorbehalts, JuS 2001, S. 244–248; S. 341–347; S. 449–456; S. 556–559.

Lenhard, Anselm: Die Vorschläge zur Reform des englischen Mobiliarkreditsicherungsrechts, Tübingen 2010.

Letzgus, Ernst: Die Anwartschaft des Käufers unter Eigentumsvorbehalt, Tübingen 1938.

Lipsky, Max J.: Statutenwechsel im italienischen Sachenrecht – Auswirkungen auf den Im- und Export von Mobiliarsicherheiten, Frankfurt am Main 2010.

LoPucki, Lynn M.: The Article 9 UCC Filing System: Why the Debtor's State of Incorporation Should Be the Proper Place for the Article 9 UCC Filing: A Systems Analysis, 79 Minn.L.Rev. (1995), S. 577–661.

Lüke, Gerhard: Die Rechtsnatur des Pfändungspfandrechts, JZ 1957, S. 239–243.

Lwowski, Hans-Jürgen/Fischer, Gero/Langenbucher, Katja (Hrsg.): Das Recht der Kreditsicherung, 9. Auflage, Berlin 2011 (zitiert: Bearbeiter, in: *Lwowski/Fischer/Langenbucher*, Recht der Kreditsicherung).

ders./Scholz, Hellmut: Das Recht der Kreditsicherung, 8. Auflage, Berlin 2000.

ders.: Ökonomische und rechtliche Anforderungen an ein optimal funktionierendes Mobiliarkreditsicherungsrecht aus Sicht der Praxis, in: *Basedow, Jürgen/Remien, Oliver/Wenckstern, Manfred* (Hrsg.), Europäisches

Kreditsicherungsrecht – Symposium im Max-Planck-Institut für ausländisches und internationales Privatrecht zu Ehren von Ulrich Drobnig am 12. Dezemeber 2008, Tübingen 2010, S. 173–181 (zitiert: *Lwowski*, Anforderungen).

Mansel, Heinz-Peter: Anerkennung als Grundprinzip des europäischen Rechtsraums, RabelsZ 70 (2006), S. 651–731.

ders.: Rechtsvergleichung und europäische Rechtseinheit, JZ 1991, S. 529–534.

Marotzke, Wolfgang: Ein Beitrag zu den Zwangsvollstreckungstheorien, NJW 1978, S. 133–137.

McCormack, Gerard: The UNCITRAL Legislative Guide on Secured Transactions – Functionalism and Form, in: *Foëx, Bénédict/Thévenoz, Luc/Bazinas Spiros V.* (Hrsg.), Réforme des sûretés mobilières – Les enseignements du Guide législatif de la CNUDCI (Reforming Secured Transactions – The UNCITRAL Legslative Guide as an Inspiration), S. 43–62, Zürich 2007 (zitiert: *McCormack*, in: *Foëx/Thévenoz/Bazinas,* Réforme).

ders.: Secured Credit under English and American Law, Cambridge 2004.

Menke, Thomas: Mehrfache Sicherungsübereignung eines Warenlagers mit wechselndem Bestand, WM 1997, 405–408.

Melsheimer, Klaus: 51. Deutscher Juristentag in Stuttgart – Der Tagungsverlauf, NJW 1976, S. 2004–2011.

Mincke, Wolfgang: Akzessorietät des Pfandrechts, Berlin 1987.

Mitlehner, Stephan: Mobiliarsicherheiten im Insolvenzverfahren, 3. Auflage, Köln 2012.

Münchener Kommentar zum Bürgerlichen Gesetzbuch, Hrsg.: *Rixecker, Roland/ Säcker, Franz*,

- Bd. 1: Allgemeiner Teil, 1. Halbd.: §§ 1–240, 6. Auflage, München 2012;
- Bd. 3: Schuldrecht, Besonderer Teil I, §§ 433–610, CISG, 6. Auflage, München 2012;
- Bd. 6: Sachenrecht, §§ 854–1296, 5. Auflage, München 2009 sowie 4. Auflage, München 2004;
- Bd. 11: Internationales Privatrecht, Internationales Wirtschaftsrecht, Einführungsgesetz zum Bürgerlichen Gesetzbuch (Art. 25–248), 5. Auflage, München 2010 (zitiert: MK-*Bearbeiter*).

Münchener Kommentar zur Insolvenzordnung, Hrsg.: *Kirchhof, Hans-Peter/ Lwowski, Hans-Jürgen/Stürner, Rolf*, Bd. 1: §§ 1–102, Insolvenzrechtliche Vergütungsverordnung (InsVV), 2. Auflage, München 2007 (zitiert: MK InsO – *Bearbeiter*).

Mugdan, Benno: Die gesamten Materialien zum Bürgerlichen Gesetzbuch für das Deutsche Reich, Bd. III: Sachenrecht, Berlin 1899.

Musielak, Hans-Joachim: Zivilprozessordnung, Kommentar, 8. Auflage, München 2011 (zitiert: Musielak/*Bearbeiter*).

Nomer, Ergin: Devletler Hususî Hukuku, 18. Auflage, İstanbul 2010 (zitiert: *Nomer*, Devletler).

Nomer, Halûk N.: Borçlar Hukuku, Genel Hükümler, 10. Auflage, İstanbul 2011 (zitiert: *Nomer*, Borçlar).

ders.: Beklenen Haklar Üzerindeki Tasarrufların Hukukî Sonuçları, İstanbul 2002 (zitiert: *Nomer*, Beklenen Haklar).

ders.: Vefa Hakkı, İstanbul 1992 (zitiert: *Nomer*, Vefa Hakkı).

Nomos Kommentar BGB: Band 1, Allgemeiner Teil, EGBGB, hrsg. von *Heidel, Thomas/Hüßtege, Rainer/Mansel, Heinz-Peter/Noack, Ulrich*, 2. Auflage, Baden-Baden 2012 (zitiert: NK-BGB/*Bearbeiter*).

Nussbaumer, Michel/Barut, Özlem: Assessing Turkey's Commercial Laws: An EBRD Perspective, Law in Transition, 2009 (Spring), S. 60–71.

Oğuzman, Kemal/Seliçi, Özer/Oktay-Özdemir, Saibe: Eşya Hukuku, 12. Auflage, İstanbul 2009.

ders./Öz, Turgut: Borçlar Hukuku Genel Hükümler, 4. Auflage, İstanbul 2005.

Oktay-Özdemir, Saibe: Medeni Kanunun Kabulünden Sonra Eşya Hukukunda Yaşanan Gelişmeler, in: *Breitschmid, Peter/Ansay, Tuğrul* (Hrsg.), 100 Jahre Schweizerisches ZGB, 80 Jahre Türkisches ZGB – Konvergenzen und Divergenzen, S. 103–117, Berlin 2008 (zitiert: *Oktay-Özdemir*, Eşya Hukukunda Yaşanan Gelişmeler).

dies.: Teminat Amaçlı Mülkiyet Devri Sözleşmeleri, Prof. Dr. Aysel Çelikel'e Armağan, in: MHB 1999–2000, S. 657–683, İstanbul 2001 (zitiert: *Oktay-Özdemir*, FS Çelikel).

Otte, Karsten: Weltweite Mobiliarsicherheiten bei der Verkehrsmittel- und Ausrüstungsfinanzierung – ihre Bedeutung für das internationale Sachenrecht, in: *Mansel, Heinz-Peter/Pfeiffer, Thomas/Kronke, Herbert/Kohler, Christian/Hausmann, Rainer* (Hrsg.), Festschrift für Erik Jayme, Bd. I, S. 643–660 (zitiert: *Otte*, FS Jayme).

Ozanoğlu, Hasan Seçkin: Türk Medeni Kanunu'nun 940. Maddesinin 2. Fıkrası (Motorlu Araç Rehni) Üzerine – Über das türkische ZGB Art. 940 Abs. 2 (Fahrnisverschreibung bei Motorfahzeugen), GÜHFD 2001, S. 20–34.

Öğütcü, Tahir/Doğrusöz, Edip: Rehin Hukuku, Ankara 1982.

Öğüz, Tufan: Motorlu Araçların Rehnine İlişkin Uygulamanın Kamuya Açıklık (Aleniyet) İlkesi Açısından Değerlendirilmesi, Prof. Dr. Kemal Oğuzman'ın Anısına Armağan, S. 693–725, İstanbul 2000 (zitiert: *Öğüz*, FS Oğuzman).

Örücü, Esin: Critical Comparative Law: Considering Paradoxes for Legal Systems in Transition, Electronic Journal of Comparative Law, http://www.ejcl.org/41/art41-1.doc (erstmals veröffnetlicht in: Nederlandse Vereniging voor Rechtsvergelijking, No. 59, S. 1–134 (1999)).

Öz, Turgut: İsviçre Federal Mahkemesinin 27 Şubat 1989 Tarihli Kararının Düşündürleri, MHAD, 1989–1990, S. 105–141.

Özkaya, Eraslan: İnançlı İşlem ve Muvazaa Davaları, İstanbul 1999.

Özmen, Ihsan/Özkaya, Eraslan, Muvazaa Davaları, Ankara 1993.

Özsunay, Ergun: Türk Hukukunda ve Mukayeseli Hukukuta İnançlı Muameleler, İstanbul 1968.

Palandt, Otto: Bürgerliches Gesetzbuch, Kommentar, 71. Auflage, München 2012 (zitiert: Palandt/*Bearbeiter*).

Paulus, Christoph: Grundfragen des Kreditsicherungsrechts, JuS 1995, S. 185–192.

Pellumbi, Sokol: Banka Kredi Hukukunda Teminatlar, İstanbul 2006.

Pesch, Arthur: Staatshoheit, Grundgesetz und wesentliche Bestandteile, JR 1993, S. 358–365.

Poroy, Reha: Ticarî İşletme Hukuku, İstanbul 1978.

Pritsch, Erich: Das Schweizerische Zivilgesetzbuch in der Türkei, Seine Rezeption und die Frage seiner Bewährung, ZVglRWiss 59 (1957), S. 123–180.

Probst, Thomas: Der Einfluss des europäischen Gemeinschaftsrechts auf das schweizerische Privatrecht, in: *Werro, Franz/Probst, Thomas* (Hrsg.), Das schweizerische Privatrecht im Lichte des europäischen Gemeinschaftsrechts, S. 13–44, Bern 2004 (zitiert: *Probst*, Einfluss).

Prütting, Hanns: Sachenrecht, 34. Auflage, München 2010.

Rakob, Julia: Ausländische Mobiliarsicherungsrechte im Inland, Heidelberg 2001.

Reich, Norbert: Reform der Kreditsicherung, Überlegungen zum Beratungsgegenstand des 51. DJT – Empfehlen sich gesetzliche Maßnahmen zur Reform der Mobiliarsicherheiten?, JZ 1976, S. 463–469.

ders.: Funktionsanalyse und Dogmatik bei Sicherungsübereignung, AcP 169 (1969), S. 247–270.

Reichwein, Heinz: Sicherungsübereignung und Faustpfand im schweizerischen Recht, SJZ 1950, S. 321–325.

Reinicke, Dietrich/Tiedtke, Klaus: Kreditsicherung, 5. Auflage, Neuwied 2006.

dies.: Begründung des Sicherungseigentums, DB 1994, S. 2173–2179.

dies.: Sonderfälle des Sicherungseigentums, Zwangsvollstreckung und Verwertung, DB 1994, S. 2601–2609.

Reisoğlu, Safa: Borçlar Hukuku, Genel Hükümler, 22. Auflage, İstanbul 2011 (zitiert: *Reisoğlu,* Borçlar).

Reisoğlu, Seza: Menkul İpoteği: Teslimsiz Mekul Rehni, Ankara 1965 (zitiert: *Reisoğlu*, Menkul İpoteği).

Rey, Heinz: Die Grundlagen des Sachenrechts und des Eigentums, Bern 1991.

ders.: Die privatrechtliche Rechtsprechung des Bundesgerichts im Jahre 1992, Sachenrecht, ZBJV 1994, S. 215–229.

Röver, Jan-Hendrik: Secured Lending in Eastern Europe, Comparative Law of Secured Transactions and the EBRD Model Law, Oxford/New York 2007 (zitiert: *Röver*, Secured Lending).

ders.: Vergleichende Prinzipien dinglicher Sicherheiten, Eine Studie zur Methode der Rechtsvergleichung, München 1999 (zitiert: *Röver*, Vergleichende Prinzipien).

Rott, Thilo: Vereinheilichung des Rechts der Mobiliarsicherheiten, Tübingen 2000.

Rumpf, Christian: Recht und Wirtschaft der Türkei – Ein Leitfaden, Stuttgart 2007 (zitiert: *Rumpf*, Leitfaden).

ders.: Einführung in das türkische Recht, München 2004 (zitiert: *Rumpf*, Einführung).

Saymen, Ferit Hakkı: Notlu Türk Medeni Kanunu Medenisi ve Borçlar Kanunu ile Tatbikat Kanunu ve Alakalı Diğer Kanun, Nizamame, Talitname, İstanbul 1946.

Schimansky, Herbert/Bunte, Hermann-Josef/Lwowski, Hans-Jürgen: Bankrechts-Handbuch, 4. Auflage 2011 (zitiert: *Bearbeiter*, Bankrechts-Handbuch).

Schmalenbach, Dirk/Sester, Peter: Internationale Sicherungsrechte an Flugzeugen auf Basis der Kapstadt-Konvention: Umsetzungsprobleme und praktische Vorwirkungen, WM 2005, S. 301–311.

Schmidt, Karsten: Zur Akzessorietätsdiskussion bei Sicherungsübereignung und Sicherungsabtretung, in: *Huber, Ulrich/Jayme, Erik* (Hrsg.), Festschrift für Rolf Serick zum 70. Geburtstag, S. 329–350, Heidelberg 1992 (zitiert: *K. Schmidt*, in FS Serick).

Schmidt, Rudolf: Der Pfandbesitz, AcP 134 (1931), S. 1–80, S. 129–196.

Schmitz, Jan: Dingliche Mobiliarsicherheiten im internationalen Insolvenzrecht, Baden-Baden 2011.

Schubert, Werner: Die Entstehung der Vorschriften des BGB über Besitz und Eigentumsübertragung, Berlin 1966.

Seif, Ulrike: Der Bestandsschutz besitzloser Mobiliarsicherheiten im deutschen und englischen Recht, Tübingen 1997.

Serick, Rolf: Eigentumsvorbehalt und Sicherungsübereignung (Monographie in 6 Bänden),

- Bd. I: Eigentumsübertragung und Sicherungsübertragung, Heidelberg 1963 (zitiert: *Serick*, Bd. I),

- Bd. III: Die einfache Sicherungsübertragung – 2. Teil, Heidelberg 1970 (zitiert: *Serick*, Bd. III).
ders.: *Die* Verwertung von Sicherungseigentum, BB 1970, S. 541–552.
Serozan, Rona: Taşınır Eşya Hukuku, 2. Auflage, İstanbul 2007 (zitiert: *Serozan*, Taşınır Eşya Hukuku).
ders.: Mülkiyeti Saklı Tutma Anlaşması ve Teminaten Temlik (Pratik Gereksinimlere Uygun Biçimde Uygulanamayan İki İlginç Ayni Teminat), Prof. Dr. Erdoğan Moroğlu'na 65. Yaş Günü Armağan'ı, 2. Auflage, S. 987–1014, İstanbul 2001 (zitiert: *Serozan*, FS Moroğlu).
ders.: Taşınır Eşya Devrinde: Ayni Tasarruf Sözleşmesinin Borçlanma Sözleşmesinden Ayrılığı ve Soyutluğu (Ayrıca Hakkın Sona Erme Bakımından Borçlanma Sözleşmesinden Bağımsızlığı), Prof. Dr. Tahin Çağa'nın Anısına Armağan, S. 396–412, İstanbul 2000 (zitiert: *Serozan*, FS Çağa).
ders.: Nisbî Hakların Güçlendirilmesi, İÜHFM 1974, S. 459–479.
Siehr, Kurt: Internationales Sachenrecht, Rechtsvergleichendes zu seiner Vergangenheit, Gegenwart und Zukunft, ZVglRWiss 104 (2005), S. 145–162.
Sigman, Harry C.: Perfection and Priority of Security Rights, in: *Eidenmüller/Kieninger* (Hrsg.), The Future of Secured Credit, ECFR Special Volume 2, S. 143–165, Berlin 2008 (zitiert: *Sigman,* in: *Eidenmüller/Kieninger*, The Future of Secured Credit).
ders.: Security in moveables in the United States – Uniform Commercial Code Article 9: a basis for comparison, in: *Kieninger, Eva-Maria* (Hrsg.), Security Rights in Movable Property, S. 54–80, Cambridge 2004 (zitiert: *Sigman*; in: *Kieninger*, Security Rights in Movable Property).
ders.: The Filing System Under Revised Article 9, 73 Am.Bankr.L.J. (1999), S. 61–82.
Soergel, Hans Theodor: Bürgerliches Gesetzbuch mit Einführungsgesetz und Nebengesetzen, Kommentar,
- Bd.10: Einführungsgesetz, 12. Auflage, Stuttgart/Berlin/Köln 1996 (zitiert: Soergel/*Bearbeiter*),
- Bd. 14: Sachenrecht 1, §§ 854–984, 13. Auflage, Stuttgart 2002 (Soergel/*Bearbeiter*).
Staudinger, Julius von: Kommentar zum Bürgerlichen Gesetzbuch,
- Zweites Buch – Recht der Schuldverhältnisse, §§ 433–487; Leasing, 15. Bearbeitung, Berlin 2011,
- Zweites Buch – Recht der Schuldverhältnisse, §§ 433–534, 13. Bearbeitung, Berlin 1995.

- Drittes Buch – Sachenrecht, §§ 925–984; Anhang zu §§ 929 ff. (Eigentum 2), Berlin 2011,
- Drittes Buch – Sachenrecht, §§ 1204–1296; §§ 1–84 SchiffsRG, Neubearbeitung Berlin 2009, (zitiert: Staudinger/*Bearbeiter*).

ders.: Kommentar zum Bürgerlichen Gesetzbuch mit Einführungsgesetz und Nebengesetzen, EGBGB/IPR, Internationales Sachenrecht, 13. Bearbeitung von *Stoll, Hans,* Berlin 1996 (zitiert: Staudinger/*Stoll,* IntSachenR).

Stürner, Rolf: Perfection and Priority of Security Rights – Commentary on Harry Sigman, in: *Eidenmüller/Kieninger* (Hrsg.), The Future of Secured Credit, ECFR Special Volume 2, S. 166–173, Berlin 2008 (zitiert: *Stürner*, in: *Eidenmüller/Kieninger*, The Future of Secured Credit).

Swienty, Alexander: Der Statutenwechsel im deutschen und englischen internationalen Sachenrecht unter besonderer Betrachtung der Kreditsicherungsrechte, Frankfurt am Main 2011.

Tandoğan, Halûk: Borçlar Hukuku, Özel Borç İlişkileri, Bd. I/1, 5. Auflage, İstanbul 1988.

Tekinalp, Gülören: Milletlerarası Özel Hukuk Bağlama Kuralları, 11. Auflage, İstanbul 2011.

Tekinay, Selâhattin Sulhi/Akman, Sermet/Burcuoğlu, Halûk/Altop, Atillâ, Tekinay Borçlar Hukuku, Bd. I, 7. Auflage, İstanbul 1993.

Tuna, Burcu Ece: Menkul Rehninin Paraya Çevrilmesi, İstanbul 2009.

Tuor, Peter/Schnyder, Bernhard/Schmid, Jörg/Rumo-Jungo, Alexandra: Das Schweizerische Zivilgesetzbuch, 12. Auflage, Zürich 2006.

Türker, Erhan: Zicari İşletme Rehini, Eskişehir 1981.

Uniform Commercial Code, 2008 Edition, Official Text and Comments, The American Law Institute, National Conference of Commissioners on Uniform State Law, New York 2008.

Ural, Ibrahim/Özcan Salih: Sadeleştirilmiş Mecelle (Mecelle-i Ahkâmı Adliyye), İstanbul 1995.

Uyar, Talih: İcra Hukukunda İhale ve İhalenin Bozulması, Bd. II, 3. Auflage, Ankara 2002.

Uygur, Turgut: Açıklamalı-İçtihatlı Borçlar Kanunu, Bd. 1, Ankara 2003.

Üçok, Coşkun/Mumcu, Ahmet/Bozkurt, Gülnihal: Türk Hukuk Tarihi, 8. Auflage, İstanbul 1996.

Üstündağ, Saim: İcra Hukukunun Esasları, 8. Auflage, İstanbul 2004.

Veneziano, Anna: Mobiliarsicherungsrecht im zukünftigen akademischen gemeinsamen Referenzrahmen, in: *Schmidt-Kessel, Martin* (Hrsg.),

Der Gemeinsame Referenzrahmen – Entstehung, Inhalte, Anwendung, S. 125–137, München 2009 (zitiert: *Veneziano*, Mobiliarsicherungsrecht).

Vollenweider, Markus F.: Die Sicherungsübereignung von Schuldbriefen als Sicherungsmittel der Bank, Freiburg 1994.

Wagner, Rolf: Der Regierungsentwurf eines Gesetzes zum Internationalen Privatrecht für außervertragliche Schuldverhältnisse und für Sachen, IPRax 1998, S. 429–438.

Walter, Gerhard: Sicherungsrechte heute – Probleme und Lösungsansätze, in: *Honsell, Heinrich* (Hrsg.), Aktuelle Aspekte des Schuld- und Sachenrechts, Festschrift für Heinz Rey, S. 141–154 (zitiert: *Walter*, FS Rey).

Weber, Hansjörg: Kreditsicherungsrecht, 8. Auflage, München 2006.

ders.: Reform der Mobiliarsicherheiten, NJW 1976, S. 1601–1607.

Westermann, Harry/Gursky, Karl-Heinz/Eickmann, Dieter: Sachenrecht, 8. Auflage, Heidelberg 2011.

Westrik, Rohel: Die Finanzsicherheitenrichtlinie und die europäische Rechtskultur – Zur Umsetzung der Richtlinie in den Niederlanden, ZVglRWiss 105 (2006), S. 325–342.

White, James J./Summers, Roberts S.: Principles of Secured Transactions, St. Paul, Minn. 2007 (zitiert: *White/Summers*, Principles).

dies.: Uniform Commercial Code, 5. Auflage, St. Paul, Minn. 2000 (zitiert: *White/Summers*, UCC).

dies.: Uniform Commercial Code, Revised (1999) Article 9 Supplementary Pamphlet to Accompany, Volumes 1–4, 4. Auflage, St. Paul, Minn. 2000 (zitiert: *White/Summers*, Article 9 UCC).

Wiegand, Wolfgang: Sachenrechtsmodernisierung, in: *Aderhold, Lutz/Grunewald, Barabara/Klingberg, Dietgard/Paefgen, Walter G.* (Hrsg.), Festschrift für Harm Peter Westermann zum 70. Geburtstag, Köln 2008 (zitiert: *Wiegand*, FS Westermann).

ders.: Zur Reform des Kreditsicherungsrechts – Der UNCITRAL Legislative Guide on Secured Transactions und das nationale Recht, in: *Berger, Klaus Peter/Borges, Georg/Herrmann, Harald/Schlüter, Andreas/Wackerbarth, Ulrich* (Hrsg.), Zivil – und Wirtschaftsrecht im Europäischen und Globalen Kontext, Festschrift für Norbert Horn zum 70. Geburtstag, Berlin 2006 (zitiert: *Wiegand*, FS Horn).

ders.: Rechtsprechungschronik 2000/2001, in: *Nobel, Peter* (Hrsg.), Sonderdruck aus Aktuelle Rechtsprobleme des Finanz- und Börsenplatzes Schweiz, Bd. 11/2001, Bern 2002 (zitiert: *Wiegand*, Rechtsprechungschronik 2000/2001).

ders.: Eigentumsvorbehalt, Sicherungsübereignung und Fahrnispfand, in: *Wiegand, Wolfgang* (Hrsg.), Mobiliarsicherheiten, Sicherungszession und –übereignung, Pfandrechte und Eigentumsvorbehalt aus privat- und verfahrensrechtlicher Sicht, Berner Bankrechtstag 1998 (BBT, Bd. 5), Bern 1998 (zitiert.: *Wiegand*, Mobiliarsicherheiten).

ders.: Fiduziarische Sicherungsgeschäfte, ZBJV 1980, S. 537–567.

ders.: Akzessorietät und Spezialität – Zum Verhältnis zwischen Forderung und Sicherungsgegenstand, Sonderdruck aus „Probleme der Kreditsicherung", Berner Tage für die juristische Praxis 1981, veranstaltet von der Rechts- und Wirtschaftswissenschaftlichen Fakultät der Universität Bern, S. 35–54, Bern 1981 (zitiert.: *Wiegand*, Akzessorietät und Spezialität).

ders.: Kreditsicherung und Rechtsdogmatik, Sonderdruck aus der Berner Festgabe zum Schweizerischen Juristentag 1979, S. 283–308 (zitiert: *Wiegand*, Kreditsicherung).

Wieling, Hans-Josef: Sachenrecht, 7. Auflage, Berlin 2007.

Wilhelm, Jan: Sachenrecht, 4. Auflage, Berlin 2010.

Wolf, Ernst: Zum Aussonderungsrecht des Fiduzianten bei der Zwangsvollstrekkung gegen den Fiduziar, in: Festgabe Simonius, Basel 1955 (zitiert: *Wolf*, FS Simonius).

Wolff, Martin/Raiser, Ludwig: Sachenrecht, 10. Auflage, Tübingen 1957.

Wool, Jeffrey/Pritchard, John: Secured Financing and Leasing of Aircraft under the Capetown Convention: Breaking Ground, Law in Transition 2010, S. 88–95.

Wunderlich, Georg: Verpfänder, Pfandeigentümer und Pfandschuldner – Ihre rechtliche Stellung beim Fahrnispfande, Leipzig 1907.

Zajtay, İmre: Zum Begriff der Gesamtrezeption fremden Rechts, AcP 170 (1970) S. 250–265.

Zevkliler, Aydın: İflâsta Mülkiyeti Muhafaza, AÜHFD 1968, S. 195–224.

Zöller, Richard: Kommentar zur ZPO, 29. Auflage, Köln 2012 (zitiert: Zöller/*Bearbeiter*).

Zürcher Kommentar: Kommentar zum Schweizerischen Zivilgesetzbuch, Hrsg. *Gauch, Peter*,

- Bd. IV/1: Das Sachenrecht, Das Eigentum, Kommentar zu Art. 641–729, Bearbeiter: *Haab, Robert/Scherrer, Werner/Simonius, August/Zobl, Dieter*, 2. Auflage, Zürich 1977 (zitiert: ZK-*Haab*),
- Bd. IV/2c: Das Sachenrecht, Das Fahrnispfand, Kommentar zu Art. 884–918 ZGB, Bearbeiter: *Oftinger, Karl/Bär, Rolf*, 3. Auflage, Zürich 1981 (zitiert: ZK-*Oftinger/Bär*),

- Teilbd. V/1b: Das Obligationenrecht, Art. 18 OR, Bearbeiter: *Jäggi, Peter/ Gauch, Peter*, Zürich 1980 (zitiert: ZK-*Jäggi/Gauch*).

Zürcher Kommentar zum IPRG, Kommentar zum Bundesgesetz über das Internationale Privatrecht (IPRG) vom 18. Dezember 1987, hrsg. von *Girsberger, Daniel/Heini, Anton/Keller, Max/Kren Kostkiewicz/Siehr, Kurt/ Vischer, Frank/Volken, Paul*, 2. Auflage, Zürich 2004 (zitiert: ZK-IPRG/ *Bearbeiter*).

Zweigert, Konrad/Kötz, Hein: Einführung in die Rechtsvergleichung auf dem Gebiete des Privatrechts, 3. Auflage, Tübingen 1996.

Soweit nicht näher gekennzeichnet, sind die Hinweise zur türkischen Rechtsprechung der Datenbank *Hukuk Türk* (http://www.hukukturk.com) entnommen.

STUDIEN ZUM VERGLEICHENDEN UND INTERNATIONALEN RECHT

Herausgeber: Bernd von Hoffmann (†), Erik Jayme und Heinz-Peter Mansel

Band 1 Ferdinand Henke: Die Datenschutzkonvention des Europarates. 1986.

Band 2 Peter Czermak: Der express trust im internationalen Privatrecht. 1986.

Band 3 Peter Kindler: Der Ausgleichsanspruch des Handelsvertreters im deutsch-italienischen Warenverkehr. Eine rechtsvergleichende und kollisionsrechtliche Untersuchung. 1987.

Band 4 Wilhelm Denzer: Stellung und Bedeutung des Engineers in den FIDIC-Bauvertragsbedingungen. 1988.

Band 5 Marijan-Maximilian Lederer: Die internationale Enteignung von Mitgliedschaftsrechten unter besonderer Berücksichtigung der französischen Enteignungen 1982. 1989.

Band 6 Rainer Esser: Klagen gegen ausländische Staaten. 1990.

Band 7 Chang Jae-Ok: Auf dem Weg zu einer Materialisierung des Immateriellen? Personen-, Persönlichkeitsschutz und Geldersatz des immateriellen Schadens in rechtsvergleichender Hinsicht am Beispiel des koreanischen und japanischen Zivilrechts unter besonderer Berücksichtigung des deutschen Rechts. 1990.

Band 8 Paul-Frank Weise: Lex mercatoria. Materielles Recht vor der internationalen Handelsschiedsgerichtbarkeit.1990.

Band 9 Werner Born: Der Auftrittsvertrag für Musikgruppen im Bereich der Rock- und Popmusik. 1990.

Band 10 Ralf Erich Jürgens: IPR und Verfassung in Italien und in der Bundesrepublik Deutschland. 1990.

Band 11 Rainer Gildeggen: Internationale Schieds- und Schiedsverfahrensvereinbarungen in Allgemeinen Geschäftsbedingungen vor deutschen Gerichten. 1991.

Band 12 Klaus Grabinski: Die kollisionsrechtliche Behandlung des Durchgriffs bei rechtlich verselbständigten Unternehmen in privater oder öffentlicher Hand. 1991.

Band 13 Dieter Stummel: Konkurs und Integration. Konventionsrechtliche Wege zur Bewältigung grenzüberschreitender Insolvenzverfahren. 1991.

Band 14 Joachim Güntzer: Die Rechtsstellung des Geschäftsführers im spanischen Aktienrecht. Die Neuregelung des spanischen Aktienrechts nach dem Beitritt Spaniens zur EG. 1991.

Band 15 Sabine Isenburg-Epple: Die Berücksichtigung ausländischer Rechtshängigkeit nach dem Europäischen Gerichtsstands- und Vollstreckungsübereinkommen vom 27.9.1968. Untersuchungen zum Anwendungsbereich von Art. 21 EuGVÜ unter schwerpunktmäßiger Behandlung der Frage nach der Bestimmung eines europäischen Streitgegenstandsbegriffs. 1992.

Band 16 Ulrich Nickl: Die Qualifikation der culpa in contrahendo im Internationalen Privatrecht. 1992.

Band 17 Theo Rauh: Leistungserschwerungen im Schuldvertrag. Eine rechtsvergleichende Untersuchung des englischen, US-amerikanischen, französischen und deutschen Rechts unter besonderer Berücksichtigung der gerichtlichen Praxis. 1992.

Band 18 Bernadette Chaussade-Klein: Vorvertragliche "obligation de renseignements" im französischen Recht. 1992.

Band 19 Josef Sievers: Verbraucherschutz gegen unlautere Vertragsbedingungen im französischen Recht. Vom Code civil zum "Code de la consommation" – die Entstehung eines Sonderprivatrechts für Verbraucher. 1993.

Band 20 Achim Schäfer: Grenzüberschreitende Kreditsicherung an Grundstücken, unter besonderer Berücksichtigung des deutschen und italienischen Rechts. 1993.

Band 21 Eugenio Hernández-Breton: Internationale Gerichtsstandsklauseln in Allgemeinen Geschäftsbedingungen. Unter besonderer Berücksichtigung des deutsch-südamerikanischen Rechtsverkehrs (dargestellt am Beispiel Argentinien, Brasilien und Venezuela). 1993.

Band 22 Ingo Reng: Unterhaltsansprüche aufgrund nichtehelicher Lebensgemeinschaft – Internationales Privatrecht und ausländisches materielles Recht. 1994.

Band 23 Stefanie Roloff: Die Geltendmachung ausländischer öffentlicher Ansprüche im Inland. 1994.

Band 24 Katharina Ludwig: Der Vertragsschluß nach UN-Kaufrecht im Spannungsverhältnis von Common Law und Civil Law. Dargestellt auf der Grundlage der Rechtsordnungen Englands und Deutschlands. 1994.

Band 25 Malte Diesselhorst: Mehrparteienschiedsverfahren. Internationale Schiedsverfahren unter Beteiligung von mehr als zwei Parteien. 1994.

Band 26 Manfred Kost: Konsensprobleme im internationalen Schuldvertragsrecht. 1995.

Band 27 Wolff-Heinrich Fleischer: Das italienische Wettbewerbsrecht und die Probleme des selektiven Parfümvertriebs unter Berücksichtigung der Rechtslage in Frankreich und Deutschland. 1995.

Band 28 Angelika Fuchs: Lateinamerikanische Devisenkontrollen in der internationalen Schuldenkrise und Art. VIII Abschn. 2 b) IWF-Abkommen. 1995.

Band 29 Jacques Matthias Aull: Der Geltungsanspruch des EuGVÜ: "Binnensachverhalte" und Internationales Zivilverfahrensrecht in der Europäischen Union. Zur Auslegung von Art. 17 Abs. 1 S. 1 EuGVÜ. 1996.

Band 30 Hartmut Ost: EVÜ und fact doctrine. Konflikte zwischen europäischer IPR-Vereinheitlichung und der Stellung ausländischen Rechts im angelsächsischen Zivilprozeß. 1996.

Band 31 Stefan Wagner: Die Testierfähigkeit im Internationalen Privatrecht. 1996.

Band 32 Wolfgang Jakob Hau: Positive Kompetenzkonflikte im Internationalen Zivilprozeßrecht. Überlegungen zur Bewältigung von *multi-fora disputes*. 1996.

Band 33 Markus Schütz: UN-Kaufrecht und *Culpa in contrahendo*. 1996.

Band 34 Volker Geyrhalter: Das Lösungsrecht des gutgläubigen Erwerbers. Ein "vergessener" Kompromiß und die Auswirkungen auf das heutige deutsche Recht unter besonderer Berücksichtigung des internationalen Sachenrechts. 1996.

Band 35 Andreas Kramer: Abwicklungsstörungen bei Kaufverträgen. Die Lieferung vertragswidriger Sachen im deutschen und italienischen Recht. 1996.

Band 36 Petra Krings: Erfüllungsmodalitäten im internationalen Schuldvertragsrecht. 1997.

Band 37 Tonja Gaibler: Der rechtsgeschäftliche Irrtum im französischen Recht. 1997.

Band 38 Dirk Otto: Rechtsspaltung im indischen Erbrecht. Bedeutung und Auswirkungen auf deutsch-indische Nachlaßfälle. 1997.

Band 39 Gregor W. Decku: Zwischen Vertrag und Delikt. Grenzfälle vertraglicher und deliktischer Haftung dargestellt am Beispiel der Berufs- und Expertenhaftung zum Schutze des Vermögens Dritter im deutschen und englischen Recht. 1997.

Band 40 Gregor W. Decku: Zwischen Vertrag und Delikt. Grenzfälle vertraglicher und deliktischer Haftung dargestellt am Beispiel der Berufs- und Expertenhaftung zum Schutze des Vermögens Dritter im deutschen und englischen Recht. 1997.

Band 41 Ulrike Höpping: Auswirkungen der Warenverkehrsfreiheit auf das IPR unter besonderer Berücksichtigung des Internationalen Produkthaftungsrechts und des Internationalen Vertragsrechts. 1997.

Band 42 Helene Boriths Müller: Die Umsetzung der europäischen Übereinkommen von Rom und Brüssel in das Recht der Mitgliedstaaten. Dargestellt am Beispiel Deutschlands und Dänemarks. 1997.

Band 43 Bernd von Hoffmann / Myong-Chang Hwang (eds.): The Public Concept of Land Ownership. Reports and Discussions of a German-Korean Symposium held in Seoul on October 7-9, 1996. 1997.

Band 44 Oliver Heeder: Fraus legis. Eine rechtsvergleichende Untersuchung über den Vorbehalt der Gesetzesumgehung in Deutschland, Österreich, der Schweiz, Frankreich und Belgien unter besonderer Berücksichtigung des Internationalen Privatrechts. 1998.

Band 45 Heinrich Schütt: Deliktstyp und Internationales Privatrecht. Dargestellt an grenzüberschreitenden Problemen der Arzthaftung. 1998.

Band 46 Axel Steiner: Die stillschweigende Rechtswahl im Prozeß im System der subjektiven Anknüpfungen im deutschen Internationalen Privatrecht. 1998.

Band 47 Martina Schulz: Der Eigentumsvorbehalt in europäischen Rechtsordnungen. Rechtsvergleichende Untersuchung des deutschen, englischen und französischen Rechts unter besonderer Berücksichtigung von Erweiterungen und Verlängerungen. 1998.

Band 48 Karin Dreher: Die Rechtswahl im internationalen Erbrecht. Unter besonderer Berücksichtigung des italienischen IPR-Reformgesetzes N. 218 vom 31. Mai 1995. 1999.

Band 49 Giuliano Gabrielli: Das Verhältnis zwischen der Anfechtung wegen Eigenschaftsirrtums und den Gewährleistungsansprüchen im deutschen, österreichischen und italienischen Recht. 1999.

Band 50 Bernd von Hoffmann / Myong-Chan Hwang (eds.): Developments in Land Law. Reports and Discussions of a German-Korean Symposium held in Berlin and Trier on July 21-24, 1997. 1999.

Band 51 Volker Heidbüchel: Das UNCITRAL-Übereinkommen über unabhängige Garantien und Standby Letters of Credit. Vergleiche mit den Richtlinien der Internationalen Handelskammer, dem deutschen, englischen und US-amerikanischen Recht. 1999.

Band 52 Jan Christoph Nordmeyer: Pflichtteilsansprüche und Wiedervereinigung. Eine systematische Analyse der Ausgleichsansprüche nach BGB-Pflichtteilsrecht unter besonderer Berücksichtigung der durch den Wiedervereinigungsprozeß eingetretenen Wertveränderungen. 1999.

Band 53 Bettina Linder: Vertragsabschluß beim grenzüberschreitenden Verbraucherleasing. 1999.

Band 54 Almontasser Fetih: Die zivilrechtliche Haftung bei Vertragsverhandlungen. Eine rechtsvergleichende Studie zum deutschen, französischen, ägyptischen und islamischen Recht. 2000.

Band 55 Sona Rajani: Die Geltung und Anwendung des Gemeinschaftsrechts im Vereinigten Königreich von Großbritannien und Nordirland. Der Grundsatz der Parlamentssouveränität im Wandel. 2000.

Band 56 Joachim Kayser: Gegenmaßnahmen im Außenwirtschaftsrecht und das System des europäischen Kollisionsrechts. Eine Analyse der EU-Abwehrverordnung gegen die Auswirkungen extraterritorialer Rechtserstreckung eines Drittlandes. 2001.

Band 57 Albrecht Conrad: Qualifikationsfragen des Trust im Europäischen Zivilprozeßrecht. 2001.

Band 58 Bernd Borgmann: Die Entsendung von Arbeitnehmern in der Europäischen Gemeinschaft. Wechselwirkungen zwischen Kollisionsrecht, Grundfreiheiten und Spezialgesetzen. 2001.

Band 59 Aleksandar Jaksic: Arbitration and Human Rights. 2002.

Band 60 Islamisches und arabisches Recht als Problem der Rechtsanwendung. Symposium zu Ehren von Professor Emeritus Dr. iur. Omaia Elwan. Veranstaltet vom Institut für ausländisches und internationales Privat- und Wirtschaftsrecht der Universität Heidelberg und der Gesellschaft für Arabisches und Islamisches Recht e.V. Herausgegeben von Herbert Kronke, Gert Reinhart und Nika Witteborg. 2001.

Band 61 Patrick Fiedler: Stabilisierungsklauseln und materielle Verweisung im internationalen Vertragsrecht. 2001.

Band 62 Werner Mangold: Die Abtretung im Europäischen Kollisionsrecht. Unter besonderer Berücksichtigung des spanischen Rechts. 2001.

Band 63 Eike Dirk Eschenfelder: Beweiserhebung im Ausland und ihre Verwertung im inländischen Zivilprozess. Zur Bedeutung des US-amerikanischen discovery-Verfahrens für das deutsche Erkenntnisverfahren. 2002.

Band 64 Bernd Ehle: Wege zu einer Kohärenz der Rechtsquellen im Europäischen Kollisionsrecht der Verbraucherverträge. 2002.

Band 65 Heiko Lehmkuhl: Das Nacherfüllungsrecht des Verkäufers im UN-Kaufrecht. 2002.

Band 66 Jochen Nikolaus Schlotter: Erbrechtliche Probleme in der Société Privée Européenne. IPR-Harmonisierung im einheitlichen Europäischen Rechtsraum. 2002.

Band 67 Konrad Ost: Doppelrelevante Tatsachen im Internationalen Zivilverfahrensrecht. Zur Prüfung der internationalen Zuständigkeit bei den Gerichtsständen des Erfüllungsortes und der unerlaubten Handlung. 2002.

Band 68 Tobias Bosch: Die Durchbrechungen des Gesamtstatuts im internationalen Ehegüterrecht. Unter besonderer Berücksichtigung deutsch-französischer Rechtsfälle. 2002.

Band 69 Ursula Philipp: Form im amerikanischen Erbrecht. Zwischen Formalismus und harmless error. 2002.

Band 70 Christian Stefan Wolf: Der Begriff der wesentlich engeren Verbindung im Internationalen Sachenrecht. 2002.

Band 71 André Fomferek: Der Schutz des Vermögens Minderjähriger. Ein Vergleich des deutschen und des englischen Rechts unter Berücksichtigung des schottischen und irischen Rechts. 2002.

Band 72 nicht erschienen

Band 73 Markus Dreißigacker: Sprachenfreiheit im Verbrauchervertragsrecht. Der Verbraucher im Spannungsfeld zwischen kultureller Identität und Privatautonomie. 2002.

Band 74 Vassiliki Myller-Igknay: Auskunftsansprüche im griechischen Zivilrecht. Auswirkungen im deutsch-griechischen Rechtsverkehr sowie im deutschen internationalen Privat- und Verfahrensrecht. 2003.

Band 75 Stefan Bruinier: Der Einfluss der Grundfreiheiten auf das Internationale Privatrecht. 2003.

Band 76 Nika Witteborg: Das gemeinsame Sorgerecht nichtverheirateter Eltern. Eine Untersuchung im soziologischen, rechtsgeschichtlichen, verfassungsrechtlichen, rechtsvergleichenden und internationalen Kontext. 2003.

Band 77 Peter Stankewitsch: Entscheidungsnormen im IPR als Wirksamkeitsvoraussetzungen der Rechtswahl. 2003.

Band 78 Jan Wilhelm Ritter: Euro-Einführung und IPR unter besonderer Berücksichtigung nachehelicher Unterhaltsverträge. Eine Untersuchung mit Blick auf das deutsche, französische und schweizerische Recht. 2003.

Band 79 Wolf Richard Herkner: Die Grenzen der Rechtswahl im internationalen Deliktsrecht. 2003.

Band 80 Ira Ditandy: Internationale Zuständigkeit. Neuregelung durch die LOPJ 1985. Vergleich mit dem europäischen Vorbild und Auswirkungen auf das spanische internationale Zivilverfahrensrecht. 2003.

Band 81 Andrea Verena Schefold: Werbung im Internet und das deutsche Internationale Privatrecht. 2004.

Band 82 Klaus Herkenrath: Die Umsetzung der Richtlinie 93/13/EWG über missbräuliche Klauseln in Verbraucherverträgen in Deutschland, dem Vereinigten Königreich, Frankreich und Italien. Auswirkungen nationaler Umsetzungstechniken auf dem Harmonisierungserfolg. 2003.

Band 83 Alexander Thünken: Das kollisionsrechtliche Herkunftslandprinzip. 2003.

Band 84 Barbara v. Daumiller: Die Rechtswahl im italienischen internationalen Erbrecht: und ihre Auswirkungen im deutsch-italienischen Rechtsverkehr. 2003.

Band 85 Robert Mödl: Macht, Verantwortlichkeit und Zurechnung im Konzern. Eine rechtsvergleichende Untersuchung auf der Grundlage des deutschen, spanischen und US-amerikanischen Rechts. 2003.

Band 86 Ursula Kerpen: Das Internationale Privatrecht der Persönlichkeitsrechtsverletzungen. Eine Untersuchung auf rechtsvergleichender Grundlage. 2003.

Band 87 Barbara Ploeckl: Umgangsrechtsstreitigkeiten im deutsch-französischen Rechtsverkehr. Bestehende internationale und nationale Regelungen und der geplante *europäische Besuchstitel*. 2003.

Band 88 Katrin Wannemacher: Die Außenkompetenzen der EG im Bereich des Internationalen Zivilverfahrensrechts. Der räumliche Anwendungsbereich des Art. 65 EGV am Beispiel der EuGVO und der EheVO. 2003.

Band 89 Maren B. Eilinghoff: Das Kollisionsrecht der ungerechtfertigten Bereicherung nach dem IPR-Reformgesetz von 1999. 2004.

Band 90 Patrick Niehr: Die zivilprozessuale Dokumentenvorlegung im deutsch-englischen Rechtshilfeverkehr nach der deutschen und der englischen Prozessrechtsreform. 2004.

Band 91 Anna Christina Gördes: Internationale Zuständigkeit, Anerkennung und Vollstreckung von Entscheidungen über die elterliche Verantwortung. Die VO(EG) Nr. 1347/2000, ihre geplanten Änderungen und das Verhältnis beider zum Minderjährigen- und Kinderschutzabkommen. 2004.

Band 92 Martin Rädler: Rechtsbehelfe des Käufers eines Unternehmens oder einer unternehmerischen Beteiligung gegen den Verkäufer im deutschen und französischen Recht. 2004.

Band 93 Marc-Yngve Dietrich: Rechtsstellung und Beteiligung der Gläubiger im französischen Insolvenzverfahren. 2004.

Band 94 Katia Niemann: Die rechtsgeschäftliche und organschaftliche Stellvertretung und deren kollisionsrechtliche Einordnung. Deutschland und England im Vergleich. 2004.

Band 95 Daniel Ludwig: Neuregelungen des deutschen Internationalen Insolvenzverfahrensrechts. Eine Untersuchung unter vergleichender Heranziehung der Europäischen Insolvenzverordnung. 2004.

Band 96 Cordelia Faulenbach: Der gemeinschaftsrechtliche Vorbehalt im europäischen Wettbewerbsrecht. Die Herkunftslandanknüpfung der E-Commerce-Richtlinie unter dem Einfluss der Grundfreiheiten. 2004.

Band 97 Ulf Dörner: Der Vertragsgerichtsstand nach dem Protokoll von Buenos Aires. 2004.

Band 98 Martin Schmidhuber: Verhaltenskodizes im nationalen und grenzüberschreitenden elektronischen Geschäftsverkehr. Zur Frage der Integration der Selbstregulierung durch Private in die staatliche Rechtsordnung. 2004.

Band 99 Florian Kienle: Die fehlerhafte Banküberweisung im internationalen Rechtsverkehr. Unter besonderer Berücksichtigung des Artikels 4A US Uniform Commercial Code. 2004.

Band 100 Thomas Alexander Brandt: Die Adoption durch eingetragene Lebenspartner im internationalen Privat- und Verfahrensrecht. 2004.

Band 101 Florian Pulkowski: Subunternehmer und Internationales Privatrecht. Der Subunternehmer als Quasi-Verbraucher im Europäischen Kollisionsrecht. 2004.

Band 102 Ulrich Becker: Grundrechtsschutz bei der Anerkennung und Vollstreckbarerklärung im europäischen Zivilverfahrensrecht. Bestimmung der Grenzen für die Einführung eines europäischen Vollstreckungstitels. 2004.

Band 103 Thomas Badelt: Aufrechnung und internationale Zuständigkeit unter besonderer Berücksichtigung des deutsch-spanischen Rechtsverkehrs. 2005.

Band 104 Florian D. Wagner: Vorvertragliche Aufklärungspflichten im internationalen Franchising. Zur Harmonisierung von Delikts- und Vertragsstatut im internationalen Privatrecht unter besonderer Berücksichtigung der Franchise-Gesetzgebung des US-Bundesstaates Kalifornien. 2005.

Band 105 Vera Heine: Die Umsetzung der *EG-Richtlinie über missbräuchliche Klauseln in Verbraucherverträgen* im englischen und deutschen Recht. 2005.

Band 106 Alexander Franz: Überregionale Effektentransaktionen und anwendbares Recht. Eine kollisionsrechtliche Untersuchung unter besonderer Berücksichtigung der Vorschrift des § 17 a DepotG. 2005.

Band 107 Hanna-Maria Uhlenbrock: Gesetzliche Regelungen für nichteheliche Lebensgemeinschaften in Deutschland und Frankreich. Ein Vergleich des Unterhaltsrechts bei der eingetragenen Lebenspartnerschaft und beim Pacte civil de Solidarité. 2005.

Band 108 Katrin Stieß: Anknüpfungen im internationalen Urheberrecht unter Berücksichtigung der neuen Informationstechnologien. 2005.

Band 109 Hendrik Otto: Der gesetzliche Abschlussprüfer im italienischen Recht. Eine rechtsvergleichende Untersuchung unter besonderer Berücksichtigung der zivilrechtlichen Haftung. 2005.

Band 110 Frauke Stuphorn: Bankhaftung für Kreditauskünfte im deutschen und französischen Recht. 2005.

Band 111 Nina Fürer: Die zivilrechtliche Haftung für Raucherschäden. 2005.

Band 112 Giovanni B. Barillà: *Contratto autonomo di garanzia* e *Garantievertrag.* Categorie civilistiche e prassi del commercio. 2005.

Band 113 Timo Torz: Gerichtsstände im Internationalen Insolvenzrecht zur Eröffnung von Partikularinsolvenzverfahren. 2005.

Band 114 Martina Schmid: Die Grenzen der Auslegungskompetenz des EuGH im Vorabentscheidungsverfahren nach Art. 234 EG. Dargestellt am Beispiel der überschießenden Richtlinienumsetzung. 2005.

Band 115 Stephan Lesage-Mathieu: Dispositives Kollisionsrecht im prozessualen Kontext. 2005.

Band 116 Jürgen Görtz: Die subjektiven Grenzen der Rechtskraft US-amerikanischer Urteile. 2005.

Band 117 Vera Hoppe: Die Einbeziehung ausländischer Beteiligter in US-amerikanische class actions. Unter Berücksichtigung des Class Action Fairness Act 2005. 2005.

Band 118 Silke Pütz: Parteiautonomie im internationalen Urhebervertragsrecht – Eine rechtsdogmatische und rechtspolitische Betrachtung der Grenzen freier Rechtswahl im internationalen Urhebervertragsrecht unter besonderer Berücksichtigung des neuen deutschen Urhebervertragsrechts. 2005.

Band 119 Alice Nieroba: Die europäische Rechtshängigkeit nach der EuGVVO (Verordnung (EG) Nr. 44/2001) an der Schnittstelle zum nationalen Zivilprozessrecht. 2006.

Band 120 Jan Kayser: Alternative Formen gerichtlicher und außergerichtlicher Streitbeilegung im deutschen und französischen Zivilprozess. Les modes alternatifs judiciaires et extrajudiciaires de résolution des conflits en procédure civile allemande et française. 2006.

Band 121 Mirko Ehrich: Der internationale Anwendungsbereich des deutschen und französischen Rechts gegen irreführende Werbung. Freie Wahl von Form und Mittel, Rom II und Herkunftslandprinzip. 2006.

Band 122 Daniel Thelen: Die Haftung des Sekundärschädigers für Gewalttaten anderer im US-amerikanischen Deliktsrecht ausgehend von dem Problem rechtsextremistisch motivierter Gewalttaten. 2006.

Band 123 Anne Winterling: Die Entscheidungszuständigkeit in Arbeitssachen im europäischen Zivilverfahrensrecht. 2006.

Band 124 Sarah Gerling: Die Gleichstellung ausländischer mit inländischen Vollstreckungstiteln durch die Verordnung zur Einführung eines Europäischen Vollstreckungstitels für unbestrittene Forderungen. Im Vergleich zum bisherigen Recht und zur Rechtslage in den USA. 2006.

Band 125 Christian Bank: Präventivmaßnahmen börsennotierter Gesellschaften zur Abwehr feindlicher Übernahmeversuche in Deutschland und Großbritannien. Eine rechtsvergleichende Untersuchung des deutschen und britischen Rechts unter Berücksichtigung der Europäischen Übernahmerichtlinie. 2006.

Band 126 Christian Weis: Kaufrechtliche Gewährleistung und Garantievergabe in Deutschland und Spanien. Unter besonderer Berücksichtigung des Unternehmenskaufs. 2006.

Band 127 Emilio Maus Ratz: Der Nacherfüllungsanspruch nach UN-Kaufrecht. Im Lichte der deutschen, spanisch-mexikanischen und US-amerikanischen Rechtswissenschaft. 2006.

Band 128 Constanze Jacobs: Die Sachmängelgewähr im deutschen und belgischen Kaufrecht nach Umsetzung der Verbrauchsgüterkauf-Richtlinie. 2006.

Band 129 Ulrike Teichert: Lückenfüllung im CISG mittels UNIDROIT-Prinzipien – Zugleich ein Beitrag zur Wählbarkeit nichtstaatlichen Rechts. 2007.

Band 130 Sascha Reichardt: Internationale Zuständigkeit im Gerichtsstand der unerlaubten Handlung bei Verletzung europäischer Patente. 2006.

Band 131 Bilgehan Cetiner: Die Sachmängelhaftung des Verkäufers im UN-Kaufrecht und im neuen deutschen Schuldrecht. Eine rechtsvergleichende Studie. 2006.

Band 132 Jan Streer: Die Umsetzung der Verbrauchsgüterkaufrichtlinie im englischen Recht durch die Sale and Supply of Goods to Consumer Regulations 2002. 2007.

Band 133 Kathrin Wannenmacher: Einstweilige Maßnahmen im Anwendungsbereich von Art. 31 EuGVVO in Frankreich und Deutschland: Eine Betrachtung ausgesuchter Verfahren des einstweiligen Rechtsschutzes im internationalen Zivilverfahrensrecht – gerichtliche Zuständigkeit, Anerkennung und Vollstreckung. 2007.

Band 134 Wim Kreytenberg: Die individuelle Schwerpunktbestimmung internationaler Schuldverträge nach der Ausweichklausel des Artikel 4 Absatz 5 Satz 2 EVÜ. Ein Beitrag zur Förderung von Rechtssicherheit und Einzelfallgerechtigkeit im europäischen Kollisionsrecht der Schuldverträge. 2007.

Band 135 Nikolaus Geiben: Der Vorvertrag im Internationalen Privatrecht. Unter besonderer Berücksichtigung des Immobilienerwerbs im portugiesischen und brasilianischen Recht. 2007.

Band 136 Predrag Maksimovic: Der Kapitalschutz im europäischen, serbischen und deutschen Recht der Gesellschaft mit beschränkter Haftung. 2007.

Band 137 Alexander Rathenau: Die Anwendung des EuGVÜ durch portugiesische Gerichte unter Berücksichtigung des autonomen internationalen Zivilverfahrensrechts. 2007.

Band 138 Matthias Creydt: Die Besicherung von Weltraumvermögenswerten. Ein neues einheitliches internationales Sicherungsrecht und dessen Vergleich zum US-amerikanischen Mobiliarsicherungsrecht. 2007.

Band 139 Oliver Borkhardt: Registerpublizität und Kollisionsrecht besitzloser Mobiliarsicherheiten nach dem neuen Art. 9 UCC. 2007.

Band 140 Jens Engelmann-Pilger: Deliktische Haftung für das Fehlverhalten Dritter im Common Law. 2007.

Band 141 Bastian Rotmann: Der Schutz des Dritten in der europäischen Mobiliarzwangsvollstreckung. Eine rechtsvergleichende Untersuchung vor dem Hintergrund der Verordnung (EG) Nr. 805/2004 zur Einführung eines Europäischen Vollstreckungstitels für unbestrittene Forderungen. 2007.

Band 142 Oliver Ratzel: Die Präklusion isolierter Unterhaltsverfahren durch den ausländischen Scheidungsverbund. Zugleich ein Beitrag zur internationalen Verbundszuständigkeit im Lichte der Quellenveränderung. 2007.

Band 143 Bettina Maria Stade: Die Konstitutionalisierung des Zivilprozessrechts in Spanien und Deutschland vor dem Hintergrund der Europäisierung des Zivilprozessrechts. 2007.

Band 144 Julia El-Bitar: Der deutsche und der französische Kulturgüterschutz nach der Umsetzung der Kulturgüterrückgaberichtlinie. Eine materiellrechtliche und kollisionsrechtliche Untersuchung. 2007.

Band 145 Aris Kaschefi: Sachmängelhaftung im französischen Kaufrecht vor und nach Umsetzung der Verbrauchsgüterkaufrichtlinie. Mit rechtsvergleichenden Hinweisen zum deutschen Recht unter besonderer Berücksichtigung von Weiterfressersachverhalten. 2007.

Band 146 Isabel Roth: Die internationale Zuständigkeit deutscher Gerichte bei Persönlichkeitsrechtsverletzungen im Internet. 2007.

Band 147 Theresa Wilhelmi: Das Weltrechtsprinzip im internationalen Privat- und Strafrecht. Zugleich eine Untersuchung zu Parallelitäten, Divergenzen und Interdependenzen von internationalem Privatrecht und internationalem Strafrecht. 2007.

Band 148 Alice Halsdorfer: Privat- und kollisionsrechtliche Folgen der Verletzung von Kulturgüterschutznormen auf der Grundlage des UNESCO-Kulturgutübereinkommens 1970. 2008.

Band 149 Thomas Müller-Froelich: Der Gerichtsstand der Niederlassung im deutsch-amerikanischen Rechtsverkehr. Eine Untersuchung zu Fragen der Entscheidungs- und Anerkennungszuständigkeit. 2008.

Band 150 Christopher Luhn: Privatautonomie und Inhaltskontrolle von Eheverträgen. Ein kritischer Vergleich des deutschen und des australischen Rechts mit Bezügen zum Internationalen Privatrecht. 2008.

Band 151 Kristin Kohler: Die grenzüberschreitende Verbraucherverbandsklage nach dem Unterlassungsklagengesetz im Binnenmarkt. 2008.

Band 152 Dorothee Maria Kaulen: Die Anerkennung von Gesellschaften unter Artikel XXV Abs. 5 S. 2 des deutsch-US-amerikanischen Freundschafts-, Handels- und Schifffahrtsvertrags von 1954. 2008.

Band 153 Birka Vanessa Stroschein: Parteizustellung im Ausland. Eine systemvergleichende Untersuchung des Gemeinschafts- und Staatsvertragsrechts unter Einbeziehung des deutschen, französischen, englischen und US-amerikanischen Zustellungsrechts. 2008.

Band 154 Nancy Gruschinkse: Das europäische Kollisionsrecht der Aufrechnung unter besonderer Beachtung des Insolvenzfalles. 2008.

Band 155 Hans-Christian Frick: Sprachrisiko im Zeitalter des Ethnomarketings. US-amerikanische Erfahrungen und europäische Rechtsentwicklung. 2009.

Band 156 Stephan Mangold: Verbraucherschutz und Kunstkauf im deutschen und europäischen Recht. 2009.

Band 157 Robert Beier: Die gesetzlichen Rechte des überlebenden Ehegatten nach dem deutschen und spanischen Kollisionsrecht. Unter besonderer Berücksichtigung der *viudedad aragonesa*. 2009.

Band 158 Julia-Marie Oppermann: Internationale Handelsschiedsgerichtsbarkeit und Verjährung. 2009.

Band 159 Stephan Boese: Strukturprinzipien im Gläubigerschutz. Eine rechtsvergleichende Untersuchung zur GmbH und zur englischen Limited Company. 2009.

Band 160 Thomas Rosa: Das Kaufrecht nach dem Zivilgesetzbuch der Tschechischen und Slowakischen Republik. Eine rechtsvergleichende Darstellung im Lichte des deutschen Bürgerlichen Gesetzbuches. 2009.

Band 161 Roland Weis: Rechnungslegungspflichten von EU-Scheinauslandsgesellschaften im Land ihrer tatsächlichen wirtschaftlichen Betätigung. Insbesondere im Hinblick auf in Deutschland tätige englische Limiteds. 2009.

Band 162 Henning Frase: "Leoninische Vereinbarungen" und Ergebnisbeteiligungspflicht im deutschen und italienischen Gesellschaftsrecht. Zum *patto leonino* des italienischen Rechts und möglichen Entsprechungen im deutschen Recht. 2010.

Band 163 Christiane Tödter: Europäisches Kindschaftsrecht. Nach der Verordnung (EG) Nr. 2201/2003. 2010.

Band 164 Edda Gampp: *Perpetuatio fori internationalis* im Zivilprozeß und im Verfahren der freiwilligen Gerichtsbarkeit. 2010.

Band 165 Mei Wu: Die Reform des chinesischen Beweisrechts vor dem Hintergrund deutscher und US-amerikanischer Regelungsmodelle. 2010.

Band 166 Corina Leimert: Stand und Entwicklung des italienischen Rechts der Unternehmenszusammenschlüsse (gruppi di società / gruppi di imprese). 2010.

Band 167 Kasim Özen: Die Scheidungsgründe im türkischen Zivilgesetzbuch. 2010.

Band 168 Helena Isabel Maier: Marktortanknüpfung im internationalen Kartelldeliktsrecht. Eine internationalzuständigkeits- und kollisionsrechtliche Untersuchung unter Einbeziehung rechtsvergleichender Überlegungen zum englischen Recht. 2011.

Band 169 Thomas Spernat: Die gleichgeschlechtliche Ehe im Internationalen Privatrecht. Unter besonderer Berücksichtigung des Einflusses des EG-Vertrags. 2011.

Band 170 Max Johann Lipsky: Statutenwechsel im italienischen Sachenrecht – Auswirkungen auf den Im- und Export von Mobiliarsicherheiten. Eine Untersuchung der rechtlichen Beständigkeit dinglicher Kreditsicherheiten im deutsch-italienischen Rechtsverkehr. 2011.

Band 171 Silvia Karolina Seilstorfer: Die Umsetzung der Verbrauchsgüterkaufrichtlinie in Portugal mit rechtsvergleichenden Hinweisen zum deutschen Recht. 2011.

Band 172 Stephan Georg Knöchel: Anerkennung französischer Urteile mit Drittbeteiligung. Eine Untersuchung der Anerkennung von Drittbindungswirkungen nach der EuGVVO und autonomem deutschem Recht. 2011.

Band 173 Kristina Menzel: Vollstreckungsschutz zugunsten privater Altersvorsorge. Eine rechtsvergleichende Untersuchung zum deutschen und schweizerischen Recht. 2011.

Band 174 Manuela Krach: Scheidung auf Mexikanisch. Das materielle Recht der Scheidung im Mehrrechtsstaat Mexiko unter Berücksichtigung von Eheschließung und Ehewirkungen. 2011.

Band 175 Vanessa Sofia Wagner: Verkehrsschutz beim redlichen Erwerb von GmbH-Geschäftsanteilen. Ein Vergleich des Rechts für Gesellschaften mit beschränkter Haftung in Deutschland, England und Italien. 2011.

Band 176 Alexander Swienty: Der Statutenwechsel im deutschen und englischen internationalen Sachenrecht unter besonderer Betrachtung der Kreditsicherungsrechte. 2011.

Band 177 Kathrin Süß: Streitbeilegungsmechanismen im Verbraucherrecht. Unter besonderer Berücksichtigung der australischen Rechtsordnung. 2011.

Band 178 Efe Direnisa: Die materielle Rechtskraft im deutschen und türkischen Zivilverfahrensrecht. 2012.

Band 179 Julia Faenger: Leistungsunabhängige Nebenpflichten zum Schutz des Integritätsinteresses im deutschen und französischen Recht. Eine rechtsvergleichende Betrachtung ausgehend von den Rücksichtspflichten des § 241 Abs. 2 BGB. 2012.

Band 180 Dorothea Heine: Das Kollisionsrecht der Forderungsabtretung. UNCITRAL-Abtretungskonvention und Rom I-Verordnung. 2012.

Band 181 Lisa B. Möll: Kollidierende Rechtswahlklauseln in Allgemeinen Geschäftsbedingungen im internationalen Vertragsrecht. 2012.

Band 182 Jutta Jasmin Uusitalo: Einbeziehung von AGB im unternehmerischen Geschäftsverkehr zwischen Deutschland und Finnland. 2012.

Band 183 Darya Alikhani Chamgardani: Der Allgemeine Teil des iranischen Schuldvertragsrechts. Im Spannungsverhältnis zwischen rezipiertem französischen und traditionellem islamischen Recht. 2013.

Band 184 Volker Anton: Aktuelle Entwicklungen des Bankgeheimnisses im Rechtsvergleich unter besonderer Berücksichtigung seiner exterritorialen Wirkungen. Deutschland, Luxemburg, Österreich, Schweiz und Liechtenstein. 2013.

Band 185 Charlotte Wilhelm: Die Regelung der Geld- und Warenkreditsicherheiten nach dem deutschen Recht im Vergleich zum Draft Common Frame of Reference (DCFR). 2013.

Band 186 Michael Nehmer: Erbunwürdigkeit und Elternunterhalt im Internationalen Privatrecht. Eine historisch-rechtspolitische Betrachtung. 2013.

Band 187 Pınar Şamiloğlu-Riegermann: Türkisches und deutsches Vertragshändlerrecht im Rechtsvergleich. 2014.

Band 188 Elvan Er: Realsicherheiten des türkischen Mobiliarsachenrechts. Eine Darstellung des geltenden türkischen Rechts unter vergleichender Berücksichtigung des deutschen und schweizerischen Kreditsicherungsrechts. 2014.